Bernd Klewitz

Bilingual Unterrichten – CLIL Fachdidaktik
Content and Language Integrated Learning

NOTA BENE—
BILINGUALISM AND INTERCULTURAL DIALOG

1   *Bernd Klewitz*
    Content and Language Integrated Learning (CLIL):
    A Methodology of Bilingual Teaching
    ISBN 978-3-8382-1513-6

2   *Jasmin Peskoller*
    The Multicultural Classroom: Learning from Australian
    First Nations Perspectives
    ISBN 978-3-8382-1587-7

3   *Bernd Klewitz*
    Bilingual Unterrichten – CLIL Fachdidaktik
    Content and Language Integrated Learning
    ISBN 978-3-8382-1512-9

4   *Subin Nijhawan*
    Multilingual Content and Language Integrated Learning
    (CLIL) in the Social Sciences
    A Design-based Action Research Approach to Teaching
    21st Century Challenges with a Focus on Translanguaging and
    Emotions in Learning
    ISBN 978-3-8382-1715-4

Editor:
Dr. habil. Bernd Klewitz—Lecturer, Marburg

Advisory Board:
Prof. Ingrid Zeller—Northwestern University
Marie Schaper—Angelaschule Osnabrück
Jasmin Peskoller—Universität Innsbruck
Hamish McKenzie—MA, National Trust for Scotland
Dr. Ana Djordjevic—Kole Rašić Belgrad
Prof. Leo Schelbert—University of Illinois

Bernd Klewitz

BILINGUAL UNTERRICHTEN – CLIL FACHDIDAKTIK

Content and Language Integrated Learning

Bibliografische Information der Deutschen Nationalbibliothek

Die Deutsche Nationalbibliothek verzeichnet diese Publikation in der Deutschen Nationalbibliografie; detaillierte bibliografische Daten sind im Internet über http://dnb.d-nb.de abrufbar.

Bibliographic information published by the Deutsche Nationalbibliothek

Die Deutsche Nationalbibliothek lists this publication in the Deutsche Nationalbibliografie; detailed bibliographic data are available in the Internet at http://dnb.d-nb.de.

Coverbild: Water Tower in Michigan Avenue (1869) – überlebte das Chicago Great Fire von 1871 als eines von 4 Gebäuden dank des deutsch-stämmigen Feuerwehrmannes Frank Trautmann. Photo © Bernd Klewitz.

ISBN-13: 978-3-8382-1512-9
© *ibidem*-Verlag, Stuttgart 2022
Alle Rechte vorbehalten

Das Werk einschließlich aller seiner Teile ist urheberrechtlich geschützt. Jede Verwertung außerhalb der engen Grenzen des Urheberrechtsgesetzes ist ohne Zustimmung des Verlages unzulässig und strafbar. Dies gilt insbesondere für Vervielfältigungen, Übersetzungen, Mikroverfilmungen und elektronische Speicherformen sowie die Einspeicherung und Verarbeitung in elektronischen Systemen.

All rights reserved. No part of this publication may be reproduced, stored in or introduced into a retrieval system, or transmitted, in any form, or by any means (electronical, mechanical, photocopying, recording or otherwise) without the prior written permission of the publisher. Any person who does any unauthorized act in relation to this publication may be liable to criminal prosecution and civil claims for damages.

Printed in the EU

Inhaltsverzeichnis

Einleitung ... 9

Kapitel 1 Bilinguale Kinder ... 19
    Vignette: Familienerfahrungen ... 19
    1.1   Mythen und Legenden der Zweisprachigkeit ... 19
    1.2   Eine Orientierung für binguale Eltern ... 22
    1.3   Sprachentwicklung bilingual ... 24
    1.4   Die Lücke zwischen Wissen und Performanz ... 25
    1.5   Die Duale System-Hypothese (*Dual System Hypothesis*) ... 27
    1.6   Das *OPOL*-Prinzip (*Unitary Language System*) ... 29

Kapitel 2 Dimensionen des Spracherwerbs ... 33
    Vignette: Language is the dress of thought ... 33
    2.1   Spracherwerbsforschung ... 36
    2.2   Behaviorismus ... 38
    2.3   Universal Grammatik und Rekursion ... 41
    2.4   Input-Output Hypothese ... 46
    2.5   Sprachenlernen als sozialer Prozess (*Zone of Proximal Development – ZPD*) ... 50
    2.6   Erst- und Zweitsprachenerwerb (*Fundamental Difference Hypothesis – FDH*) ... 53
    2.7   Veranlagung oder Umwelt (*Nature versus Nurture*) ... 58
    2.8   Neurobiologische Forschung ... 62

Kapitel 3 Fremdsprachen-Lernen als interkulturelles Narrativ ... 65
    Vignette: The Dunera Boys ... 65
    3.1   Kommunikation und Grammatik ... 67
    3.2   Gemeinsamer Europäischer Referenzrahmen für Sprachen ... 70

	3.3	Fremdsprachenunterricht im Kontext von CLIL neu denken	73
	3.4	Zwei CLIL-Narrative	78
	3.5	CLIL-Modul: Das Bauhaus im Unterricht	86

Kapitel 4 CLIL I: Kontexte und Strategien **123**

Vignette: Internationale Begegnungen 123

	4.1	Schottland	127
	4.2	Kanada und die USA	130
	4.3	Das australische Modell: die Deutsche Schule in Melbourne (DSM)	136
	4.4	Deutschland und Europa	140
	4.5	Lernen sichtbar machen – *Visible Learning* und *Direct Instruction*	148
	4.6	Merkmale von Unterrichtsqualität (*Principles of Quality Teaching: Luther College*)	156
	4.7	Unterrichtsgestaltung als Modell (*Teaching Clock: McKinnon Secondary College*)	160
	4.8	Bilingualer Campus in Kanada (*Linguistic Risk Taking: University of Ottawa*)	164

Kapitel 5 CLIL II: Didaktische Bausteine **167**

Vignette: Fenster im Fremdsprachenunterricht öffnen 167

	5.1	Merkmale eines multi-perspektivischen Lernens	173
	5.2	Leitfragen für die CLIL-Unterrichtsplanung	177
	5.3	Das *4 Cs Framework*	178
	5.4	Diskurskompetenzen zwischen BICS und CALP	188
	5.5	Das *Language Triptych*	199
	5.6	Das bilinguale Dreieck und der *Third Space*	204
	5.7	*Task Design Wheel* und Operatoren	208
	5.8	Primat der Inhalte	213

Kapitel 6 Literary CLIL 217
    Vignette: Intertextuality 217
    6.1   Literatur als Sachfach 222
    6.2   Literatur im Gemeinsamen Europäischen Referenzrahmen 224
    6.3   Auswahlkriterien für das „Sachfach" *Literary CLIL* . 227
    6.4   Geschichten erzählen, Welten erfahren: CLIL-*Narratives* 228
    6.5   Theorie und Praxis von *Literary CLIL* 231
    6.6   Literaturkritik und Analyse: *the VCE Study Design* .. 233
    6.7   *Literary Studies in Contexts, Genres and Target Countries* 240
    6.8   Intertextualität als Bauhaus-Dialog: Lothar Balzer und Hirschfeld Mack 278

Kapitel 7 CLIL Werkzeuge und Fertigkeiten (*tools and skills*) 285
    Vignette: Worksheet Compass 285
    7.1   *Scaffolding* als duale Unterrichtsstrategie 286
    7.2   Aufgabenbasiertes Lernen (*Task-based Language Teaching – TBLT*) 296
    7.3   *Blended Learning* 298
    7.4   Die visuelle Wende 299
    7.5   *Learnscapes* 308

Kapitel 8 CLIL Module 313
    Vignette: Unterrichtseinheiten – gelenkt und unabhängig 313
    8.1   *Measuring Your Media* (A2) 316
    8.2   *Refugees* (A2) 318
    8.3   *Analysing Political Cartoons* (B1) 321
    8.4   *Jacobites and Enlightenment* (B1) 323
    8.5   *Caledonia – Creating a Podcast* (B2) 324

	8.6	*War and Peace – Calvin and Hobbes* (B2)	328
	8.7	*Herringbone Technique* (B2+)	330
	8.8	*Absolutism* (B2+)	331
	8.9	*Reciprocal Teaching* (C1)	332
	8.10	*International Relations – Libya* (C1)	336

Kapitel 9 Desiderata **341**

    Vignette: Venn Diagram 341

    9.1   CLIL als Katalysator für Strategiewechsel und Innovation 343

    9.2   *Pop culture and the media hype* (Amy Macdonald) 348

    9.3   Entwicklungsstrategien 350

Kapitel 10 Glossar Lehr- und Lernstrategien **353**

Literaturverzeichnis **369**

Einleitung

Haben Sie sich schon einmal gefragt, warum bilinguale Erziehung immer attraktiver wird: Für junge Familien auf der Suche nach einer modernen und nachhaltigen Ausbildung für ihre Kinder, für Fremdsprachendidaktiker bei der Entwicklung effektiver Sprachlernprogramme und für Lehrkräfte und SchülerInnen bei ihrem Engagement für interkulturellen Austausch? Und warum die Erwartungen an ein effektives und erfolgreiches Sprachenlernen mit dem Interesse an Sprachprogrammen verbunden sind, die sich eher auf authentische Themen und spannende Fragestellungen konzentrieren als auf Grammatik und Vokabeltraining?

Aber gleichzeitig wird zu bedenken sein: Dieses Narrativ des Fremdsprachenerwerbs bei paralleler Beschäftigung mit relevanten und realen Ereignissen und Themen klingt zumindest auf den ersten Blick wie der Versuch einer Quadratur des Kreises. Die Geschichte der Zweisprachigkeit ist jedoch weder neu noch spektakulär. Schon die Römer mussten Griechisch lernen, um die Kultur ihres Nachbarn zu usurpieren und die Ägäis zu beherrschen. Heutzutage geht es beim Erwerb moderner Sprachen jedoch nicht darum, eine andere Kultur zu dominieren oder über andere Menschen zu bestimmen. Es handelt sich vielmehr darum, deren Perspektiven und Ideen auf inter-/transkulturelle Weise kennen zu lernen und sich in einem sogenannten *Third Space* zu treffen, den wir später in dieser Erzählung entdecken werden.

Wie können wir also sicherstellen, dass SchülerInnen in der Lage sind, die notwendigen Informationen in einer anderen als die ihrer Muttersprache zu verstehen und zu bearbeiten? Wie können wir die Lernenden dabei unterstützen, die ihnen gesetzten Ziele zu erreichen und in ihrer *Zone of Proximal Development* (ZPD) voranzukommen, auf die wir noch ausführlich rekurrieren werden? Und wie können sie in die Lage versetzt werden, ihre eigenen sprachlichen Fähigkeiten und ihr kritisches Denken zu entwickeln, um die damit verbundenen Herausforderungen meistern zu können? Die Lösung dieses Rätsels liegt darin, die beiden bilingualen Ziele in einem inhalts- und sprachintegrierten Lernprozess miteinander in

Einklang zu bringen. Das Akronym CLIL (*Content and Language Integrated Learning*) gibt die Richtung und Schwerpunkte im Zusammenspiel von Inhalt und Diskursfunktion vor – mit Dr. Johnsons Erkenntnis aus dem 18. Jahrhundert: *„language is the dress of thought."*

Die hier in Rede stehende CLIL-Fachdidaktik lässt sich also am besten als die Blaupause für eine integrative Fremdsprachendidaktik selbst beschreiben, nämlich für die Vernetzung von Inhalten und Sprache in einer kombinierten Unterrichtsstrategie. Denn die weltweite Zunahme bilingualer Programme innerhalb und außerhalb von schulischen Kontexten hat bei SchülerInnen und Lehrern durchaus unterschiedliche Erwartungen in Bezug auf erfolgreiches und effektives Sprachenlernen geweckt. Diese reichen von mehr Kontakt mit der Zielsprache (und dadurch besseren Noten) bis hin zu einer Vertiefung der Inhalte selbst (die ein höheres Maß an kritischem Denken erfordern).

Das ist auch der Grund, warum eine integrierte CLIL-Didaktik sowohl inhaltliche Fragen als auch Lehrstrategien und Lerntheorien abdecken muss, da solche Programme zum ersten Mal versuchen, zwei Unterrichtsgegenstände gleichzeitig zu behandeln, wenn auch in einer genau definierten Reihenfolge, die man als *„language follows content"* bezeichnen würde. Der Umgang mit didaktisch-inhaltlichen Fragen, ohne methodische Verfahren zu vernachlässigen, erfordert unterschiedliche Perspektiven und umfassende Ansätze bei der Auswahl geeigneter Themen und passender Diskurskonzepte. Mit anderen Worten: Die gestellte Aufgabe erfordert eine doppelte Organisation der sprachlichen Dimension des Fachunterrichts in einer anderen als der Muttersprache – in unserem Fall für Sozialwissenschaften, Geschichte und Geografie. Ich gehe davon aus, dass dieser Ansatz auch für andere Sachfächer funktioniert, weil die didaktisch-methodischen Fragen, um die es hier geht, die zwei Seiten derselben Medaille sind, die Inhalt und Sprache beidseitig abbilden kann.

Gleichzeitig wird eine *Theory of Practice* (Theorie der Praxis) benötigt, die es den Praktikern ermöglicht, zu entscheiden, auf welche Seite der Medaille sie zuerst und in bestimmten Phasen des Lehr-/Lernprozesses schauen müssen, also in der bereits erwähnten *Zone of Proximal Development* (nach Wygotski 1962). In der Definition von Do Coyle, einer langjährigen Vertreterin von CLIL von der Universität Aberdeen, entsteht diese Theorie

> when the teacher begins to articulate his or her implicit knowledge and understanding about teaching and learning. The teacher's implicit knowledge becomes explicit through this process – that is, the teacher is aware of his or her knowledge (theory of practice) and can begin to actively develop this. The starting point for a theory of practice is the teacher's own professional beliefs (Coyle 2010: 45).

Der facettenreiche Weg in dieser Integrierten CLIL-Didaktik führt von theoretischen Annahmen und akkumuliertem Wissen über den Zweitsprachenerwerb (*Second Language Acquisition – SLA*) zu effektiven und bewährten Konzepten des Fremdsprachenunterrichts (FU) als eine der Grundlagen bilingualer Programme. Die andere Seite der gleichen Medaille wird durch den inhaltlichen Sachfach-Kern geprägt werden müssen, in Abhängigkeit von den Lehrplänen oder Bildungsstandards (*Common Core*) der Zielsprachenländer[1]. So sehr unsere SchülerInnen von der sprachlichen und inhaltlichen Bewusstmachung dessen, was sie lernen sollen, profitieren, so sehr kann sich die *best practice* im Sprach-Unterricht auch auf die bewusste Umsetzung der Erkenntnisse der Sprach- und Sachforschung stützen. Aber erst die Kombination mit effektiven Unterrichtsstrategien, wie sie in den Funktionen des *Scaffolding* und der Direkten Instruktion des *Visible Learning* abgebildet sind, wird zu effektiven und nachhaltigen Lernprozessen führen.

Da es bei bilingualen Programmen, Immersionssituationen und CLIL selbst aber in erster Linie um die junge, lernende Generation geht, ist ein guter Ansatzpunkt für eine bilinguale Didaktik und Methodik die Demontage von Mythen und Legenden der Zweisprachigkeit, insbesondere im Umgang mit kleinen Kindern und heranwachsenden Jugendlichen. Von den Black Boxes des

---

1 In einigen Ländern (z. B. in den Vereinigten Staaten) wird unterschieden zwischen dem *Common Core*, der angibt, was die Lernenden wissen und können müssen, und dem Lehrplan, der beschreibt, wie die SchülerInnen dieses lernen sollen. Die Pädagogik in Europa geht in eine ähnliche Richtung, wobei die Didaktik das „Was" und die Methodik das „Wie" des Lernens beschreibt (für weitere Einzelheiten siehe Kapitel 6).

Behaviorismus über die berühmte Universalgrammatik bis hin zu konstruktivistischen Lerntheorien und den Erkenntnissen der neurobiologischen Forschung sind verschiedene Hypothesen erprobt und verworfen, wiederbelebt und modifiziert worden. Dabei wird überraschenderweise die fast schon altmodisch klingende Kontroverse zwischen *Nature Versus Nurture* nicht einfach verschwinden (so zumindest Steven Pinker, der bekannte kanadische Kognitionswissenschaftler), aber aus all diesen Theorien und mehr oder weniger bewährten Annahmen lassen sich interessante Schlüsse für die Anwendung relevanter Ideen auf die Umsetzung von CLIL-Programmen oder Inhalts-Modulen ziehen. Bemerkenswert sind auch die tiefgreifenden Diskrepanzen aufgrund kultureller Unterschiede in den Zielsprachenländern, aber CLIL hat sich zu einem globalen pädagogischen Konzept entwickelt und es gibt keinen Grund, abweichende Praktiken nicht zu schätzen und aus ihren Vorteilen und Fehlern nicht zu lernen.

Die *Building Blocks* bilingualer Ansätze, die von einer ständig wachsenden zweisprachigen Community geteilt werden, stehen im Mittelpunkt eines gemeinsamen Kerns von CLIL-Unterrichtsstrategien: sei es das *4 Cs Framework*, der Brückenschlag von *BICS zu CALP*, das *Language Triptych*, das *Bilingual Triangle* sowie der *Third Space* der inter-/transkulturellen Kompetenz oder das *Task Design Wheel* in einer Taxonomie der Kognition. All diese Merkmale des multiperspektivischen Lernens unterstützen die bilinguale Unterrichtsplanung und fördern die Entwicklung von Diskursstrategien in CLIL-Programmen. Dabei schaffen sie auch Fenster im traditionellen Fremdsprachenunterricht (FU), ohne notwendigerweise die Einbeziehung der Muttersprache (L1) der SchülerInnen zusätzlich zur Zielsprache (L2) als Vehikularsprache des Unterrichts und der Kommunikation zu verhindern. Das genaue Verhältnis zwischen L1 und L2 bleibt angesichts der widersprüchlichen Forschungsergebnisse und der Interpretation von „bi" in bilingualen Programmen umstritten.

Neben der Förderung inter-/transkultureller Kompetenzen findet sich eine weitere Gemeinsamkeit zwischen FU und CLIL in der Literaturwissenschaft, wobei *Literary CLIL* einen besonderen Schwerpunkt dieser CLIL-Didaktik darstellt. Ob als eigenständiges

Unterrichtsfach (Literaturkurs) konzipiert oder aus dem traditionellen Sprachunterricht als Anreicherung von CLIL-Inhalten transferiert, sind Auswahlkriterien erforderlich: wenn klassische Literatur mit großem „L" oder die populäre Variante mit dem kleinen „l" verhandelt werden soll. Dabei sind Studiendesigns für literarische Analyse und Kritik zu entwickeln. Verschiedene Genres werden vorgestellt, um diesen neuen Bereich für den bilingualen Unterricht zu erschließen und die Einbeziehung von Musik, Poesie sowie der etablierten Bereiche Kurzgeschichten und Romane zu erschließen. Literatur, ob mit großem oder kleinem „L/l" bleibt ein Anliegen dieser CLIL-Didaktik, weil ihre Umsetzung als eigenständiges Unterrichtsfach immer noch die Ausnahme ist, zumindest im deutschsprachigen Schulbetrieb. In diesem Zusammenhang könnte das Primat des Inhalts ein neues Licht auf die Unterschiede zwischen FU und CLIL werfen und eine mögliche Verschmelzung beider Ansätze aufzeigen, ohne den einen durch den anderen zu ersetzen – eine Diskussion, die in den Desiderata und Herausforderungen von CLIL (Kapitel 9) aufgegriffen wird.

Auf der praktischen Seite – unter Berücksichtigung der Theorie der Praxis – verdienen die *Tools* und *Skills* von CLIL besondere Aufmerksamkeit, da sie das Gesamt-Konzept erst funktionsfähig machen. Ob man nun einen *Worksheet Compass* oder ein *Learnscape* als *Advance Organizer* nutzt, sich auf aufgabenbasierten Unterricht konzentriert oder den *Visual Turn* einbezieht: sie können in ihrer Anwendung in unseren umfangreichen CLIL-Beispielmodulen genauer in Augenschein genommen werden. Diese und im Übrigen alle Kapitel sind mit einem Abschnitt **Study Points: Revue passieren-reflektieren-recherchieren** versehen, der dazu einlädt, ein Unterrichtskonzept, das nicht nur immer beliebter wird, sondern auch den Bedürfnissen einer modernen Sprachvermittlung entspricht, weiter zu erproben. Damit wird sich auch erschließen, was das Innovative dieses CLIL-Ansatzes beschreibt. Er entspricht insbesondere den Bedürfnissen eines modernen Sprachunterrichts, der neue und wechselnde Perspektiven im Übergang von inhaltlichen zu sprachlichen Lernvarianten durch die Augen unserer SchülerInnen ermöglicht und mithin dem Paradigma des *Visible Learning* (nach dem neuseeländischen Wissenschaftler John Hattie) Rechnung trägt.

Wenn Kinder zweisprachig aufwachsen, erfolgt dies in verschiedenen Kulturen aus unterschiedlichen Gründen und wirft eine Reihe von Fragen, gelegentlich auch Problemen auf. Sie sind nicht nur Forschungsgegenstand der Kinderpsychologie, sondern auch relevant, wenn es im schulischen Bereich um Sprachenlernen und Fremdsprachenerwerb geht. Dabei wird in neueren Untersuchungen wieder die Existenz einer *Human Language Making Capacity* (z.B. Meisel 2019: 35 ff), wenn nicht bewiesen, so doch hypostasiert und zur Beschreibung komplexer Vorgänge herangezogen – wie beispielsweise die Differenzierung und Trennung von Sprachsystemen, Interferenzen und Interaktion zwischen Sprachen, die Rolle von „starken" und „schwachen" Sprachen und die Überwindung von Mythen der Mehrsprachigkeit wie *One Person – One Language* oder das Entwicklungsziel des *Native Speaker*.

Dass es sich hier nicht um rein linguistische Phänomene handelt, ist seit Piaget und seinen Stufen der kognitiven Entwicklung bei Kindern und Jugendlichen (1936) trotz aller kritischen Einwände unbestritten und bestätigt die Annahme, dass auch Fremdsprachenlernen als spezifische Aneignung von Wirklichkeit in Abhängigkeit von kulturellen Kontexten erfolgt – in historischen Dimensionen und mit dynamischen Entwicklungspotenzialen. Vor diesem Hintergrund sind bilinguale Programme als Verbindung von Sachfach- und Sprachfachlernen mit dem übergeordneten Ziel der Anbahnung inter- und transkultureller Kompetenzen zu denken. Weil es aber nicht möglich ist, sachfachliches und sprachliches Lernen zu trennen (vgl. R. Hoffmann 2013: 345), bedürfen beide Aspekte einer systematischen Integration, was bereits in der Namensgebung der hier in Rede stehenden Variante des bilingualen Unterrichts zum Ausdruck kommt: *Content and Language Integrated Learning*.

Die CLIL-Fachdidaktik erfüllt eine Brückenfunktion zwischen den Didaktiken der Sachfächer und Fremdsprachen und wird von folgenden Überlegungen geleitet: Bilingualer Unterricht ist in nahezu allen Schulfächern möglich, erfreut sich zunehmender Akzeptanz und bewirkt eine Erweiterung der sach- und sprachspezifischen Kompetenzen. Insbesondere in den Sozialwissenschaften besteht die Vorgabe, dass CLIL-Programme dem Curriculum des jeweiligen Sachfaches folgen, während nur in wenigen Bundesländern ein entsprechendes bilinguales Kerncurriculum existiert und nur als Ausnahme in der Zielsprache. Die dadurch erforderlich gewordene Brückenfunktion wird einerseits durch die Auswahl solcher Inhalte gewährleistet, die einen besonderen Bezug zur jeweiligen Zielkultur aufweisen (in den Sozialwissenschaften leichter zu verwirklichen als in naturwissenschaftlichen Kontexten). Andererseits geht es darum, den naheliegenden Perspektivenwechsel zu ermöglichen sowie das Training von objektbezogenen Diskurskompetenzen an geeigneten Stellen zu planen und durchzuführen.

Das Neue an dieser integrierten CLIL-Fachdidaktik ist dabei die Kombination inhaltlicher Erfordernisse des jeweiligen Sachfaches, die über das monolinguale Curriculum deutlich hinausgehen, mit CLIL Bausteinen, die sowohl inhaltsbezogene als auch diskursspezifische Werkzeuge und Fertigkeiten beinhalten. Neu ist auch der Einbezug von im Fremdsprachenunterricht längst zum Standard gewordener Zielsprachenliteratur, die durch die Besonderheiten der CLIL Programme erweiterte Inhalts- und Sprachaktivitäten ermöglicht und als eigenes Sachfach im anglophonen Kontext bereits ein eigenständiges *Study Design* aufweist. Im Übrigen wird die Zielgruppe für diese Fachdidaktik von Lehramtsstudenten, LiVs und Lehrkräften durch den Einbezug von CLIL-Modulen um deren SchülerInnen erweitert, da sie diese als Unterrichtseinheiten mit methodischen Schwerpunkten (*Reciprocal Teaching, Herringbone Technique, Debate etc*) unmittelbar erproben können.

In a nutshell: Es wird eine Kooperation von Sachfach- und Fremdsprachen-Didaktikern angebahnt, die über rein am Sachfach- oder Fremdsprachenunterricht orientierte Auswahl- und Methoden-Konzepte hinausgeht und die bislang noch dominierende Wahrnehmung des Potenzials für das Fremdsprachenlernen (den Mehrwert des Spracherwerbs) überwinden hilft.

Die damit verbundenen Besonderheiten werden in neun aufeinander abgestimmten Einzelkapiteln sukzessive dargestellt und jeweils mit den oben erwähnten *Study Points* abgeschlossen. Sie beinhalten mit den CLIL-Zielsetzungen einen Blick auf Sachcurricula, die Kalibrierung von Sach- und Sprachenlernen, inter- und transkulturelle Kompetenzen sowie Innovationspotenziale für das Fremdsprachen- und Sachfachlernen. Einzelne Merkmale einer integrierten CLIL-Fachdidaktik (Kompetenzorientierung, Wissensbegriff, Diskurskompetenz, kommunikative Sprachaktivitäten und interkulturelles Lernen) werden ergänzt durch Dimensionen des bilingualen Fachunterrichts (hier synonym mit dem Begriff CLIL verwendet) wie Prinzipien von *Quality Teaching* und *Visible Learning*, einem spezifischen Unterrichtsdesign und einem Sprachenpass zu *Linguistic Risk Taking* (University of Ottawa). Im Einzelnen werden danach Bausteine des CLIL-Konzeptes diskutiert (*BICS, CALP, 4 Cs Framework, Task Design,* Authentizität und duales *Scaffolding*) ergänzt durch das *Study Design* von *Literary CLIL*. Ein weiterer Schwerpunkt liegt auf CLIL-Werkzeugen und Fertigkeiten, die in den CLIL-Modulen in unterrichtspraktischer Absicht als *Worked Examples* konkretes Anschauungs- und Übungsmaterial bereitstellen; zusammenfassend werden Herausforderungen und Desiderata des CLIL-Ansatzes diskutiert und in einem Glossar weitere unterrichtsrelevante Hinweise zur Verfügung gestellt.

Wir hoffen überdies, dass die Vignetten, die jedes der neun Kapitel einleiten, den Appetit des Lesers anregen und in der Lage sind, das Wesentliche der präsentierten Informationen und Diskussionspunkte sichtbarer zu machen. Die Gestaltung dieser Vignetten folgt den Grundideen bilingualer Programme. Sie werden zweisprachig angeboten: auf Deutsch, wann immer von der vorgestellten Konzeption erforderlich (Familienerfahrungen, Internationale Begegnungen und außerschulische Lernorte, Fenster im FU, gelenkte und freie Unterrichtseinheiten), in der Zielsprache auf Englisch bei thematischer Orientierung („*language is the dress of thought, the Dunera Boys, intertextuality, worksheet compass, venn diagram*").

Vorausgehen soll eine interkulturelle Vignette, die den Respekt vor der indigenen Bevölkerung Australiens zum Ausdruck bringt und landesweit in allen Schulen sichtbar zum Nachdenken einlädt:

Photo © Andrew Krause and McKinnon Secondary College, Department of Education and Training, Victoria, Australia.

Acknowledgement of Country gilt als Äußerung des Respekts gegenüber den traditionellen Einwohnern – den Aborigines – und anerkennt die Bedeutung ihrer Kultur und Geschichte und enge Verbundenheit mit ihrem Land. Häufig zu Beginn einer Zeremonie gesprochen und als Hinweistafel am Schuleingang (hier: McKinnon SC, Melbourne) angebracht.

"Die **Deutsche Schule Melbourne** liegt auf dem Land der Wurundjeri (Kulin Nation) ..., und ich möchte sie anerkennen als die traditionellen Besitzer dieses Landes. Ich möchte meinen Respekt aussprechen für ihre Stammesältesten, in Vergangenheit, Gegenwart und Zukunft, und die Ältesten von anderen Stämmen, die heute hier sein könnten" (Bernice Ressel, Principal).[2]

---

[2] https://www.youtube.com/watch?v=BQvZySITnOU (DSM Video).

Notizen:

Kapitel 1

Bilinguale Kinder

Vignette: Familienerfahrungen

Für die bilinguale Erziehung ihrer Kinder hat sich eine junge Familie aus Süddeutschland entschieden. Die jetzt fünfjährige Ava hat bereits ein gutes Verständnis für die englische Sprache entwickelt und äußert sich sogar schon hin und wieder mit Worten und kurzen Sätzen in ihrer künftigen Zweitsprache (L 2). Ihr Bruder Paul ist mit seinen etwas mehr als zwei Jahren ebenfalls in der Lage, dem Englisch seines Vaters aufmerksam zu folgen und flicht gelegentlich englische Worte in seine Äußerungen ein – wie *„tired, bed, eat"*. Peter, der in Kalifornien eine High School besucht und dort sein Internationales Bakkalaureat absolviert hat, spricht ausschließlich Englisch mit seinen Kindern, während seine Frau Sophie in den Familiengesprächen Deutsch verwendet. Häufig spricht der Großvater, selbst Englischlehrer, bei seinen Besuchen die Kinder auch in der Fremdsprache an, um die Englisch-Atmosphäre ein wenig zu unterstützen. Kürzlich war er jedoch erstaunt, als Ava ihn etwas irritiert fragte: *„Opa, warum sprichst Du Englisch mit mir?"* Offensichtlich hatte seine Enkelin bemerkt, dass er immer wieder zwischen den Sprachen wechselte und traute ihm in seiner Rolle als „echter" Englisch-Sprecher nicht.

1.1 Mythen und Legenden der Zweisprachigkeit

Unser Beispiel wirft eine Reihe von Fragen auf, die sich auf Sprechen und Spracherwerb beziehen[3]: Funktioniert Zweisprachigkeit bereits im frühen Kindesalter? Wie entwickelt sie sich auf längere Sicht? Wird sie schließlich zur kompetenten Beherrschung beider

---

[3] Eine wissenschaftsbasierte Unterscheidung zwischen Spracherwerb (*„language acquisition"*) und Sprachen Lernen (*„language learning"*) findet sich im Glossar dieses Bandes („Spracherwerb und Sprachen Lernen").

Sprachen führen? Wenn diese Aspekte ausgeweitet und übertragen werden auf die Ebene des schulischen Kontextes, sind auch bilinguale Programme wie Immersion und ihr europäisches Pendant CLIL (*Content and Language Integrated Learning*) genauer in den Blick zu nehmen. Vor allem im Hinblick auf die Terminologie könnte der Begriff *bilingual* dabei mindestens missverständlich wirken, wie bereits in der Einleitung erwähnt. Denn *bilingual* kann sich entweder auf das (pädagogische) Ziel beziehen, eine quasi-muttersprachliche Beherrschung zweier Sprachen zu erreichen, oder auf die Strategie, zwei Sprachen im Unterrichtsprozess nebeneinander zu verwenden. In jedem Fall ist es sinnvoll, einige Mythen und Vorurteile über die Zweisprachigkeit zu entwirren oder ganz zu beseitigen.

Nach einer erweiterten Definition des Begriffs Bilingualismus als „*die Verwendung von mehr als einer Sprache im täglichen Leben*" (Meisel 2019: 2; meine Übersetzung) ist diese deutlich weiter verbreitet als das Praktizieren nur einer Sprache, so dass wir mit Sicherheit sagen können, dass „*die Mehrheit der Weltbevölkerung zweisprachig ist*" (ebd.: 3). Abgesehen von einer gewissen Zweideutigkeit bezieht sich Bilingualismus jedoch auf eine Vielzahl von Kontexten und unterschiedlichen Situationen, in denen der Kontakt mit mehr als einer Sprache unvermeidlich ist – einschließlich von Einwanderung und Arbeitsmigration sowie multiethnischen Gesellschaften, mit ihren Minderheitensprachen – aber auch die Entscheidung von Eltern, Sprachenlernen bereits im frühen Kindesalter gezielt zu fördern. Infolgedessen kommt es je nach vorhandener Motivation und gesellschaftlichen Bedingungen oder Zwängen zu einem gleichzeitigen oder sukzessiven Bilingualismus. In prä-dominant monolingualen Umgebungen könnten Eltern die Zweisprachigkeit sogar als Vorteil für ihre Kinder betrachten und den Gebrauch von mehr als einer Sprache in ihren Familien fördern.

Letzteres ist bei der oben erwähnten Familie aus Süddeutschland der Fall, bei der nach Aussage der Eltern die Entscheidung, zweisprachig zu kommunizieren prozessgesteuert war und auf ihre früheren längeren Auslandsaufenthalte in anglophonen Ländern zurückzuführen ist. Insbesondere Peter verweist auf seine Erfahrung, dass die Ansprache seiner Kinder auf Englisch ihm ermöglicht, mit ihnen reflektierter zu kommunizieren. Mit anderen Worten, in Situationen, in denen er normalerweise eher emotional oder sogar streng reagiert hätte, nimmt er sich einen Moment Zeit zu überlegen, was er – als eine Art innere Übersetzung – sagen will, und er sucht manchmal sogar nach dem richtigen Ausdruck. Indem er zuerst darüber nachdenkt, was er sagen möchte, schafft er sich Raum zum Nachdenken, wenn auch nur für ein paar Sekunden. Da er zum Teil in englischsprachigen Ländern aufgewachsen ist und dort Schulen besucht hat, hat er überdies eine sehr emotionale Beziehung zur englischen Sprache entwickelt und denkt, dass ihm dieses helfen könnte, seine Emotionen besser auszudrücken und seinen Kindern Gefühle authentischer nahezubringen.

Was vor fünf Jahren als Experiment begann, hat dazu beigetragen, eine besondere Atmosphäre in Peters Familie zu schaffen: Er hofft, dass seine Liebe zu seiner zweiten Sprache bei seinen Kindern Wurzeln schlägt und eine gewisse Nähe ermöglicht, ohne andere Familienmitglieder auszuschließen. Nicht der geringste Teil seiner Motivation besteht darin, für seine Kinder eine weitere Tür zur Welt zu öffnen und ihnen damit neue Perspektiven und Alltagsroutinen zu ermöglichen. Ava und Paul, die vermutlich eine simultane Zweisprachigkeit entwickeln werden, hätten später bessere Chancen, die Welt zu bereisen und in verschiedenen Ländern zu arbeiten. Nicht zuletzt genießt Peter diese Spracherfahrung und stärkt damit seine intrinsische Motivation, ausschließlich mit seinen Kindern Englisch zu sprechen.

Wenn er diesen dynamischen Prozess aus der Sicht seiner Kinder reflektiert, erhält er von der älteren Tochter eine insgesamt sehr positive Rückmeldung. Sie ist mittlerweile in der Lage, sicher zwischen den beiden Sprachen zu unterscheiden und kann mit dem Prinzip „*one person, one language*" (später als *OPOL* beschrieben, siehe 1.6) gut umgehen. Ihr Verständnis von zwei Sprachen entwickelt sich sehr gut, und sie genießt es beispielsweise, wenn ihr englische Kinderbücher und Kinderreime vorgelesen werden; auch kann sie bereits einige englische Lieder auswendig. Der kleinere Bruder hat vergleichsweise früher als die Schwester damit begonnen, englische Worte oder Ausdrücke in seine Alltagssprache einzuflechten. Möglicher Weise ist dieses der zunehmend dichteren fremdsprachlichen Kommunikation in der Familie geschuldet. Jedenfalls öffnen sich für beide Kinder Fenster in eine neue Welt, was von den Eltern als großer Vorteil empfunden wird und in ihrem Freundeskreis zunehmend Nachahmung findet – oft spricht einer der Partner dann französisch, dänisch oder holländisch.

1.2 Eine Orientierung für bilinguale Eltern

Die Überzeugung, dass Zweisprachigkeit in einer Familie funktioniert und Beziehungen sogar in besonderer Weise zu stärken vermag, wird von der langjährigen wissenschaftlichen Forschung zum Bilingualismus der frühen Kindheit unterstützt. Professor Jürgen M. Meisel hat die Ergebnisse in einem umfangreichen Leitfaden für zweisprachige Eltern vorgestellt. Der ehemalige Leiter der Forschungsstelle für Bilingualismus an der Universität Hamburg berät seit mehr als 35 Jahren Eltern in Deutschland und Kanada (*University of Calgary*) und setzt sich sachkundig mit den Vorteilen und den – wie er selbst sagt – *„mostly mythical drawbacks of raising children with a command of two or more languages"* (Meisel 2019: Umschlag) auseinander. Eine genauere Betrachtung der Risiken und Vorteile wird für unsere CLIL-Didaktik äußerst sinnvoll sein, wenngleich sie eher auf eine längerfristig sukzessive Zweisprachigkeit abzielt im Unterschied zum frühkindlich-simultanen Bilingualismus.

Bei der Erörterung der so genannten **Risiken** der frühkindlichen Zweisprachigkeit bezieht sich der Elternratgeber von Meisel zunächst auf folgende weitverbreitete Mythen und Missverständnisse, nämlich die Fragen:

- ob Kinder zwei Sprachen wirklich auseinanderhalten können,
- wie man einen *„macaronic language mix"* (Meisel: 8; 58) vermeiden kann,
- ob eine ausgewogene Zweisprachigkeit überhaupt möglich ist und nicht die geistige Leistungsfähigkeit von Kindern überfordert,
- ob die Fusion von zwei Sprachen die kognitive Entwicklung beeinträchtigt,

- und dieses nicht zu „*semi-linguals*" führt, die zwischen zwei Sprachen und Kulturen hin- und hergerissen sind und daher in ihrer Persönlichkeitsentwicklung beeinträchtigt werden (vgl. ebd.: 7 ff).

Es scheint jedoch genügend Belege dafür zu geben, dass Kinder schon früh zwischen verschiedenen Sprachen unterscheiden können, wie die Reaktion von Ava auf ihren Großvater zeigt (vgl. Vignette). In verschiedenen, auch gegensätzlichen Theorien des Zweitsprachenerwerbs (*Second Language Acquisition* – SLA; vgl. Kapitel 2) wird die Ansicht vertreten, dass sich die mentalen Grammatiken von bilingualen Sprechern unabhängig voneinander oder parallel entwickeln – je nachdem, welcher Theorie man mehr Erklärungswert einräumt: der generativen *SLA* mit Chomskys *Universal Grammar* (*UG*), als einer sogenannten *Human Language Making Capacity* (*LMC*; vertreten durch Meisel: 35), sowie ihrer radikalen Version der *Fundamental Difference Hypothesis* (*FDH*, Bley-Vroman: 2010) oder neueren Ansätzen der Kognitionstheorie, des Konstruktivismus und den Erkenntnissen der Neurowissenschaften. In diesem Zusammenhang entpuppt sich der vermeintlich entstehende „*macaronic language mix*" als *Code-Switching* und Zeichen einer bewussten Wahl, nämlich „*the ability to select languages according to interlocutor, situational context, topic of conversation etc.*" (Meisel: 72). Alle diese Paradigmen beziehen sich nicht nur auf die simultane Zweisprachigkeit in der Kindheit, sondern haben auch eine erhebliche Bedeutung für den sukzessiven Bilingualismus in CLIL-Programmen und sind in einer Kontrastierung nativistischer und kognitiver Positionen interpretierbar (vgl. Kapitel 2). *Code-Switching* selbst ist Bestandteil des CLIL-Instrumentariums (*tools and skills*) und funktioniert als "*Translanguaging*" zusammen mit anderen sprachlichen Fertigkeiten wie Mediation, visuellen Darstellungen und digitalen Hilfsmitteln im Kontext interaktiver Methoden, instruktiver Strategien und Szenariotechniken (vgl. 5.4 und 8.10).

Die **Vorteile** von frühkindlicher Zweisprachigkeit lassen sich in folgenden Punkten zusammenfassen:

- der beschleunigte Spracherwerb ist einer der unbestrittenen Pluspunkte der bilingualen Förderung,

- muttersprachliche Kompetenz ist erreichbar, wenn ein ausreichender linguistischer Input vorhanden ist,
- Lesekompetenz und kognitive Herausforderungen werden als weiterer Mehrwert verbucht, der auf neurologische Befunde rekurriert,
- zweisprachige Kinder erfahren andere soziale Wirklichkeiten,
- sie sind in der Lage, die gleichen Ideen in zwei Sprachen auszudrücken,
- sie tauchen in Kulturen ein, in denen andere Bedeutungen und Werte verhandelt werden.

Meisels Ratgeber für „zweisprachige Eltern" listet diese und weitere Vorteile auf, um bilinguale Prozesse zu anzustoßen, und er ermutigt Erwachsene, mehrsprachige Situationen durch einen reichen authentischen Input zu schaffen (vgl. Meisel: 7 ff, 221 ff).

1.3 Sprachentwicklung bilingual

Diese Perspektiven werden in einer ausführlichen *„Bilingual Speech Production Review"* bestätigt, die an der Medizinischen Hochschule Hannover (MHH) durchgeführt wurde (MHH-Review: 2013). In der Begutachtung von 66 Studien aus den letzten 50 Jahren wurde der Spracherwerb bei bilingualen Kindern unter vier und bis zu 12 Jahren untersucht, thematisch analysiert und hinsichtlich Methoden, zentraler Ergebnisse und zugrunde liegender Theorien zusammengefasst. Die wichtigsten Ergebnisse deuten darauf hin, dass zweisprachige Kinder nur in wenigen Fällen eine langsamere Sprachentwicklung aufweisen als die einsprachige Vergleichsgruppe, dafür aber qualitative Unterschiede und eine größere Variation in der Sprachproduktion aufweisen. In dem Bericht heißt es weiter: *„more recently researchers have moved away from investigating whether there are one or two phonological systems and accept that there are two systems that interact"* (ebd.: n.p.). Damit ist der Blick frei geworden für die Frage, welche Auswirkungen die vermutete Interaktion zwischen beiden Systemen, in der Regel einer stärkeren (L1) und einer schwächeren Sprache (L2), hat und ob sich diese positiv oder negativ bemerkbar machen. Insgesamt lässt sich ein stärkerer

Transfer von der dominanten (L1) Sprache auf die später erworbene Zweitsprache (L2) feststellen, *„more evident with increased age and length of exposure to a second language"* (ebd.), ein entscheidender Parameter bei der Etablierung von CLIL-Programmen, die häufig mit SchülerInnen der 7. Klasse beginnen und auf eine sukzessive Zweisprachigkeit abzielen.

Umgekehrt gibt es aber auch Hinweise darauf, dass es zu Transfers von L2 zu L1 kommen kann, immer dann, wenn es quantitative Unterschiede gibt, insbesondere bei gleichzeitiger oder sukzessiver Zweisprachigkeit. Allerdings ist es kaum möglich, in beiden Fällen einen ausreichenden sprachlichen Input zu quantifizieren:

> We do not know what the 'normal' amount of exposure to a language is. The number of child-directed utterances or, more specifically, of verbal interactions varies enormously across families, monolinguals as well as bilinguals. Consequently, we have an only approximate idea of what the minimum amount of input is for a child to be able to develop a native competence. It should definitely not drop below 20 per cent of the total amount of verbal interactions a child receives. More reduced amounts of exposure to a language may suffice to trigger linguistic development, but this will happen at a significant slower rate and it is unlikely to result in native competence (Meisel: 177 f).

Zu den Vorteilen einer Zweisprachigkeit von Kindern zählen dann insgesamt die Öffnung für eine andere Kultur und die Fähigkeit, zumindest teilweise dieselben Ideen in zwei Sprachen auszudrücken. Um dieses zu ermöglichen, gibt es, auch wenn es nicht in konkreten Zahlen messbar ist, einen Mindestschwellenwert für den Kontakt mit einer Sprache, und Kinder würden von einer sprachlich reichen Umgebung enorm profitieren. Das Ergebnis eines solchen Erwerbsprozesses – insbesondere von Anfang an – wird mit ziemlicher Sicherheit weitaus effektiver sein als das, was normalerweise im Fremdsprachenunterricht erreicht wird (vgl. ebd. 185).

1.4 Die Lücke zwischen Wissen und Performanz

Studien zum Spracherwerb müssen sich jedoch auch mit der Lücke zwischen Wissen und Umsetzung befassen, mit anderen Worten mit dem Unterschied zwischen *knowing* und *doing* (*proficiency*, *performance*⁴*).* Während Lexikon und Grammatik die wichtigsten Komponenten des sprachlichen Wissens eines Sprechers sind, ist die Fähigkeit, seine sprachliche Kompetenz in einer kommunikativen Interaktion zu aktivieren, genauso entscheidend. Zur Veranschaulichung wird oft das bekannte „*tip-of-the-tongue*"-Phänomen angeführt, eine Situation, in der sich Sprecher nicht an ein Wort oder einen Begriff erinnern können, obwohl sie das Gefühl haben, dass die Erinnerung unmittelbar bevorsteht, „*auf der Zunge liegt*". Es tritt in allen Altersgruppen auf und kommt häufig genug vor, um das Lernen oder alltägliche Situationen zu beeinträchtigen. Dabei sind die Betroffenen kurzzeitig nicht in der Lage, ein häufig benutztes Wort, einen Namen oder sogar Gedanken abzurufen, können sich aber wenig später und spontan wieder erinnern. Offensichtlich ist das Sprachelement bekannt, aber gerade nicht verfügbar. Wenn bei dem Erinnerungsversuch eine Wortliste durchgegangen wird, werden die falschen Bezeichnungen abgelehnt, andererseits können aber bestimmte Eigenschaften wie Anfangslaut, Silbenzahl oder klangaffine Aspekte identifiziert werden. Daraus lässt sich schließen, dass nicht alle Bedeutungsanteile verloren, sondern nur teilweise zugänglich sind. Im mentalen Lexikon werden mithin Sprachelemente auf verschiedene Weise abgerufen, nicht nur über den Anfangslaut (vgl. ebd. 16).

Für dieses Phänomen scheint es keine einheitliche Erklärung zu geben. Entweder ist die Gedächtnisleistung eines Sprechers nicht stark genug, um ein bestimmtes Item abzurufen (*direct access view*), oder ihm oder ihr fallen falsche, aber ähnliche Antworten auf eine Frage ein. Bei dieser Erklärung werden die Antworten als *blocker* bezeichnet, weil sie die Möglichkeit blockieren, das richtige Item abzurufen; sobald sie überwunden sind, ist der Abruf wieder möglich (*blocking-hypothesis*; vgl. ebd.). Wenn es also verschiedene Wege der Aktivierung gibt, hängt ein erfolgreicher Abruf von entsprechenden Hinweisen ab und der lexikalische Zugriff erfolgt gleichzeitig in Stufen. „*Language learners must therefore develop both a grammatical competence and the proficiency to put it to use in a wide array*

---

4   Proficiency – die Fähigkeit, Sprache im Alltagsleben zu benutzen; performance – Sprache in einer eng beschriebenen Situation wie dem Klassenraum verfügbar.

of communicative contexts" (ebd.). Es stellt sich mithin die Frage: Wie verhält es sich bei bilingualen Sprechern? Zeigen sich bei ihnen ähnliche Phänomene, oder ist ihr mentales Lexikon aufgrund der erhöhten sprachlichen Beanspruchung doppelt belastet? Experimente der *American Psychological Association* (APA 2020: o.S.) deuten darauf hin, dass bilinguale Sprecher im Vergleich zu ihren monolingualen Altersgenossen einer „doppelten Verarbeitungslast" ausgesetzt sind, die in bestimmten Situationen zu Schwierigkeiten führen kann, ansonsten aber vorteilhaft ist. Bei der Beschreibung von visuellen Objekten und Personennamen zeigten spanisch-englische Sprecher beispielsweise relativ bessere Ergebnisse beim Abrufen von Eigennamen, die schwieriger zu reproduzieren sind, als für monolinguale Sprecher: *„for a harder task, bilinguals showed relatively better performance. Bilingual disadvantages may be limited to representing multiple forms for individual meanings; proper names improved naming because they have essentially the same form across languages"* (ebd.).

1.5 Die Duale System-Hypothese
(Dual System Hypothesis)

Ob dieses auch als Bestätigung der *Dual System Hypothesis* (*DSH*; vgl. Meisel: 48), auch *Dual Language System Hypothesis* (vgl. Genesee: 1996), gesehen werden kann, ist umstritten, aber zumindest deutet es auf weitere Unterschiede im sprachlichen Wissen und in der sprachlichen Umsetzung zwischen monolingualen und bilingualen Sprechern hin, die für eine genauere Untersuchung der Umsetzung in CLIL-Programmen nützlich sind. Die *DSH* geht von einer frühen Differenzierung der Sprachsysteme aus, charakteristisch für das Entwicklungsmuster, das Simultan-Zweisprachige typischerweise durchlaufen. Auf der Grundlage der Ergebnisse von Fallstudien der letzten 30 Jahre wird diese Hypothese weitgehend akzeptiert (vgl. Meisel: 48, 72).

Nach der Auffassung von Vertretern der *DSH* erwerben zweisprachige Kinder von Beginn des Spracherwerbs an zwei unterschiedliche Sprachsysteme, die als Prozess zu zwei verschiedenen mentalen Grammatiken führen (vgl. Meisel: 52); ihre Regeln gehen nicht von einer Sprache in die andere über (vgl. Bradley: 2020 n.p.), wenngleich eine sprachliche Interaktion zwischen den beiden Systemen nicht bestritten wird. Diese Interaktion würde „*vor allem in Umgebungen stattfinden, in denen eine Sprache dominant und die andere schwach ist, entweder im sozialen Kontext oder in den Köpfen der Sprecher*" (Meisel: 53; meine Übersetzung). Da zweisprachige Programme wie CLIL zwangsläufig mit einer stärkeren (L1) und einer schwächeren Sprache (L2) zu tun haben, hätte es eine Reihe von Konsequenzen für Lehrstrategien und Lernprozesse, die bei der Betrachtung der CLIL-Werkzeuge und -Fähigkeiten diskutiert werden (vgl. Kap. 7). Doch trotz dieser auf Beobachtungen und *common sense* basierenden Annahme bedürfen die Begriffe „stark" und „schwach" einer gewissen Qualifizierung:

> Empirische Begründungen für die Einstufung einer Sprache als "schwach" oder "nicht dominant" beziehen sich in der Regel auf eine oder mehrere der folgenden Beobachtungen: a) Die betreffende Sprache wird selten oder gar nicht aktiv verwendet; b) die andere Sprache wird stark bevorzugt; c) die Entwicklung der vermeintlich schwachen Sprache ist weniger weit fortgeschritten als die der anderen Sprache (ebd.: 130; meine Übersetzung).

Im Kontext der *DSH* gilt es als erwiesen, dass bilinguale Kinder keine besonderen Stufen durchlaufen müssen, um schließlich zwischen zwei Sprachen unterscheiden zu können. Sie verfügen im Gegenteil über zwei Sprachsysteme und wissen auch, welches System mit welcher Sprache verbunden ist (vgl. Bradley: 2020 o.S.). Neuere Studien belegen, dass bilinguale Sprecher für jede Sprache das „richtige" System verwenden, ohne sie zu vermischen, dass sie unterscheiden können, welche Sprache gesprochen wird – wie Avas Beispiel in der Vignette gezeigt hat – und dass zweisprachige Kinder in der gleichen Sprache reagieren, die mit ihnen gesprochen wird (vgl. ebd. und Genesee: 1996).

> This shows us that bilingual children under the age of two could differentiate the language being heard and respond with the same language, which supports the idea that children have two different language systems (Bradley: 2020 o.S.).

Insgesamt und auch entsprechend der MHH-Review (1.3) liefern die Studien ein nicht eindeutiges und eher komplexes Bild in Bezug auf die Beziehung zwischen Muttersprache (L1) und erworbener Fremdsprache (L2). Festgestellt wird ein gewisser Transfer von L1 zu L2 und umgekehrt und damit die Existenz von zwei Sprachsystemen, die nicht unabhängig existieren, sondern miteinander verbunden sind. Die Frage nach einem einheitlichen phonologischen System wurde in der Mehrheit der untersuchten Studien regelmäßig zugunsten des Nachweises von zwei getrennten Systemen modifiziert. Die Beobachtung, dass zwei Sprachen gemeinsame Phoneme aufweisen, wurde durch die Erfahrung untermauert, dass diese in einer Sprache vor der anderen erworben werden. Diese Verflechtung erklärt nicht nur die Tatsache, dass die Forscher robuste Belege für den Transfer von der dominanten Sprache in die später erworbene Sprache (L1 zu L2) als *Interlanguage* gefunden haben, sondern spiegelt sich auch darin, dass es nur zwei ältere Studien (aus den 1970er und 1980er Jahren) gibt, die für ein einheitliches Sprachsystem plädieren. Empirische Beobachtungen tragen mithin dazu bei, die Gültigkeit von Spracherwerbstheorien in einem Maße zu bestimmen, das für den Unterricht in bilingualen Programmen an Schulen relevant ist. Wie aber dem *Code-Switching* und dem Phänomen der *Interlanguage* Rechnung getragen werden kann, gehört zu den Herausforderungen, die mit CLIL verbunden sind und die in einem abschließenden Blick auf Desiderata dieses Ansatzes (Kapitel 9) zu diskutieren sind.

1.6 Das *OPOL*-Prinzip
(*Unitary Language System*)

Die Annahme einer universellen Grammatik (vgl. Kapitel 2.3) durch Wissenschaftler wie Noam Chomsky geht davon aus, dass Kinder, die bereits im Säuglingsalter zwei Sprachen gleichzeitig lernen, eine Phase durchlaufen, in der sie ihre beiden Sprachen nicht mehr voneinander unterscheiden können. Mit anderen Worten: Zweisprachige Kinder vermischen regelmäßig Elemente aus ihren Sprachen. Die empirische Grundlage dieser Vermutung wurde in den 1990er Jahren neu untersucht (siehe oben: Genesee-Studie 1996) mit dem Ergebnis, dass zweisprachige Kinder von Anfang an differenzierte Sprachsysteme entwickeln und in der Lage sind, ihre sich entwickelnden Sprachen kontext-sensitiv zu verwenden. In diesem Zusammenhang ist es wichtig, sich zu vergegenwärtigen, dass *Code-Switching* kein Zeichen dafür ist, dass eine starke Sprache (L1) die schwache (L2) dominiert oder gar zu der bereits erwähnten *„macaronic language mix"* (Meisel: 8, 58) führt, sondern vielmehr die Kompetenz bilingualer Sprecher kennzeichnet, ihre Sprache je nach Gesprächspartner und Situation zu wählen.

Dabei relevant ist die mögliche Rolle des elterlichen Inputs in Form von gemischten Äußerungen und dessen Gegenteil, der *„one person, one language"* (*OPOL*) Methode. Seit den Anfängen der Forschung zur bilingualen Entwicklung, die Meisels bilingualer Leitfaden (1.2) bereits in der Mitte der 1910er Jahre ansiedelt (Meisel: 86), hat *OPOL* eine bedeutende Rolle gespielt. Es wurde viel später und im deutschen Kontext durch die bekannte *„aufgeklärte Einsprachigkeit"* (Butzkamm: 2019) modifiziert und ist bis heute ein kontroverses Thema sowohl in der bilingualen Theorie als auch in CLIL-Strategien. Ohne wissenschaftliche Belege wird der *OPOL*-Ansatz empfohlen, weil *„dieses Prinzip oder diese Methode auf Überlegungen des gesunden Menschenverstandes beruht und nicht auf Einsichten in die Mechanismen des bilingualen Spracherwerbs"* (Meisel: 87; meine Übersetzung). Dementsprechend wird in Meisels Leitfaden nicht empfohlen, gegenüber Kindern Sprachen frei zu mischen. Erwachsene Gesprächspartner sollten es sich vielmehr zur Gewohnheit machen, gemäß dem *OPOL*-Prinzip bei einer Sprache zu bleiben. Dabei handele es sich allerdings nicht um ein Dogma sondern lediglich um eine nützliche Strategie. Zu Befürchtungen über eine negative Auswirkung auf den bilingualen Spracherwerb gebe es keinen Anlass, im Gegenteil: *Code-Switching*, dem Einfügen von Substantiven aus der anderen Sprache etc., könne die Kommunikation erleichtern oder sogar verbessern (vgl. Meisel: 118 f.).

Inwieweit das *OPOL*-Prinzip auch auf den Unterricht in CLIL-Programmen angewandt werden sollte, bleibt dabei eine offene Frage, denn hier muss die Lehrkraft die geeignete Strategie wählen, um den Lernprozess zu unterstützen, einen verständlichen Input zu gewährleisten und eine effektive Kommunikation aufrechtzuerhalten. Es ist zutreffend, dass *Code-Switching* und *Interlanguage* nicht nur ein Phänomen der frühkindlichen Zweisprachigkeit sind, sondern sogar noch relevanter werden, wenn es um die zielführende Zweisprachigkeit in CLIL-Programmen geht. Hier wird die Verwendung von L1 und L2 in Unterrichtssituationen unter Forschern und Lehrern immer noch kontrovers diskutiert, insbesondere hinsichtlich der Frage, ob sie eine verstärkte Einsprachigkeit unterstützt oder nicht – aktuell wieder aufgegriffen in der wissenschaftlichen Empirie-Untersuchung von Subin Nijhawan (Nijhawan 2022). Sie ist auch bei der Entwicklung der Diskurskompetenzen von BICS zu CALP[5] beachtenswert und wird bei der Betrachtung der Herausforderungen und Desiderata des bilingualen Unterrichts zusammenfassend diskutiert (vgl. Kap. 9).

Revue passieren – reflektieren – recherchieren

Vergleichen Sie Risiken und Vorteile des frühkindlichen Bilingualismus.
Diskutieren Sie das "Experiment" des jungen Paares aus Süddeutschland.
Würden Sie Ihre Kinder zweisprachig erziehen, wenn Sie die Möglichkeiten dazu hätten?
Warum/warum nicht?
Verfolgen Sie die Debatte über den Einsatz von L1 und L2 im bilingualen Unterricht.
Welcher Auffassung neigen Sie zu?

Zum Weiterlesen:
(Hoffmann, Gerhard)
https://www.elg-alzey.de/assets/ueber-uns/Bili/Aufbau-bilingualer-Unterrichtssequenzen.pdf
(Kultusministerium Baden-Württemberg)
https://km-bw.de/,Len/startseite/schule/Realschuledigital

---

[5] Akronyme eingeführt von Jim Cummins (1979): *BICS=Basic Interpersonal Communicative Skills; CALP=Cognitive Academic Language Proficiency* (vgl. 5.4 Diskurskompetenzen).

Notizen:

Kapitel 2

Dimensionen des Spracherwerbs

Vignette: Language is the dress of thought

Mixing languages on the very same island is, of course, a well-known historical phenomenon and could become a serious political problem as well, as in the case of the United Kingdom of Great Britain and Northern Ireland, where English and Gaelic were spoken in the Northern parts to a great extent. But then English had gradually replaced Scottish Gaelic in the 18th century, because the latter was heavily suppressed during the infamous Highland Clearances following the *Jacobite* uprisings which ended with their defeat at Culloden in 1746[6].

The leader of the *Jacobites*, mockingly called "*Bonny Prince Charlie*", had failed in his attempt to restore the Stuart dynasty – rulers for over three centuries – and was chased by a victorious English army throughout the Highlands. Disguised as a servant maid he was finally smuggled on a boat to the Isle of Skye by Flora Macdonald, in whose house he stayed for some time during 1746 and eventually fled to Rome where he died in poverty and as a drunkard.

Almost thirty years later (in 1773), Samuel Johnson overcame his resentment to the Scots and embarked on his famous 3-month *Tour to the Hebrides*. 20 years before, the English poet, essayist, and literary critic had just about finished a major publication: *Johnson's Dictionary* turned out to become a standard lexicon for more than 150 years and formed the basis for all subsequent English dictionaries, namely the Oxford English Dictionary in the 1900s. After the final publication in 1755 he was given a doctorate and hence was

---

[6] Speakers of Gaelic were persecuted over the centuries: in the Scottish Lowlands there was still a cross-over between English and Scottish Gaelic whereas in the 18th century the Highlands were more or less exclusively Gaelic. (adapted from: https://traveltrade.visitscotland.org/content/pdfs/fact-files/4030740)

often referred to as Dr Johnson. His interest in languages went much further than presenting the meaning of words and their etymology, but typically included personal remarks and opinions, with even some derogatory comments about his Northern neighbors; a case in point is his definition of *"oats"* – usually referred to as a cereal used as food – : *"A grain, which in England is generally given to horses, but in Scotland supports the people"*[7].

In this context, Dr Johnson had read an account of the Hebrides and had been much interested by learning *"that there was so near to him a land peopled by a race which was still as rude and simple as in the Middle Ages"* (EB 1939: 114). Thus, the wish developed in him to explore the state of a society which was utterly different to all he had ever seen and whose Gaelic language he was not familiar with:

> At length, in August 1773, Johnson crossed the Highland line and plunged courageously into what was then considered, by most Englishmen, as a dreary and perilous wilderness ... [he wandered] about two months through the Celtic region ... About the beginning of 1775 his Journey to the Hebrides was published, and was, during some weeks, the chief subject of conversation in all circles in which any attention was paid to literature. His prejudice against the Scots had at length become little more than a matter of jest; and whatever remained of the old feeling had been effectually removed by the kind and respectful hospitality with which he had been received in every part of Scotland (ibid.).

Dr Johnson's Scottish venture was even more popularized by the diary of his friend and travel companion James Boswell, in which he, among other Highland encounters, tells the story of how Dr. Johnson met the very same Flora Macdonald, who had helped Bonny Prince Charlie in his escape from the English soldiers, and even slept in the same bed:

> Monday, 13th September [1773]. The room where we lay was a celebrated one. Dr. Johnson's bed was the very bed in which the grandson of the unfortunate King James the Second lay, on one of the nights after the failure of his rash attempt in 1745-46, while he was eluding the pursuit of the emissaries of government, which had offered thirty thousand pounds as a reward for apprehending him." (Boswell 1785: 130).

---

[7] In: https://www.thoughtco.com/samuel-johnsons-dictionary-1692684.

Dr. Johnson's fame in posteriority was also grounded on a later publication, his *Lives of the Poets* series (published in 3 volumes between 1779 and 1781) which contains his most famous surviving quote:

> **Language is the dress of thought:** and as the noblest mien, or most graceful action, would be degraded and obscured by a garb appropriated to the gross employments of rusticks or mechanicks; so the most heroick sentiments will lose their efficacy, and the most splendid ideas drop their magnificence, if they are conveyed by words used commonly upon low and trivial occasions, debased by vulgar mouths, and contaminated by inelegant applications. (https://cowley.lib.virginia.edu/small/johnsoncowley.htm; my emphasis)

Dr. Johnson's metaphor, here applied to the writings of the English poet Abraham Cowley, has been the subject of a variety of essays and comments in either an agreeing or disapproving mode[8]. It is, basically, a reflection of the connection between thinking and its linguistic expression and, at the surface, hard to contradict. When it comes to the analysis of higher order thinking skills (the so-called HOTS, cf. chapter 5.7), however, a couple of issues arise. If the kind of clothes you wear reflects in some ways what you are, your style of speech would indicate your thinking and, in Dr Johnson's own diction, spoil the quality of your most brilliant ideas and *"drop their magnificence"*.

The Lives of the Poets has been called the best of Dr Johnson's works: "The narratives are as entertaining as any novel. The remarks on life and on human nature are eminently shrewd and profound" (EB 1939: 115). But clothing seems to be more than "just having something on", it is subject to fashion, sometimes hides more than it shows and it is also supposed to protect and support his or her bearer. When it comes to language *"as the dress of thought"* texts and translations have to fit the context and need to express your ideas and intentions. On a lighter note, it could be said that language is not the dress but the costume of thought[9], disguising

---

[8] Numerous entries in blogs also address this metaphor as a controversy, e.g. in: https://www.usingenglish.com/poll/63.html.

[9] An older essay by the late Columbia University Professor Nicolas Christy discusses variations on this topic in his essay *"Is Language the Dress of Thought?"* (Christy 1980: 98-106), on which the following deliberations are based. https://www.ncbi.nlm.nih.gov/pmc/articles/PMC2279452/.

what people mean to say and, in this way, separating thoughts from the language supposed to express them. The famous philosopher Ludwig Wittgenstein, for instance, underwrote the possibility that language could deceive people and Noam Chomsky as a linguist underlines the creative and innovative character of language which leads him to his conclusion of language innateness and the nativist element of his frequently cited *Universal Grammar*. Other writers have engaged in similar discussions: George Orwell pointed at the corruption of language and thought working in both ways, and Hans Christian Andersen described the admiration of missing garments in the "*Emperor's New Clothes*" as a sign of subjugation and the fear of being left out by praising the stuff they do not see.

As much as the exact relation between language and thought might never be known, even the origins of language themselves are somewhat diffuse. Language in the widest sense of the word refers to any means of communication between living beings and in its developed form is decidedly a human characteristic, considered the distinctive mark of humanity:

> On the ultimate origin of language speculation has been rife ... Greek philosophers were divided into two groups on this question, some thinking that there is from the beginning a natural connection between sound and meaning and that, therefore, language originated from nature, while others denied that connection and held that everything in language was conventional. The same two opposite views are represented among the linguistic thinkers of the 19th century, the former in the nativism of W. v. Humboldt ..., the latter in the empiricism of Whitney etc. (EB 1939: 702).

In this light, the assumptions about the origins of language, the connections between thought and its linguistic expression and the relationships between acquired native and learned foreign languages have remained open to discussion and provided a rich field for research and investigation in the language classroom.

2.1 Spracherwerbsforschung

Für Sprachentwicklung und Spracherwerb hat im Laufe der Jahre und über Bilingualismus hinaus die linguistische Forschung im Zusammenhang mit *Second Language Acquisition* (*SLA*) recht unterschiedliche, wenn nicht sogar kontroverse Ergebnisse erbracht. Sie scheint zwischen den Gegensätzen von *Dual System Hypothesis* (*DSH*) und *Unitary System Hypothesis* (*USH*) zu mäandern und geht sogar zurück auf die Annahmen von Lernpsychologen wie Carel van Parreren (1960). Van Parreren ging von einem mentalen dualen System aus, bei dem Interferenzen störende Verbindungen zwischen der L1- und der L2-Spur hervorriefen (wie bei altmodischen Stereo-Tonbandgeräten), und kritisierte die unitarische Sichtweise als schädlich für den Lernprozess.

Parallel dazu durchliefen Sprachlehrstrategien eine Reihe von Veränderungen, vom Behaviorismus und der direkten Methode (Berlitz) bis hin zu paradigmatischen Umkehrungen wie Immersion und generativer *SLA*[10]. Mittlerweile im Vordergrund stehen aber kommunikative, kompetenzorientierte und interkulturelle Ansätze, angelehnt an den Konstruktivismus. All diese Veränderungen haben Unterrichtsstrategien stark beeinflusst und wurden zuletzt durch sozial-konstruktivistische Ideen ergänzt, die sich auf Wygotskis *Zone of Proximal Development* (*ZPD*: Wygotski 1962; vgl. Klewitz 2017a: 15) und auf Forschungsergebnisse der kognitiven Neurowissenschaften und der experimentellen Neurolinguistik beziehen. Eine umfassende und integrative Betrachtungsweise von Lernprozessen im Allgemeinen gewinnt derzeit erheblichen Einfluss mit dem Konzept des *Visible Learning*, basierend auf den Metaanalysen des neuseeländischen Bildungsforschers John Hattie.

Eine zentrale Frage bleibt jedoch bestehen – ob es nämlich grundlegende Unterschiede zwischen dem Erwerb der Muttersprache (L1) und dem Erlernen der Zweit- bzw. Fremdsprache (L2) gibt und wenn ja, wie entscheidend diese sind. Offensichtlich geht der L1-Erwerb mit der parallelen Entwicklung von Kultur- und Weltwissen einher und geschieht stets erfolgreich und in den meisten Fällen mühelos, wenn auch nicht automatisch. Das Erlernen einer Fremdsprache hingegen wird als schwieriger empfunden, kann nur bis zu einem bestimmten Niveau – wie beispielsweise in den Globalskalen des Gemeinsamen europäischen Referenzrahmens für Sprachen (GeR) beschrieben (vgl. 3.2 und 6.2) abgeschlossen

---

10 Genauer beschrieben in 2.3 als Noam Chomskys Universal Grammatik und *Language Making Capacity – LMC*.

werden, und eine muttersprachliche Kompetenz wird selten bis gar nicht erreicht.

Das erreichbare Sprachniveau hängt außerdem von großen individuellen Unterschieden ab, der Motivation, den Einstellungen und Lerner Typen sowie von den jeweiligen gesellschaftlichen Erwartungen, den schulischen Bedingungen und dem kulturellen Umfeld. Gleichzeitig gibt es gewisse Parallelen zwischen L1- und L2-Erwerb: Beim Sprachenlernen von Kindern und Erwachsenen treten ähnliche Fehler auf, beispielsweise bei *to-do* Negationen im Englischen, Syntaxfehlern im Deutschen, Fossilisieren in der Entwicklung der so genannten *Interlanguage* – als eine Phase im Erwerbsprozess, die den Lernfortschritt bremst oder zum Stillstand bringt. Ähnliches gilt für das *third-person singular ‚s'* und andere grammatikalische Phänomene, die von der Zielsprache abweichen und schwer zu „reparieren" scheinen. Die Antwort auf die Frage, ob das Lernen von L2 bewusstem (Lernen) oder unbewussten (Erwerb) Mustern folgt, hängt von den jeweils zugrunde gelegten Lerntheorien ab (vgl. im Detail Riemer 2010: 278 ff).

2.2 Behaviorismus

Eine der frühen Lerntheorien, die zwischen den 1940er und 1970er Jahren sowohl in den anglophonen als auch in europäischen Ländern allgemein verbreitet war, wurde vom Behaviorismus geprägt. Danach wird Lernen als Verhalten in der Interaktion mit der Umwelt konditioniert, neues Verhalten und mithin Lernen als Reaktion auf Umweltreize beschrieben. Verhaltensweisen, die auf Reize reagieren, sollten auf systematische und beobachtbare Weise untersucht werden, im Gegensatz zu interaktiven Ereignissen wie Denken oder Emotionen, Erwartungen und Motivation. In dieser Theorie wurde die Dialektik zwischen Natur und Erziehung, *nature versus nurture* (2.7) zugunsten von Erziehung aufgelöst, da angeborene oder vererbte Faktoren nahezu ausgeschlossen wurden. Übertragen auf das Sprachenlernen wurde das Reiz-Reaktions-System inklusive positivem und/oder negativem Feedback durch so genannte *patterns* realisiert, die zwar Wiederholungen und Korrekturen, aber kaum situative oder bewusste Operationen, geschweige denn Sprachbewusstsein zuließen. Da man sich das Gehirn des Lernenden als eine Blackbox vorstellte, die zwischen Stimulus und Reaktion agiert, standen die Ergebnisse der Lernaktivitäten im Mittelpunkt des Unterrichts, sie waren messbar und vergleichbar.

Das ist wahrscheinlich der Grund, warum audiolinguale und audiovisuelle Methoden, die direkte Anwendung der behavioristischen Lerntheorie, immer noch eingesetzt werden, um Erkenntnisse über das Lernen und die Sprachentwicklung zu gewinnen, obwohl die Theorie selbst inzwischen in vielen Details widerlegt wurde, wenngleich sie in Lehrbüchern, Übungssequenzen und in der audiolingualen Praxis eine gewisse Relevanz behält.

Der behavioristische Ansatz ging davon aus, dass alle komplexen Verhaltensweisen, einschließlich des Spracherwerbs, von der Umwelt erworben werden, abgesehen von einigen wenigen angeborenen Reflexen und der grundsätzlichen Fähigkeit zum Lernen. Diese Annahme wurde sowohl von den frühen Gestaltpsychologen als auch von späteren Theorien der kognitiven Entwicklung in Frage gestellt. Die Idee eines maschinell-geprägten menschlichen Verhaltens stieß auf starke Kritik, und in der Folge wurde eine neue Psychologie des Lernens und des Spracherwerbs entwickelt, zu der die oben bereits erwähnte Theorie eines zweigleisigen Systems des niederländischen Psychologen Carel van Parreren (van Parreren 1960) gehörte. Die damit verbundene Gestalttheorie hatte bereits ein Konzept des erkenntnisgeleiteten Lernens unterstützt, das besagt, dass Menschen am effektivsten lernen, wenn sie Probleme lösen und ein Gestalt- oder Organisationsprinzip erkennen. Van Parreren wiederum konzentrierte sich auf die Bedeutung von Wahrnehmungen und Affekten für das Verständnis des menschlichen Lernens. In seiner kognitiven Entwicklung basierte das Lernen immer auf Handlungen, die von den SchülerInnen mit Hilfe von Lehrern oder sachkundigeren Gleichaltrigen durchgeführt wurden.

Damit folgte van Parreren den Vorstellungen Wygotskis von einem Lernkonzept, das in einer Zone der proximalen Entwicklung (ZPD; vgl. ausführlich 7.1) wirksam ist. Wygotski, ein in den 1930er Jahren forschender sowjetischer Psychologe, hatte seine Theorie mit dem Zusammenhang von Sprechen und Denken begründet (1962: *Thinking and Speech*). Weil aber die kulturhistorische

Psychologie dieser Zeit – während des Kalten Krieges – aus politischen Gründen als suspekt galt, und wurden diese Gedanken erst später von Mainstream-Wissenschaftlern wie Jerome Bruner und seinem Konzept des *Scaffolding* aufgegriffen.

Im Rahmen der kognitiven Psychologie hatte sich van Parreren vor allem mit dem Problem der Interferenz in Lernprozessen beschäftigt, insbesondere mit der Beziehung zwischen zwei Sprachen (L1 und L2) beim Spracherwerb. Im Gegensatz zu neueren Forschungsergebnissen, in denen komplexere Unterscheidungen wie positive und negative Interferenzen sowie Inferenzen diskutiert werden, ging er in seiner Annahme des mentalen Dual-Track-Systems davon aus, dass die Verknüpfung von zwei Systemen, in diesem Fall von zwei Sprachen, nachteilige Auswirkungen hat. Insbesondere bei Sprachen, die sich durch Ähnlichkeiten in Struktur und Lexik auszeichnen, käme es zu negativen Effekten: ein sprachliches Element (aus der L1) würde ein anderes (aus der L2) beeinflussen, da die SchülerInnen dazu neigten, eine kognitive Verbindung zwischen verwandten Elementen herzustellen.

Der Fremdsprachenunterricht müsste in der Folge darauf abzielen, Verbindungen zwischen Muttersprache und Fremdsprache(n) zu verhindern, was eher Konvergenzprozesse unterstützen als korrekte und nachhaltige Lernergebnisse ermöglichen würde. Mentale Spuren des Fremdsprachensystems würden sich mit den muttersprachlichen Elementen vermischen und die Häufung ähnlicher Elemente würde die ansonsten getrennten Spuren von L1 und L2 verbinden. Van Parreren erklärt diesen Prozess der Homogenisierung damit, dass ursprünglich getrennte mentale Spuren zu einem System verschmolzen werden (*clumping factor*). Aus diesem Grund sollte die explizite Trennung von L1 und L2 gefördert und sogar geschützt werden, indem Berührungen zwischen den beiden Sprachsystemen vermieden werden, um den interlingualen Transfer zu begrenzen, der von dem niederländischen Forscher und seiner Schule der kulturhistorischen Psychologie überwiegend als negativ angesehen wird.

2.3 Universal Grammatik und Rekursion

Trotz der Unterschiede in den Lern- und Sprachtheorien erschien Spracherwerb als bloßer Akt der Nachahmung immer weniger überzeugend, und die Abkehr vom Behaviorismus in der Lehrerschaft – oder ihrer Mehrheit – wurde durch konkurrierende Erklärungen über die Rolle angeborener oder muttersprachlicher Dispositionen beim L2-Lernen gefördert. Das Paradigma des *generativen SLA*, das auf dem Konzept der *Universal Grammar* (UG) basiert, wurde bereits in den 1950er bis 1960er Jahren von Noam Chomsky und seiner Schule entwickelt. In Anlehnung an *Poverty of Stimulus*[11] (*POS*) wurde die Existenz einer UG als Erklärung dafür angesehen, warum Kinder – trotz eines begrenzten Inputs an Sprachmodellen – in der Lage waren, sprachliche Strukturen zu entwickeln, die sie in ihrer eigenen Umgebung nicht hätten erfahren können. Dieses analysierte Chomsky als das logische L1-Problem mit der Schlussfolgerung, dass es allen Grund gibt, für eine angeborene UG zu plädieren – d. h. für eine kognitiv sprachspezifische Begabung.

Die UG, also ein angeborener oder *nativist* Mechanismus, wird als Produkt eines spezialisierten Sprachorgans im menschlichen Gehirn beschrieben, einer Fähigkeit, die der Beherrschung der Sprache gewidmet ist. Die Plausibilität des linguistischen Nativismus wurde nicht nur durch den oben erwähnten POS gestützt, sondern auch durch die alltägliche Beobachtung, dass Säuglinge und Kinder ihre Sprache fast mühelos und erfolgreich entwickeln, selbst wenn sie keine formale Unterweisung durch eine Betreuungsperson erhalten, die nicht aktiv versucht, die kindliche Grammatik zu korrigieren. Nach Chomsky würde die UG als mentales Modul also das Problem lösen, wie Kinder und damit Sprachlerner allgemein –

---

[11] POS – sogenanntes Problem der Reizarmut: erkenntnistheoretische Position, nach der sich mental verfügbare Konzepte nicht allein aus der Erfahrung gewinnen lassen; d.h. der Spracherwerb beruht nicht nur auf Lernmechanismen, sondern wird vor allem von vorgegebenen inneren Eigenschaften (*Language Making Capacity* – Meisel: 2019) gesteuert. Laut Chomsky gibt es Sprachmuster, die nicht allein durch positive Belege (Äußerungen, die ein Kind im Laufe seiner Sprachentwicklung hört) gelernt werden können; daher müssen Menschen über einen angeborenen Sprachmechanismus verfügen, der zur Erzeugung wohlgeformter Sätze befähigt – die Universal Grammatik (*Universal Grammar*).

die komplexen syntaktischen und semantischen Regeln erwerben und/oder lernen können, die notwendig sind, um Sätze zu bilden und zu kommunizieren, wenn sie sich allein auf ihre Umgebungssprache verlassen müssten.

Diese Fähigkeit oder dieses mentale Modul würde auch die Entwicklung ihrer sprachlichen Kompetenz erklären. Dennoch wäre viel mehr zusätzliches Wissen erforderlich, um eine tatsächliche Sprachverwendung zu ermöglichen – mit all ihren Einschränkungen, wie z. B. der oben erwähnten *TOT*. Als nativistischer Mechanismus würde sie beim Kontakt mit der Muttersprache ausgelöst werden und eine Eigendynamik entwickeln; ob der gleiche oder ein ähnlicher Prozess beim L2-Erwerb wirkt oder ihn zumindest beeinflusst, wird seither kontrovers diskutiert.

In den 1950er bis 1960er Jahren revolutionierten Chomskys linguistische Forschungen und die daraus resultierenden Theorien die akademischen Ansätze zum Spracherwerb weltweit und richteten sie neu aus. Mit dem Ziel, die Mittel und Wege zu beschreiben und zu erklären, mit denen Säuglinge und Kinder Sprache(n) erwerben, entwickelte der amerikanische Wissenschaftler ein System von Prinzipien und Bausteinen, die das angeborene Verständnis eines Säuglings für Syntax und Semantik belegen sollten. Schnell kam Kritik auf mit der Tendenz, Chomskys Thesen zu einer Binsenweisheit zu erklären:

> only humans have language, so sth. about our genome is "special" insofar as it enables us to develop a language faculty whereas other animals do not. In other words, humans have UG, a genetic propensity for language that is quite rich, but it need not be and, given our understanding of the evolution of the language faculty as of now as well as our general understanding of how genetics works, quite likely cannot be 100 % specific to language alone (https://dlc.hypotheses.org/1269).

Chomsky und seine KollegInnen haben – nach 2002 – bestimmte Annahmen einer „reichen *UG*" modifiziert und argumentieren, dass die domänenspezifische Fähigkeit der Sprache nur die Eigenschaft der Rekursion umfasst, als eine linguistische Eigenschaft, bei der sprachliche Äußerungen kontinuierlich in andere Äußerungen eingebettet werden können:

> Chomsky explains linguistic **recursion** as something that occurs when a grammatical sentence, which includes a noun or noun phrase and a verb, might or might not contain another sentence. In Chomsky's understanding, there is no upper bound, or outer limit, on how many sentences can be maintained within each other. In this understanding, recursion in language develops as we build increasingly long and complex sentences. ... Chomsky has understood recursion in language to be indicative of the tremendous creativity of language. Since the number of embedded sentences is unbounded, there are multiple possibilities for human expression as occurring within recursion (Sterns: 2018 o.S.; meine Hervorhebung).

Rekursion als „schlanke" Version der angeborenen Sprachfähigkeit beschreibt nunmehr eine minimalistische Position der Linguisten der Chomsky Schule anstelle einer „reichen UG". Doch insbesondere im Lichte neurobiologischer Forschungsergebnisse wird selbst diese reduzierte Version der UG zunehmend in Frage gestellt, bis hin zu dem Punkt, dass die UG möglicherweise gar nicht existiert, sondern Teil der allgemeinen kognitiven menschlichen Eigenschaften wäre. Zwei Fehleinschätzungen scheinen sich hartnäckig zu halten: dass ältere Menschen mehr Zeit brauchen, um eine Fremdsprache zu lernen, und dass man sie am besten auf der Grundlage der Grammatik lernt. Beide sind langlebig, weil sie, wie Chomskys *UG*, ständig wiederholt werden. Der Entwicklungspsychologe Michael Tomasello (2011; FAZ 6.11.2020) beispielsweise behauptet, dass sich bestimmte grammatische Prinzipien und Konstruktionen nicht biologisch entwickelt haben können, und der Kognitionswissenschaftler David Everett geht sogar so weit zu postulieren, dass *UG* überhaupt nicht existiert. Für Everett ist die Frage nicht, ob der Mensch rekursiv denken kann:

> The question is whether this ability is linked specifically to language or instead to human cognitive accomplishments more generally (it could be connected to both, but that is less likely given what we know about the organization of the brain) ... Recursion is not fundamental to human language but is rather a component of human cognition more generally... Language **does not seem to be innate**. There seems to be no narrow faculty of language nor any universal grammar. Language is ancient and emerges from general human intelligence, the need to build communities and cultures (Everett 2017: o.S.; meine Hervorhebung).

In der Forschung gibt es jedoch nach wie vor Sympathien für die Chomsky'sche Denkschule. In seinem Buch *The Language Instinct*

(1994) argumentiert der Psychologe Steven Pinker, dass der Mensch mit einer inneren Fähigkeit zur Sprache geboren wird. Anstatt jedoch eine universelle Grammatik vorzuschlagen, bezeichnet er diese Fähigkeit als einen „Instinkt", der sich im Laufe der biologischen Evolution entwickelt hat und nur dem Menschen eigen ist. Nach Ansicht des kanadischen Wissenschaftlers war dieser Instinkt für die Kommunikation unter sozialen Jägern und Sammlern von entscheidender Bedeutung und ist mit anderen tierischen Anpassungen wie denen von Spinnen (Netzweben) oder Bibern (Dammbau) vergleichbar. Als mentales Modul repräsentiert dieser Instinkt spezifische Strukturen im menschlichen Gehirn, die die allgemeinen Regeln der Sprache anderer Menschen erkennen, und bestätigt damit, dass „*Chomskys Theorie (zu jeder Zeit) eine Vielzahl von Linguisten angezogen hat, aber nie eine Mehrheit, da es immer konkurrierende Theorien gegeben hat*" (Horgan 2016: o.S.; meine Übersetzung):

> The misconception that Chomsky represents the dominant view comes from the fact that the opposition is divided into many approaches and factions, so there's no single figure that can be identified with an alternative. ... Another problem with the claim that Chomsky's theory of language "is being overturned" (as if it had ever been accepted, which is not true), is that it's not clear what "Chomsky's theory of language" refers to. He has proposed a succession of technical theories in syntax, and at the same time has made decades of informal remarks about language being innate, which have changed over the decades, and have never been precise enough to confirm or disconfirm. And it's not so easy to say what "Universal Grammar" or an innate "language faculty" consists of; it's necessarily abstract, since the details of any particular language, like Japanese or English, are uncontroversially learned (ibid.).

Weitere Erkenntnisse über die Eigenschaften der L1-Entwicklung, die von Pinker aufgegriffen wurden und auf die im bilingualen Ratgeber (Meisel 2019) Bezug genommen wird, haben offensichtlich drei relevante Phänomene bestätigt: (1) dass die L1-Aneignung immer erfolgreich ist, (2) dass sie mit einer bestimmten Geschwindigkeit erfolgt, und (3) dass die grammatische Entwicklung in der L1 gleichmäßig verläuft und die Kinder gleiche Entwicklungsphasen durchlaufen (vgl. Meisel: 33). Diese Erklärung erscheint wie eine Wiederbelebung des Chomsky'schen Ansatzes und behauptet, dass Kinder mit einer – wie Meisel es nennt – „*Language Making*

Capacity" (*LMC*; siehe oben) ausgestattet sind, die die sprachliche Entwicklung steuert. Diese angeborene *LMC*

> does not relate to specific languages but contains principles and mechanisms enabling children to whatever language they are exposed to. The LMC is genetically encoded and species-specific, i.e. only humans possess a faculty for language. It is innate, meaning that children are endowed with it at birth, although initially they cannot make full use of it, either because they are cognitively not yet ready or because parts of the LMC only become accessible in the course of development (ibid.: 34).

Ähnlich bei in der älteren *UG*-Version, aber auch in Übereinstimmung mit Pinkers Theorien, wird die *LMC* als genetisch kodiert und angeboren angenommen. Als Teil der nativistischen Positionen bedeutet dies, dass Kinder diese Fähigkeit bei der Geburt erben – oder in den Worten des bilingualen Leitfadens: „*LMC is an endowment for bilingual children*" (ebd.: 44, 47). Die Annahme, dass alle Kinder einen gemeinsamen Spracherwerbsmechanismus haben, impliziert auch die Meilensteine der L1-Entwicklung: als Sprachwahrnehmung, Sprachverständnis und Sprachproduktion (vgl. ebd.: 37, 40). Ob dies auch auf den L2-Erwerb übertragbar ist, ist eine andere Diskussion und gesondert zu analysieren, vor allem im Rahmen der Forschung zur L1-L2-Divergenz und der *Fundamental Difference Hypothesis* (*FDH*, vgl. 2.6). Hier liegt der Fokus auf der Betrachtung mentaler Grammatiken, da die Sprachstruktur als Kernbestandteil sprachlicher Kompetenz gilt (vgl. Meisel: 30). Die Konsequenzen für den FU liegen auf der Hand: Es bedarf weder eines (formalen) Unterrichts noch eines korrektiven Feedbacks der Eltern:

> ... many parents try to foster children's linguistic development by correcting their grammatical errors. It seems, however, that this has little effect on acquisition processes – these children do not fare better than those whose parents do not correct them. ... they should know that language acquisition succeeds equally well without this kind of support (ibid.: 31).

Zusammenfassend unterstellt die *LMC*-Position, dass für das Erlernen einer Sprache (und damit auch von Fremdsprachen) die effektivsten Lernergebnisse von Immersionssituationen und -programmen zu erwarten sind. Die Weiterentwicklung des FU hat jedoch inzwischen die Unterschiede zwischen dem Erwerb der Muttersprache und dem der Fremdsprachen akzeptiert – was sich in der Überarbeitung des UG als minimalistisches Programm niedergeschlagen hat – stets aber als Ablehnung behavioristischer Überzeugungen.

2.4 Input-Output Hypothese

Generell lässt sich sagen, dass Nativisten – wie z. B. Chomsky und Meisel – dazu neigen, die Herausforderungen, denen sich Sprachlerner stellen müssen, zu überschätzen und die ihnen zur Verfügung stehenden Ressourcen zu unterschätzen. Ein Kind oder Jugendlicher stellt keine Tabula Rasa dar, sondern ist in der Lage, sich auf seine eigene Sprachentwicklung zu stützen und sein Vorwissen zu nutzen, um sinnvolle Strukturen zu erkennen und hilfreiche Regeln aus dem weiteren Input zu extrahieren. Als Konsequenz für die Veränderung von Unterrichtsstrategien und im Übergang vom Kleinkind zum Jugendlichen erschien das Sprachenlernen als kognitive Operation überzeugender und ersetzte die Annahme einer UG – auch in ihrer minimalistischen Version in der alleinigen Berufung auf Rekursion – durch eine stärkere Fokussierung auf kognitive und mentale Lösungskapazitäten. Sprachlehrer und Sprachforscher waren in ihrer *theory of practice* (vgl. Coyle: 45) davon überzeugt, dass mit zunehmendem Alter bewusstes Lernen und Sprachbewusstheit effektiver für die Entwicklung von Grammatikkompetenz und lexikalischem Wissen sind – immer mit Blick auf die Überbrückung der Kluft zwischen Kompetenz und Performanz, wie sie in der oben erwähnten *TOT* und der *Zone of Proximal Development* erfolgen kann.

Dieser Trend leitete eine Reihe von Veränderungen im (Fremd-)Sprachenlernen und -lehren ein, die sich von dem früheren Fokus auf Grammatik zum aufgabenbasierten Lehren und Lernen (TBLT)[12] und auf die wachsende Bedeutung von Inhalten durchsetzte. Tendenzen zu lernerzentrierten Ansätzen und kooperativen (Gruppen-)Arbeitsphasen veränderten auch die Lehrerrolle

---

[12] TBLT=Task-based Language Teaching, vgl. 7.2.

vom *sage on the stage* zu *guide on the side*[13] und, in einer Art Pendelbewegung, zur Direkten Instruktion in der Version der expliziten Einflussnahme und Kontrolle durch den Lehrer als Ergänzung der explorativen Modelle des forschenden Lernens. Die beiden wichtigsten Quellen für die „Wiederbelebung" der Direkten Instruktion – abgesehen von deutlich früheren Versionen in den 1960er Jahren – waren *DISTAR* und die Metaanalysen von John Hattie, die diese Unterrichtsstrategie nahelegten. Das *„Direct Instruction System for Teaching Arithmetic and Writing"* (DISTAR) und das *„Project Follow Through"* (1968-1977) bestanden aus einer *„Kooperation zwischen politischen Entscheidungsträgern und Bildungspraktikern"* (De Florio 2016: 99) und erwiesen sich als äußerst effektiv für die Vermittlung akademischer Fähigkeiten und positiver Ergebnisse für die Kinder, wie z. B. Empowerment, Selbstwertgefühl und Erfolgserlebnisse. Auf der kritischen Seite ist allerdings anzumerken, dass Direkte Instruktion aufgrund ihrer strengen und festgeschriebenen Verfahren tendenziell Kreativität aller Beteiligten am Lernprozess einzuschränken vermag.

Hatties Anregung zur Umsetzung Direkter Instruktion (als interaktiver Unterricht für die ganze Klasse), nicht zu verwechseln mit der traditionell-lehrerzentrierten Instruktion (der *„Chalk-and-Talk"*-Version des Frontalunterrichts[14]), basiert auf einer Zusammenfassung von 304 Studien mit über 42.000 SchülerInnen, die eine große Effektstärke (d=0,59) zeigen und damit deutlich wirksamer als alle anderen von Hattie untersuchten methodischen Verfahren (dazu ausführlich 4.5).

Die *UG*-Theorie ging davon aus, dass die angeborene eigene Sprachfähigkeit eines Kindes (auch bekannt als Meisels *LMC*; vgl. oben) durch den Kontakt mit der L1 mehr oder weniger automatisch geweckt wird und dass der L2-Erwerb demselben Mechanismus folgt. Die Tatsache jedoch, dass das Erlernen einer

---

[13] Dazu ausführlich Klewitz 2021: 40.
[14] Die Tageszeitung „Frankfurter Allgemeine" veröffentlichte den Artikel eines Berliner Lehrers, dessen SchülerInnen ihn gefragt hatten, wann sie wieder zum Frontalunterricht zurückkehren könnten – mit dem treffenden Titel „Wann machen Sie wieder Frontalunterricht?" (FAZ 14.01.2016). Weitere Details zu den verschiedenen Unterrichtsstilen finden sich in den folgenden Kapiteln.

Fremdsprache unter regulären Bedingungen nicht zu Kompetenzen und Leistungen eines *native speaker* führt, deutet darauf hin, dass hier ein direkter und automatischer Zugang zu den entsprechenden UG-Eigenschaften nicht zu begründen ist. Trotz Abkehr vom Behaviorismus scheint also Chomskys nativistische Sprachtheorie nicht überzeugend zu sein und wurde dementsprechend von kognitiven Ansätzen und neuerdings von Lerntheorien abgelöst, die auf dem Konstruktivismus und Erkenntnissen der Neurowissenschaften basieren. Gemeinsam ist diesen Überlegungen als *theory of practice*, dass sie ein sprachenspezifisches mentales Modul, also eine angeborene Sprachfähigkeit, nicht mehr als gegeben voraussetzen (wie in der UG und seiner minimalistischen Version). Sie gehen vielmehr davon aus, dass Spracherwerb und -lernen kreative Prozesse sind und die Informationsbearbeitung auf vielfältige Weise abläuft.

Zur Klärung des Verhältnisses von Spracherwerb und Sprachen lernen[15] kann die Monitor-Hypothese von Krashen (1977) als wichtiger Ausgangspunkt und Baustein herangezogen werden. Dem Lernprozess wird dabei die Rolle der Überwachung bzw. Kontrolle von Äußerungen zugewiesen, während das Erwerbssystem als Initiator der Sprachproduktion fungiert. Krashens weitere theoretische Annahmen, nämlich: *acquisition-learning, natural order, input, affective filter, reading hypothesis* trugen maßgeblich dazu bei, Stufen der Sprachentwicklung zu entdecken, die sich z.B. auf grundlegende Grammatikbereiche wie die englische Negation oder die deutsche Syntax als teils bewusste, teils unbewusste Sprachanwendung beziehen.

Die Verfügbarkeit von Wissensbeständen – also die Unterscheidung zwischen erworbenem und erlerntem Wissen – kann bei Lernenden durch Reflexion in explizites Regelwissen umgewandelt werden und wird beispielsweise im Gemeinsamen Europäischen Referenzrahmen für Sprachen (Europarat: 2001) in vier Arten von allgemeinen Kompetenzen unterschieden:

---

[15] Eine wissenschaftsbasierte Differenzierung zwischen Spracherwerb und -lernen erfolgt im Glossar 10 (vgl. FN 3).

Declarative knowledge – savoir
Practical skills and know-how – savoir-faire
Attitudes, motivation, cognitive styles ... – savoir-être
Ability to learn – savoir-apprendre (ebd.: 101-106).

Diese Wissensbereiche wurden durch die Komponenten der Interkulturellen Kompetenz von Byram (1997) ergänzt, insbesondere das kritisch-kulturelle Bewusstsein (*savoir s'engagé*), und werden in Kapitel 5 als relevante Parameter einer integrierten bilingualen Unterrichtsstrategie näher untersucht.

Konstruktivistische Lerntheorien sind eine Weiterentwicklung des kognitiven Ansatzes, da sie den Lernenden als handelnden Akteur, das Lernen als autonomen Konstruktionsprozess und den Wissenserwerb als variablen Prozess für jedes Individuum beschreiben. Die wichtigste Schlussfolgerung besteht darin, dass jeder Lernende aus dem gleichen Input etwas anderes gewinnt (vgl. Riemer: 279). Aber erst der sprachliche Input ermöglicht es dem Lerner, Sprachwissen und Sprachanwendung zu entwickeln und zu erweitern: Damit dies funktioniert, muss Input nachvollziehbar sein. Interaktionistische Ansätze betonen in diesem Zusammenhang die Bedeutung der bewussten Wahrnehmung von sprachlichen Formen. In Bezug auf die sprachliche Interaktion zwischen Sprachlernern (sowie zwischen den Lernenden untereinander) gehen sie davon aus, dass der Input durch Prozesse der Bedeutungsaushandlung, zum Beispiel durch Rückmeldungen, Korrekturen oder Nachfragen, für die Lernenden verständlich gemacht wird und von ihnen optimal verarbeitet werden kann (vgl. Ohm: 2015 o.S.). Interaktion und kooperative Aktivitäten in Gruppen gelten als förderliche Bedingungen für effektives Lernen. Der Output-Hypothese (Swain 2008) folgend, reicht jedoch der Sprachinput für einen erfolgreichen L2-Erwerb nicht aus, sondern die zu erlernende Sprache muss aktiv geübt und angewendet werden:

> The output hypothesis completes this model of the cognitive and interactionist approaches by adding the idea that the learner's production of the target language plays a central role in the learning process. The starting point for this is the observation that learners can frequently infer the meaning of target language input from the linguistic and situational context and thus focus their attention only to a limited extent on linguistic forms. On the other hand, when producing their own target language output, they are

required for example, to engage to a much greater extent with the rules of word formation and inflection, as well as with word and sentence order (ibid.).

2.5 Sprachenlernen als sozialer Prozess
(Zone of Proximal Development – ZPD)

Berücksichtigt man sowohl die Input- als auch die Output-Hypothese, so kann das Sprachenlernen als ein sozialer Prozess betrachtet werden, der durch Interaktion gesteuert und durch Kognition gefördert wird. In der Tradition von Lev Wygotskis *Zone of Proximal Development* (*ZPD* – Wygotski: 1962, vgl. oben) werden die Ursprünge der kognitiven und geistige Aktivitäten in einen sozialen Kontext eingebettet. Innerhalb der *ZPD* als Leitmotiv wird Lernen durch problemlösende Aktivitäten der Lernenden ermöglicht, wenn diese von sachkundigeren Gleichaltrigen oder Lehrkräften unterstützt werden. In seinem Buch über das Verhältnis von Denken und Sprechen (*Thought and Language*: 1962) entwirft Wygotski ein spezifisches Konzept der (Sprach-)Entwicklung und verbindet es mit seiner Bildungstheorie.

Ausgehend von gesundem Menschenverstand – und weniger von wissenschaftlichen Kriterien – beobachtete Wygotski Kinder beim Sprechen lernen und beim Lösen von Problemen. Sein Konzept der *ZPD* beeinflusste nicht nur die zeitgenössischen sowjetischen Psychologen, sondern wurde auch von führenden westlichen Pädagogen wie Jean Piaget kommentiert und erst viel später – und zwar nach dem Ende des Kalten Krieges – in den Mainstream-Lerntheorien bekannt und gewürdigt.

In diesem Zusammenhang muss ein weiterer Schritt diskutiert werden. Mit der zunehmenden Bedeutung der Kognition ist das Ziel, über Sprache auch curriculare Inhalte zu erwerben, mit der Entwicklung von Sprachbewusstheit verknüpft. In Großbritannien beispielsweise war dieser Prozess eingebettet in die Herausforderung, die Schreibkompetenz zu verbessern, wobei die Bedürfnisse der Kinder beim Spracherwerb berücksichtigt werden sollten (vgl. die Ergebnisse der Bullock-Kommission in Großbritannien 1972-75). Um sprachliche Anforderungen und inhaltliche

Herausforderungen miteinander zu verknüpfen, ist es generell notwendig zu erkennen, dass pragmatische Sprechfunktionen und Makrooperationen miteinander korrespondieren und durch wechselseitige Unterstützung intensiviert werden, wie es durch *taskverbs* zum Ausdruck kommt und angebahnt wird: in *beschreiben, erhellen, bewerten, kommentieren* etc. Der inhaltsbezogene Unterricht nach dem *language-across-the-curriculum*-Ansatz (LAC; vgl. Meisel: 160 ff) ist damit durchaus als eine Variante des Sprachunterrichts zu betrachten, da sprachliche und kognitive Entwicklung einen engen Zusammenhang aufweisen. Der LAC-Ansatz wird als eine spezifische Form des *Teaching English as a Foreign Language* (TEFL) interpretiert und ist eng mit CLIL und Immersionsprogrammen verbunden (vgl. ebd.: 161).

Der fächerübergreifende Unterricht im Sinne von LAC ist nicht nur für die Lehrenden von fachlichem Nutzen, sondern ermöglicht auch die Steigerung der Schreibkompetenz im Unterrichtsdiskurs, in dem nicht selten gewisse Lücken unübersehbar geworden sind. Dies gilt vor allem für SchülerInnen mit Migrationshintergrund; aber auch Defizite in der Schulsprache sind in den Regelschuljahrgängen sichtbar. Das Ziel, Aspekte der akademischen Sprache in allen Fächern zu entwickeln, ist zwar immer noch Teil der oben erwähnten *theory of practice*, aber nicht durchgängig Teil der täglichen Unterrichtsroutine. Einige Anstöße für diesen LAC-Ansatz sind von sprachsensiblen Curricula ausgegangen, namentlich den „40 Lernwerkzeugen" des deutschen Lehrerausbilders und Physikprofessors Josef Leisen[16], aber eine darauf bezogene umfassende Methodik scheint bisher nicht vorzuliegen (vgl.: Wolff 2011: 81).

Schulsprache (*language of schooling*) bleibt jedoch im Rahmen der konstruktivistischen Theorie wichtig, um die SchülerInnen zu ermutigen, ihre eigenen Lernzyklen kreativ zu gestalten und so – zumindest auf längere Sicht – ihre eigenen Lehrer zu werden. Das ist der Kern des sichtbaren Lernens (*Visible Learning*, VL), das nach den Vorschlägen des bereits erwähnten neuseeländischen

---

16 Dargestellt in „Methodenwerkzeuge im sprachsensiblen Fachunterricht": http://www.josefleisen.de/download-methodenwerkzeuge.

Erziehungswissenschaftlers John Hattie dann entsteht, wenn Lehrer das Lernen mit den Augen ihrer SchülerInnen sehen und ihnen helfen, die Lücke zwischen ihrem Vorwissen und den angestrebten Lernergebnissen zu schließen, sei es in sprachlicher oder inhaltlicher Hinsicht. Hatties Konzept des VL mit der Direkten Instruktion als einer seiner Schlüsselkomponenten (vgl. oben) wurde vor mehr als zehn Jahren entwickelt und hat sich seitdem zu einem weltweit einflussreichen Ansatz für effektives Lehren und erfolgreiches Lernen entwickelt (vgl. De Florio: 2016). Es basiert auf seinen Meta-Analysen mit Daten von mehr als 300 Millionen SchülerInnen und vergleicht Entwicklungen aus dem australischen, amerikanischen und britischen Bildungssystem (*Visible Learning*: 2009).

Schlüsselfaktoren wie kognitive Aufgabenanalyse, *Scaffolding*, reziproker Unterricht, Feedback, Direkte Instruktion und *Advance Organisers* werden im Zusammenhang mit den Strategien und Bausteinen des bilingualen Unterrichts (Kapitel 4 und 5) detailliert erörtert, aber an dieser Stelle soll angemerkt werden, dass drei Arten von Leistungsfaktoren den Daten der Meta-Analysen zufolge eine wichtige Rolle für erfolgreiches Lernen spielen: nämlich Feedback, Erwartungen der SchülerInnen und formative Evaluation. Diese Aspekte stellen Strategien für *best practice* dar und tragen dazu bei, die Lücke zwischen dem Vorwissen der Lernenden und den angestrebten Zielen im Sinne der *ZPD* zu schließen.

Hatties Ansatz des *Visible Learning* basiert, anders als die Hypothese der Universalgrammatik (Chomsky) oder der sogenannten *Human Language Making Capacity* (Meisel: 34 ff), auf empirischer Forschung und stellt eine praktische Alternative zu sprachbasierten Unterrichtsstrategien dar, um die Lücke zwischen (Sprach-)Wissen, Performanz und interkultureller Kompetenz zu schließen (vgl. 4 & 5.6), insbesondere innerhalb der CLIL-Didaktik. Um die Differenz zwischen Vorwissen der SchülerInnen und erfolgreicher Bewältigung inhaltsbezogener und kommunikativer Aufgaben zu überbrücken, muss deren *ZPD* berücksichtigt werden. Die *ZPD* ist, wie bereits erwähnt, zunächst und vor allem eine Beschreibung für die pädagogische Interaktion zwischen einem Kind und wissenden Erwachsenen. Basierend auf den Theorien Wygotskis (vgl. oben &

Klewitz 2017a: 15 f.) wurde die *ZPD* durch Jerome Bruner (ebd.) für die Mainstream-Diskussion wiederentdeckt.

Sie steht im Einklang mit der Lehrplanforschung und offiziellen Empfehlungen wie dem Rahmenplan für das Abitur, der von der Kultusministerkonferenz (KMK: 2013) vorgeschlagenen Definition von Lernzielstufen. Diese Empfehlungen umfassen vier allgemeine Ebenen (zur Schließung der *ZPD*-Lücken) wie Reproduktion, Reorganisation, Transfer und Problemlösen (auch Reflexion), unterstützt durch handlungsorientierte Operatoren (*task-verbs*). Sie sind Grundlage der schulischen Spracharbeit und in Abiturprüfungen verpflichtend. Sie beziehen sich auf verschiedene kognitive Operationen *wie analysieren, untersuchen, charakterisieren, vergleichen, beurteilen, bewerten, diskutieren, entwickeln, beschreiben, benennen, skizzieren* (vgl. Klewitz 2019: 28) und finden auch in traditionellen Taxonomien Anwendung (Krautwohl, Coyle 2010; vgl. 5.7).

2.6 Erst- und Zweitsprachenerwerb
(Fundamental Difference Hypothesis – FDH)

Die Berücksichtigung der unterschiedlichen (Fremd-)Sprachenentwicklung bei Kindern, Jugendlichen und Erwachsenen und ein steigender Bedarf an effektivem Fremdsprachenunterricht und bewusserem Lernen bieten Raum für einen Paradigmenwechsel, repräsentiert durch die *Fundamental Difference Hypothesis* (*FDH*), die als Versuch entstand, die grundsätzliche Kritik an *UG*-Positionen zu überwinden. Ob Sprachenlernen als kulturelles Phänomen effektiv und nachhaltig ist, hängt in hohem Maße von der Interaktion mit der jeweiligen Umgebung und dem (schulischen) Umfeld ab. Ebenso wichtig ist aber auch eine Antwort auf die Frage, ob dieses Lernen auf angeborenen Fähigkeiten beruht (*nature*) oder ein Ergebnis sorgfältig geplanter und effektiv umgesetzter Unterrichtsstrategien ist (*nurture*).

Gerade im Sinne einer integrativen CLIL-Methodik ist es sinnvoll zwischen kindlichem und jugendlichem Spracherwerb zu differenzieren, da dies entscheidende Konsequenzen für jede Unterrichtsstrategie hat. Während die Universalgrammatik-Theorie und ihre Ableitungen von einer inhärenten biologischen Eigenschaft als sprachliches Denkmodul ausgingen, bricht die *FDH* eine Lanze für extern-wirksame Faktoren beim Spracherwerb, insbesondere für die Annahme, dass sich das L2-Lernen in zwei wesentlichen Aspekten von der L1-Entwicklung unterscheidet: In diesem Sinne ist *SLA* nicht-konvergent und nicht immer gradlinig (*unreliable*).[17]

(I) **Fremdsprachenerwerb** (*SLA*) verläuft nicht-konvergent, d.h. unterschiedlich, weil in der frühen Kindheit vorhandene domänen-spezifische Mechanismen als Teil der Universalgrammatik später nicht mehr zugänglich sind. Wenn Erwachsene Fremdsprachen lernen, müssen sie eher auf allgemeine Problemlösungsfähigkeiten zurückgreifen, die sich im Laufe eines Reifungsprozesses entwickeln und Teil der dynamischen kognitiven Fähigkeiten sind. Damit wird einerseits ein grundlegender Unterschied zwischen dem kindlichen Spracherwerb und dem erwachsenen L2-Lernen ebenso bestätigt wie andererseits die Existenz einer Universal Grammatik oder ihrer minimalistischen Version im Sinne der oben erwähnten Rekursion. Robert Bley-Vroman bezeichnete diesen Kompromiss als „*Fundamental Difference Hypothesis*" (1990) mit dem Argument, dass das L2-Lernen Erwachsener den domänenspezifischen Erwerb, also die vermutete angeborene Sprachfähigkeit, durch eigene muttersprachliche Erfahrungen und ein allgemeines abstraktes Problemlösungssystem ersetzen würde.

(II) **L2-Erwerb** gilt als nicht immer gradlinig (*unreliable*), weil die Entwicklung von Wissen und Kompetenz in einer Zweit- und weiteren Sprache von Lerner zu Lerner, seinen individuellen Lernstrategien und Routinen sehr unterschiedlich ist und sehr selten mit einer muttersprachlichen Kompetenz endet. Insgesamt sind die Antworten auf drei Fragen noch strittig: Gibt es überhaupt eine *UG*? Wenn ja, ist *UG* für erwachsene Lernende zumindest teilweise oder als *spin-off* der eigenen Muttersprache und ihrer Lexik und Grammatik zugänglich? Wann beginnt das Alter der erwachsenen Lernenden? Da häufig davon ausgegangen wird, dass eine erwachsene Person über 18 Jahre alt ist, ergibt sich zusätzlich das Problem,

---

[17] Dieser Teil meiner Darstellung basiert auf allgemeiner Literatur, und einzelne Beiträge dienten als Vorlage, z. B. NYU 2015, Everett 2017, Lanir 2019, Meisel 2019.

wo adoleszente Lernende, also SchülerInnen und jüngere Studenten, untergebracht werden können. Und wenn sie sich in einer Übergangssituation befinden, wie wirkt sich dies auf die mentalen Sprachmodule (Chomsky) oder ihre allgemeinen Problemlösungsfähigkeiten aus?

Angesichts der widersprüchlichen Belege für Positionen, die für das Vorhandensein oder zumindest eine gewisse Rolle von *UG* beim Zweitspracherwerb plädieren, und der oben genannten ungelösten Fragen weisen gesunder Menschenverstand und Erfahrung sogar darauf hin, dass ältere Lernende nicht länger brauchen, um eine andere Sprache erfolgreich zu erlernen, sondern im Gegenteil neue Sprachen oft schneller erwerben als jüngere Sprachlernen. Unsere *theory of practice* lässt dreierlei vermuten: Einige Bestandteile von L2-Merkmalen sind nicht aus dem Input erlernbar, sondern hängen von früheren Sprachlernerfahrungen ab, einige sind nicht einmal Teil der Ausgangs- oder Muttersprache (L1), und es ist unwahrscheinlich, dass sie von Lehrkräften vermittelt wurden. Das gilt insbesondere für jene Kompetenzen, die mit interkulturellem oder transkulturellem Wissen verbunden sind.

Was die empirischen Unterschiede zwischen L1- und L2-Erwerb und -Lernen (von Kindern und Erwachsenen) betrifft, so wurden eine Reihe von Beobachtungen diskutiert (vgl. Meisel: 192 ff, 200 f), die die *FDH* in mehrfacher Hinsicht bestätigen. Erwachsene, die eine Zweitsprache lernen, haben im Gegensatz zu Kindern eine Erstsprache, auf die sie sich beziehen können, so dass ihr Lernprozess – abgesehen davon, dass er weniger gleichförmig ist – anderen Eingabewegen folgt (siehe oben) und auf Vorwissen und sprachliche Erfahrungen zurückgreifen kann. Diese Unterschiede sind nicht unkontrollierbar, sondern etablieren sich auf vielfältige Weise:

> That the overwhelming majority of adult L2 learners does not attain native-like competences is the most crucial point but not the only one ... A further particularity of L2 acquisition is that L2 learners exhibit a much larger range of variation, across individuals and within learners over time, than L1 children. This concerns the rate of acquisition as well as the use of target-deviant constructions and also the level of grammatical competence that they attain (ibid.: 194).

Dass sich Erst- und Zweitspracherwerb grundlegend unterscheiden, lässt sich auch aus folgenden Beobachtungen ableiten: Während sich das Gehirn eines Kindes noch entwickelt, haben Erwachsene eine Erstsprache, die ihr Denken und Sprechen lenkt; trotz hoher Kompetenz bleibt die Aussprache von L2-Lernern nur annähernd *native-like*; wenn die Kompetenz eines L2-Lerners ein bestimmtes Plateau erreicht, kommt es zur Fossilisierung – und die von Nicht-Muttersprachlern produzierten Fehler-Variationen sind oft ähnlich oder gleich: Das Scheitern bei der Produktion des *third person ‚s'* im Englischen ist ein Beispiel dafür. Meine Schlussfolgerung ist, dass ein erwachsener Lerner nicht das gleiche, sondern ein anderes Potenzial für den (natürlichen) Spracherwerb aufweist als ein Kind, ungeachtet dessen, wo die Grenzen zwischen Kind, Jugendlichem und Erwachsenem liegen. Dies hat natürlich Auswirkungen auf den Zweitspracherwerb im CLIL-Unterricht, wo zu Beginn das typische Alter der SchülerInnen ab der 7. Klasse einer Übergangsphase angehört (vgl.: Klewitz 2019).

Vor diesem Hintergrund kann eine Schlussfolgerung aus dem bilingualen Leitfaden für Eltern bestätigt werden:

> First and second language acquisition differ substantially, probably due to age-related changes of acquisition capacities ... Although acquisition remains possible at all ages, some acquisition mechanisms become inaccessible in successive acquisition. Learners intuitively resort to others to replace them (Meisel: 200f).

Selbst wenn, wie in dieser Schlussfolgerung, bestimmte Prinzipien einer *UG* in einigen Aneignungsmechanismen als vorhanden angesehen werden, könnten sie von anderen, externen Eigenschaften wie Motivation, Lernfokus, kommunikativen Fähigkeiten, kulturellen und altersbedingten Einflüssen beeinflusst werden. Es wird damit möglich, die nativistische und die *Nurture*-Position miteinander in Einklang zu bringen. Betrachtet man die *UG* als biologisches Merkmal, so scheint es eine Begabung (*endowment*) für den Spracherwerb zu sein, die bestimmte Phasen der kindlichen Sprachentwicklung bis zum Alter von vier bis fünf Jahren prägt. L2 Prinzipien weisen dagegen auf die oben genannten Unterschiede bei älteren Sprachlernern hin. Die Lösung wird darin bestehen,

Sprachlernprozesse im Übergang von domänen-spezifischen Mechanismen (*nature*) zu allgemeinen Modulen (*nurture*) zu betrachten, die einen bewussteren, effektiveren und zeitsparenderen Spracherwerb ermöglichen – eine Qualität, die besonders für CLIL- und Immersionsprogramme wichtig ist. Dieser Übergang stünde im Einklang mit konstruktivistischen Lerntheorien, Beobachtungen aus dem Konzept des *Visible Learning* und nicht zuletzt aus der neurologischen Forschung, die eine bemerkenswerte Plastizität des kognitiven Systems im Laufe des Lebens belegt.

Robert Vromans *FDH* versucht, allgemeine Charakteristika des Fremdsprachenlernens zu erklären, und seine Theorie lässt sich durchweg mit Lernenden nach der Pubertät in Verbindung bringen, wie sie in den meisten schulischen CLIL-Zügen anzutreffen sind. Der L2-Erwerb im Klassenzimmer würde dem Prozess des allgemeinen Lernens Erwachsener ähneln. Hier wird ein mentales (domänenspezifisches) Sprachmodul nicht mehr vorausgesetzt und die Herausforderung besteht in der Anwendung grammatischer Strukturen und der Übertragung lexikalischer Kategorien. Dies ist besonders wichtig in CLIL-Programmen, in denen der Transfer von themenbezogenen Konzepten von L2 zu L1 eines der wichtigsten Lernziele ist. Inhaltsbezogenes Lehren und Lernen zeigt, dass Prozesse der Sprachfakultät – wie in der UG angenommen – nicht ausschließlich auf Sprache beschränkt sind und dass „*both native and subsequent languages draw on similar resources in acquisition and processing*" (Herschensohn: 260). Möglicherweise nimmt die „Ausstattung" des mentalen Moduls oder seine Wirksamkeit beim Spracherwerb mit dem Alter ab, um neuronale Ressourcen für andere Operationen freizumachen. Heranwachsende in CLIL-Settings würden mithin beginnen, sich auf Problemlösungsfähigkeiten zu konzentrieren, um Inhalte zu verstehen und zu verarbeiten und sich bewusst Lexik und grammatikalische Strukturen der L2 anzueignen.

2.7 Veranlagung oder Umwelt
(Nature versus Nurture)

Tatsächlich könnte Vromans *FDH* eine Verbindung zwischen der nativistischen (*UG-*) Position zum Primärspracherwerb und der Vorstellung herstellen, dass das Lernen der zweiten Sprache überwiegend durch äußere Faktoren beeinflusst und durch das schulische und gesellschaftliche Umfeld „gefördert" wird und nicht durch eine angeborene „Sprachbegabung". Die Frage, wie Kinder und Jugendliche lernen, ihre Sprache(n) zu entwickeln, lässt sich damit jedoch nicht vollständig beantworten. Sie läuft auf das Problem hinaus, ob der Spracherwerb durch diese „Begabung" der Spracherwerbsfähigkeit oder durch Umwelteinflüsse ermöglicht wird – mit anderen Worten, ob er durch Veranlagung oder Erziehung begünstigt wird.

Nach Chomsky hat der Spracherwerb eine biologische Grundlage, die durch folgende Überlegungen untermauert wird: Laute werden in einer bestimmten Reihenfolge erworben und sind allen Weltsprachen gemeinsam. Meisels bilingualer Ratgeber dokumentiert für alle Kinder identische Entwicklungsphasen von der Unterscheidung von Lauten, der Konzentration auf die Spracheigenschaften, der unterschiedlichen Umstellung auf Funktions- und Eigenschaftswörter und – nach etwa zwei Jahren – der raschen Zunahme der Anzahl der erworbenen lexikalischen Elemente (vgl. Meisel: 37 ff). Diese Prozesse kommen in allen Weltsprachen vor und belegen, so die Schlussfolgerung des Ratgebers, die *Nature*-Position, also die Existenz einer angeborenen mentalen Struktur, des domänenspezifischen Mechanismus der *UG*.

Im Gegensatz dazu hatte die behavioristische Theorie behauptet, dass die Umgebung eines Kindes der wichtigste Faktor beim Spracherwerb sei und auch die Nachahmung mit einbeziehe, also eine eindeutige *Nurture*-Position eingenommen. Während die Imitation auch beim Zweitspracherwerb sicherlich eine begrenzte Rolle spielt, imitieren Lernende nicht alles, was sie hören, und sind selektiv in dem, was sie produzieren; dies könnte als Hinweis auf einen *„internal language-monitoring process"* (Lanir 2019: o.S.) verstanden werden und nicht auf den *Nurture*-Aspekt von

Umweltbedingungen. Weitere Aspekte, die nicht durch den Prozess der Nachahmung erklärt werden können, sind Übergeneralisierungen wie *goed, putted, mouses* und *sheeps* (in der Flexion) und nicht existierende Sprachstrukturen, die Kinder nie gehört haben. Durch Nachahmung erworbene Sprachbausteine bleiben im Gedächtnis des Kindes haften, werden nicht für die Sprachproduktion übernommen und sind daher dysfunktional. Gleichzeitig produzieren Kinder viel mehr Laute und Kombinationen, als sie hören, und verstehen viel mehr, als sie produzieren können – dieses Phänomen wird auch als die bereits erwähnte *Poverty of Stimulus* (POS) bezeichnet (vgl. Riemer: 277). Insgesamt sind Kinder eher damit beschäftigt, Sprechakte zu produzieren als darüber zu reflektieren, und sie können sogar aus unvollständiger oder fehlerhafter Sprache, die sie hören, sprachliche Regeln extrahieren (vgl. ebd.).

Diese Aspekte relativieren die behavioristische Sprachtheorie grundsätzlich und lassen die Annahmen der UG und angeborener mentaler Sprachmodule eher in einem neuen Licht erscheinen. Und tatsächlich, trotz aller neueren Ablehnung von Chomskys Thesen – einschließlich seiner eigenen Zurücknahme der UG und seines Rückgriffs auf Paradigmen wie Rekursion (vgl. Everett 2017) – behauptet eine Studie von Psychologen, neue Belege für Chomskys „interne Grammatiktheorie" gefunden zu haben:

> "One of the foundational elements of Chomsky's work is that we have a grammar in our head, which underlies our processing of language," explains David Poeppel, the study's senior researcher and a professor in New York University's Department of Psychology. "Our neurophysiological findings support this theory: we make sense of strings of words because our brains combine words into constituents in a hierarchical manner – a process that reflects an 'internal grammar' mechanism" (NYU: 2015 o.S.).

Andererseits räumen Linguisten wie Daniel Everett zwar ein, dass eine universelle Grammatik prinzipiell nicht unmöglich ist, sehen aber kaum Beweise dafür und nehmen an, dass sie in jedem Fall nicht funktionieren würde. Everetts Ansicht nach strukturiert ein komplexes Zusammenspiel von Faktoren die Art und Weise, wie Menschen sprechen und worüber sie sprechen. Darin wird er von Entwicklungspsychologen unterstützt; Michael Tomasello (2008) beispielsweise ist der Meinung, dass grammatikalische Prinzipien und Konstruktionen keine neuronale Grundlage haben, sondern auf allgemeineren kognitiven Prozessen beruhen und Teil der Kommunikation in bestimmten Sprachgemeinschaften sind, auch wenn sich Aspekte der Sprachkompetenz möglicherweise biologisch entwickelt haben. Everett argumentiert in seinem Buch *Language: The Cultural Tool* (2012), dass die Regeln der Sprache nicht angeboren sind, sondern der Notwendigkeit und den Umständen entspringen:

> Language is possible due to a number of cognitive and physical characteristics that are unique to humans but none of which that are unique to language. Coming together they make language possible. But the fundamental building block of language is community. Humans are a social species more than any other, and in order to build a community, which for some reason humans have to do in order to live, we have to solve the communication problem. Language is the tool that was invented to solve that problem. ... The lesson is that language is not something mysterious that is outside the bounds of natural selection, or just popped into being through some mutated gene. But that language is a human invention to solve a human problem. Other creatures can't use it for the same reason they can't use a shovel: it was invented by humans, for humans and its success is judged by humans (Everett: 2012 n.p.).

Aber haben die Forscher inzwischen die dahinterstehende Debatte *nature versus nurture* endgültig beigelegt? Der Naturwissenschaftler Steven Pinker scheint „nein" zu sagen – zumindest, wenn er die Situation in seinem Buch *The Blank Slate – The Modern Denial of Human Nature* (2002) zusammenfasst. Es sei John Locke im Jahr 1690 gewesen, der den menschlichen Geist als unbeschriebene Tafel betrachtete und alles, was der Mensch ist, sowie sein gesamtes Wissen als formbar, leicht beeinflussbar, trainierbar und kontrollierbar durch seine Umgebung und Erfahrung erklärt habe. In seinem Essay *„Why nature & nurture won't go away"* (Pinker: 2004) argumentiert Pinker in Abkehr vom Behaviorismus, dass diese unbeschriebene Tafel, der frühere Eckpfeiler des Behaviorismus, nicht mehr zu verteidigen sei:

> Though human nature has been debated for as long as people have pondered their condition, it was inevitable that the debate would be transformed by the recent efflorescence of the sciences of mind, brain, genes, and evolution. One outcome has been **to make the doctrine of the blank slate untenable**. No one, of course, can deny the importance of learning and

culture in all aspects of human life. But cognitive science has shown that there must be complex innate mechanisms for learning and culture to be possible in the first place (ibid.: 6; my emphasis).

Am Beispiel der Sprache behauptet Pinker, dass der Spracherwerb ein menschliches Talent ist (von ihm auch „Instinkt" genannt). Er fasst die gemeinsame Position zur Frage *nature versus nurture* unter heutigen Wissenschaftlern wie folgt zusammen:

> By now most scientists reject both the nineteenth-century doctrine that biology is destiny and the twentieth-century (sic!) doctrine that the mind is a blank slate. ... modern biology has made the very distinction between nature and nurture obsolete. ... Indeed, genes are expressed in response to environmental signals, so it is meaningless to try to distinguish genes and environments; doing so only gets in the way of productive research (ibid.: 7).

Kurzum: Eine verbreitete Erkenntnis der letzten Jahre lautet, dass die Frage, wie viel Verhalten – und Sprache als Teil des menschlichen Verhaltens – auf Vererbung oder Umwelt zurückzuführen ist, von vornherein falsch sein könnte. Sie müsste wahrscheinlich durch die Untersuchung des Zusammenspiels von Natur und Erziehung ersetzt werden, anstatt extreme *Nature-* oder *Nurture*-Positionen zu verteidigen. In ähnlicher Weise könnte die Frage, ob sprachliche Fähigkeiten angeboren (Natur) oder erworben (Umwelt) sind, durch eine Kombination der beiden Positionen gelöst werden. Ein kognitiver Ansatz befasst sich mit den Prozessen im Gehirn, die dem Spracherwerb zugrunde liegen, während soziokulturelle Ansätze – wie hier gezeigt – die Vorstellung ablehnen, dass *SLA* ein rein psychologisches Phänomen ist, und versuchen, Sprachentwicklung in ihrem sozialen Kontext zu erklären. Dies ist eine ermutigende Idee für Sprachlehrer (und Forscher). Die Annahme, dass alle Kinder mit einer instinktiven geistigen Sprachfähigkeit geboren werden (in Anlehnung an Pinkers Definition von Sprache als „Instinkt"), ermöglicht es ihnen, Sprache zu lehren und effektiv zu vermitteln. Die Herausforderung für die Lehrkräfte besteht mithin darin, diese geistige Fähigkeit oder diesen Instinkt zu fördern und zu erweitern und günstige methodische und didaktische Bedingungen zu schaffen, insbesondere wenn es um das doppelte Ziel geht, Sprache und Inhalte gleichzeitig zu vermitteln, wie dies in CLIL-Programmen erfolgen sollte.

2.8 Neurobiologische Forschung

Der sprachliche Schwerpunkt von CLIL kann in diesem Zusammenhang auf Ergebnisse der neurobiologischen Forschung (vgl. Müller 2003, Videsott 2009, Ellis 1994) zurückgreifen, die mentale Prozesse der Sprachrepräsentation und -funktionen beschreiben. Eine dieser Erkenntnisse ist die geringe neuronale Vernetzung bei der Verarbeitung abstrakter Konzepte, die es notwendig macht, abstrakte Inhalte multimodal zu verankern und affektive Situationen wie Rollenspiele, kooperatives Lernen und aktive Teilnahme an Lehrer-Schüler-Dialogen in den Sprachunterricht einzubeziehen.

Da andererseits konkrete Inhalte eine stärkere neuronale Vernetzung bewirken, scheint die Annahme eines bestimmten Sprachzentrums im Gehirn naheliegend – die Frage ist nur, ob diese Fähigkeit angeboren oder ein Ergebnis aktiven Lernens ist und ob es eine sensible Phase dieses Lernprozesses/Spracherwerbs im Hinblick auf das Alter der SchülerInnen gibt. Ein damit zusammenhängender Befund betrifft die neuronale Übertragung des L1- und L2-Erwerbs und die Frage, ob unterschiedliche Teile des Kortex daran beteiligt sind; dabei wurde nach dem siebten Lebensjahr neuronales Substrat in verschiedenen Hirnregionen gefunden, hirnphysiologische Veränderungen beim L2-Erwerb dagegen erst zwischen dem 13. und 16 Lebensjahr. Neurophysiologische Untersuchungen haben zudem langfristig keine stimmigen Ergebnisse für die Existenz eines sensiblen oder kritischen Spracherwerbsalters zeigen können (vgl. Meisel: 200 f).

Die meisten neurobiologischen Studien beziehen sich auf die Frage, ob ein gemeinsames neuronales Netzwerk für den Erwerb von L1 und L2 genutzt wird. Es hat den Anschein, dass die Sprache der späteren L2-Lerner im linken Teil des Kortex, dem sogenannten Broca-Areal des Gehirns, das mit der Sprachproduktion verbunden ist, lokalisiert werden kann (Videsott: 162). Insgesamt wird in der klassischen Sprachumgebung ein umfassendes neuronales

Netzwerk beobachtet, zu dem auch das Wernicke-Areal gehört, der Teil der Großhirnrinde, der mit dem Verstehen von geschriebener und gesprochener Sprache verbunden ist (ebd.: 160). Viele Fragen im neuronalen Kontext des Spracherwerbs sind jedoch noch ungelöst; ein gemeinsamer Nenner ist dabei, dass der L2-Lernprozess von Sprachen beeinflusst wird, die der Lernende bereits kennt, und bestätigt damit den Sprachtransfer, insbesondere als bidirektionalen, sprachenübergreifenden Einfluss.

Die Aktivierung verschiedener Hirnareale für das Sprachverständnis und die Sprachproduktion bleibt ein eher komplexer Prozess, der – abgesehen von seiner neuronalen Verortung – von zusätzlichen Faktoren wie Exposition, Alter, Geläufigkeit, Motivation, Kompetenz und Lernstrategien abhängt. Letztere beruhen, zumindest im schulischen Fremdsprachenunterricht, häufig auf pseudokommunikativen Situationen: Ein Lehrer stellt zu oft Fragen, deren Antworten er bereits kennt. Viel effektiver wäre die Aushandlung von Bedeutung als echter Kommunikationsprozess, bei dem die SchülerInnen die Gelegenheit haben, spontanere Leistungen zu erbringen und mehr Einblick in ihre eigenen Lernprozesse zu gewinnen.

> Language Awareness can be defined as explicit knowledge about language, and conscious perception and sensitivity in language learning, language teaching and language use. It covers a wide spectrum of fields. For example, Language Awareness issues include exploring the benefits that can be derived from developing a good knowledge about language, a conscious understanding of how languages work, of how people learn them and use them. Can we become better language users or learners or teachers if we develop a better understanding? And can we gain other advantages: e.g. in our relations with other people and/or cultures, and in our ability to see through language that manipulates or discriminates? Language Awareness interests also include learning more about what sorts of ideas about language people normally operate with, and what effects these have on how they conduct their everyday affairs: e.g. their professional dealings. (https://lexically.net/ala/la_defined.htm)

Insgesamt wurden Standards des Sprachenlernens durch die neurokognitive Forschung bestätigt, insbesondere die Tatsache, dass Lernen die gesamte Person in Bezug auf kognitive, affektive und psychomotorische Bereiche einbezieht. Die Forschung hat jedoch auch gezeigt, dass viele traditionelle Sprachlehrstrategien ziemlich ineffizient sind (Ellis 1994) und dass die Konzentration auf das Lehren von Grammatik und Wortschatz nicht zu einem fehlerfreien und flüssigen Gebrauch der L2 führt. SchülerInnen müssen vielmehr die Möglichkeit haben, ihre Sprachkenntnisse in kommunikativen Situationen zu üben und anzuwenden, durchaus in einer neuerlichen Hinwendung zu Chomskys UG:

> For language development to occur, interaction has to take place; language cannot be acquired passively. Although imitation and habit forming do have a role in language acquisition, children seem predisposed to acquire speech and competency in language by being able to map language, possibly onto what Noam Chomsky calls a 'language acquisition device.' (Lanir 2019: o.S.).

Revue passieren – reflektieren – recherchieren

Was besagen Dr. Johnsons Überlegungen zu „Language is the dress of thought" über den Ursprung der Sprache?

Was die Unterscheidung zwischen Spracherwerb und Sprachenlernen betrifft: Ist die Praxis des akademischen Diskurses sinnvoll, beide Begriffe synonym zu verwenden?

Visible Learning könnte in der Zone of Proximal Development wirksam werden. Welche Vorteile sind von dieser empirisch belegten Unterrichtsstrategie zu erwarten?

Was lässt sich aus den verschiedenen Theorien zum Zweitspracherwerb (SLA) ableiten, um Fremdsprachen effektiv und nachhaltig zu unterrichten?

Im Bereich der Neurobiologie gibt es unterschiedliche Meinungen zu „nature versus nurture". Warum löst sich diese Kontroverse laut Steven Pinker nicht auf?

Zum Weiterlesen:
Christy, Nicholas (1980): Is Language the Dress of Thought? In: https://www.ncbi.nlm.nih.gov/pmc/articles/PMC2279452/pdf/tacca00098-0129.pdf

Kapitel 3

Fremdsprachen-Lernen als interkulturelles Narrativ

Vignette: The Dunera Boys

German Bauhaus artist, Ludwig Hirschfeld Mack was interned as a World War II detainee in New South Wales. During his stay in a prisoner camp he produced a small woodcut, called "Tatura" (1941). It shows the rows of living quarters laid out in military precision. The internees go about their daily tasks in this new, strange, foreign land. The heat and strong Australian light can be seen by the sharp shadows cast by the gum tree across the central walkway.

Ludwig Hirschfeld Mack (1893-1964) Tatura. Woodcut
https://searchthecollection.nga.gov.au/object?uniqueId=277617

After the fall of France, the loss of the Low Countries and Italy's declaration of war, Britain stood alone against the spread of fascism and anxieties became acute. In what Winston Churchill later labelled as *"a deplorable and regrettable mistake"* all Austrians and Germans, and many Italians, were suspected of being enemy agents, suspected of helping to plan the invasion of Britain, and a decision was made to deport them. Canada agreed to take a number of them and Australia others.

On 10 July 1940, 2,542 detainees, all classified as *enemy aliens*, were embarked aboard the HMT *Dunera* at Liverpool. They included 200 Italian and 251 German prisoners of war, as well as several dozen Nazi sympathizers, along with 2,036 anti-Nazis, most of them Jewish refugees.

The *Dunera* arrived in Sydney on 6 September 1940 and the detainees were taken to *Hay*, a camp in New South Wales. They set up and administered their own township with *Hay* currency and an unofficial "university." Among the transportees on the *Dunera* – who came to be known as *"The Dunera Boys"* – were Franz Stampfl, later the athletics coach to the four-minute-mile runner Roger Bannister, Wolf Klaphake, the inventor of synthetic camphor, the tenor Erich Liffmann, composer Ray Martin (orchestra leader), artists Heinz Henghes, Ludwig Hirschfeld Mack and Erwin Fabian.[18]

On arrival in Australia Hirschfeld Mack was put into the Internment Camp in *Hay*, briefly at *Orange*, then to *Tatura*. Fortunately, Dr. James Darling, Headmaster at Geelong Grammar, Corio, heard that this distinguished teacher and artist was interned in Australia. Early in the next year (1941), following the intervention of Dr. Darling, Hirschfeld was released and appointed Art Master at Geelong Grammar where he taught until his retirement in 1957. Hirschfeld continued to paint, draw and lecture until his death on 7 January 1964 (cf. also *Vignette 6: Intertextuality*).

Not all *Dunera Boys* were as lucky as Hirschfeld Mack and had to get used to being treated as prisoners-of-war, or even worse as inimical aliens. Among them was a group of Templers from

---

[18] Adapted from Wikipedia: https://en.wikipedia.org/wiki/Ludwig_Hirsch feld_Mack.

Palestine who also were brought to New South Wales. Most of them decided, however, to stay in Australia after World War II and settled in Melbourne, where they built their own community, a retirement home – and bilingual schools in their vicinity to foster their native language of German. Started as Primary Schools in Bayswater South and West, these became successful institutions feeding into the state system and spreading modern teaching ideas of bilingualism, which became a mainstream part of modern foreign language teaching on the 5th continent.

3.1 Kommunikation und Grammatik

Im Bereich der Fremdsprachendidaktik wurde – als Reaktion auf den bis zu diesem Zeitpunkt dominierenden Behaviorismus – in Deutschland 1974 die sogenannte kommunikative Wende durch den Gießener Englischdidaktiker Hans-Eberhard Piepho eingeleitet (*„Kommunikative Kompetenz als übergeordnetes Lernziel"*[19]). Entgegen behavioristischen Prinzipien, nach denen Sprechakte reflexartig durch Imitation und Wiederholung ausgelöst werden, wollte Piepho im Unterricht für die Lerner Gelegenheiten schaffen, reale Sprechintentionen zu verwirklichen und mithin authentisch zu kommunizieren. Im Diskurs würde sich erst dann kommunikative Kompetenz entfalten können, wenn Sprachformen hinter die Sprechabsichten zurücktreten und die Sequenzierung einer formalen Schul-Grammatik zweitrangig behandelt wird.

Damit verlagerte sich der Schwerpunkt des Fremdsprachenunterrichts vom Bereich der traditionellen Grammatik und der funktionalen Sprachkompetenz hin zu einer Priorität für die Kommunikation in der Zielsprache. Dies zeigt sich insbesondere in den Veränderungen, die den Unterricht in Englisch als Fremdsprache (*Teaching English as a Foreign Language, TEFL*) prägten und in denen sozio-kognitive Paradigmen herangezogen wurden. Es ging darum zu zeigen, dass Sprache eher im Prozess sozialer Interaktion gelernt werden kann, anstatt sich auf grammatikalische Fertigkeiten zu

---

[19] Vgl. die Zusammenfassung von Piephos wichtigsten Thesen in: https://homepage.univie.ac.at/hans-juergen.krumm/Piepho1.pdf.

verlassen, wobei der kommunikative Sprachunterricht (*Communicative Language Teaching* – *CLT*) zur dominierenden Methode wurde. Die darauffolgenden Veränderungen bezogen sich auf kompetenzbasierte und kognitiv-orientierte Ansätze bis hin zu der neueren Strategie des *Visible Learning* (vgl. John Hattie in Kapitel 4.5) und digitalen Versionen des Sprachlernens, wie von De Florio-Hansen (2018) skizziert.

Der *CLT*-Ansatz, vermutlich bereits in den 1960er-Jahren in Großbritannien entstanden, verbreitete sich schnell im angloamerikanischen Raum und wurde auch in den meisten europäischen Ländern übernommen, mit dem Anliegen, die sprachliche Interaktion möglichst durchgängig in der L2 zu verwirklichen. Die Einzelheiten dieser Entwicklung sind an anderer Stelle dokumentiert (z. B. Schumann: 2010 und Reinfried: 2012) und heben die Bedeutung von Interaktion als Technik und Ziel des Sprachenlernens hervor. Sie wurde damals als Antwort auf die dominante Methode des Sprachenlernens, den audiolingualen Ansatz, gesehen und diente als Ersatz für den situativen Sprachunterricht, der auf einer strukturellen Sichtweise von Sprache basiert. In unserem Kontext werden die Entwicklungen im Zusammenhang mit dem inhaltsbasierten Unterricht und den damit verbundenen Lernstrategien weiterverfolgt, denn *CLT* beinhaltete bereits eine Aufgaben- und Inhaltsorientierung, die sich auf das Bauhaus-Prinzip *„form follows function"* bezieht, und zwar in sprachlich-methodischer Hinsicht als *„Sprache folgt Inhalt"*.

Auch für die USA lässt sich ein Fokus auf die inhaltliche Spracharbeit beschreiben, wie sie in den Empfehlungen des *American Council on the Teaching of Foreign Languages* (ACTFL) zum Ausdruck kommt, wenn die Sprachlehrer dazu aufgerufen sind folgendes beachten:

> Meaning needs to precede form [because] before looking at letters or characters, before looking for clues in grammatical forms or word order, before trying to figure out details, learners should search for overall meaning (ACTFL 2020: o.S.)

In Bezug auf unsere bilinguale Didaktik wird die „Grammatikfrage" bei der Erörterung der CLIL-Werkzeuge und -Fertigkeiten (in Kapitel 7; vgl. auch 5.7) wieder aufgegriffen. An dieser Stelle soll der Hinweis auf eine gemeinsame Feststellung von Sprachpraktikern genügen, dass „*der Grammatikunterricht immer noch dazu tendiert, die Form über die Bedeutung zu stellen und den Unterricht des Englischen, wie es im Alltag gesprochen wird, vernachlässigt*" (Grimm 2015: 97; meine Übersetzung). Andere deutsche Sprachwissenschaftler haben bestätigt, dass es keinen automatischen Transfer von der Kenntnis grammatikalischer Regeln zur erfolgreichen Sprachproduktion gibt (vgl. beispielsweise Thaler 2012: 237). Bemerkenswert ist allerdings, dass sich im Zuge neuerer didaktischer Diskussionen und inspiriert durch Veränderungen, die durch die digitalen Medien ausgelöst wurden, die Renaissance eines – allerdings kommunikativ orientierten – Grammatikunterrichts mit neuen Schwerpunkten abzeichnet.

Offenbar ist die Verfügung über einen adäquaten Wortschatz und geeignete grammatische Strukturen sowie pragmatische Kenntnisse und Fertigkeiten (vgl. De Florio-Hansen 2018: 233) eine zielführende Kombination, um die Ziele von *CLT* in einer sprachbasierten Interaktion zu erfüllen. Dabei gehen frühere Versionen von *CLT* zurück auf die pragmatisch-linguistische Forschung von Piepho (1974) und Christoph Edelhoff in Zusammenarbeit mit Christopher Candlin; der australische Sprachlehrer führte in diesem Zusammenhang vier Bedeutungsebenen ein, die Sprechakte beeinflussen können:

> 1. **notional meaning**, referring to basic concepts of time, numbers, manners and place;
> 2. **logical or propositional meaning**, covering statements about the validity of particular events or situations;
> 3. **pragmatic-sociolinguistic meaning**, relating to affective functions to influence your interlocutor as in disagreeing, threatening, agreeing;
> 4. **discourse meaning**, connecting speech acts together in a sequence as the decisive level in any form of communicative acts (vgl. Klewitz 1977: 12).

Zugunsten kommunikativer Sprachhandlungen und in Abkehr von einem grammatisch dominierten Unterricht schlugen diese Wissenschaftler vor, die traditionelle Lehrbucharbeit durch eigenständige Dossiers wie „*Issues*" (Langenscheidt 1976) und „*European Studies*" (Sheffield Polytechnic 1976/77) oder den Sprachbaukasten

„Kommunikativer Englischunterricht als Baukastenprinzip" (ebd.) zu ergänzen oder zu ganz ersetzen. Diese frühen Projekte wurden weiterverfolgt und quasi neu erfunden, indem der Schwerpunkt auf effektives und nachhaltiges Lernen in interaktiven Lernumgebungen gelegt wurde, die *ZPD* der SchülerInnen und entsprechendes *Scaffolding* verbinden. Lehrkräften wird damit ein vernetzter und auf bewährten Praktiken aufbauender Unterricht vorgeschlagen, der in bilingualen Lernformen besonders geeignet ist, SchülerInnen zu motivieren, zu engagieren und mithilfe bestimmter Feedback-Formen Lernergebnisse anzuleiten und abzusichern. Dieser Ansatz wird im Rahmen von *Visible Teaching* vor allem in Netzwerken aufgegriffen, die im australischen Schul-System aktiv sind, und im folgenden Kapitel (4.3–4.7) ausführlich dargestellt werden.

3.2 Gemeinsamer Europäischer Referenzrahmen für Sprachen

In Europa gibt es seit 2001 den Gemeinsamen europäischen Referenzrahmen für Sprachen (GeR), der die *European Threshold Levels* aus den 1970er Jahren ablöste, eine Auflistung von Lexik und linguistischen Strukturen zur Bewältigung bestimmter Kommunikationsstufen (*thresholds*). In den 1990er Jahren verfolgte der Europarat vermehrt das Ziel, den Spracherwerb und die Kompetenzen von Sprachlernern transparent und vergleichbar zu machen, und ging damit über die Definition von Sprachkompetenzen auf bestimmten Lernstufen hinaus. Infolgedessen wurde ein neuer Ansatz im GeR gewählt, der im Detail sprachliche Fertigkeiten wie Lese- und Hörverstehen, Schreiben und Sprechen untersuchte und sechs Kompetenzniveaus auf einem globalen Skalensystem formulierte:

A: Elementare Sprachverwendung
A1: Breakthrough
A2: Waystage
B: Selbstständige Sprachverwendung
B1: Threshold
B2: Vantage
C: Kompetente Sprachverwendung
C1: Effective Operational Proficiency
C2: Mastery
(Europarat 2001: 34)

Nach den Empfehlungen des GeR sollen Sprachaktivitäten auf authentischen Texten und aktuellem Material basieren (vgl. ebd.: 143) mit einer klar definierten Perspektive: *„Kommunikative Sprachkompetenzen befähigen Menschen zum Handeln mit Hilfe spezifischer sprachlicher Mittel"* (ebd.: 21). Im Mittelpunkt stehen kommunikative Sprachaktivitäten (*language activities*):

> Die kommunikative Sprachkompetenz eines Lernenden oder Sprachverwendenden wird in verschiedenen Sprachaktivitäten aktiviert, die Rezeption, Produktion, Interaktion und Sprachmittlung (insbesondere Dolmetschen und Übersetzen umfassen, wobei jeder dieser Typen von Aktivitäten in mündlicher oder schriftlicher Form oder in beiden vorkommt (ebd.: 25).

Als Leitfaden zur Beschreibung von sprachlichen Leistungen gilt der Referenzrahmen mittlerweile als internationaler Standard für Sprachkompetenz. Er basiert insofern auf einem handlungsorientierten Ansatz, als er die Nutzer und Lerner einer Sprache in erster Linie als *„sozial Handelnde"* betrachtet, die als Mitglieder einer bestimmten *Community* kommunikative Aufgaben zu bewältigen haben: *„Wir sprechen von kommunikativen Aufgaben, weil Menschen bei ihrer Ausführung ihre spezifischen Kompetenzen strategisch planvoll einsetzen, um ein bestimmtes Ergebnis zu erzielen"* (ebd.: 21). In methodischen Fragen bleibt das Europadokument aber eher allgemein und schreibt die Art und Weise des Sprachunterrichts nicht vor, denn es ist *„nicht Aufgabe des Referenzrahmens, eine bestimmte Methode für das Fremdsprachenlernen zu befürworten – vielmehr sollen Optionen angeboten werden"* (ebd.: 140); er kann *„in der aktuellen Theoriediskussion über das Verhältnis von Spracherwerb zu Sprachenlernen ... keine Position für die eine oder andere Seite beziehen. Er sollte auch keinen spezifischen Ansatz zur Erklärung des Sprachenlernens darstellen, der andere Ansätze ausschließt"* (ebd.: 29).

Auch das Konzept des kommunikativen Sprachunterrichts (*CLT*) folgte zunächst nur einer vagen Methodik und war im Grunde genommen und zuallererst eine kritische Auseinandersetzung mit Chomskys strukturalistischen Annahmen. In der deutschen Fassung wurde Piephos Arbeit später von Habermas' Theorie des kommunikativen Handelns (1981) beeinflusst. Gemeinsam mit Candlin interessierte er sich mehr für die erfolgreiche

Kommunikation der Sprachanwender als für sprachliche Korrektheit, so dass die Vermittlung von Inhalten als wichtiger erachtet wurde als die Vermeidung von Fehlern. In diesem Sinne vernachlässigten die genannten Module, wie *Issues* oder *Baukästen* eher die formale Sprachstruktur und grammatikalische Aspekte, wodurch diese Version des kommunikativen Unterrichts eine klare inhaltliche Dominanz erhielt und die Funktion des traditionellen Grammatikunterrichts zunächst unberücksichtigt blieb. *CLT*-Texte, -Materialien und -Übungen verzichteten jedoch nicht auf die Entwicklung von Sprachbewusstheit bei den Lernenden und trugen dazu bei, authentische Lernumgebungen zu schaffen, wenn möglich auch außerhalb des Sprachunterrichts und an außerschulischen Lernorten. Unterstützt wurde dies durch die Einbeziehung von Formen des kooperativen Lernens, entwickelten Projektstrategien, *Learning by Teaching* und bilingualen Programmen, auch wenn es einige Jahre dauerte, bis sich der letztgenannte Ansatz durchsetzte und die ersten CLIL-Programme gestartet werden konnten (vgl. Reinfried: 19).

In ähnlicher Weise hat der Europarat einen Ansatz gefördert, der auf den kommunikativen Bedürfnissen der Lernenden und dem Einsatz von Materialien und Methoden aufbaut und es ihnen ermöglicht, eigene Ziele zu verfolgen. Darüber hinaus sollen die Lernenden „metakommunikative" Aufgaben erfüllen und sich über mögliche Lösungswege verständigen, was im Allgemeinen als eben jene Sprachbewusstheit bezeichnet wird. Auch bei der Auswahl, der Erarbeitung und Auswertung von sogenannten Lernaufgaben wären sie zu beteiligen:

> Kommunikative Aufgaben im Unterricht – ganz gleich, ob sie reale Sprachanwendung widerspiegeln oder im Wesentlichen didaktischer Art sind – sind in dem Maße kommunikativ, in dem sie von den Lernenden verlangen, Inhalte zu verstehen, auszuhandeln und auszudrücken, um ein kommunikatives Ziel zu erreichen. Der Schwerpunkt einer kommunikativen Aufgabe liegt auf ihrer erfolgreichen Bewältigung und im Mittelpunkt steht folglich die inhaltliche Ebene, während Lernende ihre kommunikativen Absichten realisieren. (Europarat: 153 f.)

Die dabei entwickelte Diskursfähigkeit wird im GeR unter pragmatischen Kompetenzen gefasst als „Wissen der

Sprachverwendenden/Lernenden um die Prinzipien, nach denen Mitteilungen organisiert, strukturiert und arrangiert sind" (ebd.: 123). Aspekte dieses Wissens sind u.a. Diskurse zu strukturieren im Hinblick auf „thematische Organisation, Kohärenz und Kohäsion, logische Anordnung, Stil und Register, rhetorische Effektivität, das Kooperationsprinzip" (ebd.). Der Referenzrahmen bezieht sich zwar nur am Rande auf bilingualen Unterricht, gibt aber zu bedenken, dass Ziele der „Anpassung an einen bestimmten Lebensbereich" auch auf den bilingualen Unterricht und Immersion nach kanadischem Vorbild zutreffen. In dieser Zuordnung liegt aber auch eine Gelenkstelle für den bilingualen Unterricht, der neben seinen linguistischen Schwerpunkten inhaltliches Lernen entsprechend der jeweils beteiligten Sachfach-Didaktiken fördern will, wenngleich der Referenzrahmen bilinguale Lernprozesse eher stiefmütterlich behandelt und aus dieser Sicht für eine CLIL-Didaktik im eigentlichen Sinne wenig Hilfestellung bietet, was umso erstaunlicher ist, als einer der geläufigen Kritikpunkte in der Dominanz von Fremdsprachen-Didaktiken für bilinguales Unterrichten und Lernen einen erheblichen Nachholbedarf festgestellt hatte (vgl. ausführlich in 5.4).

3.3 Fremdsprachenunterricht im Kontext von CLIL neu denken

Um bedeutungsvolle Inhalte in den Vordergrund zu stellen und den Sprachunterricht für interaktive Kommunikation zu öffnen, können gesellschaftliche Themen und Kontroversen aus dem wirklichen Leben behandelt werden; dazu gehören Themen wie Klimawandel, Probleme der Dritten Welt als Armut, Kinderarbeit und Ausbeutung und sogar Aspekte des Holocaust (beispielsweise das Tagebuch der Anne Frank; vgl. *Vignette „Intertextuality"*, Kapitel 6). Diese Tendenz stößt in Teilen der Lehrerschaft auf wachsende Kritik. Ein aktuelles Beispiel findet sich in einem Beitrag der Frankfurter Allgemeinen Zeitung (17.09.2020), in dem sich der Autor, ein Fremdsprachendidaktiker, besorgt äußert über die Zurückdrängung von Sprachstruktur und grammatikalischer Korrektheit, die seiner Meinung nach derzeit in vielen Fremdsprachenklassen zu beobachten ist.

Mit dem Titel „*Fremdsprachenunterricht neu denken*" stellt der FAZ-Autor die Grundprinzipien des *CLT* infrage, kritisiert dessen „*utilitaristischen Charakter*" anstatt zu einer umfassenderen Idee von Bildung beizutragen. Sein Rückblick auf die Geschichte des Fremdsprachenunterrichts beginnt mit dem Ende des Zweiten Weltkriegs, als zunächst an den Behaviorismus angelehnte Methoden zu Übungen im Sprachlabor führten und später vom Ziel einer kommunikativen Kompetenz abgelöst wurden. Damit, so der Autor, wurde sprachliche Korrektheit preisgegeben und gegen eine Orientierung auf kulturelle Bildung eingetauscht. Mit der Einführung des standardbasierten Unterrichts und der „*Zementierung*" von Sprachkenntnissen im GeR seit 2003 und 2012 würden Muttersprachler und das Erlernen korrekter Sprachstrukturen zurückgedrängt. Der Autor widerspricht nachdrücklich der Annahme, dass linguistische Korrektheit mehr oder weniger automatisch eintreten würde, wenn man den Lernenden nur Raum für kreative sprachliche Aktivitäten gäbe.

Diagnostiziert wird eine aktuelle Misere des Fremdsprachenunterrichts, insbesondere des dominanten *CLT*, die sich in der geringen passiven Wortschatzkompetenz (im Englischen durchschnittlich 1.800 Wörter, im Französischen 1.000) und in der stetigen Absenkung der Prüfungsanforderungen bis hin zu banalen Aufgaben unter Vernachlässigung der Korrektheit von Ausdruck und Struktur zeigten. Diese Art von Kompetenz – wie sie im *CLT* angelegt ist – würde keine Vorkenntnisse und eigenständiges Denken bei der Problemlösung erfordern. Es fehle eine Auseinandersetzung mit den Schwierigkeiten, die beim Erlernen und Lehren der Zielsprache entstehen, was zu einer tiefgreifenden Ignoranz gegenüber dem Kerngeschäft eines Sprachlehrers führe: Wer die Zielsprache nur rudimentär lernt, wird kaum in der Lage sein, sich mit komplexeren Denkfähigkeiten und Bildungsinhalten auseinanderzusetzen. Da der *CLT*-Ansatz suggeriere, dass der linguistische Aspekt des Sprachenlernens von untergeordneter Bedeutung sei, sei ein Stottern in „*Pidgin-Englisch*" an der Tagesordnung.

Darüber hinaus beklagt der Autor den schädlichen Einfluss von Apps, YouTube und anderen digitalen Angeboten, die mit dem Sprachunterricht konkurrierten. Gleichzeitig und überraschenderweise plädiert er für den Ausbau bilingualer Programme, die die SchülerInnen in die Lage versetzen würden, sich flüssiger und präziser auszudrücken und komplexe Sachverhalte zu bewältigen, statt sich auf *„Kommunikationsexperten"* zu beschränken. Dabei müssten inhaltlich anspruchsvollere Lehrpläne in Zusammenarbeit mit der Universität entwickelt werden. Nur so könne man sprachliches und tiefergehendes kulturelles Wissen fördern und den Rückbau der Neuphilologien, der in Großbritannien und den USA massiv vorangetrieben werde, verhindern.

Abgesehen von der einseitigen, eher konservativ-traditionellen Sichtweise, die zu einer falschen Darstellung der CLT-Realität im FU insgesamt führt, werden hier wesentliche Merkmale von CLT verzerrt. Zunächst einmal waren der FU und damit auch die kommunikativen Kompetenz-Ziele in den letzten Jahrzehnten zahlreichen Veränderungen unterworfen, die von der audiolingualen Methode hin zu kommunikativen und neuerdings kompetenzbasierten Ansätzen führten, die durch *Visible Learning* bereichert wurden – ein Prozess, den der Autor von *„Fremdsprachenunterricht neu denken"* ignoriert. Richtig ist, dass in Zeiten der Globalisierung und der weltweiten Kommunikation ein kompetenter Sprachunterricht wichtiger denn je ist und effektiv und authentisch sein muss. Die Frage ist nur, in welche Richtung der FU gehen soll und ob eine Neuerfindung des grammatikbasierten Unterrichts, der sich auf muttersprachliche Leistungen konzentriert, der richtige Weg ist. Das Lehren nach Standards und insbesondere der GeR stellen keine rein utilitaristischen Ziele dar, sondern ermöglichen vergleichbare Lernergebnisse und ein aussagekräftiges Feedback, das den Lernenden sagt, wo sie sich innerhalb ihrer *ZPD* befinden und was sie tun müssen, um weiterzukommen.

Der GeR genießt international einen guten Ruf, wird über Europa hinaus und beispielsweise weltweit in den Sprachkursen des Goethe-Instituts eingesetzt. Er ist auch hilfreich bei der Bewertung von mündlichen Leistungen und bietet Leistungsskalen, die Sprachkenntnisse und -fertigkeiten überprüfbar machen und gleichzeitig den SchülerInnen einen transparenten Eindruck davon vermitteln, wo sie in ihrem Lernprozess stehen und wie sie ihre nächsten Ziele erreichen können. Auf diese Weise hat die Qualität und Bandbreite der sprachlichen Fähigkeiten und der Sprachbewusstheit nicht abgenommen, sondern im Gegenteil zu effektiven und kommunikativen Sprachaktivitäten in klar definierten Bereichen und auf sorgfältig abgestuften Niveaus geführt, wie sie in den Skalen zwischen A1 und C2 zum Ausdruck kommen, weit entfernt vom *„Pidgin-Englisch"*-Vorwurf des Autors. Die linguistische Forschung hat jedoch auch gezeigt, dass selbst ein B2/C1-Niveau in einem „normalen" Sprachunterricht kaum zu erreichen ist (vgl. De Florio 2018: 106) und es zusätzlicher Sprachkontakte und des linguistischen Mehrwerts bilingualer Programme bedarf, um auch nur in die Nähe einer muttersprachlichen Sprachbeherrschung zu gelangen.

Immerhin bietet der Fremdsprachendidaktiker in der FAZ auch einen innovativen Vorschlag an. Er fordert, für eine Weiterentwicklung des Fremdsprachenunterrichts und zur Überwindung der aus seiner Sicht defizitären didaktisch-methodischen Entscheidung für kommunikative Kompetenzziele, zeitgemäßere und relevante Inhalte für das Fremdsprachenlernen und schlussfolgert: *„Auch ein Ausbau des bilingualen Sachfachunterrichts wäre möglich und wünschenswert."* Auch wenn seine fachdidaktischen Vorstellungen eher eine Rolle rückwärts bedeuten und eine Renaissance der grammatischen Unterweisung befürworten, entsprechen sie kaum der *classroom practice* im *CLT*. Hier ist *„Radebrechen auf Englisch"* keineswegs die Normalität, wenn die freie Textproduktion im Englisch-Abitur gerade nicht auf ein Minimum reduziert wird, wenn Shakespeare und gesellschaftskritische Romane, beispielsweise zur Südafrikanischen Apartheid oder Situation der *Native* und *African Americans* Teil des Curriculums sind. Das Petitum des FAZ-Artikels bleibt nachvollziehbar, dass nämlich Fortgeschrittenen Unterricht wieder anspruchsvoller werden muss. Allerdings wird dies nicht durch eine Abschaffung des Englisch-Unterrichts nach acht bzw. sechs Schuljahren gelingen, sondern eher durch seine Erweiterung um bilinguale Module und authentische Inhalte. Die damit angebahnte Interkulturalität bleibt ein wichtiges Ziel in diesen unübersichtlichen Zeiten.

Eines der Hauptziele von *CLT* war es, mehr Raum für den kreativen Gebrauch der Zielsprache L2 zu schaffen, anstatt Sprache als System zu studieren. Die bereits erwähnte ACTFL liefert eine überzeugende „*bicycle metaphor*", um diese Binsenweisheit zu illustrieren:

> Second Language Acquisition research has shown that learners need as much exposure as possible to the target language for acquisition to occur. Learners need to be actively engaged with the target language. Just like riding a bike or any other important skill, learning is best achieved by doing. For many learners, the precious minutes in our classrooms are the only opportunity in their day to experience the target language. We must maximize this exposure by providing a language-rich environment that prepares them for success in the real world. Likewise, if the goal is for learners to have the proficiency to survive and thrive in the target culture, whether it be in our neighborhoods or across the ocean, then authentic target language experiences must be provided (ACTFL: o.S.).

Im Mittelpunkt der kommunikativen Kompetenzziele stand und steht dabei die Idee des Diskurses als Form sozialen Handelns – in den Worten Wygotskis: Die SchülerInnen erwerben Sprache durch die Bedeutungsaushandlung mit anderen und entwickeln ihre Sprachkenntnisse innerhalb ihrer *ZPD*, wobei sie sich auf die entsprechenden Hilfestellungen (*Scaffolding*) der Lehrkraft oder fortgeschrittener Gleichaltriger verlassen (vgl. Kap. 5 & 7). Sie würden gemäß den gesellschaftlichen Erwartungen (der jeweiligen Kultur) agieren und als Teil ihrer Sprechakte auch Bedeutung in einem metakommunikativen Sinne aushandeln. Im Rahmen des *CLT* sind mithin und im Sinne des GeR bestimmte Schlüsselkonzepte wirksam: kommunikative Aktivitäten (*language activities*) und Diskurskompetenz (*negotiation of meaning*). Über das gegenseitige Verstehen hinaus müssen die SchülerInnen zusätzlich ein grundsätzliches Verständnis von kommunikativen Prozessen entwickeln, das sich als Sprachbewusstheit manifestiert. Nach Legutke (1988) gibt es fünf Bausteine, die in einem *CLT*-Unterricht wirksam sind – uneingeschränkt auf die sprachliche Seite von CLIL-Programmen übertragbar:

1. Fokus auf den Inhalt, wichtiger als grammatische Korrektheit;
2. *classroom discourse*, kommunikative Situationen, authentisch oder simuliert, Rollenspiele, Projekte, aufgabenbasierte Aktivitäten oder Szenarien;
3. Flexible Lehrmaterialien, pragmatische Aspekte der Kommunikation, Ergänzung der Lehrwerke und Kursbücher durch Texte und Medien;
4. Interaktive Sozialformen, Dialoge fördern, Vermeidung des lehrerzentrierten Unterrichts, Entwicklung von Diskursfähigkeit durch Partner- und Gruppenarbeit;
5. Außerschulische Lernorte, Integration von realen Kommunikationssituationen in den Fremdsprachenunterricht, Erkundung authentischer Informationsangebote: Radio, Filme, internationale Firmen, Hotels, Flughäfen etc.
(in Anlehnung an Schumann: 138 f.).

3.4 Zwei CLIL-Narrative

Nicht zuletzt aufgrund seiner konzeptionellen Offenheit bleibt CLT die wichtigste methodische Grundlage des FU und bündelt die Schlüsselelemente von sprachlichen, sozio-linguistischen, pragmatischen und strategischen Kompetenzen – diese Grundprinzipien sind Bestandteil des GeR und wurden in nationale Lehrpläne und Bildungsstandards übernommen. In dieser Hinsicht haben sowohl der FU als auch die bilingualen Programme eine deutlich gemeinsame Basis gefunden, da diese beiden Ansätze des Sprachenlernens das gleiche Ziel verfolgen – die Förderung des interkulturellen Lernens (vgl. Kapitel 5.6).

Der Rückgriff auf die Praktiken des CLT unterstützt nicht nur CLIL-Programme insgesamt, sondern erweitert auch deren sprachliche Dimensionen. Der bilinguale Unterricht basiert auf der Ziel- und Vehikular-Sprache als Kommunikationsmittel im CLIL-Klassenzimmer und für die Vermittlung der wichtigsten Inhalte in den jeweiligen Fächern. Die interkulturelle Kompetenz als Klammer zwischen den beiden Ansätzen des FU und CLIL, wirkt daher auf innovative Weise in beide Richtungen. Diese Annahme wird gestützt durch Ergebnisse der Forschung, die im Überblick wie folgt skizziert werden.

Zunächst geht es um die Frage, inwieweit CLIL-Programme insgesamt Innovationen im Fremdsprachenunterricht fördern können. Hier lassen sich zunächst fünf Ebenen unterscheiden: In der Kombination von Inhalten und sprachlichen Fertigkeiten werden neue **Perspektiven** für beide Fächer eröffnet, ein genuines Anliegen des bilingualen Unterrichts, das neue Formen der interdisziplinären Zusammenarbeit eröffnet und den Fächerkanon zu überwinden vermag. Dies wird beispielsweise relevant, wenn mit einem Schwerpunkt auf ästhetische Aspekte und insbesondere Literatur ein „neues" Sachfach entstehen kann, wie mit *Literary CLIL* in dieser Didaktik beschrieben (vgl. Kapitel 6). Mit den methodischen Erfordernissen bilingualen Lernens ermöglicht die **Authentizität** der Unterrichtsgegenstände reale Interaktionen, damit Zugänge zur Handlungs- und Lerner-Orientierung und die Notwendigkeit von Projektarbeit als Grundlage sozialen Lernens. Die Förderung der fremdsprachlichen Kompetenz wird im Hinblick auf die **Diskursfähigkeit** und die Entwicklung von fach-sprachlichen Registern deutlich vorangebracht. Neue **Impulse** für die Sachfächer gehen mit der Erhöhung der Lernleistung und Motivation der Lernenden einher, die sich mit den Besonderheiten der zielsprachlichen Kultur auseinandersetzen. CLIL funktioniert als sprachsensibler Unterricht, weil er von den sprachlichen Erfordernissen des jeweiligen Sachfaches ausgeht und eine **integrierte Unterrichtsmethodik** mit einem Fokus auf *Scaffolding* und *ZPD* notwendig macht, und weil die Vermittlung eines Sachfaches nicht der traditionellen sprachlichen Progression folgen kann (vgl. Wolff: 2011).

Ob es sich dabei um *„two tales of CLIL"* (Bonnet 2012: 67) handelt, *„killing two birds with one stone"* (Dallinger et al. 2014: 123) oder zumindest um eine *„doppelte Fokussierung"* auf Fertigkeiten und Wissen, ist bei diesem Ansatz nicht nur eine Frage der konkreten Unterrichtsorganisation (vgl. Kapitel 4) sondern bleibt vor allem Gegenstand umfangreicher Unterrichtsforschung, die nicht abgeschlossen ist und deren Ergebnisse in unterschiedliche Richtungen weisen.[20] Im Rahmen der Forschung wurden nicht weniger als **acht Aspekte** untersucht, die die CLIL-Bereiche Sprachunterricht, fachspezifisches Wissen und interkulturelles Lernen abdecken. Anfänglich von ausgebildeten Linguistinnen und Linguisten durchgeführt, standen zunächst Fragen des Fremdsprachenlernens im

---

[20] Basierend auf allgemeinen Literaturquellen und einzelnen Beiträgen von Wolff: 2011, Breidbach et al: 2012, Bonnet: 2012, Cenoz et al.: 2014, Dallinger et al.: 2014, Heinemann: 2018.

Vordergrund, ohne die Sachfach-Didaktiken näher zu berücksichtigen, so dass CLIL meist als eine weitere, allenfalls innovative Methode des Sprachunterrichts wahrgenommen wurde (vgl. Wolff: 2011) und das häufigste „*Verkaufsargument*" von CLIL darstellte. Übereinstimmend wurde immerhin der durchgängig positive Einfluss der bilingualen Programme auf die Fremdsprachenkompetenz der Lernenden im Allgemeinen festgehalten. Neuere Forschungsprojekte zeigen jedoch ein differenzierteres Ergebnis in den unterschiedlichen Bereichen, die hier sukzessive beschrieben werden:

> 1. CLIL had a very positive influence on the learners' foreign language competence in general.
> 2. Regular foreign language teaching is often more concerned with an explicit focus on grammar.
> 3. CLIL learners' accuracy in written texts is significantly higher than those of non-CLIL learners.
> 4. CLIL learners perform significantly better than their non-CLIL peers in terms of lexical scope and fluency.
> 5. CLIL learners possess a more highly developed language awareness compared to non-CLIL learners.
> 6. Attempts to prove the added value of CLIL (or even superiority) are abandoned in favour of accepting CLIL as an independent approach of teaching, facing similar pedagogical questions that all teaching is concerned with.
> 7. High motivation of CLIL learners for learning English remains constant while the non-CLIL learners' motivation drops over time.
> 8. Whether CLIL settings cause learners to take a reflective perspective on content matter and the cultures behind the working language is doubtful, does not exist as an inbuilt mechanism (adapted from Breidbach: 8 f.)

Insgesamt kann festgehalten werden, dass die frühere Dominanz eines linguistischen Forschungsschwerpunktes zugunsten einer ganzheitlichen Betrachtung der L2-Entwicklung in Kombination mit fachspezifischen Kompetenzen aufgegeben wurde, die ein weniger geschlossenes Bild von Vor- und Nachteilen sowie einem angenommenen CLIL-Mehrwert zeigt:

> In the German discourse, the CLIL approach is often criticised from the perspective of non-language subject teachers, who fear substantial negative influences on the learners' subject matter competences and their literacy development. In the early debate, a strong opposition between (foreign) language learning and subject-specific knowledge was created (Breidbach: 9).

Verschiedene Formen von Wissen, didaktisch als *Higher and Lower Order Thinking Skills* bezeichnet (*LOTS* und *HOTS* – vgl. Kapitel 5&7), haben jedoch unterschiedliche und entsprechend sprachliche Zuordnungen, die zwischen voraussetzungslosem, alltäglichem und anspruchsvollem, akademischem Diskurs unterscheiden. Dies ist besonders relevant für eines der zentralen Ziele von CLIL-Programmen, denn interkulturelles Lernen „*does not mean the comparison of two whole entities, but rather the creation of a more or less 'complete' and sufficiently differentiated picture from various perspectives*" (ebd.: 11). Kommunikative Aktivitäten finden nach diesem Konzept vorzugsweise in einem dritten, neutralen Raum statt, didaktisch als *Third Space* gewendet (vgl. Klewitz 2020: 116, auch: Kapitel 5.6). Ohne statischen Konzepten von *cultural studies* in Zielsprachen-Ländern zu folgen, kann dieser *Third Space* durch internationale Kontakte im Rahmen von Austauschprogrammen und auf universitärer Ebene durch die Anbindung an Kooperations- und Beratungsnetzwerke aktiv gestaltet und gefördert werden, wie beispielsweise an der Universität Göttingen vorfindbar:

> Content and Language Integrated Learning (CLIL) is presented in the continuum of authentic topics and language instruction. Students will be able to familiarize themselves with current concepts and design and implement individual teaching units that will then be evaluated during the course work. A variety of topics include social issues, market economies and the media (beginners, intermediate), political issues, economic growth and ecological problems (intermediate), as well as multiculturalism, international relations and globalization (advanced). A special focus will be on oral examinations and presentations as required in the final exams of the Abitur. The teaching units to be developed will draw particular attention to learning strategies involving discontinued texts, graphs and tables and using the dynamics of scaffolding to bridge the Zone of Proximal Development (ZPD, Vygotsky/Bruner). Written course work will explore criteria to design further examples of authentic CLIL tasks and topical research across the curriculum. There are links to projects in Australia and New Zealand (www.visib lelearningplus.com) and the Northwestern University of Chicago (https://new.icollaboratory.net/)[21]

---

[21] Georg-August-University Göttingen, Wintersemester 2019/20. https://www.studip.uni-goettingen.de/extern.php?odule=Lecturedetails&range_id=f01cb6 ad89f913e65369bf4078cb36f3&seminar_id=cbc942f382f47cc9db0fe64eb1338f1a.

Die „*two tales of CLIL*" beziehen sich auf den Sachfach-Unterricht in L2, „*killing two birds with one stone*" auf einen möglichen Mehrwert bei der Gegenüberstellung von linguistischen Anteilen in der wörtlichen Bedeutung des bilingualen Sprachunterrichts. Dabei häufig zitierte Beispiele sind Bedeutungsverschiebungen bei der Betrachtung von *twin-terms*, die ihre kulturellen Konnotationen von L1 zu L2 ändern, wie beispielsweise „Völkerwanderung" zu „*barbarian invasion*", „Siebenjähriger Krieg" zu „*French Wars*", „Erster Weltkrieg" zu „*The Great War*", „Christliches Abendland" zu „*Western Civilisation*" (weitere Beispiele bei Wildhage 2003: 81). Diese Unterschiede in der Terminologie sind ein wesentlicher Grund dafür, dass CLIL-SchülerInnen Schwierigkeiten haben könnten, Begriffe wie die oben genannten in ihrer L2 zu verbalisieren und umgekehrt. Während die funktionale Sprachkompetenz von CLIL-Lernenden in ihrer L2 im Vergleich zu einer Nicht-CLIL-Kontrollgruppe wiederholt nachgewiesen wurde (DESI: 2008), beruhen die Vorteile bei der Entwicklung von Sachkompetenz nur auf einer schmalen Evidenz. Es bleibt also das Ziel des bilingualen Unterrichts, die Bereiche Sprach- und Fachwissen im Rahmen eines innovativen Fremdsprachenunterrichts stärker zu integrieren. (vgl. Bonnet 2012: 69)

Jede kritische Analyse von CLIL-Programmen bestätigt die Schwierigkeit, eine Balance zwischen Sprache und Inhalt zu erreichen, vor allem, weil einige Wissenschaftler CLIL heute hauptsächlich unter curricularen Gesichtspunkten betrachten. Aber wie einer der repräsentativen und bedeutendsten CLIL-Forscherinnen betont, „*there is a lack of cohesion around CLIL pedagogics. There is neither one CLIL approach nor one theory of CLIL*" (Coyle 2008: 101, zitiert in Cenoz 2013: 245). Im Kontinuum von inhaltsorientiertem und sprachorientiertem Unterricht (vgl. ebd.: 248) bleibt der zentrale Baustein bilingualer Programme der Inhalt, der oft auch als sein innovatives Element angesehen wird (vgl. Wolff: 2011), während die Verwendung der Ziel- oder Vehikular-Sprache (L2) ein strittiger Punkt bleibt, soweit es um die Einbeziehung der L1 im Unterrichtsgespräch geht. Obwohl es schwierig ist, konkrete Zahlen in Bezug auf die Ausbildung von CLIL-Lehrkräften zu ermitteln, sind die meisten CLIL-LehrerInnen Fachleute ohne formale Qualifikationen in den Fremdsprachen. Dies hängt auch damit zusammen, dass CLIL in Europa häufiger unterrichtet wird, während Immersionsprogramme in Kanada und den USA dominierend sind (vgl. 4.2 & 4.4).

Da bilinguale Programme aber eher unkonventionelle Methoden des Sprachunterrichts verfolgen, nicht zuletzt wegen der Notwendigkeit einer tieferen inhaltlichen Analyse und differenzierten Begriffsbildung, besteht die Tendenz dem „bandwagon effect" zu folgen und einem „evangelical picture" dieses Unterrichtsansatzes zu verfallen (vgl. Heinemann 2018: 13). Kritiker haben darauf hingewiesen, dass „ein Konzept, das mit unrealistischen Hoffnungen verbunden ist, schnell ins Abseits geraten kann" (Bonnet 2012: 66) und dass eine ausgewogenere Reflexion sowohl über die Stärken als auch über die Unzulänglichkeiten oder Lücken in unserem Verständnis von CLIL und seiner Wirksamkeit in verschiedenen Kontexten erforderlich ist (vgl. Cenoz 2013: 256).

„Killing birds with one stone" (Dallinger 2016) ist ein Anspruch, der schwer zu bestätigen und wünschenswert ist, aber auch mehrdeutig bleibt. Eine Untersuchung der Kompetenzentwicklung von mehr als 1.000 Achtklässlern in Deutschland (CLIL und Nicht-CLIL SchülerInnen) hat einen größeren Zuwachs im Hörverstehen, aber nicht in den allgemeinen Englischkenntnissen gezeigt, während die Zuwächse im Fachwissen (Geschichte) vergleichbar waren und sich nicht nachteilig auf die inhaltlich-fachlichen Leistungen auswirkten (vgl. ebd.: 124). Sowohl in der *CLT-* als auch in der CLIL-Methodik angelegt, wurden Sprachfehler nicht korrigiert, wenn die Botschaft noch verstanden werden konnte. Gleichzeitig zeigten die CLIL-SchülerInnen ein höheres metasprachliches und metakognitives Bewusstsein, und es konnten größere Problemlösungsmechanismen erkannt werden:

> these benefits are caused by the constant switching between the two languages that students perform in a bilingual setting. As a result, bilingual children are linguistically and cognitively more attentive, more creative, more flexible, and process information more deeply" (ibid.: 127).

Einer der Dreh- und Angelpunkte von CLIL, der Inhalt und Sprache verbindet, ist die Aushandlung von Bedeutung als Teil von

Diskursfunktionen, um die sozio-pragmatischen Kompetenzen der Lernenden zu fördern. Ihr Wissen über die Prinzipien, wie Sprechakte organisiert, strukturiert und angeordnet werden, wird im GeR, wie bereits erwähnt, unter dem Begriff pragmatische Kompetenzen subsumiert, die zur Erfüllung kommunikativer Funktionen verwendet werden (*„funktionale Kompetenz"*) und die nach interaktionalen und transaktionalen Schemata geordnet sind (*„Gestaltungskompetenz"*) (vgl. Europarat: 123). Im GeR wird Diskurs als reflexive Form der Sprechaktivitäten (Habermas 2007) mit funktionaler Kompetenz beschrieben, die sich bei der Verwendung von gesprochenen und geschriebenen Texten in der Kommunikation auf bestimmte funktionale Zwecke bezieht. *„Makrofunktionen sind Kategorien für die funktionale Verwendung gesprochener Rede oder geschriebener Texte, die aus einer (manchmal längeren) Reihe von Sätzen bestehen, z.B.: Beschreibung, Erzählung, Kommentar, Erläuterung, Auslegung, Erklärung, Demonstration, Anweisung, Argumentation, Überredung usw."* (ebd.: 126).

Die Nähe der funktionalen Kompetenzen zu *task-verbs* wie *describe, comment, demonstrate, argue, persuade* etc. ist nicht zu übersehen; sie sind im deutschen Curriculum als *„Operatoren"* beschrieben, mit dem Ziel, die Sprachentwicklung der Lernenden zu unterstützen, indem sie die Art der kommunikativen Aktivitäten angeben, die sie ausführen sollen, und sie sind nach niedrigeren und höheren kognitiven Ansprüchen, sogenannten Anforderungsbereichen, gegliedert (vgl. *LOTS & HOTS*: 5.7). Die drei Stufen bestehen aus Reproduktion (Wiederholen und Beschreiben von erworbenen Informationen, Anwenden von geübten Fertigkeiten = Stufe I), Reorganisation und Transfer (selbständiges Erklären von Konzepten und Fachinhalten und Anwenden von Wissen in verschiedenen Kontexten = Stufe II) und Reflexion und Problemlösung (Umgang mit neuen Informationen, um bestimmte Sachverhalte zu kommentieren, abzuschließen und zu bewerten = Stufe III). Die auf Operatoren beruhenden Aufgabenstellungen sind Teil aufgabenbezogener Lehr- und Lernstrategien und werden regelmäßig in Abschlussprüfungen als *Scaffolding* für Lösungen der SchülerInnen eingesetzt (vgl. Stark-Verlag 2020: VI f.).

Diskursfunktionen und Bedeutungsaushandlung werden zu wesentlichen Bestandteilen unserer integrativen CLIL-Didaktik, die die *„two stories of CLIL"* miteinander kombinieren und ansatzweise auch demonstrieren *„[how] to kill two birds with one stone"*. Damit erweist sich, dass diese Metaphern mehr sind als ein *„evangelical picture"* oder *„jumping on the bandwagon"*. Sie sind umso wichtiger, als die meisten aktuellen Forschungsergebnisse, die sich mit bilingualen Programmen befassen, darin übereinstimmen, dass in der Vielfalt der Ansätze bisher ein einheitlicher CLIL-Entwurf fehlt (vgl. Cenoz 2013: 257) und auch eine systematische und wissenschaftsorientierte Methodik notwendig ist, die den Gebrauch von zwei Sprachen in diesen Programmen erklärt und konkretisiert (vgl. Bonnet 2012: 76; Cenoz 2013: 252; Wolff 2011: 75; Dallinger 2016: 162). Um eine integrative und in ihren Grundlagen konsistente CLIL-Didaktik zu entwickeln, ist daher ein genauerer Blick auf die Strategien und CLIL-Kontexte (Kapitel 4) und ihre Bausteine (Kapitel 5) notwendig.

Revue passieren – reflektieren – recherchieren

Die Geschichte der „Dunera Boys" mag aus heutiger Sicht verstörend klingen. Aber vielleicht möchten Sie erklären, warum die Tatura-Erfahrung (Hirschfeld Mack) die Zweisprachigkeit als Überlebensstrategie in einer fremden, unbekannten Kultur beschreibt.

Überlegen Sie, warum die Position „Grammar First" in einen Widerspruch zum kommunikativen Sprachunterricht (CLT) geraten kann.

Die „two stories of CLIL" und „killing two birds with one stone" weisen auf strittige Fragen im bilingualen Unterricht hin. Wenn Sie mehr über die weiteren Argumente in die eine oder andere Richtung recherchieren, können Sie Ihre eigenen Schlussfolgerungen besser begründen.

3.5 CLIL-Modul: Das Bauhaus im Unterricht
Professor Ingrid Zeller, Northwestern University

Die „Bauhaus Schule" im Deutschunterricht

Das Bauhaus in Dessau.
Foto: © Ingrid Zeller

Die Vorteile des bilingualen Unterrichts und CLIL können besonders wirkungsvoll anhand eines interdisziplinären Projekts und des dazugehörigen Seminars an der Northwestern Universität in Evanston, Illinois, gezeigt werden, die sich mit der Bauhaus Schule auf dem B1 Niveau befassen. Das Ziel der Initiative und des Seminars ist, sowohl Deutschlernende, die ihr allgemeines kulturelles Wissen und ihre sprachliche Kompetenz verbessern möchten, anzusprechen, als auch Studierende zu motivieren, die sich neben Kunst, Geschichte, und Politik spezifisch für Architektur, Ingenieurwesen, die Umwelt, und MINT Fächer interessieren. Durch die Interaktion sowohl innerhalb als auch außerhalb des Klassenzimmers mit anderen Lernenden, der Lehrkraft, deutschsprachigen Architekt*innen und zweisprachigen Dozent*innen des Chicago Architecture Centers, können die Lernenden ihre persönlichen, präsentations-orientierten, und interpretativen Kommunikationsfähigkeiten sowohl auf mündlicher als auch auf schriftlicher Ebene vertiefen. Auch erlernen sie praktische Kompetenzen, z. B. wie sie einer Gruppe von Menschen eine Architekturführung in der Zielsprache geben können. Authentische Quellen wie Artikel, Filme, interaktive Videos, und Multimedia Beiträge ergänzen die Aktivitäten im Unterricht, die den Lernenden ein Forum bieten, in dem sie effektiv kommunizieren können, während sie sich mit sinnvollen und kulturell relevanten und motivierenden Inhalten befassen. Ganz ähnlich wie die Form der Funktion folgt („form follows function"), um den modernen Architekten Louis Sullivan zu zitieren, zeigt das Projekt, dass die „Sprache dem Inhalt folgt", d.h. dass die Entwicklung der linguistischen Kompetenz mithilfe des aktiven

Engagements durch relevante und motivierende Inhalte erleichtert, mitgestaltet, und gefestigt wird.

Die Geschichte des Bauhauses

Die Architektur und der Einfluss der bahnbrechenden Bauhaus Schule gelten in vielen globalen Kontexten als wichtige und wertvolle Diskussionsthemen, und die Skyline von Chicago und auch anderer US-amerikanischer Städte wurde ganz besonders von der Entwicklung des Bauhauses und der modernen Architektur geprägt. Das Thema eignet sich somit gut als Einstieg in Diskussionen über Anknüpfungspunkte zwischen deutscher und US-amerikanischer Geschichte, Kultur, und ästhetischen Traditionen. Die Bauhaus Schule, das „Staatliche Bauhaus in Weimar", war ursprünglich 1919 in der deutschen Stadt Weimar von dem Architekten Walter Gropius gegründet worden und war als eine Fusion zwischen der „Großherzoglich-Sächsischen Kunstschule" und der „Großherzoglich-Sächsischen Kunstgewerbeschule" konzipiert worden. Die Schule und die entsprechende Bewegung revolutionierten bald Architektur und Design weltweit. Zum ersten Mal wurde Studierenden die Möglichkeit geboten, sowohl die Analyse der bildenden Künste als auch das Kunsthandwerk an derselben Hochschule zu erlernen, wobei das Interesse an letzterem bereits durch die Art & Crafts Bewegung in England wieder erweckt worden war. Verwurzelt in den kühnen und kreativen Energien des frühen 20. Jahrhunderts und in vieler Hinsicht ein Kind der Weimarer Republik, gelang es der Bauhaus Schule, das Verständnis von Design nicht nur durch ihre innovativen Ansätze bezüglich der Künste, sondern auch durch passende, einzigartige Strategien in Bezug auf das praxisorientierte Curriculum zu fördern. Das Ziel war, Produkte zu entwerfen und herzustellen, die funktional waren, aber auch einem hohen künstlerischen und ästhetischen Anspruch entsprachen und außerdem für das Industriezeitalter geeignet waren und es verkörperten. Während das höchste Ziel des Bauhauses immer „Architektur" war, etablierte sich die Kunstschule auch durch die Produktion von avant-garde Möbeln, Keramik, Haushaltsgeräten, Spielzeug, Fotografie, Malerei, Skulptur, Musik, Theater, und Grafik.

Charakteristische Elemente des Bauhaus Stils sind der minimalistische Ansatz bezüglich Architektur und Design, der Fokus auf Funktionalismus, der Gebrauch von industriellen Materialien, und die dominanten linearer Formen. Der Stil war sowohl von praktischen als auch ideologischen Faktoren inspiriert worden, da Symbole früherer Zeiten, die sich oft in prunkvollen Ornamenten manifestierten, nicht mehr als zielfördernd und zeitgemäß empfunden wurden.

Der globale Einfluss des Bauhauses

Obwohl die Bauhaus Schule nur zwischen 1919 und 1933 in Deutschland existierte, lebten die Ideen und Theorien, die sich dort entfaltet hatten, später in vielen Teilen der Welt weiter. Aufgrund der politischen Spannungen mit den Nationalsozialisten und den von ihnen initiierten Kürzungen des Budgets zog die Kunstschule im Jahre 1925 nach Dessau um, und, im Jahre 1932, nach Berlin, wo sie 1933 ihre Türen endgültig schloss. Unter den berühmten Professor*innen und Studierenden am Bauhaus befanden sich u.a. Wassily Kandinsky, Paul Klee, Johannes Itten, Georg Muche, Oskar Schlemmer, Wilhelm Wagenfeld, Marianne Brandt, László Mohology Nagy, und Josef und Annie Albers. Die drei Direktoren waren alle Architekten von Beruf: Walter Gropius (1919-1928) war von der Idee fasziniert, Kunst und Technologie zu vereinen, Hannes Meyer (1928-1930) war politisch der radikalste Direktor des Bauhauses und trat der Kommunistischen Partei bei, und Ludwig Mies van der Rohe (1930-1933) befasste sich fast ausschließlich mit moderner Architektur. Viele der Bauhaus Künstler emigrierten nach 1933 und setzten ihre innovative Arbeit in anderen Teilen der Welt fort, wie in der Stadt Tel Aviv, wo noch heute 4000 Bauhaus Bauten zu sehen sind, die zu einer UNESCO World Cultural Heritage Site ernannt wurden, und in den USA, wo der Boden für neue Ideen fruchtbar war und wo moderne Architekten mit Begeisterung aufgenommen wurden. Walter Gropius wurde Professor an der Harvard Universität, Josef und Anni Albers setzten das Bauhaus Curriculum am Black Mountain College fort, der grafische Künstler László Moholy-Nagy gründet das „New Bauhaus" in Chicago, das später in das IIT

(Institute of Technology) integriert wurde. Dem letzten Direktor des Bauhauses Mies van der Rohe wurde die Position des Direktors am IIT (früher Armour Institute) angeboten, welche er bis zum Ende seines Lebens 1969 behielt. Als einer der Gründer der modernen Architektur und des Mid-Century Modern Stils (der früher „Internationaler Stil" genannt wurde), prägte Mies das Motto „Weniger ist mehr" und entwarf den gesamten IIT Campus mit der bekannten Crown Hall, sowie viele andere ikonische Bauten in der Chicago Gegend, wie die Lakeshore Drive Apartments, die Federal Center Plaza, das Farnsworth Haus, und das AMA (American Medical Association) Gebäude (früher IBM). Mies und Generationen von Architekten, die er am IIT trainierte, trugen erheblich zu der Entwicklung der heutigen Skyline von Chicago mit ihren Wolkenkratzern, Vorhangfassaden, Glastürmen, und Stahlstrukturen bei.

Die „Bauhaus in Chicago" Initiative

Der Kurs, der derzeitig an der Northwestern Universität unterrichtet wird, heißt „Bauhaus and Beyond: German Influences on the Chicago Skyline." Er entstand aus einer dreiwöchigen Einheit, die sich mit Verbindungen zwischen Berlin und Chicago auseinandersetzte und die die Studierenden an Exkursionen mit einer deutschsprachigen Dozentin des Chicago Architecture Centers (damals Chicago Architecture Foundation) in Chicago teilnehmen und deutsche Einflüsse in Chicago erkunden ließ. Dies war auf Seiten der Lehrkraft ursprünglich durch das Interesse an der Gründung des Bauhauses in Weimar und dessen Fortsetzung in Chicago inspiriert worden, als Weimar zur Kulturhauptstadt Europas gewählt wurde (1999). Außerdem spielte ein starkes pädagogisches Interesse an den Vorteilen der Verknüpfung des Spracherwerbs mit der Welt „außerhalb des Klassenzimmers" eine große Rolle. Parallel dazu initiierte das Goethe-Institut Chicago unter der Leitung von Dr. Bernd Klewitz ein kollaboratives Projekt mit regionalen Lehrkräften, dem Chicago Architecture Center, und den Deutschen, Schweizerischen, und Österreichischen Konsulaten, um Unterrichtseinheiten zum Thema „Bauhaus in Chicago" zu erstellen und Materialien zum Thema zu sammeln. In diesem Kontext war auch das Filmen eines Interviews mit dem Architekten Dirk Lohan, Mies van der Rohes Enkelsohn, möglich. Das Video ist inzwischen eine wertvolle Ressource und wurde später von Mitgliedern des German Departments an der Northwestern Universität didaktisiert. Mit Hilfe des MAD (Media and Design) Studios (ehemals Multimedia Learning Center) an der Northwestern Universität filmten die Lehrkräfte eine deutsche Führung mit einer Dozentin des Chicago Architecture Centers durch das Zentrum Chicagos, und entwickelten eine „interaktive" „ArchitekTour" genannt „Bauhaus and Beyond."[22] Diese ArchitekTour befindet sich jetzt auf einer neu konzipierten Webseite unter demselben Namen, die als Grundlage für den Kurs „Bauhaus and Beyond" dient und eine wichtige Quelle für Information zur Geschichte des Bauhauses im Kontext der Geschichte Chicagos darstellt. Diese Seite zeigt eine interaktive Geschichte des Bauhauses und Chicagos, Interviews mit Architekten, eine Fotogalerie von Bauhaus Stätten in Weimar, Dessau, Berlin, und Chicago, Unterrichtsmaterialien, und eine digitale Landkarte, die die Artikel und Videos von Studierenden beherbergt. Die Webseite ist abrufbar für alle interessierten Deutschlehrkräfte und andere Mitglieder der deutschen Community.[23]

Das Seminar: Bauhaus in Chicago: Deutsche Einflüsse auf die Chicago Skyline

Das 9-wöchige Seminar wird an Northwestern innerhalb des Quartal Systems unterrichtet. Es trifft sich dreimal pro Woche für 50 Minuten, und der Unterricht findet sowohl innerhalb des Klassenzimmers als auch außerhalb des Klassenzimmers statt. Meist wird das

---

[22] Das Projekt wird im Detail hier beschrieben „Von der Exkursion zur medialen Lernumgebung: Der Einfluss des Bauhauses auf die moderne amerikanische Stadt," GFL (German as a Foreign Language) gfl-journal 2 (2010): 64-88. Web. ISSN 1470-9570 (Ingrid Zeller, Denise Meuser, Franziska Lys): http://www.gfl-journal.de/2-2010/GFL_2_2010_LysMeuserZeller.pdf. Zuletzt abgerufen am 5.3.2021.

[23] Die Webseite wurde von Ingrid Zeller mit der Unterstützung eines Hewlett Grants und dem Weinberg College of Arts and Sciences sowie der Hilfe von Matthew Taylor des Media and Design Studios, Northwestern University, erstellt: http://projects.madstudio.northwestern.edu/bauhaus-and-beyond. Zuletzt gesichtet am 1.5.2022.

Seminar auf dem B1 Niveau unterrichtet; es wurde aber auch schon erfolgreich auf dem C1 Niveau durchgeführt. Die Ziele sind, mit der Geschichte des Bauhauses und dessen Verbindungen zu der Stadt Chicago bekannt zu werden und neue Perspektiven zu architektonischen Stilen und den vielen Fachrichtungen, die damit verbunden sind, zu entwickeln. Lernende nehmen Teil an zwei Architekturführungen, einschließlich einer von Dozierenden des CAC geleiteten Tour, die sich mit Wolkenkratzern, der Geschichte Chicagos, und den deutschen Einflüssen auf die Skyline befasst. Die andere Tour ist auf Englisch und besteht meistens entweder aus einer Architekturführung auf einem Schiff oder einem Tagesausflug zu dem ländlich gelegenen Farnsworth Haus, das hier im Kontext von Mies van der Rohes Werk im Großraum Chicago präsentiert wird. Studierende haben auch die Gelegenheit, mit deutschsprachigen Architekt*innen oder anderen Expert*innen relevanter Fachgebiete zu sprechen, wie Dirk Lohan, Mies van der Rohes Enkelsohn, oder Dr. Regina Bittner, Leiterin der Akademie und stellvertretende Direktorin der Stiftung Bauhaus Dessau, die zum 100. Jubiläum des Bauhauses Chicago besuchte.[24]

Unterrichtsmaterialien sind ebenso auf der oben genannten Webseite abrufbar, wie z.B., authentische und informative Webseiten und Filme und Videos, sowohl auf Deutsch als auch auf Englisch. Nachdem sie an entsprechenden Aktivitäten zur Einführung in die Thematik teilgenommen haben, schreiben Studierende Artikel über ein Gebäude auf dem Campus und ein Gebäude in Chicago. Sie werden auch ermutigt, eigene Fotos der gewählten Gebäude für ihre Werke zu machen und zu integrieren. Studierende lernen, selbst Touren zu geben, zuerst von einem Gebäude auf dem Campus als Teil einer Gruppenaktivität, dann von einem Gebäude in Chicago, von dem sie ein Video oder Video Essay erstellen, das sie letztlich der Gruppe präsentieren. Die Artikel und ausgewählte Video Projekte werden auf der Webseite als Teil der kollaborativen

---

[24] Mehr Information zum Bauhaus Symposium *Bauhaus Beyond Borders – Exploring the Legacy in the 21st Century*, das zum 100. Jubiläum der Gründung des Bauhauses von Ingrid Zeller organisiert wurde, finden Sie hier: https://sites.northwestern.edu/bauhausbeyondborders. Last viewed 1.5.2022.

digitalen Landkarte verlinkt, wobei letztere dementsprechend regelmäßig durch neue Beiträge ergänzt wird. Ein abschließendes Projekt ist die Kollaboration von mindestens zwei Studierenden bei einer kreativen und interaktiven Präsentation zu einem ausgewählten relevanten Thema. Linguistische Ziele des Kurses sind der konkrete Erwerb von Vokabeln zum Thema Architektur und Geschichte und der kontextualisierte Einsatz von grammatikalischen Strukturen wie dem Passiv und Relativsätzen. Zwei kurze Quizzes dienen dazu, den Vokabelerwerb zu bewerten, und zwei weitere Quizzes überprüfen die Fortschritte bei der Verwendung der entsprechenden grammatikalischen Strukturen.

Aktivitäten zur Einführung in das Thema

Die ersten Aktivitäten des Seminars dienen dazu, die Lernenden auf diverse Elemente der Architektur einzustimmen, Vorkenntnisse zu erwecken und zu identifizieren, und den Lernenden zu ermöglichen, eigene Erfahrungen und Erwartungen bezüglich des Bauhauses und der Architektur zu teilen. Aufgaben schließen hier, zum Beispiel, persönliche Fragen über Wohnen ein, Diskussionen über Lieblingsgebäude, Zuordnungsaktivitäten, und Triviaspiele. Mit Hilfe von Vokabeln und grammatikalischen Strukturen, die für den Kontext relevant sind, können die Studierenden so bereits kritische Fähigkeiten üben und die Rolle der Architektur in ihrem Umfeld reflektieren und erkunden.

Zuordnungsaktivitäten haben sich als besonders effektiv und engagierend als Einstieg erwiesen. In den folgenden Bild/Text Konstellationen werden beispielsweise die Texte von den Fotos durch die Lehrkraft getrennt und dann unter die Gruppe verteilt.[25] Alle Studierenden bekommen einen Text, der ein Gebäude beschreibt, oder ein Foto das ein spezifisches Gebäude zeigt. Im Präsenzunterricht stehen die Lernenden dann auf und finden die Person, die das passende Foto oder den Text hat; zu zweit diskutieren sie dann Fragen über was sie gesehen oder gelesen haben, wie zum Beispiel: Was war der wichtigste Hinweis auf das passende

---

[25] A1/A2 Level: http://bit.ly/ChicagoMatchA1A2; B1/Bs Level: http://bit.ly/ChicagoMatchB1B2. Zuletzt abgerufen am 1.5.2022.

Gebäude für Sie? Wie finden Sie das Gebäude? Warum? Welche Assoziationen haben Sie damit? Passt das Gebäude in sein Umfeld? Was sind Ihre Lieblingsplätze auf dem Campus und/oder in Chicago und/oder in Ihrer Heimatstadt? Was interessiert Sie an Architektur? Die Aktivität bietet den Lernenden auch die Gelegenheit, sich einander vorzustellen.[26]

Eine Variation dieser Zuordnungsaktivität mit Gebäuden ist auch ein Memory Spiel zu verschiedenen Bauhaus Objekten, das später im Seminar gespielt werden könnte. Studierende bekommen einen Stapel Karten und müssen die zueinander passenden Texte und Fotos finden. Die Texte laut zu lesen, zusammen mit den visuellen Anhaltspunkten, hilft bei dem Erwerb des neuen Wortschatzes, und ermutigt die Lernenden sofort zu diskutieren, was sie gelernt haben. Sobald sie die Texte den Fotos zugeordnet haben, diskutieren die Lernenden, welche Objekte für sie herausragen oder welche sie besonders innovativ finden. Das passende sprachliche Niveau sollte dabei auch Betracht gezogen werden und das entsprechende Spiel gewählt werden.[27]

Eine weitere engagierende Einstiegsaktivität besteht aus persönlichen Gesprächen zu Vorlieben im Kontext des Themas Wohnsituation. Beispiele wären: Wo wohnst du (Haus, Wohnheim, Wohnhaus, ...?) Ist das Gebäude modern oder historisch? Was magst du daran? Was nicht? Wo möchtest du später wohnen? Würdest du in einem Wolkenkratzer wohnen? Warum (nicht)? Persönliche Fragen regen Kommunikation an und könnten auch in diversen Formaten präsentiert werden, die authentische Begegnungen widerspiegeln. Zwei Studierende treffen sich z. B. auf einer College Veranstaltung und diskutieren ihre Wohnsituation, oder eine Person nimmt die Rolle einer Person an, die eine neue Wohnung sucht, während die andere eine Wohnung vermieten will und eine/n Mieter*in sucht.

Eine Aktivität, die optimal für den zweiten oder dritten Tag des Seminars geeignet ist, ist, Information über ein

---

[26] http://bit.ly/ChiMatchInterview. Zuletzt abgerufen am 5.3.2021.
[27] A1/A2: http://bit.ly/BauhausMemoryA1A2; B1/B2: http://bit.ly/Bauhaus MemoryB1B2. Zuletzt abgerufen am 5.3.2021.

Lieblingsgebäude vorzubereiten. Dies kann entweder persönliche Relevanz haben wie vielleicht das Landhaus der Großeltern, oder es kann ein bekanntes Lieblingsgebäude sein, das für seine herausragende Architektur berühmt ist und dass die Lernenden auf Reisen oder online gesehen haben, wie das Reichstagsgebäude in Berlin, den Louvre in Paris, oder das Burj Khalifa in Dubai. Studierende zeigen einer anderen Person oder einer kleinen Gruppe ein Foto von einem Lieblingsgebäude auf einem Gerät (Device) ihrer Wahl und erklären mit Hilfe von passenden Fragen, warum sie dieses Gebäude mögen, z.B.:

> Wie heißt das Gebäude?
> Wo befindet es sich?
> Was weißt du darüber (Architekt, Stil, Materialien, wann wurde es gebaut ....)
> Bist du schon da gewesen?
> Wie findest du es?
> Was möchtest du dort tun?
> Welche Geschichten assoziierst du mit dem Gebäude?

Auch diese Dialoge können als Rollenspiel konzipiert werden. Eine Szene könnte zeigen, wie zwei Mitbewohner*innen zusammen ein Fotoalbum ansehen und über ihre Erinnerungen sprechen, eine andere, wie zwei Studierende Reisepläne machen, um diese ikonischen Gebäude zu besichtigen.

Als eine willkommene Alternative zu dieser Aktivität hat sich in den letzten Jahren die Arbeit mit ThingLink[28] erwiesen, einer digitalen Plattform, die es den Lernenden erlaubt, ihre Fotos mit Informationen, hilfreichen Vokabeln, und sogar weiterführenden Links oder Videos zu versehen und somit eine kreative visuelle Präsentation wirkungsvoll und interaktiv zu gestalten. Die Arbeit mit Thinglink fördert besonders das Vertiefen von Wortschatzelementen, die die Studierenden im Kontext sehen können.[29]

---

[28] http://www.thinglink.com. Zuletzt abgerufen am 5.3.2021.
[29] Um mehr über den Gebrauch von ThingLink und andere digitale Tools in diesem Kontext zu erfahren, lesen Sie bitte den Artikel "Virtuelle Welten – Digitale Ansätze zu Architektur und Kultur im Deutschunterricht" von Ingrid Zeller

Dieses Bild dient als Beispiel für ein Foto, das mit ThingLink annotiert wurde: https://www.thinglink.com/scene/507750488255496192. Photo: Burg Eltz © Ingrid Zeller

Nachdem die Lernenden begonnen haben, ihre Interessen und Erfahrungen mit Architektur zu diskutieren, kann eine Einführung in das Thema Geschichte Chicagos oder Bauhaus effektiv durch Trivia Spiele angeregt werden.[30] Diese können in diversen Formaten präsentiert werden, auch online, wie durch online Spiele wie KAHOOT!, Quizziz, Gimkit, oder Blooket. KAHOOT!s haben sich als besonders ergiebig als spielerische Einführungen in kulturelle Information erwiesen, da es möglich ist, visuelle Materialien einzuschließen und die korrekten wie auch inkorrekten Antworten zu diskutieren und die Fragen als Anfangspunkte für die Diskussion zu benutzen. [31]Dieses KAHOOT! über das Bauhaus kann allerdings auch später als Wiederholung eingesetzt werden, nachdem einige

---

       und Anja Schmitt, Seiten 193-200. In: Barras, M. et. al. IDT 2017. Band2: Sektionen. Freiburg: Erich Schmidt Verlag, 2017.
30   http://bit.ly/ChiArchTrivia. Zuletzt abgerufen am 5.3.2021.
31   http://bit.ly/BauhausGeschichte. Zuletzt abgerufen am 5.3.2021.

Elemente des Bauhauses bereits im Unterricht diskutiert worden waren.

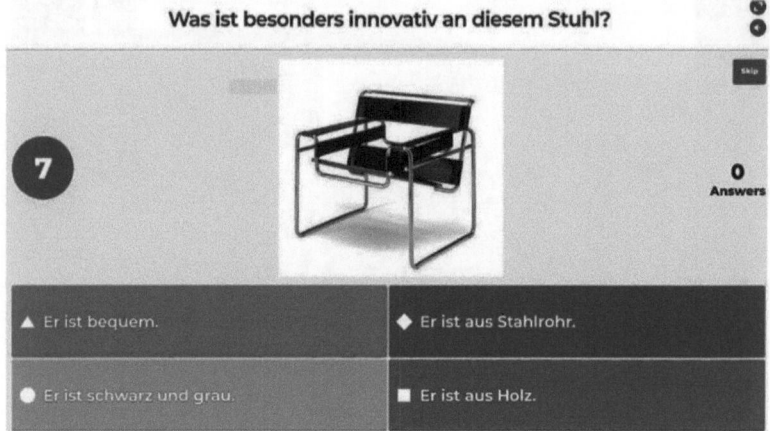

Das ist eine Beispielfrage aus einem KAHOOT! zum Thema Bauhaus, das von Ingrid Zeller erstellt wurde: http://bit.ly/BauhausGeschichte. Zuletzt abgerufen am 1.5.2022.

Die Welt der Architektur entdecken

Ein Verständnis der unterschiedlichen architektonischen Stile und der Faktoren, die die Entwicklung dieser Stile, beeinflussen ist unter den wichtigsten Zielen im Seminar, und die Erkundung der Geschichte der Architektur durch Bilder ist eine willkommene, einprägsame, und erwerbsfördernde Aktivität für die Lernenden. Studierende bekommen Fotos von 16 Bauten unterschiedlicher Stile, von mittelalterlichen Burgen bis zu Glas und Stahl Palästen und ländlichen Häusern mit Reetdächern. Sie beantworten dann in Kleingruppen Fragen wie: Welches Gebäude ist am ältesten? Welches am modernsten? Welches magst du am liebsten/Welches am wenigsten? Welches wurde im 20. Jahrhundert gebaut? Im 21. Jahrhundert? Woran erkennen wir das? Wenn Sie ein spezifisches Gebäude als Geschenk bekämen, was würden Sie damit machen? Welcher Bau würde sich als Bürogebäude eignen? Welcher als

Restaurant? Welche Bauten befinden sich in den USA? Welche in einem deutschsprachigen Land?[32]

Dies erlaubt den Lernenden, Kulturen und architektonische Tendenzen diverser Kulturen zu vergleichen und Architektur im Kontext der relevanten Zeitperioden und Umfelder zu diskutieren. Die folgenden Fotos und Fragen zeigen Ausschnitte aus der längeren Aufgabe, die im Seminar eingesetzt wird:

Die Fotos zeigen: 1. Sony Center, Berlin; 2. Schloss Linderhof, Gemeinde Ettal; 3. Aqua Gebäude, Chicago; 4. Federal Center, Chicago; 5. Kornhaus, Dessau; 6. Burg Eltz, Rheinland-Pfalz. Fotos © Ingrid Zeller

Beispielfragen:

1. Welches Gebäude ist am ältesten? Welches am modernsten? Warum? (Denken Sie an Material, Bauart, Ornamente, Linien, etc.)
2. Welches finden Sie am schönsten? Am kreativsten? Warum?
3. Was würden Sie mit Nummer 5 machen, wenn Sie den Bau als Geschenk bekämen? (Gemäldegalerie, Zahnarztpraxis, Eisdiele, Reisezentrum, Internet, Café, etc.)

Nach einer Diskussion mit der ganzen Gruppe bekommen Studierende kurze Beschreibungen von architektonischen Stilen und

---

[32] http://bit.ly/ArchitekturStile. Zuletzt abgerufen am 5.3.2021.

ordnen diese Beschreibungen den passenden Gebäuden und letztlich auch den Namen der Gebäude zu. Die Diskussion von kontrastreichen architektonischen Stilen wird im Laufe des Seminars regelmäßig durch passende Kapitel aus authentischen deutschen Multimedia Programmen wie „nie wieder keine Ahnung Architektur" aus „Planet Schule" ergänzt, welche eine breite Auswahl an architektonischen Stilen, berühmten Architekt*innen, Auftraggeber*innen, und Baumaterialien engagierend präsentiert und auch Quizzes, Spiele, Rätsel und Video bietet.[33]

Die Geschichte von Chicago erkunden

Durch authentische Videos, Artikel, Webseiten, und die Aktivitäten auf der Seminar Webseite werden die Studierenden noch vertrauter mit der Geschichte Chicagos und der Geschichte des Bauhauses. Die Seminar Webseite wurde mit Hilfe eines Hewlett Grants erstellt und beinhaltet eine ausführliche Geschichte des Bauhauses und der Geschichte Chicagos. Die Information war ursprünglich als PDF Datei erhältlich gewesen, welche auch noch immer im Kursbuch enthalten ist, aber ist auch von der Lehrkraft als interaktive virtuelle Plattform mit bemerkenswertem Erfolg umgestaltet worden. Die Vorteile der Webseite sind, dass die Lernenden die Information in relativ kleinen Portionen „verdauen" können und auch sofort Rückmeldung auf ihre Antworten auf die Quizfragen bekommen, die auf der Webseite zugänglich sind. Aktivitäten sind sowohl für die Geschichte Chicagos[34] als auch für die Geschichte des Bauhauses[35] abrufbar. Beide Texte sind in Sektionen aufgeteilt, die auch individuell anklickbar sind. Studierende bestätigen regelmäßig, dass sie es vorziehen, mit der interaktiven digitalen Plattform zu arbeiten als mit der PDF Datei, da sie online sofort Feedback bekommen und sich effektiver mit dem Material befassen können. Der online Text bietet außerdem die Option, ausgewählte Vokabeln

---

[33] https://www.planet-schule.de/mm/nie-wieder-keine-ahnung/architektur. Zuletzt abgerufen am 5.3.2021.
[34] http://projects.madstudio.northwestern.edu/bauhaus-and-beyond/chicago-skyline. Zuletzt abgerufen am 5.3.2021.
[35] http://projects.madstudio.northwestern.edu/bauhaus-and-beyond/bauhaus/history-of-bauhaus/bauhaus-was-ist-das. Zuletzt abgerufen am 5.3.2021.

anzuklicken (in rot), die vielleicht unbekannt sind, und sie zu einer individualisierten Vokabelliste hinzuzufügen.[36]

Als nächste Aktivität werden die Studierenden gebeten, in Paaren oder kleinen Gruppen wichtige Daten in der Geschichte Chicagos zu sammeln, die ihnen bekannt sind. Um mit spezifischen Daten und Ereignissen zu arbeiten und somit auch mit dem relevanten Vokabular und in diesem Kontext dominierenden Strukturen wie dem Passiv vertraut zu werden, bekommen die Lernenden ausgewählte Information über die Geschichte Chicagos (Chicago Zeitleiste A und B) und müssen die andere Person nach der fehlenden Information fragen.[37] Wenn sie die Geschichte zusammen vervollständigt haben, entscheiden sie zusammen, welche 5 Ereignisse wohl die wichtigsten und einflussreichsten in Chicago sind und warum. Somit werden die Lernenden dem Material ausgesetzt und gebrauchen auch die Strukturen und die Vokabeln sofort im Kontext. Obwohl die Kommunikation im Unterricht fast nur auf Deutsch ist, sehen die Studierenden auch zeitweise Filme auf Englisch, wie den preisgekrönten Dokumentarfilm „Louis Sullivan: The Struggle for American Architecture" (2010) über den bahnbrechenden Architekten in Chicago, aber diskutieren den Film letztlich auf Deutsch.

Die Geschichte des Bauhauses erkunden

Nach der Diskussion über die Stadtgeschichte Chicagos befassen sich die Studierenden mit der digitalen und interaktiven Geschichte des Bauhauses auf der Kurswebseite.

---

[36] http://projects.madstudio.northwestern.edu/bauhaus-and-beyond/chicago-skyline/geschichte-der-skyline/phoenix-aus-der-asche-und-die-geburt-des-wolkenkratzers. Zuletzt abgerufen am 5.3.2021.

[37] Zeitleiste: http://bit.ly/ChiTimeline; Student A: http://bit.ly/ChiTimelineA; Student B: http://bit.ly/ChiTimelineB. Zuletzt abgerufen am 5.3.2021.

Diese Abbildung zeigt ein Beispiel einer Sektion in der *Geschichte des Bauhauses* mit den interaktiven Übungen und dem anklickbaren Wortschatz. http://projects.m adstudio.northwestern.edu/bauhaus-and-beyond/bauhaus/history-of-bauhaus /das-bauhaus-in-weimar. Zuletzt abgerufen am 5.3.2021.

Eine interaktive PowerPoint Präsentation fasst die wichtigen Ereignisse der Geschichte des Bauhauses zusammen, und Videos und Filme sowohl auf Deutsch als auch auf Englisch ergänzen das Curriculum. Der kurze Film von ARTE[38] über das Bauhaus (6 Minuten) ist eine ausgezeichnete Einführung in die Gründung und die Geschichte des Bauhauses. Er präsentiert Information zu wichtigen

---

[38] https://www.youtube.com/watch?v=XjvM7Ru6oU8v. Zuletzt abgerufen am 1.5.2022.

Bauhaus Konzepten, den Direktoren, und den Städten, in denen das Bauhaus aktiv war. Andere Filme, die im Unterricht diskutiert werden, schließen *Lotte am Bauhaus* (2019)[39] mit ein, der die Rolle der Frauen am Bauhaus beleuchtet und diskutiert und von der Geschichte der Alma Siedhoff-Buscher, die erfolgreich Kinderspielzeuge wie das bekannte Schiffbauspiel entworfen hat, inspiriert worden war. Studierende sehen auch *Regular or Super: Views on Mies van der Rohe* (2004) auf Englisch, *Bauhaus Modell und Mythos* (2009) auf Deutsch, und *The Face of the 20th Century* (1994) auf Englisch, wobei letzteres auch auf Deutsch in einer synchronisierten Fassung erhältlich ist. Kürzlich ist auch *New Bauhaus: The Life and Legacy of Moholy-Nagy* (2019)[40] erschienen und erzählt die Geschichte von László Moholy-Nagys Bemühungen, die Bauhaus Schule in Chicago weiterzuführen. In der Zukunft wird dieser Film ebenfalls Teil des Curriculums sein.

Bauhaus Lernstationen

Viele Aktivitäten, die den Studierenden helfen, die Bauhaus Geschichte, den Wortschatz, wichtige Konzepte, und sogar relevante linguistische Strukturen auf kommunikative Weise zu erkunden, können im Format von Lernstationen eingesetzt werden, die unterschiedliche Lernstile ansprechen. Die Aktivitäten sind dazu gedacht, von zwei Lernenden zusammen bearbeitet zu werden, die zum Thema kommunizieren, um die Aufgaben zu lösen.[41]

---

[39] https://de.wikipedia.org/wiki/Lotte_am_Bauhaus. Zuletzt abgerufen am 1.5.2022.
[40] https://www.thenewbauhaus.com Zuletzt abgerufen am 1.5.2022.
[41] Finden Sie hier eine Auswahl der folgenden Aufgaben: http://bit.ly/Bauhaus-StationenSelection. Zuletzt abgerufen am 5.3.2021.

1. Berühmte Zitate von Architekt*innen: Lernende ordnen einen Satzteil einem anderen zu und identifizieren, wer verantwortlich für das gegebene Zitat ist. Eine zusätzliche Aufgabe kann sein, die Zitate dann in die eigene Sprache zu übersetzen und sie dann auch im Plenum zu diskutieren. Dies hebt die linguistischen Unterschiede zwischen den Sprachen hervor sowie die Ähnlichkeiten und regt zum kritischen Denken an, in dem die Lernenden herauszufinden versuchen, wer was ausgedrückt hat.
2. Studierende ziehen eine Zahl und sehen sich dann das entsprechende Kurzvideo von Dirk Lohan an. Sie beantworten die gegebenen Fragen. Die Kurswebseite zeigt 10 kurze Videoclips, die Ausschnitte aus einem längeren Interview mit Dirk Lohan sind.[42]
3. Studierende beschreiben eines der Gemälde von Kandinsky oder Klee, die von der Lehrkraft vorgegeben wurden, und die andere Person muss malen, was beschrieben wird. Zu zweit wird dann diskutiert, wie treu das neue Werk dem Original ist.
4. Lernenden spielen das Memory Spiel zu Bauhaus Objekten (wie oben beschrieben) und ordnen die Bilder der Objekte den entsprechenden Texten zu. Dann diskutieren sie, welche Objekte sie besonders innovativ finden und warum.
5. 10-Minuten-Chair-Challenge. Studierende versuchen, mit Strohhalmen, Notizkarten und Büroklammern einen kleinen Stuhl zu basteln. Das Konzept basiert auf einer Idee des Deutschen Design Museums und einem Konzept des Goethe-Instituts[43]. Sie können auch dem Stuhl einen Namen geben und eine Werbung verfassen, die die Bauhaus Elemente in dem Stuhl betont.

---

[42] Die Lernenden sehen die Videoclips an und beantworten die Fragen: http://projects.madstudio.northwestern.edu/bauhaus-and-beyond/bauhaus/perspektiven/dirk-lohan-2004/dirk-lohan-video-1. Zuletzt gesichtet am 5.3.2021.

[43] Joseph Hladik, Director of Education & Grants des Elmhurst Kunstmuseums, hat detaillierte Anleitungen für den Stuhl gegeben: https://res.cloudinary.com/elmhurst-art-museum/image/upload//v1587496991/A-%20Museum%20At%20Home/EAM_Bauhaus_At-Home_aipvqu.pdf

6. Studierende identifizieren architektonische Elemente mit Hilfe der gegebenen Vokabeln auf dem Arbeitsblatt mit Fotos von bekannten Bauten.
7. Lernende erkunden gegebene Bücher zum Thema Bauhaus und beantworten Fragen zum Thema.
8. Lernende ordnen den gegebenen Bauhausobjekten die entsprechenden Künstler mit Hilfe von Relativsätzen zu.

Bauhaus und Grammatik

Um über linguistische Kompetenz zu verfügen und effektiv zu kommunizieren, gilt adäquate Kontrolle über grammatikalische Strukturen als wesentlicher Bestandteil. In dem Bauhaus Seminar werden besonders das Passiv und Relativsätze integriert und geübt, obwohl auch andere grammatikalische Punkte angesprochen werden, soweit die Notwendigkeit besteht. Studierende finden passende Beispiele in den Texten oder den Videos, mit denen sie arbeiten, und den Gebrauch erklären. Sie verwenden das Passiv z. B., wenn sie die Geschichte Chicagos diskutieren (siehe oben) und erkennen die unterschiedlichen Gebrauchsmöglichkeiten des Verbs „werden".[44] Auch integrieren sie Formen des Passivs und Relativsätze in ihren schriftlichen Arbeiten. Eine populäre Aktivität enthält das folgende Spiel. Lernende bekommen eine Karte mit dem Foto eines Gebäudes und mit Sätzen die es beschreiben. Diese Sätze müssen die Studierenden dann als Relativsätze umformulieren und eine andere Person fragen, was das Gebäude ist, ohne das Foto zu zeigen. Am Ende dieser im Vorfeld vorbereiteten Aktivität, müssen Studierende auch ein eigenes Gebäude wählen und es beschreiben. In diesem Fall muss die ganze Klasse raten, um welchen Bau es sich handelt. Das Feedback bezüglich dieser Art von Aktivität durch die Rückmeldungen der Studierenden ist immer überaus positiv.[45]

Linguistischer Fokus

Um noch einmal auf das früher erwähnte Konzept von „Two Tales of CLIL" oder „zwei Fliegen mit einer Klappe schlagen"

---

[44] http://bit.ly/werdenArchi. Zuletzt gesichtet am 5.3.2021.
[45] http://bit.ly/RelativArchitektur Zuletzt gesichtet am 5.3.2021.

zurückzukommen, kann ein Befassen mit dem Bauhaus auch ergiebige Diskussionen über linguistische Besonderheiten im Deutschen und in anderen Sprachen in die Wege leiten. Der Name „Bauhaus" setzt sich aus zwei deutschen Wörtern zusammen, „bauen" und „Haus", und impliziert eine Umkehrung des bekannten Konzepts des „Hausbaus", welches „Bau eines Hauses" bedeutet. „Bauhaus" bedeutet im Kontrast „Ein Haus, in dem gebaut wird". Deutschlernende erkennen die Tatsache, dass deutsche Wörter leicht kombiniert werden können, was im Englischen nicht in demselben Maß der Fall ist. Auch sollte bemerkt werden, dass „Bauhaus" heute außerdem der Name eines zeitgenössischen Baumarkts in Deutschland ist. Auch Unterschiede bezüglich des Konzepts des „Hauses" können hier erklärt werden. Der idiomatische Ausdruck „zu Hause" würde z. B. im Englischen mit „at home" übersetzt werden. Allerdings würde der Satz „I am going to my sister's house" im Deutschen ohne das „Haus" ausgedrückt werden: „Ich gehe zu meiner Schwester".

Ein weiteres Konzept, das im Kontext der linguistischen Experimentierfreudigkeit am Bauhaus diskutiert werden sollte, sind die Schriftarten, die am Bauhaus beliebt waren. Einige Künstler verwenden nur klein geschriebene Buchstaben, um die schriftliche Kommunikation zu vereinfachen und um Gleichheit als ideologisches Konzept zu betonen. Das Praktische und das Funktionale waren Prioritäten, wobei die Schrifttypen am Bauhaus leicht zu lesen und günstig waren, aber trotzdem ästhetisch.

Auch der Name „Ludwig Mies van der Rohe" verbirgt eine anregende linguistische Vorgeschichte. Der berühmte Architekt war mit dem Namen Ludwig Mies in Aachen geboren worden, aber hatte den Namen seiner Mutter „van der Rohe" angenommen, da er nicht mit der deutschen Bedeutung von „mies", also „miserabel" oder „schlecht" assoziiert werden wollte. Da diese Bedeutung aber im Englischen nicht existiert, wurde „Ludwig Mies van der Rohe" letztlich weltweit als „Mies" bekannt.

Kommunikation und Community durch Exkursionen

Höhepunkte des Seminars sind normalerweise die Aktivitäten, die außerhalb des Klassenzimmers um die Exkursionen und Touren geplant sind. Die Lernenden nehmen an zwei Führungen mit trainierten Architektur Dozent*innen teil. Eine Tour ist ein Spaziergang auf Deutsch in Chicago, während dessen Studierende zuhören, Fragen stellen, und mit anderen kommunizieren. Die Erfahrung während der Tour kann auch zusätzliche Aufgaben beinhalten, z. B. um Information zu sammeln und später einen „Steckbrief" für ausgewählte Gebäude zu verfassen. Manchmal werden auch Schnitzeljagden integriert, sowohl vor Ort oder online. Die Information in den Steckbriefen kann als Basis für die Diskussion in der nächsten Unterrichtsstunde dienen.[46] Als Wiederholung werden die Lernenden auch eingeladen, Videoclips der interaktiven ARCHITEKTOUR[47], die von Mitgliedern des German Departments an der Northwestern University fertiggestellt worden waren, anzusehen und sich mit ihnen zu befassen. Dies kann auch als virtuelle Alternative gelten, wenn die Lernenden die Tour nicht persönlich mitmachen konnten.

---

[46] Hier ist das Modell für die Federal Center Plaza: http://bit.ly/Steckbrief-FedCen. Zuletzt gesichtet am 5.3.2021.

[47] Diese Seite war das Resultat der Kollaboration zwischen Professorinnen Ingrid Zeller, Denise Meuser, und Franziska Lys, und IT Spezialist und Kameramann Mark Schaefer und sein Team im Media and Design Studio an der Northwestern University.

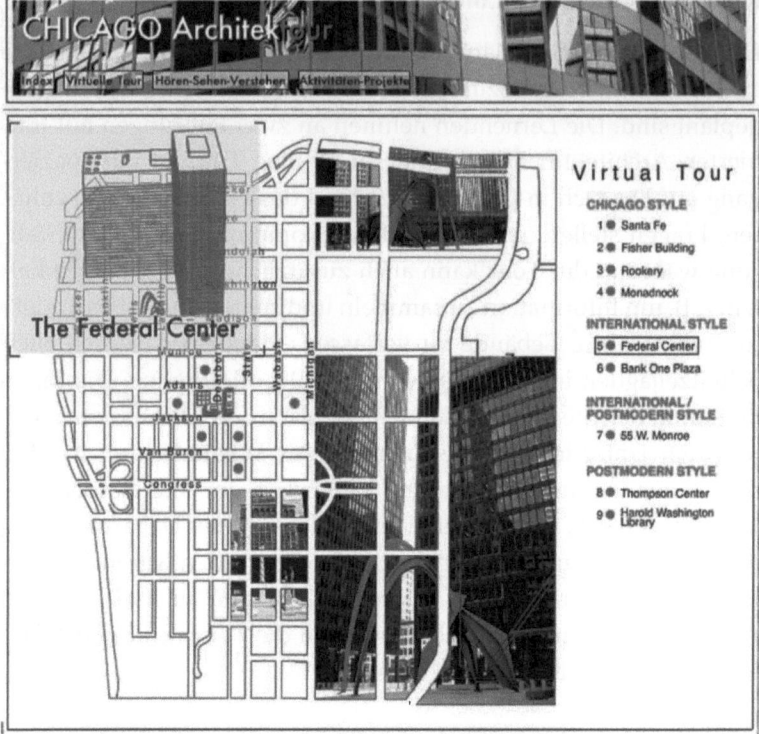

Hier ist der Überblick über die ARCHITEKTOUR mit ihren interaktiven Einheiten für individuelle Bauten und drei Hauptkategorien: Virtuelle Tour; Hören-Sehen-Verstehen; und Aktivitäten und Projekte. http://projects.madstudio.northwestern.edu/bauhaus-and-beyond/virtuelle-tourenarchitektour. Last viewed 03/05/2021

Die zweite Tour, an der die Studierenden teilnehmen, beinhaltet seit einigen Jahren eine architektonische Bootsfahrt, die von ausgebildeten Dozent*innen des Chicago Architecture Centers begleitet wird. Die Bootsfahrt zeigt sowohl die neuesten architektonischen Entwicklungen entlang des Chicago Flusses als auch ikonische Bauten im Bauhaus-inspirierten Mid-Century Modern Stil (früher Internationaler Stil genannt), wie das IBM Gebäude (jetzt AMA – American Medical Association) und das One Illinois Center von Mies van der Rohe, die Marina City Türme von Bertrand Goldberg, das Gleacher Center von Dirk Lohan, und viele andere Gebäude, die als Mid-Century Modern gelten oder anderweitig vom Bauhaus beeinflusst wurden. Die Studierenden schreiben dann eine

Reflektion über die Tour auf Deutsch und diskutieren Aspekte und Gebäude, die sie besonders herausragend oder bemerkenswert fanden.

Gespräche mit Dirk Lohan

Eine weitere fruchtbare Gelegenheit für Studierende, ihre Kommunikationsfähigkeit bedeutungsvoll zu nutzen ist, mit deutschsprachigen Architekten zu sprechen. Architekt Dirk Lohan, der an der Northwestern University als der Architekt, unter dessen Leitung das Block Museum renoviert wurde, gut bekannt ist, hält regelmäßig Vorträge oder Gespräche im Department und besucht auch den Unterricht im „Bauhaus and Beyond" Seminar, um mit den Studierenden zu sprechen. Dies hat sich als ausgezeichnete Chance für die Studierenden erwiesen, ihre mündliche Kompetenz zu verfeinern und über Architektur, das Bauhaus, und Tendenzen in zeitgenössischer Architektur zu diskutieren. Es ist auch eine willkommene Gelegenheit, einen bekannten deutschsprachigen Architekten kennenzulernen, der nicht nur selbst eine höchst lukrative Karriere vorzuweisen hat, sondern als Mies van der Rohes Enkelsohn auch eine einzigartige Perspektive hat. Um über diese Erfahrung zu reflektieren, bekommen Studierende die Aufgabe, über ihre Eindrücke zu schreiben. Hier ist die Einführung des Artikels „Dirk Lohan besucht den Northwestern Campus" von Nicole Bronnimann (2012).

> Als er vierzehn Jahre alt war, lernte Dirk Lohan seinen Großvater zum ersten Mal kennen. Damals wohnte er in Freiburg, Deutschland, und sein Großvater, der weltberühmte Architekt und Entwickler der Bauhaus Bewegung Mies van der Rohe, traf seine Mutter und ihn zum Abendessen. Natürlich wollte Lohans Mutter, dass er einen guten Eindruck macht. Er trug seine beste Kleidung und ihm wurde gesagt, dass er sich von seiner besten Seite zeigen solle. Mies war aber nicht so formell, wie Lohan erwartet hatte. Es gab ein Tuch auf dem Tisch, und wie immer brachte Mies Bleistifte. Zu der Überraschung Lohans zeichnete Mies direkt auf diesem Tuch während des Essens. Jemand, der auf dem Tisch zeichnen kann, dachte der junge Lohan, heißt Architekt. Das Abendessen war ein Wendepunkt seines Lebens und danach hat er sich nie mehr eine andere Karriere überlegt.
> Diese Anekdote und viele andere hat Dirk Lohan, der Enkelsohn Mies van der Rohes und selber ein wichtiger Architekt während seines Vortrags letzten Mittwoch erzählt ...

Immersionserfahrung

Im April 2019 waren Studierende zum Anlass des 100. Jubiläums der Gründung des Bauhauses zu einem jährlichen Immersionstag eingeladen, der von einer Gruppe von College Professor*innen organisiert wurde und der dieses Jahr im Kontext eines größeren Bauhaus Symposiums stattfand[48]. Während die ersten zwei Tage des Symposiums an der Northwestern University und dem kürzlich wieder eröffneten Chicago Architecture Center stattfanden, waren der dritte Tag und der Immersionstag am Elmhurst College und im Elmhurst Kunstmuseum geplant, wo die Bauhaus Ausstellung „The Whole World A Bauhaus" installiert worden war. Studierende machten eine Schnitzeljagd[49] durch die Ausstellung und hatten die Gelegenheit, Regina Bittner vom Bauhaus Dessau kennenzulernen und mit ihr über ihre Vision für das Bauhaus 100 Jahre nach der Gründung zu sprechen. Außerdem konnten sie ihre Kreativität durch Bastelarbeiten ausdrücken und nahmen an einer 10-Minuten Stuhl Challenge teil. Die Studierenden gaben den Stühlen Punkte, je nachdem, wie gelungen sie die Designs fanden, und die Gewinner bekamen einen Preis. Alle oben genannten Aktivitäten boten die Gelegenheit, durch authentische Inhalte effektiv und zielfördernd über die Verbindungen zwischen deutscher und US-amerikanischer Kultur zu sprechen und linguistische Kompetenz zu entwickeln.

---

[48] https://sites.northwestern.edu/bauhausbeyondborders. Zuletzt abgerufen am 1.5.2022.
[49] http://bit.ly/BauhausElmhurstScavengerHunt. Zuletzt abgerufen am 1.5.2022.

Diese Designs waren unter den Gewinnern der 10-Minuten Chair Design Challenge. Photo © Ingrid Zeller

Schriftliche Aufgaben: Artikel über Gebäude

In dem Seminar kommunizieren Studierende in allen Modalitäten – persönlich, formell im Kontext einer Präsentation, interpretativ, und mündlich sowie auch schriftlich. Unter den Aufgaben der Studierenden ist es, Artikel für eine Studentenzeitschrift zu produzieren, die letztlich als kollaborative Initiative auf der Seminarwebseite gezeigt wird. Die erste Aufgabe ist es, ein Gebäude auf dem Campus auszuwählen. Die Studierenden bekommen Vorschläge bezüglich der Information, die hier angesprochen werden sollte, aber werden auch ermutigt, die Artikel engagierend zu konzipieren und sie aus einer innovativen Perspektive zu präsentieren. Tipps schließen ein: Der Name des Gebäudes, das Baujahr, die Baumaterialien, die verwendet wurden, der Stil, in dem es entworfen wurde, sowohl objektive als auch subjektive Adjektive, um die Wirkung des Baus zu beschreiben, und jegliche Geschichten, die mit dem Gebäude assoziiert sind und es lebendig werden lassen. Titel der

Artikel an der Northwestern Universität sind z.B.: *Das geheime historische Gebäude: Shanley Pavilion; Deering Bibliothek – eine Schönheit zu jeder Jahreszeit; Tech – hässliches Gefängnis oder praktisches Wunder?; University Hall – das Schloss Northwesterns; Die Main Library – das Gehirn aus Beton; Das Ford Gebäude – ein Symbol für die Zukunft; Kellogg School Global Hub imitiert mehr als Natur; Scott Hall – das Vermächtnis einer Institution; Das USS Bienen – Northwesterns neues Musikschiff; Norris Zentrum: Schön, lustig, und schick so wie seine Studierenden*, und noch viele mehr. Studierende verfassen Entwürfe, bekommen Feedback mittels Symbole und Farbcodierungen, treffen sich mit der Lehrkraft um die Arbeit zu diskutieren, und schreiben den Text ein zweites Mal, wobei der zweite Text auch benotet wird. Studierende sollen auch ihre eigenen Fotos machen um relevante Elemente der Gebäude visuell zu unterstreichen, und sie sollen eine angegebene Mindestanzahl von relevanten grammatikalischen Strukturen wie dem Passiv im Text integrieren. Hier ist der erste Teil eines Artikels über das kürzlich fertig gestellte neue Musik Gebäude auf dem Campus:

Das USS Bienen: Northwesterns neues Musikschiff
von Marie Engle (April 2015)

Das jüngste und neulich fertiggestellte Gebäude der Northwestern Universität befindet sich direkt am Michigan See. Mit einem der schönsten Ausblicke am Campus ist das Musik und Kommunikationsgebäude einzigartig und schon jetzt sehr beliebt. 2012-2015 wurde es vom Architekten James Goettsch in Evanston gebaut. Weil es sich am See befindet und wegen seines modernen Stils sieht das neue Gebäude wie ein Schiff aus. Die Fassade ist aus Glas, Beton und Stahlskelett so wie der moderne Stil der zweiten Chicago School, die nach Mies van der Rohe gegründet wurde.

Die Funktion des Gebäudes ist wichtig. Weil es ein Gebäude für Musik ist, muss es viele besondere akustische Details enthalten. Goettsch hat das eingeplant und der Konzertsaal ist gleichzeitig ästhetisch und akustisch ausgezeichnet. Die Wand hinter der Bühne ist komplett aus Glas und blickt auf die Chicago Skyline hinaus. Northwestern wollte die professionelle Kunst der Stadt mit der studentischen Kunst der Universität integrieren. Die anderen Wände sind aus Holz und sind geschwungen, um die perfekte Akustik zu schaffen. ....

Dieser Artikel illustriert elegant die Idee von „Form folgt der Funktion" durch das Design des Baus auf dem Northwestern Universität Campus. Das Ziel, optimale akustische Konditionen herzustellen, bestimmte einige Aspekte der Form und der Materialien des Gebäudes, und das Ziel, die Verbindungen zwischen den Künsten auf dem Campus und den Künsten in Chicago zu symbolisieren ist auch in der Wahl des transparenten Gebäudes in der Form eines Schiffes reflektiert.

Der zweite Artikel wird geschrieben, nachdem die Lernenden an beiden Architekturführungen teilgenommen haben und eine beträchtliche Anzahl von Gebäuden in der Chicago Region kennengelernt haben. Der Prozess ist ähnlich, obwohl die Studierenden nun auch die Relativpronomen wiederholt haben und diese Strukturen in ihre Artikel integrieren sollen. Titelbeispiele für diese Aufgabe sind: *Das Leben im Glashaus; Die Promontory Wohnungen – der Anfang von Mies van der Rohe in den USA; One Illinois Center – gebaut auf dem Gelände von Fort Dearborn; 500 West Madison – die Registrierkasse; Das James R. Thompson Center – schönes Wunder oder entbehrliche Verschwendung?; Modernes Tor zum Himmel – der United Terminal; Weniger ist mehr für das Block Museum; Marina City – die Stadt in der Stadt; Ein amerikanischer Bau, ein deutscher Entwurf: der Chase Turm; Das Symbol einer Epoche – das IBM Gebäude.* Die verschiedenen Themen repräsentieren das Bewusstsein (awareness) der Studierenden von interkulturellen Verbindungen, Umwelt, Symbolik in der Architektur, und andere wichtige Themen.[50]

Hier ist der Anfang eines Artikels über eines der ersten Gebäude von Mies van der Rohe in den USA.

---

[50] http://projects.madstudio.northwestern.edu/bauhaus-and-beyond/studentenmagazin/gebaude-in-chicago-und-umgebung. Zuletzt abgerufen am 1.5.2022.

Die Anfänge von Mies van der Rohe in Amerika
von Maya Daiter (2018)

Die Promontory Wohnungen sind ein sehr wichtiger Teil der Geschichte von Ludwig Mies van der Rohe und seiner Architektur. Mies van der Rohe hatte 1946 einen Entwurf für dieses Gebäude gemacht. Mies war aber nicht die erste Wahl für den Entwurf dieses Gebäudes. Ein Immobilienentwickler namens Herbert S. Greenwald wollte ein Hochhaus am See (in Hyde Park) bauen lassen. Greenwald fragte Frank Lloyd Wright, Le Corbusier, Eero Saarinen, und Walter Gropius, ob sie dieses Gebäude entwerfen wollten, aber sie sagten alle nein. Nach diesen Enttäuschungen kontaktierte Greenwald Mies van der Rohe und bat ihn dieses Gebäude zu entwerfen. Mies stimmte zu. Dieses Gebäude wurde das erste sehr hohe Gebäude in Chicago nach der Großen Depression. Es war nicht das erste Gebäude, das Mies van der Rohe gebaut hatte, aber es war der erste Wolkenkratzer, der von ihm gebaut wurde. Dieses Gebäude wurde 1949 fertiggestellt. Obwohl dieses Gebäude heutzutage nicht so berühmt ist, war es ein sehr wichtiges, bekanntes, und außergewöhnliches Gebäude in der Zeit, in der es gebaut wurde. ......

Diese Artikel, von Studierenden verfasst, werden mit dem Rest der Gruppe geteilt und bieten sich auch als Lesematerial für Lernende der Mittelstufe an (A1.2. oder A2), die sich im dritten Quartal unserer Deutsch für die Mittelstufe Sequenz mit Architektur und dem Bauhaus befassen. So wird ein Umfeld geschaffen, in dem die Werke der fortgeschritteneren Studierenden den weniger fortgeschrittenen Studierenden helfen, ihre linguistischen Fähigkeiten zu entwickeln und ihr kulturelles und historisches Wissen zu bereichern.

Touren von Studierenden – Präsentationen außerhalb des Klassenzimmers

Viele der Aktivitäten sind mit dem Ziel geplant, ein tieferes Verständnis für die Architektur und ihre Funktion vor Ort zu entwickeln und sich auf persönlicher, interpretativer, und präsentativer Ebene kritisch obwohl schriftlich als auch mündlich zum Thema zu äußern. Nach dem Schreiben des Artikels bereiten sich die Lernenden vor, Touren ihres ausgewählten Gebäudes auf dem Campus zu geben. Im Unterricht werden die Unterschiede zwischen schriftlicher und mündlicher Kommunikation diskutiert (wobei Punkte wie Länge der Sätze, engagierender Präsentationsstil, persönliche Einführung, Interaktion mit dem Publikum hervorgehoben werden), damit die Lernenden optimal für die jeweilige Erfahrung vorbereitet werden. Als Vorbereitung für die Tour filmen sich die Studierenden auch selbst auf unserer Canvas Course Management Plattform und bewerten sich selbst. Was fanden sie gelungen? Woran möchten sie arbeiten? Mit dem Programm ARC lassen sich Kommentare zu Aussprache oder Grammatik von der Lehrkraft direkt in die Videos schreiben. Dem Feedback der Studierenden nach zu urteilen hat diese Methode erheblich zu dem Erfolg und dem Selbstbewusstsein der Studierenden beigetragen, bevor sie die Tour selbst geben.

Mindestens zwei Unterrichtsstunden werden normalerweise dafür eingeplant, mit der ganzen Gruppe oder kleineren Gruppen über den Campus zu laufen, während die Studierenden eine Live Tour geben und die Fragen der anderen beantworten. Ein praktischer Vorteil und impliziertes Ziel dieser Aktivität ist, dass die Studierenden sehr gut auf Besucher auf dem Campus vorbereitet werden, wenn z.B. High School SchülerInnen oder Gäste aus dem deutschsprachigen Raum den Campus besuchen. Die Studierenden können ihre Touren dann auf Deutsch oder auf Englisch geben, was sie prinzipiell als höchst befriedigend empfinden. Die interaktiven Präsentationen am Ende des Seminars werden gefilmt und wiederum von der Lehrkraft mit den jeweiligen Studierenden reflektiert und diskutiert. Im Prozess der Tour lernen die Studierenden außerdem praktische Fähigkeiten während sie auch mit architektonischen Traditionen und ihrem eigenen Umfeld vertraut werden.

Präsentationen und Video Produktion

Die zweite Tour, die die Studierenden geben, besteht aus einem Video Projekt über ein Gebäude in Chicago oder in der Chicago Region. Dies kann die Form einer gefilmten Tour annehmen, die sie selbst geben; es könnte auch als Interview präsentiert werden mit einer anderen Person, und es darf auch ein Video Essay sein. Studierende bekommen Richtlinien zu Beginn des Projekts, welches letztlich der ganzen Klasse präsentiert wird.

Hier ist ein frühes Beispiel eines Videoprojekts, in dem Student Jeffrey Geiger die Lakeshore Drive Apartment Buildings von Mies van der Rohe präsentiert (2012) http://projects.madstudio.northwestern.edu/bauhaus-and-beyond/virtuelle-touren/die-lake. Zuletzt abgerufen am 1.5.2022.

Das ist ein Beispiel eines Videoprojekts, in dem Studentin Sarah Lee das Block Museum von Dirk Lohan auf dem Northwestern University Campus präsentiert. (2015) http://projects.madstudio.northwestern.edu/bauhaus-and-beyond/virtuelle-touren/block-museum-video. Zuletzt abgerufen am 1.5.2022.

Das letzte Projekt des Seminars besteht aus einer interaktiven Präsentation, die von zwei Studierenden vorbereitet wird und sich auf einen spezifischen Aspekt des Kurses oder des Bauhauses konzentriert. Studierende wählen Themen wie „Frauen am Bauhaus" oder „die Zukunft der Architektur" oder „Grüne Architektur" oder „Globale Einflüsse des Bauhauses heute". Der interaktive Teil ermutigt Studierende kreativ zu sein und sich Umstände oder Situationen überlegen, in welchen Architektur das Leben und umgekehrt beeinflusst. Aufgaben, die die Studierenden wählen, variieren von Theatersketches zu Zeichnungen und Entwürfen von Traumhäusern oder potenziellen Renovierungsarbeiten an älteren Bauten, bis Jeopardy, und online Spielen wie KAHOOT!

Kollaborative Dimension

Eine wichtige Dimension des Kurses ist die kollaborative Dimension, die sich durch Peer – Reviews manifestiert und letztlich auch durch das digitale Mapping Projekt, das die Artikel und Videos der Studierenden im Kontext einer interaktiven Landkarte von Northwestern und Chicago zeigt. Die Landkarte des Northwestern Universität Campus stellt diverse Gebäude vor, die eine besondere Bedeutung für die Studierenden haben, die sie präsentieren.

Da das Mapping Projekt ein laufendes Projekt ist, werden regelmäßig neue Beiträge hinzugefügt, wenn der Kurs unterrichtet wird, und einige Orte zeigen schon mehrere Artikel von Studierenden aus unterschiedlichen Jahrgängen vor. Dies regt auch interessante und wertvolle Vergleiche der Perspektiven durch die Zeit an.

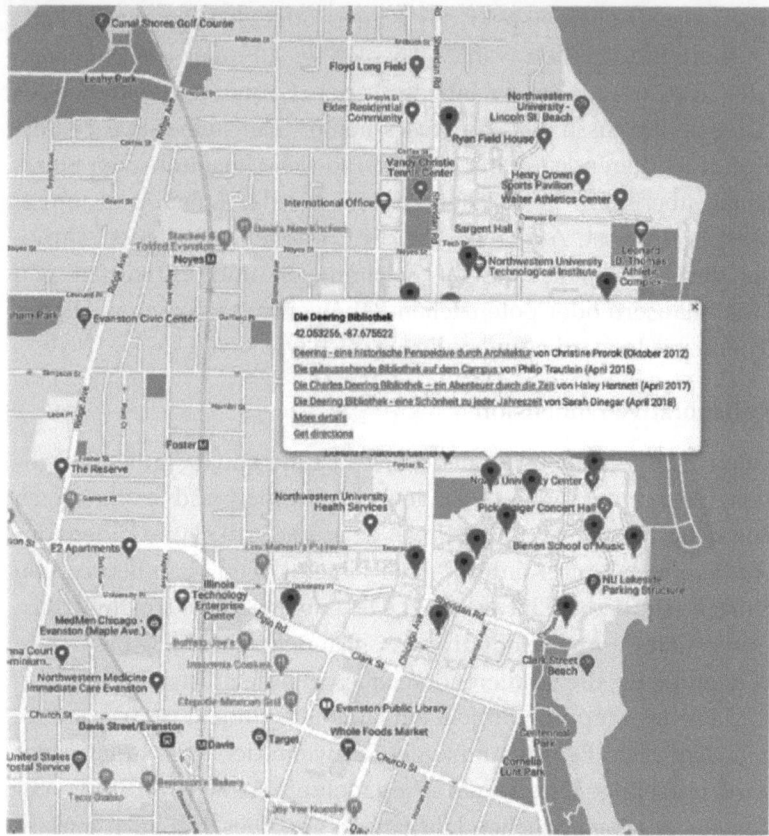

Diese Seite zeigt den Northwestern University Campus. Wenn Sie auf die Punkte klicken, können Sie die entsprechenden Artikel zu den Gebäuden lesen.
http://projects.madstudio.northwestern.edu/bauhaus-and-beyond/studentenmagazin/northwestern-universitat-campus. Zuletzt gesichtet am 1.5.2022.

Die Gebäude in Chicago repräsentieren Gebäude, die größtenteils eine Verbindung zu Deutsch vorzeigen. http://projects.madstudio.northwestern.edu/bauhaus-and-beyond/studentenmagazin/gebaude-in-chicago-und-umgebung. Zuletzt gesichtet am 1.5.2022.

Die Reaktion der Studierenden auf die Aktivitäten in der Klasse war bisher immer sehr positiv. Die Lernenden schätzen die Gelegenheit, die Welt außerhalb des Klassenzimmers zu erkunden, die sie mit ihren Interessen, ihrer Umwelt verbindet, während sie Neues über deutsch-amerikanische Verbindungen lernen und linguistische Kompetenz innerhalb dieses Kontexts entwickeln. Während bei Kursbewertungen der Schwerpunkt oft auf den vielfältigen Aktivitäten liegt, die durch die Exkursionen und den Inhalt des Kurses geboten werden, schreiben Studierende manchmal Jahre später, um ihre Begeisterung auszudrücken, dass sie in Deutschland Bauhaus Gebäude erkennen können und ihre deutschen Kolleg*innen und Freund*innen durch ihr Wissen und ihre Fähigkeit, Architektur auf Deutsch zu diskutieren, beeindrucken und engagieren können. Hier sind einige Kommentare von Studierenden, die den „Bauhaus and Beyond" Kurs belegt haben:

> Ausgezeichnetes Seminar! / Ich habe so viel über deutsche Architektur in Chicago gelernt und hatte sehr viel Spaß dabei! / Der Schwerpunkt auf Architektur war interessant und relevant für mein Studium / Mein Wortschatz hat sich unglaublich während dieser Klasse vergrößert / erweitert. / Die Architekturführung war fantastisch! / Die Exkursion war eine meiner Lieblingsaktivitäten in der Klasse! / In vier Jahren hier war ich nie auf einer Exkursion – dies war toll und hat so viel Spaß gemacht! / Ich kannte Chicago eigentlich nicht – die Bauten und alles, was sie inspiriert hat, sind unglaublich! Die Exkursion hat eine neue Welt für mich eröffnet! / Die Exkursion war einer der besten Aspekte der Klasse! Ich habe sehr viel über Architektur gelernt und konnte mein Deutsch üben. Ihr werdet viel über Architektur lernen, was ihr wahrscheinlich nicht wusstet. Der Kurs hilft auch dabei, Deutsch zu üben. / Die Touren waren ausgezeichnet. Diese Klasse war arbeitsintensiv, aber auch Spaß intensiv. Sie hat mich herausgefordert, meine Grammatik, meine Schreibfähigkeiten, und meine analytischen Fähigkeiten zu verbessern und festigen. Die Exkursionen zum Farnsworth House und Chicago Downtown waren episch, und es war auch eine verbindende Erfahrung für die Klasse. Frau Zeller gab uns viel zu denken und viel, was bereichernd für uns war, was großartig für alle war und auch beeindruckend, weil einige Studierenden schon sehr fließend Deutsch sprechen konnten. / Eine gute Alternative zu Sprach- und Literaturkursen, und etwas zu lernen, worüber wir normalerweise nicht sprechen. Ein fantastischer Kurs. Ich würde ihn sofort wieder nehmen! Die River Cruise war absolut fantastisch!!!

Das Befassen mit dem Bauhaus hat sich als höchst produktiv und inspirierend für Studierende an der Northwestern Universität erwiesen und auch für die deutsch-amerikanische Community in der Umgebung. Pläne für die Zukunft schließen ein, auf den oben genannten Aktivitäten wie erkunden, diskutieren, und präsentieren weiterhin aufzubauen, und auch noch aktiver in die Welt des Designs und der Renovierung einzutauchen und eines Tages vielleicht auch selbst zu bauen und zu renovieren. In jedem Fall bietet die Arbeit mit aussagekräftigen Inhalten eine starke und motivierende Basis für effektive Kommunikation, die linguistische Kompetenz fördert und sie auch mitgestaltet.

Literaturverzeichnis

Werke zu Chicago, der Geschichte der Architektur, und dem Bauhaus

Burden, Ernest. Illustrated Dictionary of Architecture. McGraw-Hill, 2002. ISBN: 0-07-137529-5

Droste, Magdalena. Bauhaus 1919-1933. Berlin: Bauhaus Archiv für Gestaltung, 1998. ISBN: 3-8228-7601-1

Fiedler, Jeannine and Peter Feierabend. Bauhaus. H. F. Ullmann, 2008. Englisch. ISBN-10: 0841600945; ISBN-13: 978-084166042

Föhl, Thomas. Bauhaus-Museum Weimar. München, Berlin: Dt. Kunstverlag, 2006, ISBN: 3422065849

Glancey, Jonathan. Geschichte der Achitektur. München/Starnberg: Dorling Kinderley Verlag GmbH, 2001. ISBN-13: 978-0-684-80194-0

Hahn, Peter and Lloyd Engelbrecht. New Bauhaus: 50 Jahr Bauhausnachfolge in Chicago. Berlin: Bauhaus- Archiv, Argon, 1987. ISBN: 3-87024-119-5

Koch, Wilfried. Baustilkunde. Das Standardwerk zur europäischen Baukunst von der Antike bis zur Gegenwart. Wissen Media Verlag GmbH, Gütersloh/München, 2006. ISBN: 10-3-577-10089-3.

Koepf/Binding. Bildwörterbuch der Architektur. Alfred Körner Verlag Stuttgart, 4. Auflage 2005. ISBN: 3-520-19404-X

Larson, Erik. The Devil in the White City. New York: Crown Publishers, 2003. ISBN: 0-609-60844-4

Miller, Donald. City of the Century: The Epic of Chicago and the Making of America. New York: Simon & Schuster, Inc. 2003.

Paxmann, Christine. Von der Steinzeithöhle zum Wolkenkratzer. München: Prestel Verlag, 2012. ISBN: 3791370871

Pridmore, Jay and George A. Larson. Chicago Architecture and Design. New York: Abrams, 2005. ISBN: 978-0-8109-5892-2

Rowland, Anna. Bauhaus Source Book. New York: Van Nostrand Reinhold, 1990. ISBN: 0-442-23903-3

Schmidt, Johann, and Hans-Peter Rodenberg. Chicago: Porträt einer Stadt. Frankfurt am Main: Insel Verlag, 2006. ISBN: 3-458-34732-1

Schulze, Franz. Mies Van Der Rohe: A Critical Biography. Chicago: University of Chicago Press: 1985. Taschenbuch 1995. ISBN: 978-0-2267-4060-7

Sinkevitch, Alice. AIA Guide to Chicago. Orlando: Harcourt Books, 2004. ISBN: 0-15-602908-1

Wolfe, Gerard R. Chicago: In and Around the Loop: Walking Tours of Architecture and History: New York: McGraw-Hill, 1996. ISBN: 0-07-071390-1

Historische und informative Webseiten:

Planet-Schule: Architektur
https://www.planet-schule.de/mm/nie-wieder-keine-ahnung/architektur
https://www.planet-schule.de/wissenspool/nie-wieder-keine-ahnung-architektur/inhalt/sendungen/die-ganze-architekturgeschichte-in-zehn-gebaeuden.html

Bauhaus Links:
https://www.bauhaus100.de/das-bauhaus/auf-einen-blick
https://www.bauhaus100.com
https://www.bauhaus-dessau.de/de/index.html
https://www.klassik-stiftung.de/bauhaus-museum-weimar
https://www.bauhaus.de/en/bauhaus-archiv

Tools:
Thinglink: https://www.thinglink.com
Google Earth: https://www.google.com/earth
Tourbuilder: http://tourbuilder.withgoogle.com
QR Codes: http://www.qrstuffcom
Espoto App: http://www.espoto.com

Videos:
Arte: Das Bauhaus (6 Minuten)
https://www.youtube.com/watch?v=XjvM7Ru6oU8
Zur Eröffnung des neuen Bauhaus Museums in Weimar) (2:13 Minuten)
https://www.zdf.de/nachrichten/zdf-morgenmagazin/bauhaus-104.html
Versuch, das Leben zu ordnen
https://www.zdf.de/kultur/kultur/kulturspots-bauhaus-dessau-making-of-102.html (2:39 Minuten)

Filme:
Lotte am Bauhaus (2019) von Gregor Schnitzler (Fernsehfilm auf Deutsch)
Regular or Super: Views on Mies van der Rohe (2004) (auf Englisch)
Bauhaus Modell und Mythos (2009) (auf Deutsch)
Bauhaus: The Face of the 20th Century (1994) (Auf Englisch und auf Deutsch erhältlich)
The New Bauhaus (2019) https://www.thenewbauhaus.com

Farnsworth House (1951) von Mies van der Rohe in Plano, Illinois. © Foto Ingrid Zeller

Marina City Towers (1964) von Bertrand Goldberg in Chicago, Illinois. © Foto Ingrid Zeller

AMA Plaza (1973), ehemals IBM Plaza, von Mies van der Rohe in Chicago, Illinois.
© Foto Ingrid Zeller

One Illinois Center (1970), u.a. Sitz des *Chicago Architecture Centers*, von Mies van der Rohe in Chicago, Illinois. © Foto Ingrid Zeller

Kapitel 4

CLIL I: Kontexte und Strategien

Vignette: Internationale Begegnungen

Seit vielen Jahren – und mit zunehmender Mobilität der Schülerschaft – ist die Bedeutung regelmäßiger Austauschprogramme im Rahmen des Fremdsprachenunterrichts unbestritten; bei ihrer Durchführung geht es eher um Fragen der Aufenthaltsdauer und der optimalen Klassenstufe – sowie um den Ort, an dem die beabsichtigte Sprachvertiefung stattfinden soll. Neben den Spitzenreitern USA und Großbritannien sind auch andere Ziele im anglophonen Sprachraum attraktiv geworden, etwa Kanada und Australien. Der fünfte Kontinent hat immer noch eine Aura des Exotischen. Und es braucht viel Überzeugungsarbeit, um Australien als Reiseziel in den Englischunterricht zu integrieren.

In unserer CLIL-Didaktik finden Projekte, die internationale Begegnungen fördern, besondere Beachtung, denn sie ermöglichen interkulturelles Lernen auf hohem sprachlichem Niveau und unter authentischen Bedingungen (vgl. Rau 2010: 219), und sie sind zur Anbahnung globaler oder interkultureller Diskurskompetenz nicht nur für CLIL-Programme höchst erstrebenswert. Was für das bilinguale Lernen als ideal gilt, ist auch im traditionellen FU ein wichtiger und nahezu unverzichtbarer Bestandteil einer auf authentische und lebensnahe Situationen ausgerichteten fremdsprachlichen Kommunikation.

> Once students have understood that there is a room where their contributions are taken seriously and used as input for learning, where the teacher's and the textbook's monopoly of providing input has been superseded, there seems to be a chance that they themselves begin to bridge the gap between their exposure to English in their free time and the world of school learning (Grau 2015: 270).

Internationale Austauschprogramme haben sich auch als ein wichtiger Faktor für das soziale Umfeld der Schule erwiesen, wenn es um Schulwahl und Elternwünsche geht. Eine langfristige und gut strukturierte Vorbereitungszeit ist jedoch unabdingbar, wenn ein Austausch diese Ziele verfolgen soll: Verbesserung der sprachlichen Handlungsfähigkeit, langfristige Entwicklung von sozialer Kompetenz und Umgang mit kulturell bedingten Konfliktsituationen (sog. *Critical Incidents*; vgl.: 5.4 & 5.6), die Vermittlung von landeskundlichem und kulturellem Orientierungswissen und die Stärkung der Selbst- und Fremdwahrnehmung durch Beobachtung, Erfahrung und Reflexion (nach Haß: 196 f.). Da das Angebot von Austauschprogrammen auch ein wichtiger Standortfaktor ist – vor allem, wenn es sich um eher ungewöhnliche Ziele wie das oben beschriebene Australien handelt – bleibt es wichtig, dies nicht nur als Episode zu konzipieren, sondern in offiziell vereinbarte Schulpartnerschaften zu integrieren. Dieser Umstand wird in der didaktischen Diskussion noch wenig berücksichtigt.

Unser hier skizziertes Beispiel eines *face-to-face* Austausches war auf den Fremdsprachenunterricht im deutschen und australischen Schulsystem ausgerichtet, wobei der Schwerpunkt auf bilingualen Programmen lag. Es wurden bestimmte Schwerpunkte vereinbart, die zunächst in einer Pilotphase erprobt und anschließend evaluiert wurden. Während der Englischunterricht im deutschen System keiner zusätzlichen Legitimation bedarf, stellt sich die Situation in einer australischen Partnerschule grundlegend anders dar. In unserem Beispiel unterrichtet das *McKinnon Secondary College* in Melbourne (vgl. unten 4.7) eines der größten Deutschprogramme aller Schulen in Melbourne und arbeitet eng mit dem neuseeländischen Erziehungswissenschaftler John Hattie zusammen, der auf der Grundlage seines Konzepts *Visible Learning* Schulen im *University of Melbourne Network of Schools* berät. Allerdings konkurriert Deutsch als Fremdsprache mit den asiatischen Sprachen der Nachbarländer, vor allem mit Indien und China, so dass das deutsche Sprachprogramm durch den Austausch erheblich gestärkt wurde und die Zahl der erfolgreichen VCE-Abschlüsse (*Victorian Certificate of Education*, vergleichbar mit dem Abitur) deutlich gestiegen ist. Warum Australier ausgerechnet Deutsch als Fremdsprache lernen sollten, findet hier eine nachhaltige Begründung, die mit 20-30 Teilnehmern pro Jahr seit Beginn des Programms 1996 immer wieder bestätigt wird (vgl. die deutsche Website des Programms: www.australienaustausch.de)

In mehr als 25 Jahren Schulpartnerschaft haben sich folgende praktische Aktivitäten bewährt und werden ständig neu angepasst: Durch die Einrichtung von E-Mail-Tandems nehmen australische und deutsche SchülerInnen nach der Auswahl für das Programm (die Zahl der Bewerber übersteigt die Zahl der verfügbaren Plätze auf beiden Seiten immer deutlich) einen ersten Kontakt auf und können sich digital kennenlernen. Im weiteren Verlauf unterstützen Australier ihren deutschen Partner beim Schreiben von Aufsätzen, der sie wiederum bei den Hausaufgaben für das deutsche Fach berät. Es findet ein Austausch von Teilen des Schulcurriculums mit Themen, Rechercheaufgaben und sprachlichen Aktivitäten statt, die für den Partner interessant sind und z.B. die spätere Arbeit in bilingualen Gymnasialkursen erleichtern und bereichern können – insbesondere im Hinblick auf die Sprachkompetenz (vgl. Haß 2006: 196).

Damit werden Einblicke in eine erfolgreich funktionierende multikulturelle Gesellschaft und die Einbeziehung europäischer Perspektiven initiiert. Außerdem findet ein Austausch über didaktisch-methodische Schwerpunkte und unterschiedliche Lernkulturen in den beiden Zielsprachenländern statt. Konkrete Unterrichtsangebote vor Ort in den Fächern Musik, Sport, Geschichte und Literatur werden häufig vereinbart. Bilinguale Präsentationen sind ein wichtiger Bestandteil des curricularen Austauschs und werden als landeskundliche Themen von allen deutschen Teilnehmern für die australische Schule vorbereitet. Diese „Gastgeschenke" werden dann als Sprachlernangebot im Deutschprogramm von McKinnon genutzt und bleiben dort authentischer Bestandteil des Lehrplans. Angesichts der begrenzten Deutschkenntnisse der Austauschpartner in Australien werden die Präsentationen in der Regel auf Deutsch und Englisch vorbereitet. Die Auswahl der Themen wird mit der Gastschule abgestimmt, ist aber auch von den persönlichen Erfahrungen der SchülerInnen und den kulturellen Besonderheiten des Marburger Raums geprägt. Die Präsentationen, die vor Ort mit großem Interesse aufgenommen werden, reichen von einer Tanzvorführung mit Beispielen aus dem Trachtenverein über

Recherchen zur Marburger Musikszene bis hin zu einem Diavortrag über mittelalterliche Bauwerke in Deutschland. Dabei zeigen die Teilnehmer viel Witz, Lebendigkeit und Vielfalt – dieser Aspekt wird auch beim Gegenbesuch der australischen Schülergruppe geschätzt und erweist sich als einer der Höhepunkte der Austauschpraxis.

McKinnon Secondary College flies three flags at the school entrance: apart from the Australian Southern Cross, the colors of the Aborigines and Torres Strait Islanders are shown to acknowledge the original owners of the land. Photo © Bernd Klewitz

E-Mail-Projekte (vgl. Rau 2010: 213 f.) gehen dem jeweiligen Austauschprogramm voraus und dienen den Teilnehmern als Überblick und Erinnerung an die anstehenden Aktivitäten. In einem reziproken Szenario werden die Sprachen vertauscht, d.h. die deutschen Teilnehmer schreiben englische Aufsätze, die von ihren australischen Partnern als Hausaufgabenhilfe korrigiert und zurückgeschickt werden; letztere gehen ergänzenden Aktivitäten nach. Damit verschiebt sich auch der Schwerpunkt: Im ersten Szenario geht es eher um persönliche Informationen über die jeweiligen Partner, im zweiten, anspruchsvolleren Projekt wird die Zielsprache zum

Sammeln und Austausch von Informationen genutzt. Dementsprechend muss auch die Auswahl des Materials (Kulturwissenschaften, Geografie, Geschichte, Politik usw.) angepasst werden. Die verwendeten Lehrbücher und anderen (digitalen) Materialien helfen den SchülerInnen, spezifischere Nachforschungen anzustellen und interkulturelle Erfahrungen *als cultural studies* zu machen. Wird die Zielsprache zur Informationsbeschaffung genutzt, übernimmt der Tandempartner die Rolle eines Tutors im Sinne von *peer-instruction* und *Scaffolding*. Neben dem üblichen *shadowing* (der Begleitung des Gastschülers durch den australischen Gastgeber) geben australische Lehrer aus ihren Fachbereichen Einblicke in die laufende Schularbeit und typische Aktivitäten im australischen Klassenzimmer.

Wie in Australien vereint CLIL verschiedene Sachfach-Gebiete: neben dem Lehren und Lernen von Sprachen auch Sozialwissenschaften, Kunst, Sport und Naturwissenschaften. Daher ist es zunächst sinnvoll, Wege zur Gestaltung von Lernumgebungen, Klassenmanagement und anderen Aspekten des nachhaltigen Lernens und der Qualität von Unterricht zu skizzieren, bevor die spezifischen Anforderungen des bilingualen Lernens im Detail untersucht werden. Um weniger hilfreiche Verallgemeinerungen zu vermeiden, werden im Folgenden unterschiedliche Beispiele aus Europa und angelsächsischen Ländern untersucht, die in einer Vielzahl von CLIL-Kontexten unterschiedliche Vorgehensweisen zeigen und Schlussfolgerungen für *best practice* in bilingualen Lernprozessen erlauben.

4.1 Schottland

In Schottland (University of Aberdeen, Do Coyle: 2010) wurde ein *4 Cs Framework* als wesentlicher Baustein von CLIL entwickelt, auf das in Kapitel 5 näher eingegangen wird. Neben *Content, Cognition, Communication* und *Culture* gibt es aber auch einen jeweils spezifischen *Context*, der als *C No 5* bezeichnet werden kann. Bilinguale Kontexte beschreiben die Art und Weise, wie Inhalt- und Sprachenlernen in einer bestimmten Schule, mit bestimmten Lehrkräften und einer bestimmten *Community* integriert werden (vgl. Coyle

2010: 75). Ob ein CLIL-Programm in einem separaten Schulzweig in gesonderten Klassen unterrichtet wird (beispielsweise von Klasse 7 bis 12/13) oder eher in getrennten Modulen für verschiedene Fächer, hat Auswirkungen auf die Art des Unterrichts und die Auswahl des Sachfach-Materials. Der jeweilige CLIL-Kontext wirkt sich auch darauf aus, wie Lehrkräfte zusammenarbeiten, Ideen und Materialien austauschen und ihre Schulgemeinschaft einbeziehen.

Bestandteil einer integrierten CLIL-Fachdidaktik ist auch – wie bei Internationalen Begegnungen und Schulpartnerschaften – die Öffnung des fremdsprachlichen Klassenzimmers und die Nutzung außerschulischer Lernorte. Dies ist insbesondere im schottischen Schulsystem eine bereits curricular verankerte Praxis, die ein wachsendes Interesse an außerschulischen Lernorten manifestiert, die seit langem zu den Traditionen des eigenen kulturellen Verständnisses gehört und welches auch romantisch geprägt und getragen ist von Organisationen wie den *Boy Scouts* und *Girl Guides* (vergleichbar mit den deutschen Pfadfindern):

> Als Resultat entwickelte sich die schottische Outdoor Education (wie sie damals genannt wurde) vor allem in der Form von Ausbildung von Erwachsenen – unter ihnen viele qualifizierte Lehrer – die dadurch befähigt werden sollten, junge Menschen zu abenteuerlichen Erfahrungen an den ‚wilden' Orten des Vereinigten Königreichs – Felsen, Seen, Bergen, Hügel und Meer – zu führen (von Au 2016: 43)

Mit der Einführung eines *„Curriculum for Excellence and Outdoor Learning"* hat die schottische Regierung bereits 2004 einen neuen Lehrplan vorgestellt, der mit dem Begriffswechsel von ‚*Outdoor Education*' zu ‚*Outdoor Learning*' einen *„stärker schülerzentrierten, ganzheitlichen Ansatz von Lehren und Lernen unterstützt"* (ebd.: 44). Hier werden Verbindungen zwischen Lehrplanzielen und *Outdoor Learning* hergestellt, die vier Zonen als konzentrische Kreise mit dem Klassenraum als Mittelpunkt identifizieren.

CLIL I: Kontexte und Strategien

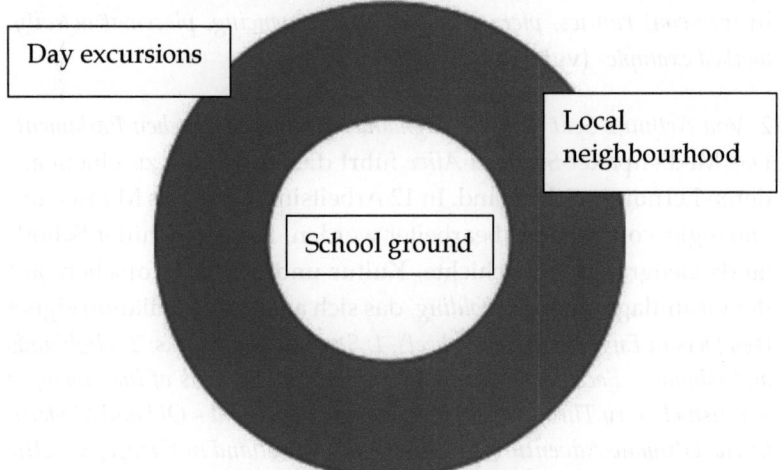

Building your curriculum outside and in. Education Scotland (Darstellung nach ebd.: 45)

Um ihre Unterrichtserlaubnis in Schottland zu bekommen bzw. zu verlängern, müssen alle Lehrer – unabhängig von Fach oder Klassenstufe – zeigen, dass sie die Werte und Prinzipien des Lernens für Nachhaltigkeit in ihren täglichen Unterricht einbinden. Bildung für Nachhaltigkeit wurde als Drei-Säulen-Modell entworfen. Sie beruht auf *„Globalem Bürgertum"*, *„Bildung für nachhaltige Entwicklung"* und *„Outdoor Learning"* (ebd.: 48).

CLIL Beispiele

1. Gorge Walking
Die Unterrichtseinheit *„Gorge Walking"* bezieht sich auf einen außerschulischen (sekundären) Lernort in den schottischen Highlands (Loch Tummel) und orientiert sich an B1/B2 der Globalskala des GeR. Einleitend machen sich die Lernenden mit dem *Worksheet Compass* vertraut und bearbeiten – anhand der Operatoren (*taskverbs*) – die damit verbundenen *Worksheets*. Der *Worksheet Wompass* dient dabei als *Advance Organiser* für drei Unterrichtssequenzen, die sich inhaltlich mit *Outdoor Education* als möglichem neuen Unterrichtsfach für schottische Schulen befassen und durch gestuftes *Scaffolding* alltags- und fachspezifischen Spracherwerb trainieren:

in *(pro-con) rubrics, picture gallery and sequencing, placemat activity; worked examples* (vgl. Klewitz 2017a: 207 f.).

2. Von Arthur's Seat ... in die Highlands ... zum schottischen Parlament
Das Medienpaket *Scotland Alive* führt die Lernenden zu einem anderen Lernort in Schottland. In 12 Arbeitsinseln, die als Module unabhängig voneinander bearbeitet werden, können Schüler Schottlands Geographie, Geschichte, Kultur und Musik erforschen, auf der Grundlage eines *Scaffolding*, das sich auch zur Mediation eignet *(key facts in English on a crib sheet)*. 1: *Scottish Landmarks*; 2: *Highlands and Islands – Faces of Scotland*; 3: *Edinburgh – Athens of the North*; 4: *Scottish History Through Songs*; 5: *Places in Scotland – Old and Modern*; 6: *The Ultimate Adventure*; 7: *Travelogues – Scotland in Europe*; 8: *Celtic Songs and Songs from the Highlands*; 9: *Scottish Writers*; 10: *The Great Chief of the Pudding Race*; 11: *Edinburgh – a Virtual Tour*; 12: *Inspector Rebus' Scotland (Ian Rankin)*. (in: https://lernarchiv.bildung.hessen.de/sek/englisch/engl/sources/MC/scot/medienpaket/index.html)

Am Beispiel dieser außerschulischen Lernorte wird eine didaktisch-methodische Umsetzung konkretisiert, die mit den Vorbereitungs- und Auswertungsphasen in den Unterricht integriert werden kann.

4.2 Kanada und die USA

Als Nachbarländer weisen Kanada und die USA in Bezug auf den bilingualen Unterricht viele Ähnlichkeiten und einige Unterschiede in der Terminologie und der praktischen Umsetzung auf. Während Kanada vorwiegend auf Immersionsprogramme setzt, werden die US-amerikanischen Versionen unter dem Begriff *Dual Language Education (DLE)* zusammengefasst, der Immersionsvarianten für mehrheitlich englischsprachige SchülerInnen umfasst und auch Kinder mit Minderheitensprachen berücksichtigt, die zu Hause und beim Eintritt in die Schule hauptsächlich eine andere Sprache sprechen. In beiden Ländern sind diese Programme als Reaktion auf Fragen der sozialen Gerechtigkeit und kulturellen Vielfalt entstanden.

In der kanadischen Sprachenpolitik wurde die Zweisprachigkeit eingeführt, um den beiden offiziellen Sprachgemeinschaften zu ermöglichen, ihre kulturellen Besonderheiten zu bewahren und gleichzeitig gemeinsame Ziele zu verfolgen, was sich auch als soziale Frage herausstellte. Im Jahr 1969 daher wurde das Gesetz über die Amtssprachen verabschiedet, das einen Eckpfeiler der institutionellen Zweisprachigkeit darstellt. Das Gesetz sichert die „Gleichstellung" des Englischen und des Französischen im Parlament und der Verwaltung Kanadas und gilt für alle Bundesministerien, gerichtlichen und gerichtsähnlichen Einrichtungen, Verwaltungsbehörden und *royal enterprises*, mit der britischen Queen als formellem Staatsoberhaupt[51]. In Französisch-Immersionsprogrammen, die an Grund- und/oder weiterführenden Schulen unterrichtet werden, wird ein Teil des akademischen Unterrichts auf Französisch abgehalten, wobei von den Lernenden erwartet wird, dass sie Französisch induktiv lernen, und die Lehrkräfte ausschließlich die französische Sprache (als L2) verwenden, indem sie das Verständnis durch nonverbale Kommunikation, visuelle Demonstrationen, soziale Interaktion und praktisches Lernen sicherstellen.

Die sozio-kulturelle Geschichte der kanadischen Immersion geht auf Eltern in der französischen *Community* zurück, die das empfundene Machtungleichgewicht zwischen Engländern und Franzosen ausgleichen wollten. Diese Eltern überlegten sich Strategien für schulische Veränderungen, um die Qualität des bilingualen Lernens zu verbessern und entwickelten einen Immersionsansatz für den L2-Unterricht. In den ersten Immersionsklassen (1965 in der Nähe von Montreal) wurden funktionale Kompetenzen in geschriebenem und gesprochenem Französisch angestrebt, zusammen mit einem *mainstream* Niveau für die englische Sprachkompetenz. Diese Programme wurden auch in anderen Sprachen wie Ukrainisch, Deutsch, Polnisch, Cree usw. angeboten. Die Mehrheit der kanadischen SchülerInnen, die englische Muttersprachler sind, können auch die nicht-englische Sprache als eine Art sprachliche Bereicherung, als additive Zweisprachigkeit, lernen:

---

[51] Vgl. https://thecanadianencyclopedia.ca/en/article/bilingualism.

> Current language-instruction practices thus call for a teaching approach focused on developing additive bilingualism – that is, teaching the second language in a way that does not compromise the vitality and survival of the first but instead gives both of them a larger role (bilingualism without assimilation). Based on an updated, enhanced version of the communicative approach with an action-oriented perspective, current pedagogy places the accent first and foremost on developing oral-communication skills, conveying strategies for supporting them, and creating a learning environment that is characterized by empathy and mutual respect and hence lends itself to the risk-taking that is necessary for language development (https://www.thecanadianencyclopedia.ca/en/article/second-language-instruction).

Der Anteil der beiden kanadischen Sprachgruppen wird für Englisch auf 79 % (27 Millionen Menschen) und für Französisch auf 21 % (8 Millionen Menschen) geschätzt. Abgesehen von partiellen Immersionsprogrammen wird bei der vollständigen Immersion der gesamte Unterricht ein oder mehrere Jahre lang über das Medium der zweiten Sprache erteilt. Dabei soll das Erlernen der Sprache durch *Scaffolding* (vgl. 7.1) unterstützt werden: Modellieren der korrekten Sprache, Paraphrasieren, Erweitern und Wiederholen von Beiträgen – wenn nötig, um sie zu korrigieren – und Kommunikation über Schul- und Unterrichtsroutinen meist in der L2. Im Allgemeinen wird Lehrern davon abgeraten, Informationen, die in der L2 präsentiert werden, in die L1-Sprache zu übersetzen, um die Aufmerksamkeit der SchülerInnen nicht zu verlieren.

Es gibt jedoch – nicht nur in Kanada – eine anhaltende Debatte darüber, ob die gleichzeitige Verwendung beider Sprachen, L1 und L2, nicht zu besseren Ergebnissen bei der Förderung der L2-Kompetenz führen könnte, anstatt auf der derzeitigen Konzentration auf Inhalte, die nur in der L2 präsentiert werden, zu beharren. Diese Frage wird nach einer detaillierteren Betrachtung der wesentlichen Bausteine von CLIL (Kapitel 5) und der Erörterung von CLIL-Werkzeugen und -Fähigkeiten (Kapitel 7) weiterverfolgt werden. An dieser Stelle mag es genügen, darauf hinzuweisen, dass die curricularen Vorgaben, egal ob es sich um Total *Immersion*, *DLA* oder die europäische Version von CLIL handelt, keineswegs eindeutig sind (vgl. Klewitz 2020: 158). Die gute Nachricht ist jedoch, dass die Lehrkräfte mehr Freiheit bei der Gestaltung der sprachlichen Elemente der Unterrichtsstrategien erhalten und im Sinne des *Visible*

Learning (vgl. 4.5) flexibel bleiben, indem sie auf die individuellen Bedürfnisse ihrer SchülerInnen eingehen und die spezifischen Kontexte ihrer Programme berücksichtigen können:

> Guided by the principle that students learn better when teaching activities are adapted to their own learning logic, contemporary language teachers take their learners' cognitive, social, affective, and linguistic profiles as the starting point for all lesson planning. To adapt their teaching practices to the amply demonstrated contemporary linguistic diversity, language teachers in this decade apply teaching approaches, learning situations and other methods, interactive tools and differentiation devices that respond to it. For example, these teachers prefer to employ open questions and tasks that offer students multiple entry points, to use student-generated success criteria to assess learning, and to provide learning situations in workshop format alternating with sessions attended by the entire class and grouping of students around learning centers that call for multiple forms of intelligence (https://www.thecanadianencyclopedia.ca/en/article/second-language-instruction, o.S.)

In den USA ist die gesellschaftspolitische Geschichte der *DLE* eng mit den Entwicklungen in den 1950er Jahren verbunden. Nach dem Sputnik-Start durch die damalige UdSSR (Oktober 1957) und den sozialen Veränderungen in den USA breitete sich in der amerikanischen Gesellschaft eine schwere Vertrauenskrise aus, die von einer wirtschaftlichen Rezession, steigender Arbeitslosigkeit und sinkenden Einkommen begleitet wurde. Einem zeitgenössischen Nachrichtenkommentator zufolge traf dieser Schock fast so hart wie Pearl Harbor[52] und zwang die US-Regierung, der wissenschaftlichen Forschung wie der Mikroelektronik und der Bildung im Allgemeinen neue Priorität einzuräumen, um die weit verbreitete Selbstzufriedenheit zu überwinden. Mit anderen Worten: lange gehegte Überzeugungen im Bildungswesen mussten sich ändern. *„Amerikas Kinder konnten nicht mehr auf traditionelle Weise erzogen werden. Sprachlabore und die Beherrschung moderner Sprachen wurden zum Gebot der Stunde"* (ebd., meine Übersetzung). Im selben Jahrzehnt, während der kubanischen Revolution (1953), kamen Flüchtlingswellen in die USA, vor allem nach Florida, und lösten das erste zweisprachige Sprachprogramm (Miami) aus, um die spanischsprachigen Flüchtlingskinder dabei zu unterstützen, ihre

---

[52] Vgl. https://www.theglobalist.com/sputnik-shock/.

Muttersprache zu behalten und gleichzeitig Englischkenntnisse zu erwerben, um sich besser in die amerikanische Gesellschaft zu integrieren. Nur 10 Jahre später führte die Bürgerrechtsbewegung zu einer weiteren landesweiten Änderung der Lehrpläne in den Schulen:

> The Civil Rights Act of 1964 declared that no person should be excluded from or discriminated against in any program funded by the U.S. federal government on the basis of race or national origin, thereby raising concerns about the sole use of English to educate minority language students in public schools (Genesee 2008: 5).

Der Fokus auf gleiche Bildungschancen wurde durch die chinesische *Community* insbesondere in San Francisco verstärkt, die darüber Klage führte, dass ihre Kinder gezwungen waren, ausschließlich englischsprachige Schulen zu besuchen, wo sie in einer ihnen unbekannten Sprache unterrichtet wurden.

In Bezug auf den Zeitrahmen und die Erfahrungen sind kanadische Immersionsprogramme eindeutig Pioniere des Bilingualismus, so dass Fred Genesees Analyse dieses Ansatzes als Blaupause für die Vermittlung von Inhalten durch Sprachen in Nordamerika angesehen werden kann. Seinen Forschungsergebnissen zufolge[53] werden im kanadischen *partial immersion* 50 % des Unterrichts in der zweiten Sprache und 50 % in der Muttersprache der SchülerInnen erteilt; vollständige Immersion bedeutet, dass der gesamte Unterricht ein oder mehrere Jahre lang in der zweiten Sprache erteilt wird. Für Kanadas sprachliche Mehrheit (d. h. englisch-sprachige SchülerInnen) wird Französisch als ihre L2 auch für Lehrer-Schüler-Interaktionen verwendet, so dass die allgemeinen Ziele der Immersion im vollen Sinne des Wortes erreicht werden: normales Niveau der L1-Entwicklung, fortgeschrittenes Niveau der funktionalen Beherrschung der L2, normales Niveau der akademischen Leistungen (z. B. in Mathematik) und Verständnis und Wertschätzung der L1- und L2-Kulturen. Genesee ist der Ansicht, dass Immersionsunterricht einen „Mehrwert" darstellt, weil die SchülerInnen

---

[53] Beispielsweise in seinem YouTube-Vortrag „*Lessons from Research on Immersion Programs in Canada*" in: https://www.youtube.com/watch?v=Od8Fs_fnXwI.

mehr vom Unterricht haben als in regulären Programmen, und dass diese Immersion effektiv ist, weil sie

- auf den natürlichen Lernfähigkeiten der SchülerInnen aufbaut,
- den Erwerb von authentischen Sprachkenntnissen fördert,
- ein kognitives Gerüst für das L2-Lernen bietet.

In diesem Zusammenhang verwendet Genesee die Begriffe *Immersion*, CLIL und *CBI (Content Based Instruction)* als austauschbare Bezeichnungen, denn aus seiner Sicht sind CLIL- und Immersionsklassen gleichzusetzen, wenn die CLIL-Sprache L2 im akademisch-orientierten Unterricht verwendet wird. CBI wiederum wird im Immersions- und CLIL-Unterricht gleichermaßen verwendet, wenn nichtsprachliche Inhalte im Sprachunterricht eingesetzt werden. Als Ergebnis der Untersuchung der Frage „*focus on language versus focus on form*" wurde in Kanada ein *double-sided* Curriculum geschaffen: Das akademische Curriculum umfasst Mathematik, Naturwissenschaften, Sozialkunde, Musik und andere Fächer, das sprachliche Curriculum besteht aus Wortschatz, Grammatik, Diskurs und Genres als Bestandteile der L2-Pädagogik in bilingualen Programmen (Genesee: 2015).

Neben den kanadischen Immersionsansätzen gibt es in den USA eine Reihe von *DLE*-Programmen, die für mehrheitlich englischsprachige SchülerInnen in verschiedenen Sprachen (am häufigsten Spanisch) angeboten werden und auf fortgeschrittene L2-Kenntnisse abzielen, die nicht unbedingt mit denen der L1 übereinstimmen (vgl. Genesee 2008: 9). Forschungen sowohl in Kanada als auch in den USA haben gezeigt, dass die sprachliche und akademische Entwicklung englisch-sprachiger (Immersions-/*DLE*-) SchülerInnen) tendenziell weiter fortgeschritten ist als die der nicht-CLIL-Lerner, insbesondere was ihre L2-Kenntnisse betrifft; die akademischen Leistungen bleiben dabei nicht zurück. Es gibt jedoch einen hauptsächlich politisch motivierten Unterschied zwischen den beiden Ländern: „*there have been constraints imposed on the growth of DLE programs for minority language students in the U.S. as a result of legislative changes concerning English-only instruction imposed in some states*" (ebd. 13). Offene Fragen bestehen nach Genesees Ansicht weiterhin im Bereich des fehler-behebenden Feedback und der Verbesserung der Sprachkompetenz, und es müssen Strategien für die Vermittlung der verschiedenen Sprachen und die berufliche Weiterbildung entwickelt werden.

4.3 Das australische Modell: die Deutsche Schule in Melbourne (DSM)

Was den bilingualen Unterricht in Australien betrifft, so folgen Schulen häufig europäischen Modellen, und CLIL-Ansätze wurden in der Vergangenheit oft auf der Grundlage wissenschaftlicher Beratung eingeführt, blieben aber insgesamt weitgehend episodisch. Vor etwa 10 Jahren wählte das *Department of Education and Early Childhood* (*Victoria*) sechs Schulen (drei Grundschulen und drei weiterführende Schulen) für einen Versuch mit CLIL-Programmen aus. Laut der veröffentlichten Forschungsergebnisse (*University of Melbourne, 2013*) erhielt jede Schule einen *seeding grant* in Höhe von 30.000 Dollar für die Entwicklung ihres CLIL-Programms, Unterstützung für fachliche Sprachförderung, Unterrichtsmaterialien, Lernressourcen und zeitliche Entlastung der Lehrkräfte. Die Entscheidung, sich auf das europäische CLIL-Modell zu stützen, anstatt sich auf die Immersion nach kanadischem Vorbild zu verlassen, wurde durch die in vielen Details dokumentierten positiven Ergebnisse bestätigt:

> CLIL is an innovative model for Languages education developed in Europe in the mid-1990s. It emerged from the evidenced-based, well-documented success of the Canadian immersion model for language teaching, in which mainstream curriculum content (e.g. Science) is delivered through the students' non-native language (e.g. French). Focusing on the interrelationship between content, communication, cognition, and culture, CLIL is underpinned by a set of flexible but theoretically robust principles that support teacher practice across a range of different contexts. CLIL's flexibility is a key point of distinction with immersion, which relies heavily on certain conditions being met to be viable. In the last decade, CLIL has had considerable impact on Languages education reform and policy within the European Union due to its effectiveness in promoting high quality gains in language proficiency, student engagement, and retention.
>
> ...

CLIL I: KONTEXTE UND STRATEGIEN 137

> In effect, CLIL provides the basic conditions under which humans successfully acquire any new language: by understanding and then creating meaning (Lightbown & Spada, 2006). For first language acquisition, this occurs as infants are gradually exposed to new language in their first four to six years of life, matched against corresponding levels of early cognitive development. In contrast, traditional second language lessons typically focus (often exclusively) on elements of language – such as grammar, vocabulary, and other mechanics (spelling, pronunciation, etc.) – while deliberately seeking to avoid exposure to what might be perceived as difficult or challenging content. (Cross, Gearon 2013: 6)[54]

Die Ergebnisse dieses Feldversuchs stehen im Einklang mit einem der ältesten und populärsten zweisprachigen Modelle, das in den 1980er Jahre in einer viktorianischen Grundschule – *Bayswater South Primary School* – eingeführt wurde; diese Schule bietet seitdem ein bilinguales Programm an, bei dem alle Kinder jede Woche 50 % ihres Unterrichts auf Deutsch und 50 % auf Englisch erhalten. Die Schule nutzt den Rahmen von CLIL, um die sprachlichen und inhaltlichen Ergebnisse zu planen, die durch Deutsch als L2 vermittelt werden sollen. Ein weiterer Schwerpunkt des Deutschunterrichts ist die Lese- und Schreibkompetenz, und die SchülerInnen erhalten viele Möglichkeiten, ihre Deutschkenntnisse anzuwenden.[55]

Es ist wenig überraschend, dass die Deutsche Schule Melbourne (DSM) einen ähnlichen Ansatz verfolgt, der jedoch schon früh mit Kindern beginnt, die aus sehr unterschiedlichen sozialen und sprachlichen Verhältnissen stammen und zweisprachig und bi-kulturell mit Deutsch und Englisch als Unterrichtssprachen aufwachsen:

> Von der Vorschule bis zur Klasse 6 ist unser Unterricht von fächerübergreifendem Lernen geprägt. Der Lehrplan wird in englischer und deutscher Sprache unterrichtet, wodurch auch die kulturellen Werte beider Länder den SchülerInnen nähergebracht werden. In den ersten Schuljahren findet der Unterricht zu 80% auf Deutsch statt. Lesen und Schreiben erlernen die Kinder in beiden Sprachen von Anfang an. Der Anteil des

---

[54] (Research and evaluation of the CLIL approach to teaching and learning languages in Victorian schools, https://www.education.vic.gov.au/Documents/school/teachers/teachingresources/discipline/languages/CLIL-trialresearchrpt.pdf)
[55] vgl. https://www.baysouthps.vic.edu.au/.

englischsprachigen Unterrichts steigt kontinuierlich über die Schuljahre an, so dass mit Erreichen der 6. Klasse 50% des Unterrichts auf Deutsch und 50% auf Englisch abgehalten wird. Beide Sprachen werden auf Muttersprachenniveau unterrichtet. Der Unterricht in den höheren Klassen ist so ausgerichtet, dass alle Kinder, die zwar alle Deutschkenntnisse haben müssen, aber dennoch auf unterschiedlichen Niveaus sind, aktiv mitarbeiten können und ein kontinuierlicher Lernzuwachs erfolgt. Förderprogramme in beiden Sprachen sowie die multilinguale und multikulturelle Schulgemeinschaft unterstützen die Kinder beim Erlernen der deutschen und englischen Sprache. Unser hochqualifiziertes Team von LehrerInnen aus Deutschland, Österreich, der Schweiz und Australien verfügt über umfangreiche Lehrfahrung. Alle MitarbeiterInnen der Schule sprechen fließend Deutsch und Englisch. Gemäß dem 'ein Lehrer–eine Sprache' Konzept sprechen die LehrerInnen jedoch ausschließlich in ihrer Muttersprache mit den SchülerInnen. Dieses Konzept stellt sicher, dass unsere Lehrkräfte ausschließlich in ihrer Muttersprache mit den Kindern kommunizieren und es dadurch auch mehr Möglichkeiten zum Üben gibt (https://www.dsm.org.au/de/bilingual-school-concept/immersion-model)

Der Lehrplan der DSM erfüllt sowohl die Anforderungen der *Victorian Essential Learning Standards* (*VELS*) als auch die des Thüringer Lehrplans, so dass ein leichter Übergang für die SchülerInnen gewährleistet ist, die an eine andere australische oder deutsche Schule wechseln. Sie lernen gleichzeitig in Deutsch und Englisch lesen und schreiben.

Erwartungen, die Lernende dabei entwickeln, werden in dem folgenden Dialog dargestellt, der zwar fiktiv ist, aber auf Beobachtungen von Pausenhof-Gesprächen unter Gleichaltrigen beruht.

Henry und Annie sind SchülerInnen der DSM und stehen kurz vor dem Eintritt in den bilingualen Zweig der Schule. Beide Geschwister sind vor kurzem nach Australien gekommen, weil ihre Eltern am Goethe-Institut in der St. Kilda Road arbeiten und sich wünschen, dass ihre 12-jährige Tochter und ihr 10-jähriger Sohn so schnell wie möglich Englisch lernen, um sich besser in ihrem Alltag zurechtfinden zu können. Während Annie in den letzten 4 Jahren in ihrer deutschen Schule Englisch gelernt hat, hat Henry nur an einem Grundschul-Englischprogramm teilgenommen, so dass er weitere Sprachförderung besonders nötig hat. Die DSM startet Ende Januar, und die Kinder fragen sich, was sie in ihren neuen CLIL-Klassen erwarten wird.	
Henry:	Let's try to talk some English. Still hard for me. This is why I look forward to visit the English-German stream in Deutsche Schule.

Annie:	Yes, same here. I had some more English than you back in my grammar school in Marburg. But learning in our bilingual class will help us both.
Henry:	Now we get all our lessons in English. That should be fun. More English for us. Then we can better understand our Aussie classmates …
Annie:	But what about the name of the class? It is CLIL, isn't it? Content and Language Integrated Learning. So where does all the content come from?
Henry:	Well, like we had Geography, History and even Maths or Biology in German, we'll now do it in English.
Annie:	I hope I won't forget all the stuff we learned in Germany. Our timetable looks similar to what we got in our school back home, but this is in English now.
Henry:	Really? Do you think we only get to talk English in class now? But how does this work? German words are often not the same as in English. Last year we had a list just for fun with words how some German words are called in English. I think that's very different often.
Annie:	I don't get this. You've got dictionaries to find this out. Can you give me an example?
Henry:	Not that easy. Just look at how the Aussies say things. Idioms are very special here. In our country we don't say it's raining "Hunde und Katzen" … And finding out what is true is not in a pudding.
Annie:	OK, OK – I give this to you. "Raining cats and dogs" and "the proof of the pudding is in the eating". But what about our new class in politics or history?
Henry:	Ah, you've been in Australia for too long already. How would you translate "Völkerwanderung" for example?
Annie:	That's easy you know. I'd say "migration" and add "peoples". You know "peoples" is "Völker" in German, rather than "people" which is "Leute".
Henry:	Ha, you are a real Schlaumeier. It's not that easy. In English History we learned that "Völkerwanderung" is " Barbarian Invasion" – Schlaumeier by the way "smart alek".
Annie:	I think you are right, you know. In the Holocaust Centre in Melbourne we had an example from Nazi History: "Night of Broken Glass", "Munich Beer Hall Putsch", "Western Civilisation" – or the lack of it.
Henry:	Let me guess: Reichspogromnacht, Hitler Putsch und Christliches Abendland. Does that make sense?

Annie:	You are dead right. If you know the English words you can have a good guess. But you can't translate one to one. Well, this is going to be very interesting in our class.
Henry:	No worries – isn't that what the Aussies say? I only hope we do not talk too much German in class – otherwise I don't know about how I can learn more English.
Annie:	I don't think this is what bilingual classes are about. After all, they're called CLIL. "Content and Language Integrated Learning" – in this order. Subject matter first. Let's go and find out for ourselves!

4.4 Deutschland und Europa

Im deutschen Kontext erfolgte in den letzten Jahren eine erhebliche Ausweitung durchgehender CLIL-Schulzweige und ein vermehrter Einsatz von CLIL-Modulen. Die Anfänge des bilingualen Unterrichts wurden von deutsch-französischen Regierungen initiiert, um die Aussöhnung nach dem Zweiten Weltkrieg zu fördern. Der deutsch-französische Vertrag von 1963 trug maßgeblich zur Einführung von CLIL-Programmen an deutschen Schulen bei, doch die zunehmende Bedeutung des Englischen als *lingua franca* führte dazu, dass diese Programme bald zugunsten englischsprachiger bilingualer Ansätze zahlenmäßig überholt wurden. Während um 2009 schätzungsweise 700 Schulen CLIL in verschiedenen Formen anboten, berichtet eine spätere Schätzung der Kultusministerkonferenz (KMK) von rund 1.500 Gymnasien, mehr als 300 Grundschulen und 120 beruflichen Schulen mit bilingualem Zweig und mehr als 400 Schulen, die bundesweit CLIL-Module anbieten[56]. In all diesen Fällen sollen die CLIL-Unterrichtsansätze und -Module auf den bestehenden Lehrplänen des zu unterrichtenden Faches basieren.

In der Regel als partielle – und meist additive – Vertiefung in einem Fach umgesetzt, beginnt bilingualer Unterricht an deutschen Schulen häufig in der Jahrgangsstufe 7 mit einer zusätzlichen Englischstunde zur Überbrückung fehlender, inhaltsbezogener sprachlicher Kompetenzen der SchülerInnen. Mehrere Sachfächer werden in den folgenden Jahren eingeführt, wobei der Schwerpunkt auf

---

[56] Zahlen nach: KMK 2013, auch: Goethe Institut: https://www.goethe.de/de/spr/unt/kum/clg/21074378.html.

den Sozialwissenschaften liegt, während Mathematik und die Naturwissenschaften als solche eher unterrepräsentiert sind. Ein Hauptargument für den Einsatz von CLIL (vgl. Breidbach 2012: 7) war bisher der positive Einfluss auf die Fremdsprachenkompetenz im Allgemeinen. Das Erlernen und Erwerben einer Fremdsprache in und durch CLIL stand daher im Mittelpunkt der ersten groß angelegten Untersuchungen zur Wirksamkeit solcher Programme, die von ausgebildeten Linguisten durchgeführt wurden, mit dem Ergebnis, dass CLIL häufig als innovative Methode des Fremdsprachenlernens erschien (vgl. oben: 3.4). In diesem Zusammenhang wurde Deutsch als Zweitsprache (entweder als DaF oder DaZ) zu einem wichtigen Faktor, um auch auf einer reflektierten CLIL-Pädagogik als *„common theoretical base for both discourse communities"* (ebd.: 6) aufzubauen, so dass sowohl für CLIL als auch für DaF entsprechende Unterrichtsstrategien entwickelt wurden. Ein Beispiel dafür ist das vom Goethe Institut herausgegebenen *Profile Deutsch* (Glaboniat: 2005), die den zuvor publizierten Gemeinsamen Europäischen Referenzrahmen für Sprachen (Europarat 2001; vgl. Kapitel 3.2) praktisch umsetzen und erweitern und zu weltweit erfolgreich eingesetzten Sprachprogrammen beitragen.

Die Fokussierung auf Sprachentwicklung statt auf fachspezifische inhaltliche Programme war zunächst wenig überraschend und auch in der Lehrerausbildung und den Studienseminaren sichtbar. Andererseits ist mittlerweile auch eine Entwicklung sichtbar, die sich in einer inhaltlichen Fokussierung ausdrückt und auf Fremdsprachenlernen generell zurückwirkt:

> So far, lessons in foreign language classrooms are mainly directed towards improving intercultural communicative competencies, in accordance with the present federal standards for education in English. Ever since bilingual lessons have been introduced in German schools and are becoming more popular and so a more common day phenomenon, they have had an impact on the general outline of the teaching of foreign languages, due to the promising evaluation results. Foreign language education is generally being rethought and redesigned, because bilingual lessons encapsulate the opportunity to proceed with a stronger basis on content, beyond "only communicating" – the technical term Content and Language Integrated Learning

(CLIL) speaks for itself. To say it in a nutshell, content has become more central, as it is de facto inseparable from language.[57]

Was die Entwicklung von Unterrichtsmaterialien betrifft, so spiegelt sich dieser Einfluss in der Gestaltung neuerer Lehrbücher wider, in denen zweisprachige Module in traditionelle Sprachkurse integriert werden – wie in Cornelsen G 21 (A 6: *Europe United* 114 f., *Global Warming* 128 f.) und noch expliziter in den Kursbüchern von Cambridge University, wo die Mehrheit der Einheiten inhaltsbezogenen Modulen gewidmet ist: *climate, knowledge and technology, concepts of space, brand awareness, health, language and literature* – um nur einige zu nennen (vgl. Doff: 2013). Die Materialentwicklung durch Linguisten und Fachlehrer folgt ähnlichen Linien, und in jüngster Zeit wurden inhaltsbezogene Einheiten in einer Reihe möglicher CLIL-Fächer veröffentlicht. Unter anderem haben der Buchner Verlag, Narr und die Wochenschau jeweils mit einer neuen Reihe von Unterrichtseinheiten und Methodenleitfäden begonnen, insbesondere im Bereich der Sozialwissenschaften, um wie oben erwähnt einen wachsenden Markt zu bedienen.

Bemerkenswert ist allerdings, dass ein echtes Sachfach-Curriculum für den bilingualen Unterricht nur teilweise und erst in einigen Bundesländern existiert (vgl. die Kultusministerien in Niedersachsen und Thüringen): *„A comprehensive and integrative CLIL methodology has yet to be developed"* (Meyer 2012: 265). In Hessen ist die Goethe-Universität (Frankfurt am Main) einen Schritt weiter gegangen und hat in enger Kooperation mit dem zuständigen Ministerium in einem *„gemeinsamen Projekt der Fachbereiche Moderne Sprachen und Sozialwissenschaften"* seit 2016 ein *„bilinguales Curriculum für das Fach Politik, Wirtschaft und Kultur (ab Klasse 7) für alle Schularten"* entwickelt (Orientierungsrahmen: 2018). Bereits in der ersten Phase dieses Pilotprojekts, an dem mehrere hessische Schulen beteiligt waren, hat sich gezeigt, dass der herkömmliche Unterricht durch die Integration eines CLIL-Ansatzes erheblich bereichert wurde und weitere Innovationen und die Effektivität des Sprachenlehrens und -lernens unterstützt wurden. Eine Reihe von

---

[57] http://polecule.com/2015/12/03/about-global-discourse-competences-trans forming-the-classroom-into-a-global-arena-we-need-to-talk/.

Unterrichtseinheiten wurden erprobt und zur Evaluierung vorgelegt – beispielsweise Einheiten zu *Menschenrechten, Funktion der Massenmedien, Homo Oeconomicus, Einführung in den Markt, Die soziale Marktwirtschaft* (vgl. www.polecule.com).

Die Ergebnisse dieses Projekts, Fortbildungen für angehende CLIL-Lehrkräfte und weitere Publikationen, fließen in einen sogenannten *„Orientierungsrahmen für den bilingualen Politik- und Wirtschaftsunterricht"* mit dem Fokus auf globale Diskurskompetenz ein (Orientierungsrahmen 2018: 4). Durch die Verknüpfung der Bereiche Politik, Wirtschaft und Kultur werden gesellschaftswissenschaftliche Inhalte aus unterschiedlichen Perspektiven behandelt und ermöglichen den Lernenden, komplexe Entwicklungen zu verstehen und den eigenen Blick auf persönliche Erfahrungen und Interessen von der lokalen auf die globale Ebene zu erweitern. Durch den Erwerb der notwendigen Sprachkenntnisse zur kritischen Analyse und Diskussion regionaler und internationaler Zusammenhänge werden sie befähigt, sich am globalen Diskurs zu beteiligen und aktiv gesellschaftliche Verantwortung zu übernehmen – die aktuelle Bewegung der *„Fridays-for-Future"* scheint dafür ein Beispiel zu sein.

Im oben erwähnten Orientierungsrahmen werden die Lernenden ermutigt, sich produktiv in Diskurse auf lokaler, regionaler, nationaler und globaler Ebene einzubringen, mit dem Ziel, unterschiedliche Sichtweisen und neue Perspektiven zu erfahren (vgl. Orientierungsrahmen 2018: 6). Ein weit gefasster Kulturbegriff soll kein neues Unterrichtsfach generieren, sondern zur Umsetzung eines bilingualen Schulcurriculums unter dem Label *„Politik, Wirtschaft & Kultur"* beitragen. Durch den Erwerb globaler Diskurskompetenzen befassen sich SchülerInnen mit authentischen Materialien, kommunikativen Diskursformen und Sprachaktivitäten und schließen die bereits erwähnten außerschulischen Lernorte mit ein. Die Öffnung des Fremdsprachenunterrichts für Schüleraustausch schafft ein optimales Format des angewandten Sprachenlernens, denn *„internationale Kontakte führen zu kulturellen Begegnungen, welche neue, situativ unterschiedliche Herausforderungen mit sich bringen"* (ebd.: 4).

Der Orientierungsrahmen begünstigt einen funktionalen Sprachgebrauch, der sich in drei Dimensionen widerspiegelt: Als Beitrag zum Spracherwerb steht zum einen im Vordergrund, *„basales (fremd)sprachliches Wissen – entsprechend einer alltäglichen Sprache (Basic Interpersonal Communicative Skills – BICS) – aufzubauen, als auch, sich fachsprachliches Wissen – entsprechend einer akademischen Sprache (Cognitive Academic Language Proficiency – CALP) anzueignen"* (ebd.: 11). Zweitens wird inhalts- und sprachbasiertes Lernen kombiniert, um sprachliche Mittel für die Teilnahme an globalen Diskursen aufzubauen. Und drittens werden die Lernenden durch die Konkretisierung fremdsprachlicher Kompetenzen in die Lage versetzt, ihren Lernprozess durch den Einsatz von Operatoren wie Fragen, Unterscheiden, Vergleichen und Bewerten transparent und handlungsorientiert zu begleiten (vgl.: ebd. 20).

Sowohl in FU als auch in CLIL sind interkulturelle Kompetenzen (wie in Kapitel 3 beschrieben) Leitziele beim Erlernen einer Fremdsprache. Im Kerncurriculum Hessen sind sie die primären Lernziele, im Orientierungsrahmen des Frankfurter CLIL-Projektes *Politik, Wirtschaft & Kultur* sind sie als globale Diskurskompetenzen ausgewiesen:

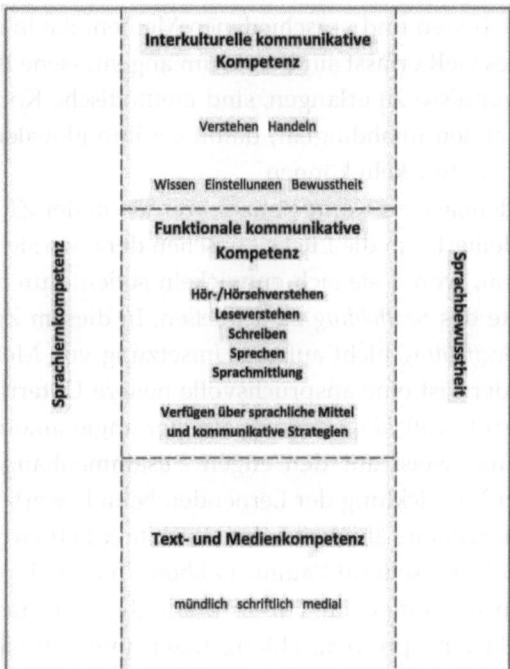

Kerncurriculum Englisch Hessen 2016: 12

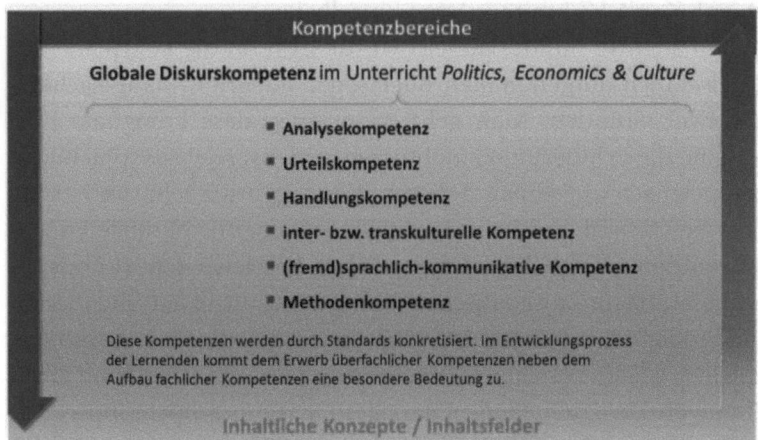

Orientierungsrahmen 2018: 17

Sprachliche Kompetenzen umfassen adäquate Hör-, Lese-, Sprech- und Schreibfähigkeiten und befähigen die SchülerInnen zum

Umgang mit Texten und verschiedenen Medien, die in den globalen Skalen des GeR erfasst sind. Und um angemessene Informationen und Kenntnisse zu erlangen, sind methodische Kompetenzen für die Lernenden unabdingbar, damit sie ihre globalen Diskurskompetenzen entwickeln können.

Methodenbasierte Kompetenzen werden in der *ZPD* der Lernenden modelliert, um die Lücke zwischen dem, wo sie sich befinden, und dem, wohin sie sich entwickeln sollen, durch verschiedene Formate des *Scaffolding* zu schließen. In diesem Zusammenhang wird *Scaffolding* nicht auf die Umsetzung von Methoden reduziert, sondern ist eine anspruchsvolle neuere Unterrichtsstrategie. Der Begriff *Scaffolding* stammt aus der anglo-amerikanischen Forschung und weist auf den engen Zusammenhang zwischen *ZPD* und der Entwicklung der Lernenden beim Erwerb von Inhalten und sprachlichen Fähigkeiten hin. Eine ihrer Befürworterinnen, die australische Forscherin Pauline Gibbons, hat die Dynamik des *Scaffolding* insbesondere im Hinblick auf die vier traditionellen Sprachfertigkeiten Sprechen, Hören, Lesen und Schreiben untersucht. Sie kommt zu dem Schluss, dass eine Neuausrichtung des Sprachunterrichts mit Hilfe von *Scaffolding* notwendig und sinnvoll ist (vgl. Kapitel 7.1 mit weiteren Einzelheiten).

In allen 16 Bundesländern wurde CLIL in die Lehrpläne der Regelschulen aufgenommen oder sogar integriert, hauptsächlich aus zwei Gründen. Man geht davon aus, dass bilinguale Programme die SchülerInnen motivieren, erstens, weil sie sprachliche Kompetenzen auf einem höheren Niveau entwickeln, und zweitens, weil sie sich auf anspruchsvolle Themen und aktuelle Fragen konzentrieren. Die SchülerInnen erleben die Zielsprache (L2) als Instrument, das in authentischen Kontexten mit realen Situationen und Problemlösungsaufgaben eingesetzt wird, die für den traditionellen Sprachunterricht wie FU eher untypisch sind. Laut den Empfehlungen des rheinland-pfälzischen Bildungsministeriums beispielsweise wird die Zielsprache trotz des Hinweises auf „*bi*" im Namen des Programms meist ausschließlich im bilingualen Unterricht verwendet (vgl. Bildungsserver Rheinland-Pfalz). In der Jahrgangsstufe 7, so die Begründung, sind die SchülerInnen in ihrer L2 bereits so weit, dass sie mit Originalartikeln aus britischen oder amerikanischen Zeitungen, TV-Clips oder sogar historischen Dokumenten umgehen und diese analysieren können. Obwohl sie bei der Recherche im Internet versucht sein könnten, auf vermeintlich leichtere deutsche Versionen auszuweichen, werden selbst langsamere Lerner zwangsläufig von besseren Ergebnissen profitieren, wenn sie ermutigt werden, in englischen Quellen nach Informationen zu suchen, und deutsche Seiten nur bei mangelndem Verständnis konsultiert werden.

Trotz der oben erwähnten „Erfolgsgeschichten" von CLIL im deutschen und europäischen Kontext (vgl. die Aktivitäten von Eurydice) bleiben Fragen und Herausforderungen bestehen, wenn man die unterschiedliche Praxis und Umsetzung in den einzelnen Bundesländern betrachtet. So wird von der *English Academy* die Befürchtung geäußert, dass ohne gemeinsame und verbindliche Regelungen die einzelnen Schulen ihre eigenen Schlüsse ziehen könnten, um ein Übergewicht des Englischen gegenüber anderen Fremdsprachen zu vermeiden. In Nordrhein-Westfalen beispielsweise haben einige Schulen bereits den Regelunterricht Englisch um eine Stunde gekürzt und in der Oberstufe ganz gestrichen, wenn der CLIL-Zweig bis zum Abitur führt. Es besteht die Gefahr, dass das Verhältnis zwischen FU und CLIL auf den Kopf gestellt wird und CLIL, anstatt als innovativer Ansatz und Katalysator für Reformen zu fungieren, als Konkurrent des traditionellen Sprachunterrichts gesehen wird, der dann tendenziell sogar verdrängt werden soll.

Ungeachtet dieser nach wie vor eher episodischen Tendenzen ist ein Vergleich verschiedener Formate bilingualer Unterrichtsprogramme durchaus möglich, wenn die jeweiligen Kontexte, Schulpraktiken und kulturellen Hintergründe berücksichtigt werden. Mittlerweile hat die Forschung in einer Reihe von Bereichen tendenziell die Herausstellung eines vermeintlichen Mehrwertes von CLIL aufgegeben, der eher per Definition behauptet als durch empirische Daten belegt war. Es gibt eine deutliche Verschiebung von der Bewertung der sprachlichen Vorteile von CLIL-Programmen im Vergleich zu traditionellen Sprachlehransätzen wie dem FU hin zur Untersuchung inhaltlicher Fragen, insbesondere der Frage, ob CLIL-Lernende bei fachbezogenem Wissenszuwachs genauso gut abschneiden wie ihre Altersgenossen in monolingualen Sachfächern. Dennoch gilt insgesamt: *„CLIL teaching is first and foremost concerned with good teaching [the same being true, of course, for TEFL]: it has to face similar pedagogical challenges as those faced in mainstream programs. Many CLIL issues are by no means CLIL-specific"* (Breidbach et al. 2012: 14). Ein genauerer Blick auf die Kontexte und Lernformen, die Grundsätze der Unterrichtsqualität, die Unterrichtsmodelle, aber auch die Herausforderungen der sprachlichen Risikobereitschaft hilft also, die verschiedenen Dimensionen von CLIL-Programmen zu verstehen.

4.5 Lernen sichtbar machen – *Visible Learning* und *Direct Instruction*

Als Sprachlehrer werden Sie sich oft fragen, was die SchülerInnen aus dem Unterricht mitnehmen können, denn sie „lernen" nicht unbedingt das, was Sie ihnen beibringen wollen. Diese Annahme wird bereits im GeR bestätigt; Lehrende wissen, dass *„Lernende nicht unbedingt das lernen, was von Lehrenden gelehrt wird"* (Europarat: 138). Und es entspricht auch konstruktivistischen Lerntheorien, dass das, was Lehrende ihren SchülerInnen vermitteln, nicht immer – oder sogar meistens – den Lernergebnissen entspricht (vgl. Klewitz 2018: 43). Ein Beispiel dafür ist der deutsche Begriff *„durchnehmen"*. Er hat im Englischen mehrdeutige Äquivalente wie *cover, go through* und *deal with* – und natürlich *teaching* – , während die Formulierung *„im Gedächtnis haften bleiben"* eher mit anderen Konnotationen wie *stick, stay in the mind, leave an impression* und *catch on* verbunden wird. An dieser Stelle sei an Henrys und Annies Diskussion über unterschiedliche Begriffe bzw. Konzepte in ihrer Mutter- und Zweitsprache erinnert, wie *„Völkerwanderung"* als *„barbarian invasion"* und ähnliche Beispiele, die bei der Betrachtung der CLIL-Bausteine, damit verbundener Herausforderungen und der faktischen Bedeutung des *bi*lingualen Unterrichts berücksichtigt werden müssen.

Um dieses Rätsel zu lösen, kommt *Visible Learning* ins Spiel – der Name der ursprünglichen Publikation von John Hattie (2009), die das Ziel verfolgte, Effektgrößen (*effect sizes*) von

Bildungsfaktoren auf Schülerleistungen zu bestimmen, also die Bedingungen für nachhaltiges Lernen und die Ergebnisse von Unterrichtszielen und Erfolgskriterien zu beschreiben. Ob der neuseeländische Forscher und Bildungsstatistiker John Hattie damit wirklich den „*Holy Grail of Education*" gefunden hat (Times Educational Supplement 2013; explizite Kritik dazu in: De Florio: 2016: 84 f.), wird zwar nach wie vor kontrovers diskutiert (vgl. Terhart 2011, Snook et al. 2010, Knudsen 2017 und neuerdings De Florio-Hansen 2018: 58). Aber unter anderem haben Hatties Forschungsergebnisse die Aufmerksamkeit von politischen Entscheidungsträgern weltweit erregt, die seiner Behauptung, dass die Klassengröße nicht wichtig sei (Effektgröße d = 0,2), nur zustimmen können und sich in ihrem Anliegen, Schulen zu finanzieren und entsprechend an der Klassengröße zu sparen, bestätigt fühlen. Hatties Forschung zu evidenzbasierten Lernergebnissen fasst derzeit mehr als 1.500 Meta-Analysen, basierend auf 90.000 Studien über 300 Millionen Studenten und SchülerInnen, weltweit zusammen. Diese Dimension einer Mega-Analyse ist bisher nicht erreicht worden und hat sich trotz aller Kritik als sehr wertvoll für die Unterrichtspraxis und die Bildungsforschung erwiesen:

> A great merit of Hattie's *Visible Learning* and his further publications (2009, 2012, 2013) is their provocation of a useful discussion of the potential and the pitfalls of quantitative research into education. His teaching model specified in *Visible Learning for Teachers* (2012), backed up by research findings from quantitative (and implicitly from qualitative) research, is confirmed by many scholars and practitioners (De Florio 2016: 92; original emphasis).

Hatties Rückgriff auf Visible Learning mit „*teachers see[ing] learning through the eyes of students and help[ing] them become their own teachers*"[58] basiert auf der Analyse von mittlerweile 304 Faktoren als sogenannten effect sizes (Effektgrößen), die die Schülerleistung (im Klassenzimmer) in unterschiedlichem Maße beeinflussen sollen. Diese Effektgrößen werden in einer Hierarchie angeordnet, wobei die Effektgröße 0,40 als Schwellenwert für positive Lerneffekte

---

[58] https://visible-learning.org/.

festgelegt wird[59]. *Student expectations* führen die Liste mit d = 1,44 an, gefolgt von *formative assessment* (d = 0,90), Feedback (d = 0,75) und *reciprocal teaching* (d = 0,74). Die beiden letztgenannten Aspekte werden im Zusammenhang mit den Grundsätzen von Unterrichtsgestaltung analog zu *McKinnon's Teaching Clock* (4.7) und den CLIL-Modulen als Arbeitsbeispielen (8.1-8.10) ausführlicher diskutiert.

Trotz negativer Reaktionen, insbesondere seitens Akademikern und praktizierenden Lehrkräften (vgl. *„Academics put the heat on half-baked reactions"* Massey University NZ: 2009), wird Hatties *Visible Learning Framework* beispielsweise in australischen Schulen seit Jahren eingesetzt, um konsistente, evidenzbasierte Lernergebnisse zu erzielen und wird anhand von zwei Schuldokumenten in *Secondary Colleges* in Melbourne, Victoria, als berufliche Weiterbildung für Lehrer in *„Principles of Learning and Quality Teaching"* veranschaulicht.[60]

Als Ausgangspunkt wird Hatties Definition der wichtigsten Aspekte von Lehr- und Lernstrategien verwendet, um Wege zu finden, wie man SchülerInnen einbeziehen und motivieren kann, geeignete Lernwege in ihrer *ZPD* – hier bezogen für *LOTE (Languages Other Than English)* – und Rückmeldungen darüber, wie effektiv der Unterricht bei allen SchülerInnen ist. Das Lernen sollte, so der Vorschlag der beteiligten Lehrkräfte, von bestimmten Lernprinzipien geprägt sein. Dazu gehöre die Konzentration auf relevante Fragen, sinnvolle Herausforderungen und authentische Anwendungen.

---

[59] Hattie erklärt nicht *„why he fixes the ‚hinge point' at d=0.40, whereas Merzano and other researchers fixed the starting point of the zone of desired effects at d=0.50"* (De Florio-Hansen 2018: 59).

[60] These documents were developed in Luther College and McKinnon Secondary College, both sister schools of Alfred-Wegener-Schule (my school in the county of Marburg-Biedenkopf), during Professional Development inspired and guided by John Hattie's network, clustered in Melbourne University during 2016-18. We acknowledge the kind permission of colleagues involved to share our joint results (see 4.6 & 4.7).

Visible Learning - Panel Discussion with Dr. John Hattie

The winners....

Rank	Influence	Studies	Effects	ES
1	Student expectations	209	305	1.44
3	Response to intervention	13	107	1.07
4	Teacher credibility	51	51	.90
5	Providing formative evaluation	30	78	.90
6	Micro teaching	402	439	.88
7	Classroom discussion	42	42	.82
10	Feedback	1310	2086	.75
11	Reciprocal teaching	38	53	.74
12	Teacher-student relationships	229	1450	.72
13	Spaced vs. massed practice	63	112	.71
14	Meta-cognitive strategies	63	143	.69

visible learning

Hattie in Toronto 2012

Hattie fand in seinem Vortrag über „*The key tenets of visible learning*"[61] in Toronto viel Zeit für seinen Begriff von *challenge*:

> How do we know to appropriately challenge kids? And to give you a kind of metaphor. How many of you are addicted to "Angry Birds"? When you play these kinds of computer games they know exactly what your prior learning is. They also know that they have to set the challenge sufficiently above your prior learning to tip you to try and get there. It it's too high you won't do it. If it's too easy you give up. And then they pour in the feedback information to help you get there. And if you are like me who gets addicted to these things you think up on the way how do I pass level four ... and you get help and assistance. That's the metaphor. If we can help our students and teachers to understand what prior learning is – and yet the killer is in any one class it can be quite dramatically different – it's not a mystery, you're not gonna get to the end of the class and wait five weeks and at the end I'll give you a test and I'll tell you what success looks like. How do we come up with multiple interesting ways to help kids understand what success looks like as they begin this process and they know what it is. It is the teacher's role to reduce that gap.
> And I have a lot of time for that notion of gap. Think of the concept of feedback which is going to appear on this chart soon. Feedback works by finding out where a kid is, finding out where they are supposed to be and then putting in the feedback to reduce the gap. And it comes back to that notion of goals, difficult goals and challenges. Our kids for whatever reason like challenge.

---

[61] Toronto 2012; cf. Youtube: https://www.youtube.com/watch?v=wl60iS-IwCg <8:30' ff...>.

Zusätzlich zu diesen allgemeineren Grundsätzen einigte sich das australische Hattie-Netzwerk auf eine Reihe von Lernprinzipien, darunter die folgenden: Der Unterricht für Inhalte (wie er überwiegend in CLIL stattfindet) muss auf übertragbare Kernkonzepte und *„big ideas"* ausgerichtet sein, er muss die SchülerInnen zu komplexem Denken anregen (als HOTS = *Higher Order Thinking Skills* und LOTS = *Lower Order Thinking Skills*; vgl. 5.7), um ihr Lernen zu vertiefen und anzuwenden, und er muss durch das Lehren für den Transfer vielfältige Möglichkeiten für die SchülerInnen schaffen, ihr Lernen an sinnvolle und vielfältige Konzepte anzupassen.

Außerdem sollten eine Reihe von Bedingungen erfüllt sein, um das Lernen effektiver und nachhaltiger zu gestalten: Erstens baut es auf Vorwissen auf, damit SchülerInnen dabei unterstützt werden, neue Informationen und Ideen mit dem zu verknüpfen, was sie bereits kennen, und zwar in Bezug auf das Sachfach, ihren Sprachkenntnissen und ihrer Diskursfähigkeit. Auf diese Weise können sie ihre Erfahrungen nutzen, um aktiv und kommunikativ Bedeutung über sich selbst und die sie umgebende Welt zu konstruieren. Hatties oben erwähnte Metapher *reducing the gap* durch Feedback-Informationen kommt Wygotskis *ZPD* nahe, die den Ausgangspunkt und die beabsichtigten Ziele einer Lernsequenz markiert. Hattie selbst nutzt diesen Begriff als solchen explizit nicht, aber *ZPD* und Feedback sind wesentliche Bestandteile seiner Lernprinzipien und tauchen in einer abschließenden Checkliste zum Thema *„bringing it all together"* wieder auf – dem letzten Kapitel von Hatties *Visible Learning*.

Zweitens ist Lernen offensichtlich sozial bedingt und hängt von den Einstellungen und Werten der SchülerInnen ab. Daher sind die Möglichkeiten für interaktives Lernen in einem förderlichen Lernklima entscheidend; Perspektiven und Meinungen sollten explizit gemacht werden, da sie das Lernen durch die Filterung von Erfahrungen und Überzeugungen beeinflussen.

Da Lernen nicht linear ist und sich im Laufe der Zeit entwickelt und vertieft, müssen die SchülerInnen drittens Gelegenheit erhalten, ihre Kernideen zu überdenken und sich ihres Arbeitsprozesses bewusst zu werden, damit langfristig ein tieferes und differenzierteres Lernen möglich wird. In diesem Prozess werden

Modelle erfolgreicher Arbeit und fortlaufendes Feedback – als *formative assessment* – Leistungen verbessern helfen und die SchülerInnen ermutigen, sich auf kognitiv anspruchsvollere Aktivitäten einzulassen. Diese Lernprinzipien basieren auf einem speziellen didaktischen Ansatz: Er spiegelt ein konstruktivistisches Verständnis davon wider, wie SchülerInnen lernen, und umfasst fünf Ebenen einer Pädagogik „*for the 21st century*", die in dem Akronym *CISCO* zum Ausdruck kommen:

> **C**onstructivist understanding of how students learn: they construct new knowledge and understandings based on what they already know and believe.
>
> **I**ndividual learner styles require education to adapt and reflect the learning needs of each individual and support for attaining performance goals.
>
> **S**trategies and skills have to be collaborative and creative with teachers who can construct, facilitate and guide their repertoire of lecturing and listening as needed.
>
> **C**omplex project work enables students to draw on multiple disciplines and realize the interdependence of various systems; it is conducive to working in teams.
>
> **O**pportunities to extend learning beyond the classroom into the community; a particular focus of bilingual programs connecting with outdoor pursuits (*außerschulische Lernorte*) and international student exchange programs.[62]

Lernen im Rahmen des konstruktivistischen Ansatzes bedeutet, dass das übergreifende Kompetenzziel die Entwicklung einer *adaptive competence* (Eric De Corte: 2010) der SchülerInnen ist. Sie sollen als Hauptakteure innerhalb ihrer *ZPD* in ihrem aktiven Engagement durch gut organisierte kooperative Lernformate gefördert werden. Die zentrale Rolle von Motivation und Emotion für den Lernerfolg ist von den Lehrkräften ebenso zu berücksichtigen wie die individuellen Unterschiede zwischen den Lernenden, einschließlich ihres Vorwissens (beispielsweise in Bezug auf ihre *ZPD*). Konstruktivistische Programme sind so konzipiert, dass sie eine Herausforderung darstellen, ohne die SchülerInnen zu überfordern. Die Erwartungen und Bewertungsstrategien sind klar definiert, wobei der Schwerpunkt auf formativem Feedback liegt, um

---

[62] Adapted from CISCO report "Equipping Every Learner for the 21st Century": https://www.cisco.com/c/dam/en_us/about/citizenship/socio-economic/docs/LearningSociety_WhitePaper.pdf.

das Lernen zu unterstützen. Diese Elemente werden durch Erkenntnisse aus der kognitiven Lernforschung (Schneider und Stern 2010) gestützt und stellen Eckpfeiler des Lernprozesses dar.

Nach Schneider und Stern ist Lernen eine Aktivität, die von Lernenden ausgeführt wird, indem sie selbst neue Wissensstrukturen schaffen, anstatt lediglich von Lehrkräften unterrichtet zu werden, die traditionell behaupten, bestimmte Fähigkeiten und Kenntnisse abgedeckt zu haben (vgl. „durchgenommen") und dazu neigen, durch unerfüllte Erfolgskriterien enttäuscht zu werden. SchülerInnen können neue Informationen sinnvoll verarbeiten, wenn sie diese mit ihrem Vorwissen verknüpfen können, was sich auf die nachfolgenden Lernprozesse auswirkt, insbesondere auf die Integration von Wissensstrukturen. In bilingualen Programmen erscheinen diese als Begriffe oft in zwei verschiedenen Sprachen (L1 und L2), die analysiert werden müssen, um die abstrakten Beziehungen zwischen den einzeln erworbenen Konzepten zu verstehen. In diesem Prozess sollen Konzepte, Fertigkeiten und metakognitive Kompetenzen in ausgewogener Weise entwickelt werden, um komplexe Wissensstrukturen aufbauen zu können. Taxonomien wie die von Bloom und ihre Überarbeitung können so organisiert werden, dass sie *LOTS* und *HOTS* abdecken und *task-verbs* definieren, um die SchülerInnen in ihren Arbeitsprozessen anzuleiten (Anforderungsbereiche und Operatoren im deutschen Schulsystem). Ein entsprechendes *Task-Design Wheel* steht zur Verfügung und wird als einer der wesentlichen Bausteine von CLIL vorgestellt (5.7).

Gut strukturierte Lernumgebungen unterstützen die Bemühungen der Lehrkräfte, den SchülerInnen zu helfen, differenzierte und gut organisierte Wissensstrukturen mit klar definierten Lernzielen zu erwerben. Die Arbeit an fächerübergreifenden Projekten (die in der Regel verschiedene Fachbereiche wie Naturwissenschaften, Mathematik oder Sozialwissenschaften in CLIL miteinander verbinden) sowie das Einüben von Routineaufgaben lenken die Aufmerksamkeit der SchülerInnen auf relevante Aspekte komplexer Inhalte und können durch von den Lehrkräften definierte Lehrziele fokussiert werden. Die Verbindung zwischen Arbeitsgedächtnis und Langzeitgedächtnis mit seinen jeweiligen Eigenschaften entscheidet darüber, wie neue Informationen verarbeitet und schließlich gespeichert werden. Die begrenzte Kapazität des Arbeitsgedächtnisses erfordert, dass Informationen schnell aktualisiert werden, um im Langzeitgedächtnis gesichert zu werden, was erfolgreicher geschieht, wenn sie bedeutsam und wichtig sind oder häufig vorkommen, um die Filter des Langzeitgedächtnisses zu passieren. In CLIL ist dies von Bedeutung für die Wahl des Themas, die damit verbundenen (sprachlichen) Fähigkeiten und die Authentizität und Relevanz des Unterrichtsmaterials (vgl. CLIL-Module; Kapitel 8).

Über die Wirksamkeit der Speicherung von Informationen (d.h. Wissen und Fertigkeiten) im Langzeitgedächtnis hinaus wird nachhaltiges Lernen durch übertragbare Wissensstrukturen oder Konzepte unterstützt, so dass sich SchülerInnen auf die Tiefenstrukturen von Problemsituationen und deren Zusammenhänge konzentrieren können. Auf diese Weise werden sie ermutigt zu akzeptieren, dass Lernen Zeit und Anstrengung erfordert und dass die Bewältigung von Herausforderungen eine Voraussetzung für Problemlösungen und ihren Lernerfolg ist. *„Learning can and should be fun but the type of fun that it is to climb a mountain – not the fun of sitting at the top and enjoying the view"* (Schneider and Stern 2010: 84).

Diese Erkenntnisse aus der Kognitionsforschung korrelieren mit Hatties *story*, die er aus seinen laufenden Mega-Analysen (während der letzten 20 Jahre) abgeleitet hat und im letzten Kapitel von *Visible Learning „bringing it all together"* zusammenfasst:

> [The story] is the focus on imparting new knowledge and understanding and then considering and monitoring how students gain fluency and appreciation in this new knowledge and build conceptions of this knowing and understanding. It is how teachers and students strategize, think about, play with, and build conceptions about worthwhile knowledge and understanding. Monitoring, assessing, and evaluating the progress in this task is what leads to the power of feedback – which comes second in the learning equation. (Hattie: 2009)

4.6 Merkmale von Unterrichtsqualität
(*Principles of Quality Teaching: Luther College*)

Aus der Perspektive von Lehrkräften ist der Anspruch an Unterrichtsqualität nur die andere Seite der bilingualen Lernprozesse. Es geht darum, Wege zu finden, um die SchülerInnen zu motivieren und einzubinden, geeignete Strategien im Sinne von *Scaffolding* und im Kontext bestimmter Themenbereiche anzuwenden und Feedback darüber einzuholen, wie effektiv und nachhaltig der eigene Unterricht im Licht der Kompetenzziele und Erfolgskriterien ist.

Aus den vielfältigen Definitionen von Unterrichtsqualität (z. B. Marzano: 2005, Helmke: 2006, Marzano & Simms: 2012, Hattie: 2012, De Florio: 2016) lassen sich einige herausragende Merkmale filtern, um ein gemeinsames Verständnis dessen zu schaffen, was CLIL-Programme (wie jede andere Unterrichtsaktivität) in erster Linie erfordern. Die Beziehung zwischen Lehren und Lernen folgt dabei einem dialektischen Muster, in dem aktives Lernen den Unterricht durchgängig prägen wird in der Erwartung, dass die SchülerInnen letztendlich die Kontrolle über ihr eigenes Lernen übernehmen und eine gewisse Autonomie bei der Entwicklung von Wissen und Fertigkeiten erlangen. Nach den Qualitätskriterien, entwickelt von KollegInnen des *Luther College* im Rahmen des Hattie Netzwerks (*University of Melbourne*; vgl. FN 60) geben andererseits Lehrkräfte ihre Verantwortung für die Organisation und Steuerung der Lernsequenzen keineswegs ab.

At Luther College, teachers scaffold learning processes within the students' ZPD by
- creating authentic purposes for student collaboration;
- providing frequent opportunities for learning and studying;
- using technology to augment learning opportunities so that students have access to a wide variety of devices and are prepared for later challenges in the workplace;
- offering and practicing multiple learning methods for instructional activities such as discussions, web quests, small-group collaboration, individual reflection, writing to learn, presenting in cross-curricular projects etc.;
- balancing challenges and student success and thus catering for opportunities of independent practice;

- differentiating the input of texts, assignments and feedback for student activities and individual support;
- challenging their students to demonstrate their learning results in authentic and relevant ways to create deep-sustained learning by feedback and authentic assessment;
- promoting inquiry- or problem-based learning by giving their students opportunities to research, analyze, adapt and create activities facilitated by the Task-Design Wheel (cf. 5.7).

Marzano (2005) und Marzano & Simms (2012) haben in ihrem *„classroom instruction that works"* Fragen für Lehrkräfte und Kategorien für Unterrichtsstrategien entwickelt, die Unterrichtsdesigns in einem konstruktivistischen Sinne überarbeiten und ihre Version von *Direct Instruction* (DI) etablieren, die, wie bereits erwähnt, nicht mit Frontal-Unterricht zu verwechseln ist (vgl. De Florio 2016: 95). Diese *teaching design questions* (Marzano: 2005) umfassen Vorschläge dazu wie man Lernziele kommuniziert und den Fortschritt der Lernenden verfolgt, ihnen hilft, neues Wissen zu verarbeiten, ihr Verständnis zu üben und zu vertiefen, die Lernenden in die Generierung und Prüfung von Hypothesen einbezieht, Klassenregeln und -verfahren sowie deren Einhaltung aufrechterhält und hohe Erwartungen an alle SchülerInnen vermittelt. Die Kategorien von Marzano (Marzano: 2012) tragen dazu bei, das didaktische Repertoire von Lehrkräften zu erweitern und zu aktualisieren, und sie dienen als Checkliste für die Vorbereitung und Umsetzung von Unterrichtsstrategien, darunter den folgenden:

- setting objectives and providing feedback;
- reinforcing effort and providing recognition;
- cooperative learning;
- cues, questions and advance organizers;
- non-linguistic representations;
- summarizing and note taking;
- assigning homework and providing practice;
- identifying similarities and differences;
- generating and testing hypotheses
(adapted from: De Florio 2016: 75 f.).

Diese Kategorien sind auch nützlich, um verschiedene Arten von Unterrichtsabschnitten zu identifizieren, die Klassenraum-Routinen, das Ansprechen von Inhalten und die Durchführung vor Ort beinhalten (vgl. ebd.). Hattie, dessen Studie auf Marzanos Forschungsdesign und -methodik basiert (vgl. De Florio 2016: 74), hat das Konzept der *DI* aufgegriffen und seine Relevanz durch den Nachweis der positiven Effektgröße von 0,59 (s.o.) bestätigen lassen. In seiner Version von *DI* umfasst dies sieben verschiedene Schritte, die einmal mehr das Lernen als einen aktiven, kontextualisierten Prozess der Wissenskonstruktion und nicht des Wissenserwerbs unterstreichen:

1. Aufzeigen der Lernabsichten;
2. Erfolgskriterien definieren;
3. Aufmerksamkeit erwecken;
4. Präsentation des Inputs, Modellierung und Überprüfung des Verständnisses;
5. angeleitetes Üben;
6. die Lektion abschließen;
7. unabhängiges Üben (vgl. Klewitz 2018: 43).

Laut Hattie zwingt *DI* die Lehrkräfte dazu, über den Unterricht zu sprechen und im Vorfeld zu klären, wie Erfolg aussieht. Statt vermeintlicher Ähnlichkeiten zum Frontalunterricht ist *DI* eine Unterrichtsstrategie, die auf Präsentationen der Lehrkraft basiert, bevor sie ihre Klasse in Gruppen- oder Einzelaktivitäten einbezieht, mit dem Vorteil, dass diese *worked examples* erhalten, bevor sie an ihren eigenen Aufgaben arbeiten. Es bedeutet nicht „*Lehrer reden, SchülerInnen hören zu*" (Klewitz 2019: 326). In *Visible Teaching* erklärt Hattie die Effektgröße von *DI* (0,59) folgendermaßen:

> The messages of these meta-analyses on DI underline the power of stating the learning intentions and success criteria, and then engaging students in moving toward these. The teacher needs to invite the students to learn, provide much deliberate practice and modeling, and provide appropriate feedback and multiple opportunities to learn. Students need opportunities for independent practice, and then there need to be opportunities to learn the skill or knowledge implicit in the learning intention in contexts other than those directly taught. (Hattie 2009: 207)

Ein wiederkehrendes Element von Unterrichtsqualität und ihrer praktischen Anwendung in *DI* ist das Konzept des Feedbacks, das in traditionellen Unterrichtsroutinen oft vernachlässigt oder auf personalisierte Bewertungen wie „*gut gemacht*", „*sehr gut*",

„*hervorragende Leistung*" reduziert wird. Ergänzend zu seinen Forschungsergebnissen über DI entwickelte Hattie ein Feedback-Modell (zusammen mit Helen Timperley: „*The Power of feedback*" 2007), dessen Hauptziel die Vermittlung von Lob, Kritik und Ratschlägen ist:

> Following [the] ... notion of the "gap", this model suggests that feedback is powerful when it reduces the gap between where the student is and where he is meant to be. Feedback should therefore be useful when it helps students navigate this gap, by addressing fundamental feedback questions including "where am I going", "how am I going", and "where to next" (Hattie 2011: 2).

Zusätzlich zu den drei oben erwähnten Feedback-Fragen positioniert Hatties Modell Feedback auf vier Ebenen, die sich auf die Lernaufgabe oder das Produkt, den Prozess, Selbstregulierung und Selbst beziehen, und es betont „*the interaction of these levels of feedback with the nature of the tasks*" (ebd.: 5). Die am häufigsten vorkommende Ebene bezieht sich auf die Lernaufgabe, illustriert durch Fragen des Lehrers im Unterricht und in Kommentaren zu den Aufgaben. Ein Nachteil dieser Art von Feedback besteht darin, dass es für viele Lernenden nicht besonders relevant ist. Die Weitergabe konkreter Informationen ist jedoch wichtig für die nächsten beiden Feedback-Ebenen, bei denen neben den Lernprozessen auch Selbstregulierung ein wichtiger Schwerpunkt ist. Wenn die SchülerInnen ihr Lernen reflektieren und selbst regulieren können, sind sie in der Lage, Feedback effektiver nutzen, um Diskrepanzen zwischen ihrem Lernstand und den gewünschten Lernergebnissen zu verringern. Das Selbst als vierte Ebene, ist nach Hatties Ansicht jedoch weniger hilfreich:

> ... feedback directed to self (e.g. "You are a great student", "Well done") ... often ...directs attention away from the task, processes of self-regulation. Such praise can be comfort and support, is ever present in many classrooms, is welcomed and expected by students, but rarely does it enhance achievement of learning (ibid.: 7).

In 30 Schritten zur Schaffung einer nachhaltigen und evidenzbasierten Unterrichtsstrategie entwickelte De Florio-Hansen ihr „*Model of Effective Teaching and Successful Learning*" (MET; in De Florio-

Hansen 2018: 251 ff). Ihre Überlegungen stehen im Einklang mit Helmkes zehn Merkmalen von Unterrichtsqualität:

	Merkmale der Unterrichtsqualität
1	Strukturiertheit, Klarheit, Verständlichkeit
2	Effiziente Klassenführung
3	Lernförderliches Unterrichtsklima
4	Ziel-, Wirkungs- und Kompetenzorientierung
5	Schülerorientierung, Unterstützung
6	Angemessene Variation von Methoden und Sozialformen
7	Förderung aktiven, selbstständigen Lernens
8	Konsolidierung, Sicherung, intelligentes Üben
9	Vielfältige Motivierung
10	Passung: Umgang mit heterogenen Lernvoraussetzungen

nach Helmke 2006: 8

4.7 Unterrichtsgestaltung als Modell
(Teaching Clock: McKinnon Secondary College)

Photo © Andrew Krause and McKinnon Secondary College, Department of Education and Training, Victoria, Australia.

Das zweite viktorianische College, das am *Professional Development* des Hattie Network (vgl. FN 60) beteiligt war, hat die relevanten

Elemente von *DI* visualisiert und ein Unterrichtsmodell als Teaching Clock präsentiert, die in jedem Klassenzimmer des McKinnon Secondary College sichtbar ist, damit die SchülerInnen ihre aktuellen „Lernergebnisse" überprüfen können.

Jahrgangsstufe 9 in McKinnon (Unterrichtsuhr in der linken oberen Ecke). Foto © Bernd Klewitz.

Wenn sie sich im Uhrzeigersinn durch das Bild bewegen, können sie den Ablauf der Aktivitäten im Klassenzimmer verfolgen, ihre individuellen Vorgehensweisen erkennen und sogar die Abfolge der Lektionen Schritt für Schritt in *beginning of the lesson, presentation, guided practice, independent practice* und *review*.

McKinnon Pedagogical Model – Teaching Clock (McKinnon SC, © Department of Education and Training, Victoria, Australia)

In einer Tabelle sind die Inhalte der *teaching clock* in Planungstipps und strategische Vorschläge differenziert dargestellt:

CLIL I: KONTEXTE UND STRATEGIEN

Phase Of Lesson		Plan	Strategy
1 Beginning of Lesson	THE HOOK Grab students attention and put them in a receptive frame of mind	How will you hook your students into the lesson	• Stimulate interest and curiosity • Present a purpose for learning • Link the concept/content to real world examples • Pose an open-ended, provocative or challenging question
	LEARNING INTENTIONS Make the LEARNING INTENTIONS and SUCCESS CRITERIA clear to students	How do you make the purpose of the lesson clear? How will they know the purpose has been achieved?	• Verbally articulate the Learning Intentions and write them on the board • Make assessment and performance requirements clear (Success Criteria) • Show examples or models of expected student performance against which they will measure their own effort
	ACTIVATE/REVIEW Activate prior knowledge and review relevant prior learning	How will you activate prior knowledge and review relevant prior learning?	• Pretest to establish level of achievement and establish baseline for future progress • Review to connect with prior learning • Brainstorm, question, recap
2 Presentation	TEACHER INPUT Explicitly teach the CONCEPT	How will you teach the concept?	• Provide clear explanation, definition or rule • Introduce and explain key terms and their context • Provide examples and non-examples • Tap into student experience/contemporary events to explain concepts • Present information in a variety of ways
	TEACHER INPUT Explicitly teach the SKILL	How will you teach the skill? What are the steps?	• Outline the skill and the USEFULNESS of the skill • Give examples, good and bad • Model the skill for students 'live' so students can understand the thought processes behind skill • Scaffold, dividing elements/stages of skill into manageable chunks
	CHECK FOR UNDERSTANDING Monitor whether students have 'got it' before proceeding If not, reteach concept/ skill before guided practice begins	How will you check for understanding?	• Use a variety of questioning techniques • Challenge misconceptions • Get students to paraphrase and summarise • Ask students to justify and clarify their responses • Allow for a mix of individual and group work including peer-teaching, peer-assessment, self-assessment
3 Guided Practice	DEVELOPMENT AND ENGAGEMENT Develop student understanding of the concept or skill through activities or exercises	What activities or tasks will you ask students to undertake?	• Provide a range of activities for different learners and link to Learning Intentions • Allow for less teacher talk, more student work
	FEEDBACK & INDIVIDUAL SUPPORT Move around the room to determine the level of mastery, and to provide feedback and individual support as needed	Which students do you anticipate will need additional support? How will you provide it?	• Identify students needing additional support including those ready for extension • Provide timely feedback; provide positive feedback • Use formative assessment • Provide glossaries for EAL students; subject-specific vocabulary work for struggling students • Read out student responses; have students read each other's responses
4 Independent Practice	APPLICATION Ask your students to apply the concept or skill in different contexts	What independent practice will students undertake?	• Individual or group work • Knowledge and skills applied to real world situations • Knowledge and skills applied to other learning contexts
5 Review	REVIEW Bring the lesson presentation to an appropriate conclusion by reviewing and clarifying the key points, tying them together in a coherent whole	How will you review the lesson?	• End each lesson by reflecting on Learning Objectives and Success Criteria • Check student work books/ work done • Self-evaluation and reflection • Students give feedback on what and how they have learned

McKinnon Pedagogical Model (McKinnon SC, © Department of Education and Training, Victoria, Australia)

4.8 Bilingualer Campus in Kanada
(*Linguistic Risk Taking: University of Ottawa*)

Das kanadische Konzept der „Linguistischen Risikobereitschaft", das von der Universität Ottawa unter der Leitung von Professor Nikolay Slavkov[63] entwickelt wurde, stellt einige besondere Elemente der Förderung des Sprachunterrichts im Kontext allgemeiner Lernprinzipien und der Qualität des Unterrichts heraus. Er argumentiert, dass der produktive Einsatz einer zusätzlichen Sprache in authentischen sprachlichen Interaktionen und die Förderung von Zwei- und Mehrsprachigkeit darauf hinauslaufen, neue und kreative Wege zu finden, um förderliche Kräfte zu identifizieren und zu unterstützen, während hemmende Kräfte minimiert werden. Aus diesem Grund hat seine Fakultät an der Universität von Ottawa den „*Risk-Taking Passport*" für Studierende entwickelt. Diese Initiative bietet neue konzeptionelle und praktische Hinweise, die für Sprachenlernende, Lehrer und politische Entscheidungsträger in bilingualen und multikulturellen Kontexten nützlich sind. Der Schwerpunkt liegt auf der Rolle des Begriffs des Muttersprachlers in der angewandten Linguistik, auf pädagogischen Konzepten wie Autonomie, Authentizität und erfahrungsbasiertem sowie gemeinschaftsbasiertem Lernen.

Das Projekt wurde im Rahmen des bilingualen Curriculums der kanadischen Universität durchgeführt, wo den Studierenden nicht nur die Möglichkeit geboten wird, in der Amtssprache ihrer Wahl (Englisch oder Französisch) zu studieren und Dienstleistungen in Anspruch zu nehmen, sondern sie auch ermutigt werden, ihre Kenntnisse in der anderen/zweiten Amtssprache zu erweitern und funktionale Zweisprachigkeit zu erlangen.

Das Herzstück der Initiative für „sprachliche Risikobereitschaft" ist ein Pass (ein gedrucktes Heft und eine Smartphone-App; siehe Abbildung unten), der die Lernenden dazu anregt, kritisch und analytisch über ihre Sprachkenntnisse nachzudenken, die

---

[63] Prof. Nikolay Slavkov teilte diese Informationen während der 5. Saarbrücker Fremdsprachenkonferenz: 29.-31. Oktober 2019.

Herausforderungen und die Gratifikationen zu erleben, wenn sie sich zutrauen, eine erlernte Sprache in authentischen Situationen anzuwenden, und sich schließlich auf eine lebenslange Sprachlernreise zu begeben. Der Pass bietet mehr als 70 sprachliche Risiken, die die Lernenden ausprobieren, dokumentieren und für die sie Auszeichnungen erhalten können.

WHY LINGUISTIC RISK-TAKING?

A linguistic risk is an authentic, every-day communication task that some language learners may shy away from and may need special encouragement to engage in. Research has shown that some learners hesitate to take risks and do not always benefit from extra opportunities to practice their second or additional language outside of the language classroom. Real-life communication is not stress-free. It may involve "risk factors" such as making mistakes, being misunderstood, misunderstanding others, taking on a different identity, changing language use habits, and so on. That is why some learners tend to stay within the comfort zone of their preferred language when going about their daily business on campus and thus miss out on opportunities to "live" bilingually or multilingually. This passport intends to encourage you to take various linguistic risks that will boost your confidence in your second or additional language. The passport will guide you in turning your daily routines into linguistic risks and in using our bilingual campus and multilingual uOGlobal community as a real-life language-learning resource. This passport is designed for French or English as target languages. However, in many cases you can extend its use to other languages that you may be learning.

RULES OF ENGAGEMENT

It's simple and it's fun:
- Take as many risks as possible from the list included in this passport. You can even take a picture of yourself taking the risk and post it on social media with #.
- Give yourself a check mark for each risk taken:
  ◊ Most risks can be repeated up to three times (see number of checkboxes by each risk);
  ◊ Risks can be taken in any order you like;
  ◊ You do not need to undertake all risks listed;
  ◊ Each time you undertake a risk, indicate whether you thought the level of risk was High, Medium, or Low by adding the corresponding letter (H, M, or L) beside the checkbox.
- Feel free to use the blank passport pages provided at the back to propose additional risks.
- Tally the risks you have taken. After completing at least 20 risks (including repeated ones), submit the passport to your language teacher or to the OLBI reception desk (MHN 130) to enter a draw for prizes. If you are participating in uOGlobal, submit your passport to your facilitator during a workshop or at the reception of the International Office (TBT M386).
- Submissions for the draw will be accepted from _____ until _____.
- If you win a prize, you will receive it in your language class or you will be notified by email.
- Make sure you enter a valid uOttawa email address.

https://ccerbal.uottawa.ca/linguistic-risk/sites/ccerbal.uottawa.ca.linguistic-risk/files/passeport_final_olbi_and_uoglobal_en.pdf

> In this bilingual context, we define linguistic risks as authentic communicative acts in learners' second official language (French/English) which may be "risky" due to factors such as making mistakes, being misunderstood, misunderstanding others, being judged, taking on a different identity, and changing previously established language-choice patterns. This may cause learners to miss campus-wide opportunities for authentic and meaningful second language engagement. ... The risks represent authentic activities available outside the language classroom (e.g., speak the second language at the library, approach a passer-by for directions, order food at the cafeteria, interact with professors/administrators, attend events, etc.). Learners autonomously check off risks in their passports, comment on difficulty levels, propose additional risks, and can submit passports for prizes. We survey theoretical constructs related to linguistic risk-taking, detail the development of the initiative, and conclude with future directions, including technology use. It's simple and it's fun: Linguistic Risk-Taking Passports will be handed out in selected ESL and FLS classes offered by the Official Languages and Bilingualism Institute as well as at uOGlobal workshops. The passport can also be downloaded from this website. Students will undertake various linguistic risks outside of class across campus. Towards the end of

the term, there will be an opportunity to submit completed passports for a draw to win prizes. (https://utpjournals.press/doi/10.3138/cmlr.2018-02 02)

Revue passieren – reflektieren – recherchieren

Der Beitrag von Internationalen Begegnungen und insbesondere Schüleraustausch für bilinguale Programme ist unbestritten. Auf welche Weise können solche Projekte in den Unterrichtsalltag von CLIL-Modulen integriert werden?

Unterschiede zwischen Immersion und CLIL sind, in Teilen, erklärbar durch die soziokulturellen Bedingungen in den einzelnen Zielsprachen-Ländern, weil ...

In der theory of practice *wird die Diskrepanz betont zwischen Wissen und Fertigkeiten, die von der Lehrkraft unterrichtet und solchen, die von SchülerInnen übernommen werden. Inwieweit erklärt die Fremdsprachenforschung diese Diskrepanz und welche Alternativen bietet Visible Learning in diesem Kontext?*

Notizen:

Kapitel 5

CLIL II: Didaktische Bausteine

Vignette: Fenster im Fremdsprachenunterricht öffnen

Um die Anforderungen des Lehrplans mit authentischen, lebensnahen Lernerfahrungen in kommunikativen Situationen in Einklang zu bringen, haben sich viele Schulen auf den Weg gemacht, Projekte außerhalb des Klassenraums zu initiieren, durchzuführen und auszuwerten. Die Öffnung des Unterrichts als praxisnaher Lernansatz findet an alternativen Lernorten statt, und nicht nur in den Naturwissenschaften haben sich attraktive und schülerorientierte Lernzentren entwickelt. Mit MINT (Mathematik, Informatik, Naturwissenschaften, Technik) hat die Bundesregierung Initiativen gestartet, die die Teilnahme von SchülerInnen und Lehrkräften an Einrichtungen wie dem Mathematikum (Gießen) oder dem Chemikum (Marburg)[64] fördern. Auch andere Schulfächer haben davon profitiert, etwa der Geschichtsunterricht oder das Wortreich (Bad Hersfeld) als Erlebniswelt für Sprache und Kommunikation.

Die Öffnung des Fremdsprachenunterrichts (FU) für Aktivitäten an außerschulischen Lernorten bietet vor allem die Möglichkeit, reale Kommunikationssituationen mit authentischen Medien und Materialien zu realisieren, die sich besonders gut für das *Task-Based Learning and Teaching* (*TBLT*; vgl. Kapitel 2.5 & 7.2) und seine schlanke Form eignen (*TSLL-Task-Supported Language Learning*; vgl. De Florio-Hansen: 2018 & Müller-Hartmann: 2011). Damit Fremdsprachenlernen außerhalb des Klassenzimmers effektiv und erfolgreich ist, müssen diese Lernorte jedoch in Lernstrategien eingebettet werden, die durch spezifische Formen des *Scaffolding* unterstützt werden: erstens, um die Arbeit an den Lernorten vorzubereiten und zu strukturieren, und zweitens, um sie in CLIL-Module zu integrieren. Es liegt auf der Hand, dass sich die *Scaffolding*-Strategien

---

[64] http://www.chemikum-marburg.de/veranstaltungen/ https://www.wortreich-badhersfeld.de/.

für traditionelle FU- und CLIL-Varianten unterscheiden, was seit den Analysen von Zydatiß, die das inhaltliche Lernen in den Vordergrund von CLIL stellen, häufig bestätigt wurde (vgl. Zydatiß, 2013: 131 ff). Mit der Ausweitung der bilingualen Lernangebote (KMK: 2013) haben sich jedoch Exkursionen und L2-Projekte außerhalb der Schule als besonders effizienter und auch für den FU wirksamer Mehrwert erwiesen.

Die konzeptionellen Vorschläge reichen historisch weit zurück; bereits in der Reformpädagogik wurde gefordert, Lernen in Domänen außerhalb des Klassenzimmers zu verlagern, und seit Anfang des 20. Jahrhunderts gilt John Dewey in diesem Zusammenhang als Begründer des Projektlernens, auch und gerade jenseits der Schule. Seine Idee, dass sich die Schule aktiv gegenüber ihrem sozialen Umfeld öffnen sollte, erläutert er mit einem klassischen Beispiel: *„Den Kindern wird zuerst das Rohmaterial gegeben – der Flachs, die Baumwollpflanze, die Wolle, wie sie vom Rücken eines Schafes kommt. Wenn wir sie an den Ort bringen könnten, an dem die Schafe geschoren werden, wäre das umso besser"* (John Dewey: 1900, übersetzt in Klewitz 2010: 44).

Gerade im Fremdsprachenunterricht ist eine reale Kommunikationssituation im Klassenraum oft schwer zu realisieren, und es bleibt somit mühsam, authentische Inhalte zu verhandeln. Damit einhergeht häufig eine Trivialisierung, wenn nicht gar Unterordnung der Inhalte unter die Spracharbeit. In diesem Zusammenhang bieten außerschulische Lernorte ein besonderes Potenzial, wenn die folgenden Bedingungen beachtet werden: Ein außerschulischer Lernort kann als *Advance Organizer,* als zentraler Funktion des *Scaffolding,* Impulse für inhaltliche Recherchen außerhalb der Schule geben, deren Ergebnisse dann in die Lernprozesse im Unterricht einfließen; er kann zur Einführung bestimmter Fragestellungen genutzt werden, die im Unterricht weiter bearbeitet werden sollen, oder er kann als Anschauungsmaterial dienen.

Bei all diesen Aspekten sind unterschiedliche Lernarrangements sinnvoll. Kulturelle und sprachliche Angebote der außerschulischen Lernorte sind authentisch, die sprachlichen Aktivitäten können in L2-Diskursen nachempfunden werden; je nachdem, ob es sich um ein Museum, Theater, Kino, eine Bibliothek oder einen zoologischen Garten handelt, sind interessante Variationen möglich. Exponate und Lebensräume können als Wissensrepertoire für einen reichen (L2) Input genutzt werden, und die Rezeptionsformen werden, immer in Abhängigkeit vom jeweiligen Ort, durch lernförderliche Maßnahmen (als flexibles *Scaffolding*; vgl. 7.1) so präsentiert, dass sie als Arrangement für eine individuelle Konstruktion und Rekonstruktion durch die Lernenden zur Verfügung stehen.

Obwohl die Unterscheidung zwischen primären und sekundären Lernorten unscharf ist (vgl. Gehring 2010: 10), reicht sie für eine erste Kategorisierung von Lernaktivitäten aus. Primäre Lernorte sind speziell für Lernzwecke eingerichtete Orte wie Museen, Bibliotheken oder andere öffentliche Einrichtungen, die in der Regel über ein (museums-)pädagogisches Angebot verfügen und ein differenziertes *Scaffolding* für die beabsichtigten Lernprozesse bieten. Sekundäre Lernorte wie Einkaufszentren, Flughäfen (z.B. Legutkes *Flughafenprojekt*: 2016 o.S.), Bahnhöfe und Sehenswürdigkeiten (Kirchen, Denkmäler, Holocaust-Stolpersteine) erfordern andere Formen des *Scaffolding* und eignen sich besonders für aufgabenbasiertes Lernen (*TBLT* und *TSLL*) und Projektarbeit sowie als Bindeglied zwischen FU und CLIL für die inhaltliche Arbeit in bilingualen Programmen.

Eine der didaktischen und methodischen Anforderungen an außerschulische Lernorte besteht darin, dass das Lernen an die Inhalte des Schulcurriculums anknüpft und mit ihnen verbunden wird. Daraus folgt, dass der Unterricht an außerschulischen Lernorten dazu genutzt werden kann, unterschiedliche Aspekte miteinander zu verbinden: Theorie und Praxis, träges Wissen und motiviertes Handeln, abstraktes Denken und konkretes Problemlösen, passives Lernen und reflektierende Selbsterfahrung. Auf diese Weise kann die Arbeit in der Schule in dem Sinne produktiver gestaltet werden, dass Lernende auch einen motivierenden Einblick in die Arbeitswelt erhalten. So erkennen sie, dass Lernen und Wissenserwerb in der Schule mehr mit dem eigenen Leben und der Bewältigung von Herausforderungen zu tun haben kann (vgl. Baar 2018: 9).

Vor allem in neueren Publikationen wie Baar (2018) und Von Au (2016: 46 ff) wird der Stand der Forschung zu außerschulischen Lernorten ausführlich dokumentiert und insbesondere die Notwendigkeit der Öffnung des Fremdsprachenunterrichts nach außen im fachlichen Diskurs übereinstimmend bestätigt (vgl. Haß 2006: 195 f.; Legutke 2010: 172 f; Thaler 2012: 145 ff; De Florio-Hansen 2018: 66). Auch wenn es keine umfassende schulpädagogische Didaktik für außerschulische Lernorte (vgl. Baar 2018: 9) gibt, spielt sie in verschiedenen Bildungsangeboten und Internetplattformen dennoch eine größere Rolle. Neben der – meist universitären – Lehrerausbildung gibt es *„seit einigen Jahren ... ein wachsendes Forschungsinteresse an Outdoor Education in Ländern wie Schottland, Dänemark und Iowa (USA)"* (Von Au: 1).

Der bilinguale (Sachfach-)Unterricht ist trotz seiner stetig wachsenden Bedeutung nicht a priori ein eigenständiges Unterrichtsfach. Die Integration von Inhalt und Sprache kann auch in einer vorgegebenen Anzahl von Modulen in unterschiedlichen Fächern, als Kombination von Fremdsprachen- und Fachunterricht und als fächerübergreifende oder als Immersion angelegte Instruktion erfolgen. Dabei hat sich im europäischen Kontext – namentlich in der Studie der EU zur Situation des bilingualen Unterrichts „Eurydice" – das Akronym CLIL durchgesetzt:

> [CLIL] integrates content and language by learning a content subject through the medium of a foreign language and by learning a foreign language through studying a content-based subject (Eurydice 2006: 3).

„Content and Language Integrated Learning" wird hier alternierend zur Bezeichnung bilingualer Unterricht verwendet. Zwei Faktoren erschweren dabei die erforderliche Planung einer integrierten Fachdidaktik der einzelnen CLIL Fächerangebote allerdings. Einerseits ist es nicht möglich, sprachliches und sachfachliches Lernen voneinander zu trennen (Hoffmann 2013: 343), andererseits bedürfen sprachliche und fachdidaktische Aspekte einer systematischen Integration, was bereits in der Wahl des Akronyms zum Ausdruck kommt. Die hier in Rede stehende Entwicklung einer integrativen CLIL-Fachdidaktik ist als *blueprint* gedacht und soll zunächst eine **Brückenfunktion** zwischen Didaktiken der Sachfächer und

Fremdsprachen erfüllen. Blaupause deshalb, weil der Fachbereich Sozial- und Kulturwissenschaften exemplarisch für den bilingualen Unterricht entwickelt wird; andere Sachfächer mit ihrer naturwissenschaftlichen oder mathematischen Systematik wären zu modifizieren bzw. zu ergänzen.

Unsere CLIL-Fachdidaktik wird von folgenden Überlegungen geleitet: Bilingualer Unterricht ist in nahezu allen Schulfächern möglich, erfreut sich zunehmender Akzeptanz und bewirkt eine Erweiterung der sach- und sprachspezifischen Lehreraus- und -fortbildung. Insbesondere in den Sozialwissenschaften besteht die Vorgabe, dass CLIL Programme dem Curriculum des jeweiligen Sachfaches folgen, während nur in wenigen Bundesländern ein entsprechendes bilinguales Kerncurriculum existiert und nur als Ausnahme in der Zielsprache. Eine Brückenfunktion wird einerseits durch die Auswahl solcher Inhalte gewährleistet, die einen besonderen Bezug zur jeweiligen Zielkultur aufweisen (in den Sozialwissenschaften leichter zu verwirklichen als in naturwissenschaftlichen Kontexten). Andererseits geht es darum, den naheliegenden Perspektivenwechsel zu ermöglichen sowie das Training von fachbezogenen Diskurskompetenzen an geeigneten Stellen (*language follows content*) zu planen und durchzuführen.

Der Fokus dieser integrativen CLIL-Fachdidaktik liegt dabei auf der Kombination inhaltlicher Erfordernisse des jeweiligen Sachfaches, die über das mono-linguale Curriculum deutlich hinausgehen, mit CLIL-Bausteinen, die sowohl inhaltsbezogene als auch diskursspezifische Werkzeuge und Fertigkeiten zur Verfügung stellen. Weiterführend ist dabei der Einbezug von im FU längst zum Standard gewordener Literatur aus den Zielsprachenländern, die durch die Besonderheiten der CLIL Programme erweiterte Inhalts- und Sprachaktivitäten ermöglicht und als eigenes Sachfach im anglophonen Kontext bereits ein eigenständiges *Study Design* aufweist. Durch den Einbezug von CLIL-Modulen können in Unterrichtseinheiten methodische Schwerpunkte (*reciprocal teaching, herringbone technique, debate etc*) auch unmittelbar erprobt werden.

Diese Integration erfordert zunächst eine didaktisch-methodische Neuorientierung auf zwei Ebenen: Die inhaltlichen

Schwerpunkte sind im Unterschied zu dem betreffenden Sachfachcurriculum zu ergänzen um erweiterte Perspektiven, insbesondere die des Zielsprachenlandes. Die linguistischen Erfordernisse beziehen sich nicht nur auf eine sachfachbezogene Diskurskompetenz, sondern auch auf die Vermittlung von muttersprachlichen und zielsprachlichen Konzepten, die häufig deutlich auseinanderfallen. Mithin muss eine integrative Didaktik des bilingualen Sachfachunterrichts so entwickelt werden, dass sie über eine rein am Sachfach und rein am FU orientierte Methodenkompetenz hinausgeht. Es geht dabei weniger um eine Optimierung des FU, die in den 1990er Jahren –dem „*heyday of the implementation of English-speaking CLIL programmes*" (Breidbach 2012: 5) – noch die Entwicklungsrichtung der bilingualen Programme dominiert hatte. Es bleibt vielmehr notwendig, CLIL und den eigentlichen FU organisatorisch und konzeptionell miteinander zu verbinden. Kenntnisse und Wertschätzung der fremden Sprache, Literatur und Kultur sind im inter- und transkulturellen Diskurs miteinander und systematisch zu verknüpfen.

Dabei ist grundsätzlich zu klären, welche Unterschiede zwischen dem FU und CLIL-Programmen bestehen. Dazu gehört eine genauere Bestimmung der Merkmale, die den bilingualen Unterricht kennzeichnen, zumal der Einfluss von CLIL Schulzweigen aber auch Modulen auf den FU eindeutig bestätigt ist:

> Ever since bilingual lessons have been introduced in German schools and are becoming more popular and so a more common day phenomenon, they have had an impact on the general outline of the teaching of foreign languages, due to the promising evaluation results. Foreign language education is generally being rethought and redesigned, because bilingual lessons encapsulate the opportunity to proceed with a stronger basis on content, beyond "only communicating" – the technical term Content and Language Integrated Learning (CLIL) speaks for itself. (http://polecule.com/2015/12/03/about-global-discourse-competences-transforming-the-classroom-into-a-global-arena-we-need-to-talk/)

Der Kernbereich unserer CLIL-Fachdidaktik besteht mithin aus den prägenden Bausteinen, an denen sich bilinguale Unterrichtsvorhaben orientieren, die den didaktisch-methodischen Diskurs ausmachen und die auch fächerübergreifend und Kontext-unabhängig einsetzbar sind. Dazu gehören die im Weiteren genauer gefassten:

1. Merkmale eines multi-perspektivischen Lernens
2. Leitfragen für die CLIL-Unterrichtsplanung
3. Das 4 Cs *Framework*
4. Diskurskompetenzen zwischen *BICS* und *CALP*
5. Das *Language Triptych*
6. Das bilinguale Dreieck und der *Third Space*
7. *Task Design Wheel* und *Task-verbs*
8. Das Primat der Inhalte

5.1 Merkmale eines multi-perspektivischen Lernens

Als Sammelbegriff (*umbrella term*) steht CLIL – vor allem wie oben erläutert im europäischen Kontext – für den Fachunterricht in einer Fremdsprache und ist einem integrativen Ansatz verpflichtet, der beide Elemente (Sachfach und Fremdsprache) ausbalancieren muss; damit ist ein doppelter Fokus als Zielvorstellung festgelegt: "*Content and Language Integrated Learning (CLIL) is a dual-focused educational approach in which an **additional language** is used for the learning and teaching of both content and language*" (Coyle 2010: 1; Hervorhebung im Original).

Unter diesem *umbrella term* lassen sich unterschiedliche Konzepte realisieren, die für den bilingualen Unterricht vielfältige Gestaltungsmöglichkeiten offenhalten. Sie umfassen sowohl einen fremdsprachlichen Unterricht, in der Integration von Sachfach und FU, aber auch eine Steuerungsfunktion des inhaltlichen Lernens, das das jeweilige Sachfach um Themen des Zielsprachenlandes erweitert und mit der Anbahnung interkultureller Kompetenzen multi-perspektivisches Lernen ermöglicht. Diese Spannbreite bilingualer Programme fordert einerseits die Kreativität der Lehrkräfte und ihrer SchülerInnen heraus, lässt andererseits aber auch genügend Interpretationsspielräume für ein differenziertes Vorgehen – wie es auch in den KMK Richtlinien zum Ausdruck kommt:

In der Fachliteratur umfasst der Begriff CLIL ... den bilingualen Unterricht, findet aber auch gelegentlich Ausprägungen, die einen starken fremdsprachendidaktischen Schwerpunkt setzen, wie beispielsweise bei dem integrierten Sachfach- und Fremdsprachenunterricht oder bei Immersionskonzepten. Das Konzept der deutschen Länder ist auf das Sachfach ausgerichtet, hinzu kommt ein interkultureller Schwerpunkt. In Bezug auf das Fremdsprachenlernen steht der Anwendungsaspekt im Vordergrund. Zusätzlich zu den curricular vorgegebenen Themen und Inhalten werden gegebenenfalls Themen aus der Sicht des Landes bzw. der Länder der Unterrichtssprache behandelt, sodass der bilinguale Unterricht mehrperspektivisches Lernen anregt und dadurch zum Erwerb interkultureller Kompetenz beiträgt. (KMK 2013: 3)

Die in dieser Richtlinie sichtbare Mehrdeutigkeit hinsichtlich der Verwendung von Muttersprache (L1) und Fremdsprache (L2), der Bezüge zu Immersionsprogrammen und der thematischen Erweiterung bleibt offen für die Spannbreite von CLIL als erweitertem FU bis hin zur wissenschaftspropädeutischen Sachfacharbeit und bietet Vor- und Nachteile. Sie gibt Lehrkräften Flexibilität hinsichtlich ihrer Themen- und Spracharbeit und bindet sie lediglich an das jeweilige Fach-Curriculum. Sie sieht unterschiedliche institutionelle und regionale Kontexte vor und spiegelt damit auch die Vielfalt der Bundesländer mit ihren jeweiligen schulischen Traditionen. Aber neben einer Reihe praktischer Fragen (Lehreraus- und -fortbildung, Lehrberechtigung für CLIL, Fakultas und Zertifikate) bleiben auch die Unterschiede zum herkömmlichen FU undeutlich und die Frage, welche Unterrichtsinhalte und Strategien CLIL spezifisch sind, unbeantwortet.

Welche zentralen Merkmale dabei im Vordergrund stehen, wird an einem Projekt der Pariser Sorbonne mit 170 *English Business Students* deutlich, die dem CLIL Ansatz folgend (*a CLIL-based didactic approach*) ein gemeinschaftliches, arbeitsteiliges Rollenspiel auf der Basis professioneller Szenarien vorbereiteten. Um die Studenten davon abzubringen, lediglich Wikipedia-Informationen zu verbalisieren, umfassten die zur Hauptaufgabe (*role play with oral presentations*) führenden Aktivitäten die folgenden Aspekte: sprachliche Inhalte entwickeln, Erkenntnisse teilen, als Beobachter sprachliche Hilfe holen, Fortschritte evaluieren, Ergebnisse verhandeln, Informationen bearbeiten (*repackage*), kritisch und kreativ vorgehen (vgl. Léon-Henri 2015: 8). Dazu mussten die Studenten in einer anderen als ihrer Mutter-Sprache kommunizieren, d.h. in Englisch. Die Betonung lag auf verbaler und non-verbaler Kommunikation, mit interaktiven und interkulturellen Komponenten, mit der Auswahl eines Szenarios und der Partner, der Strukturierung des Spiels, Vorbereitung eines Skripts, von Requisiten und audiovisueller Unterstützung, der Interaktion der Zuhörer/Zuschauer und einem Feedback zu den Aktivitäten und Aufgaben (vgl.: ebd).

Das Sorbonne-Projekt wurde von drei Forschungsfragen begleitet: Es sollte untersucht werden, wie (erstens) ein CLIL Ansatz genutzt werden kann, um eine Anzahl professioneller Fertigkeiten zu entwickeln, wie (zweitens) mündliche Präsentationen die Kreativität der Studenten stimulieren können und inwieweit (drittens) diese Aktivitäten über Sprachenlernen hinausgehen würden. Es ging also darum, Potenziale zu erforschen, wie sich Lernende in einer Immersionssituation ein bestimmtes Wissen aneignen, wobei die L2-Frage (zu diesem Aspekt der Diskurskompetenz und Sprachmittlung vgl. ausführlich 5.4) eindeutig geregelt war:

> The real challenge is to keep students communicating and exchanging in the target language, while providing new information and methods to capture and keep their interest ... As a model setting the norms, the language teacher may choose to communicate exclusively in English, not only inside but also outside of classroom time (ebd.: 1 und 5).

Im Sorbonne Projekt ausdrücklich beachtet wurden die von Mehisto (Mehisto et al.: 2008) formulierten sechs CLIL Merkmale als Kriterien für eine evidenz-basierte integrative CLIL-Didaktik, die die Besonderheiten des bilingualen Unterrichts (*core features of CLIL methodology*) abbilden. Dazu gehören: die **Pluralität der Schwerpunkte** mit Spracharbeit im Sachfach, Inhaltslernen im Kontext des Sprachtrainings, Integration mehrerer Themenbereiche, Reflexion des Lernprozesse; der **positive und anregende Lernkontext** gefördert durch *classroom management*, Vereinbarung von Routinen, Pflege von Diskursen, Ermutigung der Studenten mit Sprache und Inhalten zu experimentieren, Zugang zu authentischen Unterrichtsmaterialien und außerschulischen Lernorten; die Schaffung von **Authentizität,** indem Lernende notwendige Unterstützung einfordern können, ihre Interessen berücksichtigt werden,

Verbindung zwischen ihrem Alltag und dem Lernen hergestellt wird und aktuelles Material aus den Medien und anderen Quellen zur Verfügung gestellt wird (vgl. dazu auch das Paradigma von LAAIKE in Primat der Inhalte: 5.8); **aktives Lernen** durch Gelegenheiten für Studenten, Inhalte, Sprache und Lernfähigkeiten mitzubestimmen, ihren Lernfortschritt zu evaluieren, ko-operatives Arbeiten und mehr Kommunikation unter den Lernenden zu fördern, Bedeutung von Sprache und Inhalten mit ihnen abzustimmen; *Scaffolding* mit der Anknüpfung an Kenntnisstand, Fertigkeiten, Einstellungen, Interessen und Erfahrungen der Lernenden, Aufbereitung von benutzerfreundlichen Informationen, Pflege von kreativem und kritischem Denken, Ermutigung der Lernenden, ihre Komfortzone zu verlassen und sich weitergehenden Herausforderungen zu stellen; **Kooperation** in der gemeinsamen Kursplanung von CLIL und nicht-CLIL Lehrern, der örtlichen Umgebung und Einbeziehung von beispielsweise Arbeitgebern, Behörden und anderen gesellschaftlichen Gruppen (vgl.: ebd. 8-9).

Die Ergebnisse dieses Einjahres-Projektes lassen sich in vier zentralen Zitaten zusammenfassen:

> A CLIL approach to teaching language not only enhances language learning, but it also empowers and motivates the learners since they become more aware of and thus more in control of the development of their own learning strategies.
> ... CLIL methodology does indeed have the potential to function as a catalyst for professional development.
> ... the 'learning by doing' method is the best method for language learning. Using CLIL-based activities in language learning at the higher education is a viable didactic approach (ebd.: 16-17).

In der Planung der hier in Rede stehenden CLIL-Fachdidaktik stehen mithin bilinguale Kompetenzen im Mittelpunkt, die mit einem Wechsel von Perspektiven und Darstellungsformen angebahnt werden und in der Ausdifferenzierung von bilingualen *task-verbs* (Operatoren) den CLIL Diskurs steuern und kompetenzorientierte Handlungsweisen für die Lernenden ermutigen. Für diese Komponenten werden in den CLIL-Modulen (vgl. Kapitel 8) Anwendungsbeispiele bereitgestellt.

5.2 Leitfragen für die CLIL-Unterrichtsplanung

Der schulische Kontext, in dem CLIL Programme eingesetzt werden, gehört, wie bereits erwähnt, nicht zu den in 5.3 ausführlich beschriebenen CLIL Bausteinen (im Sinne des *4 Cs Framework*). Wie die nachfolgende Tabelle zeigt, ist er aber – als *context* – entscheidend als Lernumgebung für einen erfolgreichen Verlauf von bilingualen Programmen. Er beschreibt die schulischen Voraussetzungen, den Arbeitsrahmen und die Einbindung von CLIL Klassen in die örtlichen Bedingungen und die curricularen Vorgaben.

Context	Wie ist CLIL im Schulprofil verankert?
	Welche internationalen Zertifikate werden angeboten (z.B. Bakkalaureat, *Cambridge Language Certificates*)?
	Welche Fächer, Module und/oder Züge werden bilingual unterrichtet?
	Wie ist eine Kooperation zwischen den Fachschaften geregelt?
	Welche Anbindung an die Kerncurricula ist vorhanden?
Content	Welche Vorgaben bestehen im Schulcurriculum?
	Welche CLIL spezifischen Inhalte stehen zur Verfügung?
	Wie werden unterschiedliche Perspektiven, z.B. durch den Einsatz authentischer Texte aus verschiedenen Ländern, präsentiert?
	Welche fachlichen Kompetenzen werden angebahnt?
	Sind die Inhalte SchülerInnen gemäß und verständlich?
	Welches *content scaffolding* wird eingesetzt?
Language (Communication)	Werden *language showers* (besonders für jüngere Lerner) genutzt?
	Welche Gelegenheiten für Spracherwerb bestehen insgesamt?
	Wird an vorhandene Sprachkenntnisse angeknüpft?
	Wie werden diese erweitert?
	Wie werden mündliche Fertigkeiten trainiert?
	Wird Sprachbewusstsein (Reflexion über Sprache) gepflegt?
	Welches *language scaffolding* wird eingesetzt?
Learning (Cognition)	Wie werden individuelle Lernstrategien berücksichtigt?
	Welche Fragestellungen werden genutzt (*assertive questioning*)?

	Sind Fragestellungen auf kognitive Herausforderungen bezogen?
	Wird formatives Feedback zur Sicherung des Lernfortschritts eingesetzt?
	Welche Lernstrategien werden insgesamt genutzt?
Culture	Welche inter- bzw. transkulturellen Kompetenzen werden angebahnt?
	Welches Verständnis von *otherness* und *self* besteht?
	Welche Anlässe zum Perspektivenwechsel werden geschaffen?
	Werden außerschulische Lernorte in den Lernprozess miteinbezogen?
	Welche internationalen Austauschmöglichkeiten werden genutzt?
	Wird der kulturelle Horizont durch digitale Lernmedien, *video links* und *internet communication* erweitert?

Die 5Cs als Leitfragen (ergänzte Adaption nach Coyle 2010: 17)

5.3 Das *4 Cs Framework*

Die Leitfragen beziehen sich auf CLIL-Bausteine, die von Coyle als *4 Cs Framework* entwickelt wurden und Inhalt und Sprache miteinander verschränken – wie bereits erwähnt – eingebettet in die jeweilige Lernumgebung (als *context*):

- CLIL is **complex and context**-sensitive.
- There are **general parameters** for CLIL.
- These are: **Cognition, Culture, Content, Communication**.
- Any particular CLIL model or methodology needs to consider the relative value/importance of the parameters above.
- **Language** as a **learning tool** operates in three ways: **OF – FOR – THROUGH**[65]

---

[65] https://clilingmesoftly.wordpress.com/clil-models-3/the-4-cs-model-docoyle/.

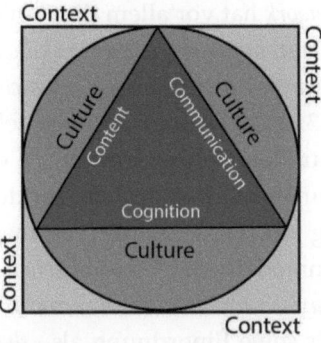

The 4Cs Framework (Coyle 2010: 41)

Diese Bausteine sind sowohl für die Planung bilingualer Unterrichtseinheiten relevant als auch in einer Checkliste einsetzbar, wenn es um die Evaluierung von CLIL Sequenzen geht. Mit ihnen soll auch die Frage beantwortet werden, wie die o.g. Spannung zwischen Inhalt und Sprache in der *ZPD* der Lerner überbrückt werden kann (vgl.: 2.5), um beide im bilingualen Lernprozess zu integrieren (vgl.: Coyle 2010: 41 ff). Diese vier Elemente existieren nicht getrennt voneinander, sondern üben eine verstärkende wechselseitige Wirkung aufeinander aus.

Dabei bezieht sich *Content* auf zu erwerbende Kenntnisse, Fähigkeiten und Verstehensleistungen. Leitend bei der Auswahl von curricularen Inhalten sind die zu erwerbenden Kompetenzen und die Fragen, welche neuen Inhalte im Vordergrund stehen und wie ein Perspektivenwechsel vollzogen werden kann, sowie fachliches Wissen. *Cognition* (auch *learning*) beschreibt den Prozess der Aneignung von Wissen und beruht auf den Taxonomien von Bloom und Anderson/Krathwohl mit einer Auflistung von *task-verbs* wie *remembering, understanding, applying, analysing, evaluating, creating* (vgl. ebd. 31 und 5.7). *Communication* (auch *language*) umfasst den linguistischen Aspekt mit der Unterscheidung von *language of, for and through learning* (vgl. ebd. 61 ff). *Culture* bezieht sich auf die Realität und Besonderheiten der Zielsprachenkultur, didaktisch auch fassbar in *Critical Incidents*, die sich sowohl auf den Alltag der Lerner beziehen (Wie ist es bei uns, wie bei den anderen?) als auch auf kulturelle Unterschiede und Missverständnisse (vgl. Klewitz 2015: 45).

Das *4 Cs Framework* hat vor allem die Funktion, die drei CLIL Unterrichtsziele *content, language, learning skills* zu integrieren (vgl. Léon-Henri 2015: 6) unter der Prämisse *„the cornerstone of CLIL is content"* (Cenoz 2013: 247). Damit wird den Lehrkräften nicht nur eine Orientierung zur Planung und Gestaltung von bilingualen Unterrichtseinheiten zur Verfügung gestellt, sondern auch die didaktische Modellierung des CLIL Konzeptes insgesamt begründet. Dass dieses Rahmenmodell *„nicht theoretischen Ursprungs, sondern aus der Unterrichtspraxis entwickelt"* (Heinemann 2018: 20) wurde, ist weniger relevant, als seine Einordnung als *„theory of practice"*, die von Coyle selbst vorgenommen wird und den Dualismus von *content and language* im bilingualen Lernprozess als gelingende Integration einlöst:

> A **theory of practice** emerges when the teacher begins to articulate his or her implicit knowledge and understanding about teaching and learning. The teacher's implicit knowledge becomes explicit through this process – that is, the teacher is aware of his or her own knowledge (theory of practice) and can begin to actively develop this. The starting point for a theory of practice is the teacher's own professional beliefs (Coyle 2010: 45; vgl. Einleitung).

In der Unterrichtsplanung kommt diese praktische Theorie in allen vier Parametern als *„conceptual framework"* (ebd. 53) zur Wirkung:

Content ist *„progression in new knowledge, skills and understanding"* (ebd.). Für CLIL ist thematisches Lernen Ankerpunkt und Kompetenzziel zugleich. Inhalte und insbesondere Themen im Übergang von der Beschreibung zum größeren Sinn- oder Problemzusammenhang orientieren sich zunächst an den Vorgaben des jeweiligen Sachfaches, in Abhängigkeit von der jeweiligen Jahrgangsstufe und den entsprechenden Kompetenzzielen im Kerncurriculum. Über den Wissenserwerb hinaus geht es dabei auch um Problemlösungsstrategien, fachliche und sprachliche Fertigkeiten. Ist das Thema beispielsweise *„Endangered Habitats"* so gehören zu einem entwickelten Miniprojekt *„Tiere in ihrer natürlichen Umgebung –globale Erwärmung und menschliche Einflüsse –Ökosysteme –Totem Poles"* etc.

Bei der inhaltlichen Planung stehen im Vordergrund: die Wahl des Themas, seine Eignung als bilinguales Themengebiet, die curriculare Situierung, neues Wissen, erforderliche Fertigkeiten und Verstehensleistungen, inhaltliche Lernziele, der Zuwachs an Kompetenzen, das inhaltliche Scaffolding, Klarheit und Zugänglichkeit der Präsentation.

CLIL Beispiel

Going through the process of think-pair-share*, work with this cartoon by using the scaffolding above and note your findings for discussion in plenary.

Scaffolding:

Working with a cartoon
1. Content: explaining possible issues and/or general topics the cartoon contains.
2. Context: detailing a description of the images, persons and/or other visual representations.
3. Technique: delineating possible messages and the way the cartoonist is getting them across.
4. Target: explaining the message and discussing its possible effects on the viewer/reader.

Task 4: Explain which wider issue the cartoon is referring to (content).

....
....
....

Klewitz 2017a: 45

Past Expiry – Polar Bears
https://pastexpiry.blogspot.com/2010/07/cartoon-polar-bear-estate.html
© Johnny Ancich, CC BY-NC-ND 3.0 https://creativecommons.org/licenses/by-ncnd/3.0/deed.de

Communication ist „*interaction, progression in language using and learning*" (Coyle 2010: 54). Dem inhaltlichen Lernen nachgeordnet (aber keineswegs untergeordnet, vgl.: die Rolle von L1 und L2 in 5.4) hat die linguistische Komponente in CLIL die Funktion „*learning to use language and using language to learn*" (ebd.), d.h. L2 wird anders als im FU nicht als System von grammatischen Regeln und Sprechakten unterrichtet, sondern als Vehikularsprache im Lernprozess selbst genutzt. Dabei sind Grammatik und Lexik nicht weniger von Bedeutung, aber sie haben eher eine dienende Rolle und werden immer dann thematisiert, wenn sie erforderlich sind und zum Einsatz kommen; nicht grammatische Progression ist ein Lernziel, eher das Training solcher linguistischen Elemente, die zur Lösung einer Aufgabe erforderlich sind. In diesem Zusammenhang ist die Orientierung an Lernaufgaben, die dem *Task Based Language Teaching (TBLT)* entstammen[66], erforderlich. Diese Lernaufgaben

---

[66] TBLT – Der Unterricht beruht auf umfassenden Aufgabenstellungen, zumeist Lernaufgaben: „A task is an activity which requires learners to use language, with emphasis on meaning, to obtain an objective" (Swain 2001: 11).

finden auch in den neueren Sprachkursen verstärkt Verwendung und erhöhen im traditionellen FU die inhaltlichen Komponenten. Und vor allem das Zusammenspiel zwischen Sprache und Inhalt wird in TBLT-Ansätzen besonders wirksam:

> With task-oriented TEFL approaches the difference – from language to content vs. from content to language – does no longer exist in its fundamental opposition. A majority of TEFL teachers have aspects of motivating content at the back of their mind when they think of linguistic items and structures to be presented. Nevertheless, discourse in the sense of social practice related not only to cognitive but also to affective aspects is still the privilege of CLIL (De Florio-Hansen 2018: 241).

CLIL Beispiel

Task 4: Some pictures need special attention because what they show might be manipulated. Some are composed with special effects in mind to influence observers. So, for example, a picture's effect can be changed by a computer. Use the example below to **explain** these effects. Draw on the word bank to **write** a short text about your chosen image.

Picture sample (Chicago Symphony, on Michigan Avenue)

This picture shows the Chicago Symphony on Michigan Avenue from a special perspective ...

Scaffolding:

> **Word bank**
> This picture is about / represents / reveals / shows ... The photograph / image depicts ... It is an example of ... There is a reference to ... The image suggests ... The tone of the picture ... It creates an atmosphere of ... A positive impression is given by ... .
>
> **Connectives**
> First of all ... I would like to begin with ... Furthermore ... Although ... Even if ... Provided that ... Unless ... Thus ... By way of illustration ... As a result ... To sum up. In a ... nutshell ... Considering all these aspects ... In short ... In contrast to ... In the same way ... In addition to that ... .

aus: Klewitz, Scaffolding. © Narr Francke Attempto Verlag GmbH + Co. KG   UE 12 – WS 2 – 1

Cognition ist „*engagement in higher order thinking and understanding, problem solving, and accepting challenges and reflecting on them*" (Coyle 2010: 54). Die Herausforderung an Lerner besteht darin, eigenes Wissen zu konstruieren und dabei Problemlösungsstrategien zu entwickeln. Diese orientieren sich an den *Higher Order Thinking Skills* (HOTS), wie sie in den Taxonomien von Anderson und Krathwohl (2001) festgehalten sind und beispielsweise im Task DesignWheel mit Operatoren verbunden werden (vgl. 5.7). Involviert sind auch das Verständnis von Ursache und Wirkung, Hypothesenbildung und Meta-Kognition. Dazu gehören Fragen nach den linguistischen Herausforderungen, die Überwindung von *display questions* und die Gelegenheit für Lerner, eigenen Wissenserwerb und individuelles Verständnis zu reflektieren. Cognition wird verstanden als die mentale Fähigkeit, sich Wissen anzueignen (Mehisto 2008) und beinhaltet die *task-verbs* (Operatoren) *perceiving, recognizing, judging, reasoning, conceiving, imagining, evaluating* (nach Sorbonne 2015: 10; vgl. auch *Task Design Wheel* in 5.7).

CLIL Beispiel

Task 3: Migration and minorities
Read the text and fill in the gaps. Sketch five reasons for migration on a crib sheet*.

> Mobility and migration have become important features of .... modern European societies. European societies today have to deal with the meeting of .... world views, cultural traditions, languages, ... beliefs as well as notions of human existence. Since the inception of European unification, Europeans have .... become mobile. There are different reasons for this ...., among them employment, education, and partnership. In addition to European national and cultural ...., globalisation as well as the history of labour migration and colonialism brought about cultural .... and conflicts that go beyond traditional European cultural parameters. Due to such changes, Europe has long been .... of multicultural societies – although many societies only slowly become aware of this fact. Immigrants from within and outside the European Union have established themselves and have added new features and perspectives to .... societies. Another dimension of .... is the situation of (national) minorities, in particular in the post-communist European societies. Awareness of this dimension .... only after 1989.
>
> Adapted from: Bundeszentrale für politische Bildung: http://www.bpb.de/veranstaltungen/netzwerke/nece/128901/citizenship-education-within-the-context-of-migration-and-minorities (last accessed June 2018)

Voc.: inception: Gründung; heterogeneity: Vielfalt; encounters: Begegnungen; parameters: Einflussfaktoren; diversity: Vielfalt

Scaffolding

> **Word box:** increased – diversity – European – composed – encounters – heterogeneity – mobility – increasingly – religious – different – describing

Crib sheet (5 reasons): ...

Task 6: Refugees in Germany
Discuss the poster created by a German school class (seventh grade) and juxtapose the entries in a pro/con table (mediation* required). **Evaluate** your findings in plenary.

Alfred-Wegener-Schule, Kirchhain: Poster Jahrgang 7. Klewitz 2019: 44-46

Culture umfasst „*'Self' and 'other' awareness, identity, citizenship, and progression to pluricultural understanding*" (Coyle 2010: 54). Der Kulturbegriff entsteht in der hier gemeinten Bedeutung aus der Begegnung mit unterschiedlichen Erfahrungs- und Lebensbereichen auch in der Absicht, mit der Wahrnehmung des ‚Anderen' die eigenen Sichtweisen weiterzuentwickeln und zur Realisierung eines *Third Space* (vgl. 5.6) zu gelangen. Dieser Beitrag zur interkulturellen Verständigung ist zwar in CLIL Merkmalen des Perspektivenwechsels und der Einbeziehung authentischer, plurikultureller Quellen angelegt, bedarf aber sorgfältiger Planung und der Beachtung von *Critical Incidents*, die sich aus der Existenz von Stereotypen und Vorurteilen ergeben. Der Vergleich von kulturellen Besonderheiten – aus historischer wie aktueller Sicht – lässt sich besonders gut in der Nutzung von L2, also der Vehikularsprache des CLIL Ansatzes, abbilden und gerade auch die historische Dimension miteinbeziehen.

CLIL Beispiel

Buckley's Chance – Australia

The main character in Malouf's novel *Remembering Babylon* (1994), Gemmy Fairly, bears a close resemblance to William Buckley (1780-1856), a convict who escaped in Victoria in 1803 and lived there among the Aborigines for over 30 years. The historic Buckley was immortalized by the saying "*Buckley's Chance*" – meaning to have no chance at all, as survival in the bush was reckoned to be without hope.

Buckley's story highlights the situation in the area around Port Phillip Bay, the first convict settlement in what is now the state of Victoria, with Melbourne as its capital. It's more than 200 years since convict William Buckley escaped from the first official settlement of Port Phillip Bay at Sorrento. When he arrived in Australia Buckley was 23 years old, 6 foot 7 inches tall, with tattoos and an impressive build. After his escape he lived with the *Wathaurung people* for 32 years. When he re-emerged into white society in 1835, his knowledge and experience were not exactly welcome.

Frederick William Woodhouse: The first settlers to discover Buckley. (Wikimedia Commons. Public Domain.)

The picture shows an encounter between Gemmy Fairly, the novel's protagonist, and white settlers of Queensland in the 19th century finding themselves in the middle of a war against Australian Aborigines. Gemmy's function is almost that of a catalyst: he has crossed the border between the settlers and the Aborigines in both directions and his appearance in the white community leads to diverse reactions. During the early settlement of Australia by white farmers, following the beginnings of the convict colony after 1788, stations very often excluded Aboriginal people, who had always been hunters and gatherers rather than farmers. Unfortunately, these stations impeded their walkabouts, and so constant warfare between the blacks and the whites occurred. The settlement described in the excerpt at hand finds itself in a difficult situation therefore. What they know about Gemmy –apparently a white man who seemed to have lost his English language when he was living with the Aborigines –worries and troubles them.

5.4 Diskurskompetenzen zwischen BICS und CALP

Bei der Beschreibung von CLIL Bausteinen kommt der globalen Diskurskompetenz – auch *Intercultural Discourse Competency* (IDC)[67] – eine zentrale Bedeutung zu. Sie ist als übergeordnete Sprachkompetenz avisiert, wenngleich in der Unterrichtspraxis noch kaum verankert. Bei der Analyse von Diskursfunktionen sind unterschiedliche Perspektiven zu beachten. Neben der Vielzahl von Definitionen eines (fremdsprachlichen) Diskurses –zusammengefasst bei Dalton-Puffer (2013: 138 ff) – sind die folgenden Aspekte wirksam, die Sprachhandlungen in einem Diskurs charakterisieren:

> … conceptual generalizations of conversation; social practice as an entity of sequences and signs which form an announcement or statement in conversation; relations between discourses, i.e. the meaning of concepts used in a special field such as medical, juridical or educational discourse; a social boundary which statements can be made about a topic (De Florio-Hansen 2018: 237).

Im Gemeinsamen Europäischen Referenzrahmen für Sprachen (GeR) wird Diskursfähigkeit unter pragmatischen Kompetenzen gefasst (vgl. 3.2). Diskurse als reflektierte Form von kommunikativen Handlungen werden dann auch im GeR als funktionale Kompetenz beschrieben als „die Verwendung gesprochenen Diskurses und geschriebener Texte bei der Kommunikation mit bestimmten funktionalen Zwecken" (ebd.) und sind folgenden Makrofunktionen zugeordnet in *„Beschreibung, Erzählung, Kommentar, Erläuterung, Auslegung, Erklärung, Demonstration, Anweisung, Argumentation, Überredung usw."* (ebd.: 126). Die Nähe zu den sogenannten Operatoren ist unübersehbar und wird auch in der Fachliteratur immer wieder bestätigt:

> **Kommunikativ-kognitive Strategien und Diskursfunktionen**
> Benennen, Definieren
> Beschreiben, Darstellen
> Berichten, Erzählen
> Erklären, Erläutern

---

[67] Nach dem Goethe Universität Projekt *PoleCule* (Orientierungsrahmen: 2018) Globale Diskurskompetenz; analog zur Intercultural Discourse Comepetence (in De Florio-Hansen: 2018).

Bewerten, Beurteilen
Argumentieren, Stellung beziehen (Dalton-Puffer 2013: 142).

Diese Operatoren werden in *task-verbs* ausgedrückt, die für CLIL Module und den FU fast identisch ausfallen und nicht nur für (Abitur-)Aufgaben relevant sind:

> Die Liste der Operatoren soll die Lehrerinnen und Lehrer bei der Formulierung von Klausuraufgaben unterstützen. Die beim Formulieren der Aufgaben verwendeten Operatoren müssen im Unterricht eingeführt und ihr Gebrauch an verschiedenen Beispielen geübt sein. Durch die Benutzung der Operatoren soll den Schülerinnen und Schülern klar werden, welche Tätigkeiten und welche Lösungsdarstellung von ihnen erwartet werden. Mit dem konsequenten Einsatz der Operatoren wird Missdeutungen von Aufgabenstellungen entgegengewirkt (HKM –Landesabitur 2016 und 2017 o.S.).

Auch hier werden sie als Makrofunktionen beschrieben und den fachspezifischen Kompetenzen zugeordnet, z.B. als *naming/defining, describing, reporting, explaining, evaluating, arguing/taking a stance* (Niedersächsisches Kultusministerium: 2014 o.S.). Für die Anforderungsbereiche (AFB) I–III sind dies: *describe, name, outline, structure, sum up/summarise, analyse/examine, characterise, compare, assign/put into context, explain, explore, expound/elucidate, assess/evaluate, discuss, develop, verify.*

Obwohl in CLIL Spracharbeit dem Inhaltslernen folgt (*language follows function*), gewinnen die linguistischen Fertigkeiten eine besondere Dimension, die als „bilinguale Sprachhandlungskompetenz" (HKM 2016: 20) bezeichnet wird. Mit ihr wird der Erwerb muttersprachlicher Kategorien und Konzepte kombiniert mit der fremdsprachlichen Gestaltung von Denk- und Erkenntnisweisen. Sie zielt insgesamt auf eine deutlich erhöhte rezeptive und produktive Diskursfähigkeit.

Die Entwicklung der Diskurskompetenz im bilingualen Unterricht ist eng verbunden mit dem *4 Cs Framework* – von einer schulischen Alltagssprache zu wissenschaftspropädeutischen Sprachkonzepten, von BICS zu CALP. Die beiden Akronyme wurden 1979 durch den kanadischen Linguisten Jim Cummins eingeführt. Er geht aus von Sprachmitteln, mit denen alltägliche Kommunikationssituationen bestritten werden (BICS = *Basic Interpersonal Communicative Skills*) und die als sprachliche Überlebensstrategien gelten können. Die mit CLIL angestrebte Sprachhandlungskompetenz geht deutlich darüber hinaus, befähigt zu inhaltsbezogenen und angemessenen Diskursen und lässt sich als CALP (*Cognitive Academic Language Proficiency*) wissenschaftspropädeutischen Zielen zuordnen. Wie spezifisch und inhaltstief diese sind, hängt von den Themen, Untersuchungsbereichen, Jahrgangsstufen und Inhaltszielen ab.

Genauer betrachtet ist der fächerbezogene Sprachgebrauch in CLIL damit von anderer Natur als in alltagsbezogenen Kommunikationssituationen: CALP *„ist ein objektsprachlich stärker differenziertes, lexikalisch dichteres und abstrakteres Sprach- und Diskussionsrepertoire"* (Zydatiß 2013: 132). Unter Beachtung der Übergänge zwischen BICS und CALP werden die fachrelevanten Sprach- und Diskursfunktionen in der Versprachlichung fachlicher Denk- und Handlungsweisen vollzogen und sind auf die folgenden *task-verbs* (wie im GeR bereits angelegt) bezogen: Beschreiben, Erklären, Schlussfolgern, Bewerten – bzw. *identify, classify/define, describe, explain, conclude/argue, evaluate* (nach Thürmann: 1999 o.S.).

In diesem Kontinuum der Übergänge von BICS zu CALP kann man also durchaus von hybriden Lernprozessen ausgehen, die sowohl in bilinguale Module als auch in einen (fortgeschrittenen) FU integrierbar sind. Der hauptsächliche Unterschied zwischen CLIL und dem FU besteht allerdings darin, dass ersterer primär inhaltsgesteuert abläuft, während der FU zuallererst dem Spracherwerb und der Anbahnung inter- bzw. transkultureller Kompetenzen dient, wobei gerade diese Kompetenzen wiederum zahlreiche Gemeinsamkeiten mit CLIL-Modulen aufweisen.

Die spezifischen Merkmale des bilingualen Unterrichts sollen damit nicht verwischt werden: Inhaltlich wie linguistisch behält dieses Unterrichtskonzept als motivierende Herausforderung ein hohes Entwicklungspotenzial. Dabei stehen die folgenden Aspekte im Fokus: Perspektivenwechsel und authentische Textvielfalt; Ausdifferenzierung von *task-verbs* und Darstellungsvielfalt; 4 Cs Parameter und Diskursfunktionen; der Dreiklang zwischen bilingualen Fachkompetenzen, sprachlichen Fertigkeiten und sachfachlicher Diskursfähigkeit; *Advance Organizer* und *Worksheet Compass* (vgl. CLIL-Module in Kapitel 8); Motivlage und Erwartungshaltung;

translanguaging statt *code-switching;* Primat der Inhalte; *language follows content;* Übergänge von BICS zu CALP; inhaltsbezogenes und sprachliches *Scaffolding;* Kontinuum von Sprache und Inhalt.

Aber welche Sprache wird eigentlich in **bi**-lingualen Unterricht (vorrangig) verwendet und wie ist dabei das „bi" zu werten? Der Einsatz von L1 und L2 in CLIL-Programmen wird seit ihrer Entstehung in den 1980er und 1990er Jahren in deutschen Schulen kontrovers diskutiert. Zunächst geschah dies eher aus der Perspektive der Fremdsprachenlehrer, für die der Gebrauch von L2 in Sachfächern eine willkommene Stärkung des Sprachenlernens bedeutete: *„Historisch war der Bilinguale Unterricht in Deutschland eher ein Anliegen der Fremdsprachenlehrenden als der Sachfachlehrenden"* (Vollmer 2013: 124). Da aber die Verknüpfung von Sprache und Inhalt allgemein belegt ist, haben sich Ansätze des bilingualen Unterrichts zu einer verstärkten Integration von Inhalt und Sprache weiterentwickelt, was sich auch in dem Akronym CLIL deutlich ausdrückt:

> In diesem Rahmenkonzept wird der funktionale Erwerb der jeweiligen Fremdsprache (ohne Anspruch auf Systematik wie im Fremdsprachenunterricht) als gleichberechtigt mit dem der Fachinhalte anerkannt, beides wird als ‚Ganzes' gesehen und im Verbund behandelt. Damit kann Sprache nicht nur als Instrument genutzt, sondern selbst zum Gegenstand des Lernens und der Reflexion werden, allerdings immer wieder in enger Rückbindung an das behandelte Sachthema und die Aufgabenstellung. Und neben der Fremdsprache könnte dann auch gezielt auf die jeweilige L1 zurückgegriffen werden, etwa bei Begriffsvergleichen oder bei interkultureller Sensibilisierung ... (ebd.: 124 f.)

In neueren Untersuchungen wird dem Einsatz der jeweiligen Muttersprache im Sinne des „bi"-lingualen wieder mehr Raum gegeben, vor allem unter dem Aspekt, dass L1 nicht *„defizitorientiert"* (Heinemann 2018: 19) verwendet werden sollte. Aber es wird auch auf die sprachlich-konzeptionellen Schwierigkeiten hingewiesen, fachliche Konzepte in der Fremdsprache auszudrücken (ebd. 28). Beide Positionen, Einsprachigkeit von L2 versus erforderlicher Rückgriff auf die deutsche Sprache (in diesem Fall L1), finden im didaktischen Diskurs Anhänger und Begründungen:

> Obwohl der Terminus ‚bilingual' auf Zweisprachigkeit im Unterricht hindeutet, scheint bilingualer Sachfachunterricht häufig als eine einsprachig in

der Fremdsprache gehaltene Unterrichtsform verstanden zu werden. Dies bildet sich in den Bildungsplänen der Bundesländer Bremen, Hessen, Niedersachsen und Rheinland-Pfalz ab (vgl. Deutscher Bildungsserver 1996-2014) sowie in der Definition dieser Unterrichtsform durch das europäische Informationsnetzwerk Eurydice, in der die Muttersprache unerwähnt blieb (Eurydice 2006, S. 8). Darüber hinaus scheint auch in der Schulpraxis bilingualer Unterricht überwiegend einsprachig in der Fremdsprache abzulaufen, ... was ebenfalls Befürworter im fachdidaktischen Diskurs findet. ... Neben dieser einsprachig fremdsprachigen Auslegung von bilingualem Unterricht besteht eine weitere Position, die den Einsatz der Muttersprache als ‚Verständnis-Notnagel' sowie für spezifisches Fachvokabular toleriert (Dallinger et al. 2015: 147 f.).

Bereits im herkömmlichen FU wurde aber die Vermischung von L1 und L2 nicht als unproblematisch angesehen und war als *code-switching* durchaus umstritten, weil es häufig aus Verlegenheit, bei Nicht-Verstehen und als Ausweg erfolgt. In dieser Funktion nimmt es den Lernenden die Herausforderung, sich bei Problemlösungen genauer mit der Zielsprache auseinanderzusetzen. Stattdessen bevorzuge ich für unsere CLIL-Didaktik das Konzept des sogenannten *Translanguaging*, als weitergehende, weil systematische und geplante Vorgehensweise, die zu einer funktionalen oder zumindest terminologischen Zweisprachigkeit führen kann.

Tatsächlich schlägt der GeR eine eher traditionelle Position in der L1/L2 Frage vor, indem das Dokument hier eine „*differenzierte Kompetenz mit der Option des Sprachwechsels*" beschreibt:

> Ein weiteres Merkmal der mehrsprachigen und plurikulturellen Kompetenz besteht darin, dass sie die einsprachigen Kompetenzen nicht einfach addiert, sondern verschiedene Kombinationen und Veränderungen der verschiedensten Art zulässt. Es ist möglich, innerhalb einer Äußerung zwischen verschiedenen Sprachen „umzuschalten" (code-switching) und so auf eine „bilinguale" Art zu sprechen. Ein einzelnes, reichhaltigeres Repertoire dieser Art bietet somit Wahlmöglichkeiten für die Strategien zur Bewältigung von Aufgaben, wenn nötig eben auch unter Einsatz sprachlicher Mischformen oder des Wechsels zwischen Sprachen (Europarat: 133).

Die Vorstellung des *code-switching* beruht auf der Annahme, dass bilinguale Lernende ihre Zweisprachigkeit als separate einsprachige Codes einsetzen, die keine Beziehung zueinander aufweisen. So nutzen beispielsweise SchülerInnen mit Migrationshintergrund ihre Herkunftssprache im privaten Umfeld; in der Schule wird von ihnen erwartet, sich auf Deutsch zu artikulieren. Im Unterrichtsalltag greift die Lehrkraft dann auf *code-switching* zurück, wenn Erklärungen in der Zielsprache L2 oder Übersetzungen von L2 Begriffen in die Muttersprache nicht gelingen oder wenn Verständnisprobleme auftauchen. Eine Besonderheit des CLIL-Unterrichts besteht darin, dass Konzeptbegriffe auftauchen, die nicht unmittelbar zwischen L1 und L2 austauschbar sind und unterschiedliche kulturelle Konnotationen aufweisen, wie zum Beispiel die bereits erwähnte Bezeichnung „*Völkerwanderung*", die in der L2 mit „barbarian invasion" wiedergegeben wird (vgl. dazu vor allem Lasagabaster 2013: 2 und den Henry-Annie Dialog in 4.3).

Translanguaging geht davon aus, dass mehrsprachige Benutzer über ein sprachliches Repertoire verfügen, das sie selektiv einsetzen, um damit effektiver zu kommunizieren. Diese Unterrichtsstrategie wird genutzt, wenn Lernende Informationen zu einem Thema in L1 lesen und dann ihre Arbeitsergebnisse in der Zielsprache präsentieren. In der Fachliteratur wird auch auf die Tendenz verwiesen, dass mehrsprachige Mittler dazu neigen, *code-switching* zu romantisieren (vgl. ebd.).

Pragmatisch gesehen läuft *Translanguaging* auf eine planvolle Mitbenutzung der L1 (Butzkamp 2005) zugunsten der Unterrichtsökonomie hinaus. Es findet Verwendung bei der präzisen Klärung komplexer, fachbezogener Zusammenhänge, bei kurzfristigen Hilfestellungen (*soft scaffolds*) und bei der Gewährleistung affektiv bedingter Schüleräußerungen, die gerade in der politischen Bildung häufig zu kurz kommen und populistische Zumutungen entkräften könnten (vgl. beispielsweise das Projekt *bilingual curriculum* der Goethe Universität Frankfurt/Main). Dies wird vor allem bei den CLIL spezifischen *hard* und *soft scaffolds* beachtet, die im Kapitel 7 genauer beschrieben werden.

Für die vier traditionellen *language skills – listening, reading, speaking, writing* – liegen Beschreibungen und Forschungsergebnisse in größerem Umfang vor (vgl. z.B. Lynch 2012: 69 ff; Kurteš 2012: 48 ff); sie werden im GeR zudem als Schwerpunkte des Lernens in der Fremdsprache ausführlich analysiert. Daher konzentrieren wir die weitere Darstellung der Sprachkompetenzen auf eine neuere Sprachfertigkeit, die für Innovationen in CLIL sorgt, und die wir als einen weiteren Baustein wahrnehmen: die Sprachmittlung. Seit der Verankerung im GeR hat Sprachmittlung (im englischen Original *mediation*) in den FU Einzug gefunden. Sie erweitert die herkömmlichen vier sprachlichen Skills um eine vergleichsweise neue Fertigkeit vor allem dann, wenn sie Adressaten- und Kontext-orientiert in Lernaufgaben integriert werden kann. Sprachmittlung wird innovativ in einer Aufgabentypologie eingebettet, die von *common events* zu *critical incidents* reicht und insbesondere den bilingualen Fachunterricht um eine neue Dimension bereichert (im Einzelnen dazu Klewitz 2020: 75 ff).

Mit der Definition von Diskurskompetenz als „*the selection and sequencing of utterances or sentences to achieve a cohesive and coherent spoken or written text given a particular purpose and situational context*" (Usó-Juan 2008: 161) wird bereits den bekannten Sprachfertigkeiten eine zentrale Rolle eingeräumt, „*since they are the manifestations of interpreting and producing a spoken or written piece of discourse*" (ibid.: 168). Mit Sprachmittlung wird nun eine zusätzliche Sprachfertigkeit wichtig (vgl. Königs 2010: 287), die hier zusammenfassend als sinngemäße und adressatenorientierte Übertragung von mündlichen und schriftlichen Textsorten in eine andere Sprache definiert wird und die Aktivitäten umfasst, mit denen Lernende häufig konfrontiert werden. Auch eine negative Definition ist sinnvoll: Sprachmittlung ist nicht eine neue, verbrämte Form des Übersetzens[68] und nicht der Einzug von Zweisprachigkeit im *language classroom*.

Das Problem, das bei der Präsentation von Sprachmittlungsaufgaben selbst noch in neueren Lehrwerksgenerationen (hier bezogen auf Englisch) auftritt, ist allerdings keines der Definition, sondern des Kontextes. Bei genauerer Betrachtung handelt es sich bei Sprachmittlungsaufgaben in Textbüchern häufig um verkappte Grammatikübungen oder Übersetzungen ohne Realitätsbezug. Erstere werden kaum in einen Kontext bzw. Handlungsrahmen

---

[68] Zur gleichwohl vorbereitenden und flankierenden Funktion der Translation vgl. De Florio- Hansen 2013: 60-62, die ein wissenschaftlich fundiertes und sehr differenziert ausgelegtes Modell einer „*Mediation Competence of L2 Learners*" präsentiert.

eingebunden, Übersetzungen besitzen darüber hinaus keine wirkliche kommunikative Funktion (vgl. ebd. 286). Auch einschlägige Übungshefte und Workbooks reduzieren Sprachmittlung häufig auf mechanische Arbeitssequenzen und tragen nicht zur Integration der verschiedenen sprachlichen Teilkompetenzen bei, weil diese beziehungslos nebeneinanderstehen.

Die gebräuchlichen Stimuli *„tell your English friend who doesn't have any German ..."* oder auch *„write a postcard to your Granny ..."* zeigen ein falsches Verständnis von Sprachmittlung, weil sämtliche Umschreibungen und Erschließungsstrategien fehlen. Aber Aufgaben unter der Bezeichnung *„Translation"* erwecken noch nicht einmal den Anschein, irgendetwas mit Kommunikation zu tun zu haben und stehen isoliert im sonstigen Übungsgeschehen. Eine deutlich weiter entwickelte Variante – im Sinne der oben definierten Sprachmittlung – nutzt Stimuli zu *language activities* auf der Basis von Simulationen, die an reale Ereignisse anknüpfen und deren Lebensbezug dem der SchülerInnen angenähert ist.

Kritische Stimmen beschäftigen sich mit der Frage, ob die Sprachmittlung mitunter Aufgaben konstruiert, die realitätsfern bleiben, – oder polemisch gewendet: *„In welchen real life Situationen braucht man das, mal abgesehen von der des Englischen nicht mächtigen Großmutter, die sich so brennend für einen New York Times Artikel interessiert, dass sie ihn sogar schriftlich haben möchte?"* (Lüders: 2009 o.S.). Gelegentlich werden solche Aufgaben sogar als *banana ware* bezeichnet, wo das Produkt erst beim Käufer reife, und wann bitte habe man zuletzt gedolmetscht – vielleicht als Fremdenführer?

Eher Unterhaltungswert haben Vorschläge, die aus Mediation gerne Prädiation (Übergang zur Übersetzung durch präzise Mediation) oder Melidation machen möchten, bei der der kommunikative Rahmen wieder *„die interessierte, aber des Englischen nicht mächtige Großmutter sein [wird], mit der man in der Welt herumreist"* (Lüders: 2011 o.S.). Ernster zu nehmen sind Bedenken, ob Sprachmittlungsaufgaben überhaupt für den FU förderlich sind, nicht zu viel Zeit auf Kosten anderer *language activities* beanspruchen und tatsächlich relevant sind. Auch der Realitätsbezug wird zu Recht infrage gestellt, nicht nur bei den *„Stell dir vor"*-Stimuli, sondern vor allem auch bei den schriftlichen Zusammenfassungen von Texten, hier von L2 zu L1.

Bei aller Polemik und kritischen Betrachtung ist aber Sprachmittlung als Teil der interkulturellen Interaktion mittlerweile auch in der Fachdidaktik angekommen, wenn auch mit unterschiedlicher Akzentsetzung oder Priorisierung – beispielsweise in der Frage, ob es sich dabei tatsächlich um eine neue, fünfte sprachliche Teilkompetenz handelt oder ob sie in die vier traditionellen Fertigkeiten integriert bleibt (vgl. dazu: Königs 2010: 285 ff; Haß 2006: 112 f.; am ausführlichsten Thaler 2012: 209 ff).

Wenngleich die *skills-4-oder-5-Frage* eher akademischen Charakter behält, allerdings in der stufenweisen Umsetzung dann doch praktische Folgen hat, war Sprachmittlung seit der Veröffentlichung des GeR ins „Zentrum des Interesses" (Kolb 2009: 71) gerückt und wurde in der Folge in Lehrpläne, Kerncurricula und Einheitliche Prüfungsanforderungen im Abitur aufgenommen. Denn *„sprachmittelnde Aktivitäten, also die Umformung eines schon vorhandenen Textes, nehmen eine wichtige Stellung im alltäglichen sprachlichen Funktionieren unserer Gesellschaften ein"* (Europarat 2001: 26). In Abschnitt 4.4.4 des GeR werden Aktivitäten und Strategien der Sprachmittlung unter *„Übersetzen, Dolmetschen"* subsumiert und zwar als:

> Mündliche Sprachmittlung (nach Dolmetschen)
> für ausländische Besucher im eigenen Land;
> für Muttersprachler im Ausland;
> in sozialen und in Dienstleistungssituationen für Freunde, Familienangehörige, Kunden, ausländische Besucher usw;
> von Schildern, Speisekarten, Anschlägen usw.
> Schriftliche Sprachmittlung (nach Übersetzung)
> Zusammenfassung der wesentlichsten Punkte (Zeitungs- und Zeitschriftenartikel usw) in der L1 oder zwischen L1 und L2;
> Paraphrasieren (Fachtexte für Laien usw) (ebd.: 90).

Um zu ermitteln, *„in welchen sprachmittelnden Aktivitäten die Lernenden aktiv werden sollen und was von ihnen in dieser Hinsicht erwartet wird"*, ist eine 4-Schritte-Strategie vorgesehen. Allerdings wird betont: *„Es gibt hierzu noch keine Skalen."* (ebd.: 90 f.) Damit wird ein Entwicklungsbedarf eingeräumt, der eine stufenweise Anbahnung der notwendigen Teilkompetenzen, z.B. in einer Aufgabentypologie, und ihre Integration in komplexere Lernaufgaben für den FU beschreibt.

In der Diskussion über das fremdsprachendidaktische Potenzial der Sprachmittlung erstaunt ein Befund besonders, wenn ihm auch unbedingt zuzustimmen ist: *„Weitgehend unbeachtet ist dieses innovative Aufgabenformat bisher auch in der Theorie und Praxis des bilingualen Sachfachunterrichts geblieben, obwohl sich hier, z.B. in bilingualen Geschichts- oder Geographiemodulen, vielfältige Einsatzmöglichkeiten eröffnen"* (Rössler 2013: 20).

Der bilinguale Unterricht (hier in der Betrachtung bezogen auf Politik und Wirtschaft bilingual Englisch) bietet dabei nicht nur erweiterte Möglichkeiten für Sprachmittlungsaufgaben, sondern ist in seiner curricularen Anbindung geradezu angewiesen auf die interkulturelle Sichtweise: *„Das bilinguale Sachfach Politik und Wirtschaft betrachtet die Inhalte aus internationaler Perspektive und arbeitet verstärkt exemplarisch und vergleichend"* (HKM 2016). Im Unterricht des bilingualen Sachfaches geht es auch regelmäßig um interkulturelle sprachliche Aktivitäten. Daher schlage ich hier vor, den Begriff Sprachmittlung in diesen Programmen zu erweitern unter bewusster Einsetzung des *translanguaging*: *„Here the lessons involve systematic use of both the CLIL language and the first language. For example, sometimes one language might be used for outlining and summarizing the main points, and the other for the remaining lesson functions"* (Do Coyle 2010: 16). Damit findet Sprachmittlung als *Translanguaging* im bilingualen Unterricht einen besonderen, vor allem systematischen Ort: *„Translanguaging refers to a systematic shift from one language to another for specific reasons"* (ebd.).

CLIL Beispiel

In der Dualfunktion des bilingualen Unterrichts von Inhalt und Sprache wird die Rolle der Lernenden als aktiv Handelnde, gerade in Bezug auf vergleichende interkulturelle Arbeitsweisen, besonders betont und Sprachmittlungsaufgaben sollten zum regelmäßigen Handwerkszeug gehören. Dies gilt z.B. für die Bearbeitung von *Critical Incidents*, die neben interkulturellem Wissen Ideen für

Problemlösungen und Handlungsstrategien erfordern, um Situationen sprachlich erfolgreich zu bewältigen.

Critical Incidents, in diesem Beispiel auf dem International Campus der Universität von Edmonton diskutiert, können sich sowohl auf den Alltag der Lerner beziehen (wie ist es bei uns, wie bei den anderen?) – als auch auf allgemeine Lebenssituationen, z.B. in anderen Ländern:

> In Canada students make lots of mistakes but the teacher says ‚good'. Teachers should criticize children (students); it is good for children to remember their mistakes. ... When a student makes a mistake here, the teacher says ‚good, good' and doesn't correct. If it is wrong, it is wrong, and the teacher's job is to correct our mistakes." (Apedaile 2008: 35). Discuss: do you agree?
> A young woman had recently arrived in Canada ready to start a new life. She found the weather a little cold but still enjoyed wearing the same style she wore at home: tight skirts and tight tops that had low necklines. After about a month she began to notice people staring at her. She thought they were looking at her because she was a foreigner. Then one day someone told her that only prostitutes dressed that way. She felt angry and insulted."
> (ebd.: 31) Render: what is your advice for her?

In diesen Situationen wird Sprache, über die sprachlichen Teilkompetenzen hinaus, zum Lernmedium selbst und ermöglicht *language socialization* in unterschiedlichen Gesellschaften:

> This perspective suggests that a learner's languages – first language, second language, foreign language, heritage language and so on – all connect and can all be exploited as tools for learning. It also introduces salient points regarding the interrelationship between a learner's different languages – for example: the relationship between first-language literacy and the development of oracy in other languages; the effects of code-switching between languages in CLIL settings as a positive pedagogic strategy, rather than a default position to address breakdowns in comprehension (Coyle 2010: 159).

Sprachmittlungsaufgaben im bilingualen Sachfach entwickeln nicht nur dessen Eigendynamik, sondern zielen auf den intercultural speaker: "*Intercultural skills involve: the ability to bring the culture of origin and the foreign culture into relation with each other ... the capacity to deal effectively with intercultural misunderstanding and conflict situations*" (Byram: 2008 o.S.).

Nach meinem Verständnis beruht Sprachmittlung auf realitäts- und alltagsnahen Situationen, erfüllt die Bedingungen eines authentischen Lernszenarios und bereitet damit auf interlinguale und interkulturelle Lebenswirklichkeit auch jenseits der Schule vor. Im CLIL wird sie um *translanguaging* erweitert und leistet einen essentiellen Beitrag zur *global literacy* (vgl. UNESCO 2004, zitiert nach Coyle 2010: 160). Sie befindet sich seit ihrer Verankerung im GeR auf einem nachhaltigen Weg in den FU und fördert Sprachlernbewusstheit wie kulturelles Wissen.

In den Abiturvorschlägen (z.B. in Hessen) ist Sprachmittlung als kombinierte Aufgabe im Leistungskurs etabliert, wurde allerdings anfänglich von SchülerInnen seltener ausgewählt, ist aber mittlerweile ein verpflichtender Bestandteil der schriftlichen Prüfung. Ganz anders verhält es sich in der Unterrichtspraxis, wo insgesamt ein merklicher Siegeszug der Mündlichkeit zu verzeichnen ist und in der Qualifikationsphase eine schriftliche Klausur durch eine mündliche Kommunikationsprüfung (Hessen in Q 4) ersetzt wurde. Mündlichkeit und Sprachmittlungsaufgaben werden beide von SchülerInnen als innovativ empfunden, bereiten auf einen bevorstehenden Schüler-Austausch vor und sind ganz allgemein viel beliebter als die leidigen Simulationsspiele im Unterricht, also die Geburtstagsparty oder die Fahrradtour, die dann doch nicht stattfinden. Pragmatisch einsetzbar und wirkungsvoll sind Handlungsraster, die Sprachmittlungs Aufgaben als interessante und abwechslungsreiche Tätigkeiten erfahrbar machen.

Warum das so ist, wird am besten deutlich, wenn man den Youtube Clip *„Do you speak English?"* (Youtube: 2008) einmal gemeinsam mit SchülerInnen betrachtet. Hier wird spaßhaft illustriert, was man mit Sprache in Kommunikationssituationen noch so alles anstellen kann sozusagen ein Appell an die Experimentierfreudigkeit der Lernenden[69].

5.5 Das *Language Triptych*

Neben BICS und CALP ist das *Language Triptych* (Coyle et al. 2010: 36 ff) ein weiteres Werkzeug der Spracharbeit und Sprachbewusstheit im bilingualen Unterricht. Es bildet einen Rahmen ab, der

---

[69] https://www.youtube.com/watch?v=8cwWgxbqah0.

Inhaltslernen und sprachliche Ziele integriert und die Vehikularsprache aus drei verschiedenen Perspektiven betrachtet (vgl. Pozo 2016: 144).

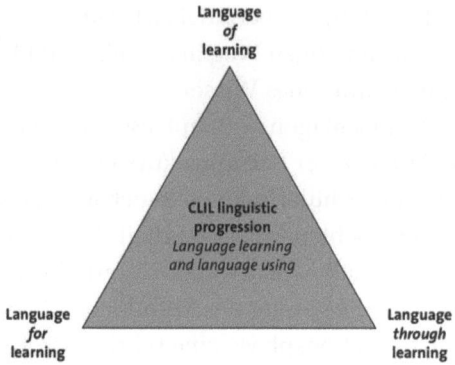

Coyle 2010: 36

Language **OF** learning: die Sprache zur Erfassung von Wissensbeständen und Fertigkeiten in einem bestimmten Fachgebiet; sie umfasst weit mehr als das fachliche Vokabular, weil damit auch der Zugang zu Konzepten und Begrifflichkeiten ermöglicht werden soll. Dazu gehören Kern- und Fachbegriffe, Wissenschaftssprache, Genre-spezifische Ausdrücke und vom Inhalt her erforderliches Vokabular.

Language **FOR** learning: mit diesen sprachlichen Elementen werden die Lerner befähigt, in einer bestimmten fachlichen Domäne in der L2 aktiv zu handeln und wissenschafts-propädeutische Sprechakte (*CALP*) umzusetzen. Hier sind vor allem auch auf Gruppenprozesse bezogene Sprachaktivitäten gemeint, die in taskverbs ausgedrückt werden: *„asking questions, debating, chatting, enquiring, thinking, memorizing"* (Coyle 2010: 37).

Language **THROUGH** learning: während der Lernprozesse werden Sprachanteile generiert, die neue Bedeutungen und linguistische Fertigkeiten transportieren. Lerner werden ermutigt, ihr Verständnis von Ergebnissen ihrer Arbeitsprozesse zu artikulieren und die dazu notwendigen sprachlichen Mittel zu entdecken, zu entwickeln und zu recyceln (vgl. ebd.).

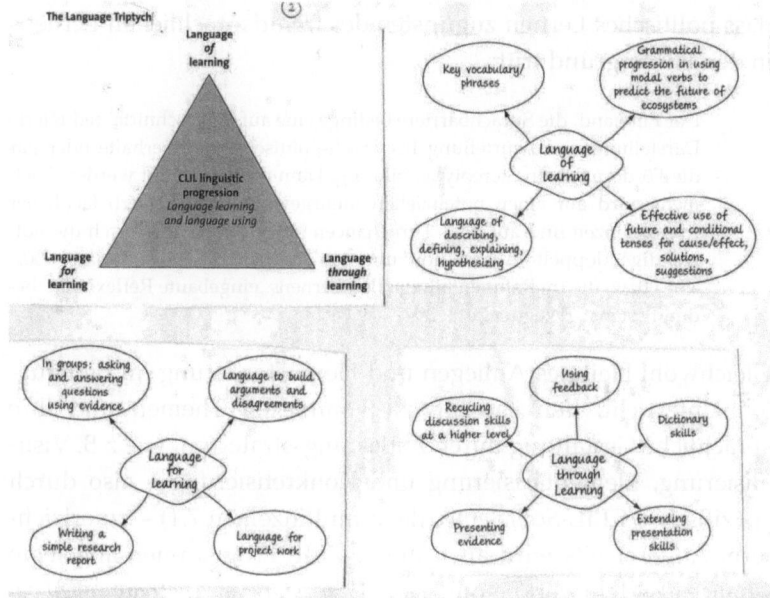

Coyle 2010: 61 ff

Die Diskussion, ob bilingualer Unterricht zu einem fachlichen Niveau-Verlust führt oder etwa festzustellende Defizite durch einen fremdsprachlichen Zugewinn mehr als ausgeglichen werden, stellt sich regelmäßig für Fachschaften, die über die Einführung eines CLIL-Programms an ihren Schulen entscheiden sollen. Ein häufig formulierter Einwand besteht darin, dass in diesen Programmen die Fremdsprache als zusätzliche Barriere auftrete, die das Durchdringen der Fachinhalte mindestens verlangsame oder sogar auf einem wesentlich einfacheren Level als in deutsch-sprachigen Vergleichsklassen belasse. Bei diesem Argument spielt auch eine Rolle, dass komplexe Themen politischer oder ökonomischer Provenienz von den Lernenden schließlich „verstanden" werden sollen und dabei auch die grundlegenden Normen und Wertvorstellungen in ihrer Bedeutung zu erfassen sind.

Abgesehen davon, dass hier fachliche und fremdsprachliche Arbeit unzulässiger Weise gegeneinander gestellt werden, ist durch qualitative wie quantitative Einzelstudien nicht bestätigt, dass politisches Lernen zugunsten des fremdsprachlichen Lernens in den Hintergrund tritt:

> Der Einwand, die Sprachbarriere bedinge eine auf ‚Holzschnitte' reduzierte Darstellung und Beurteilung historisch-politischer Sachverhalte oder gar die Förderung von Stereotypenbildung, kann nicht bestätigt werden. Vielmehr wird auf einen potenziellen Mehrgewinn beim Erwerb fachlicher Kompetenzen und auf neue Lernchancen hingewiesen, die durch die notwendige ‚doppelte Abstraktion' und den ‚doppelten Fokus' (Zydatiß 2002: 43 f.) bzw. die im Rahmen bilingualen Lernens ‚eingebaute Reflexivität' bedingt seien ... (Wegner 2011: 204).

Gleichwohl bleibt es Anliegen und Herausforderung im bilingualen Unterricht, den Zugang zu komplexen Themen und ihre sprachliche Gestaltung durch Entlastungsstrategien, wie z.B. Visualisierung, Elementarisierung und Konkretisierung – also durch spezifisches CLIL-*Scaffolding* (dazu im Einzelnen 7.1) – zu erleichtern. Andererseits wird auch die in CLIL Programmen angelegte Chance als Mehrwert betont, *„weil die verstärkten Anstrengungen bedingt durch die Hürde der Fremdsprache zu einer vertieften Form der Bearbeitung, der Aneignung und der Verfügung durch die Lernenden führt"* (Vollmer 2013: 126).

Mögliche Spannungen zwischen inhaltlichem Lernen und sprachlicher Bewältigung werden ebenfalls in anglophonen CLIL-Konzepten diskutiert, wobei auch hier die Leitfunktion der Inhaltsbereiche im Vordergrund bleibt, in die Spracharbeit planvoll und in auf die Lernenden abgestimmten Schritten integriert wird. Dies vollzieht sich gewissermaßen in Abwandlung des Bauhaus-Prinzips *language follows content*.

Die Gesamtplanung des Unterrichts erfolgt ausgehend von den Unterrichtsgegenständen, den Inhalten, Themen und Konzepten. Damit kann vermieden werden, dass Inhalte durch das sprachliche Niveau der Lernenden begrenzt oder reduziert werden. Beispielsweise orientieren sich Aufgabenarten an der Verbindung zwischen kognitiven Elementen und inhaltlichen Konzepten. Ähnlich wird die sprachliche Gestaltung kognitiver Operationen sorgsam auf Aktivitäten der Lerngruppe zu beziehen sein, um sicherzustellen, dass die Lernenden nicht nur Zugang zu den inhaltsbezogenen Sprachstrukturen haben, sondern auch über die sprachlichen Mittel verfügen, um die Aufgaben auszuführen. Dabei liegt die Betonung stets auf der Verfügbarkeit sprachlicher Fertigkeiten, um ein Lernen zu ermöglichen. Es gilt jedoch als unwahrscheinlich, dass Lernende ein CLIL-spezifisches Sprachniveau aufweisen, welches ihrem vorhandenen kognitiven Level entspricht (vgl. Coyle 2010: 55).

Gerade deshalb ist es wichtig, dass bilinguale Unterrichtssequenzen eine Passung der sprachlichen Mittel vorsehen, deren gesondertes Training unter Umständen erforderlich wird. Die Arbeitssprache in der Lerngruppe und der damit verbundene Sprachunterricht sind entscheidend für die Lernenden, damit sie die praktischen Grundlagen der Zielsprache verstehen – also die Vokabeln, Grammatik und Strukturen. Lehrkräften bleibt aber oftmals wenig Zeit dafür, über die Essentials hinauszugehen. Dabei brauchen Lernende jedoch diese Zeit, um sich die notwendigen linguistischen Fertigkeiten anzueignen, damit sie die mehr oder weniger theoretischen Inhalte praktisch umsetzen können (vgl. ebd.: 11).

Als Fazit ist festzuhalten, dass Sprachenlernen dann erfolgreich gelingt, wenn es in andere Lernaktivitäten integriert werden kann. Unter dieser Prämisse formulieren Praktiker den weitergehenden Anspruch „*CLIL does them better*"[70]. Die Grundfrage lautet, wie es der bilinguale Unterricht ermöglichen kann, Sprachentwicklung und inhaltliches Lernen gleichermaßen voranzubringen. Dies erscheint als ein wagemutiger Anspruch, für den jedoch einiges spricht. In CLIL konzentrieren sich Lehrkräfte nämlich stärker auf Arbeitsprozesse und Vorgehensweisen, um Inhaltskonzepte zu vermitteln – damit werden sie sich auch der Lernprozesse bewusst, die SchülerInnen durchlaufen müssen, um Inhalte und Themen bearbeiten zu können. Im herkömmlichen FU werden die in großer Medienvielfalt vorkommenden Themen, Inhalte und Stoffe oft den Spracherwerbszielen untergeordnet. Inhalte, die Sprache erst mit Leben erfüllen, werden gelegentlich auf dem Altar der Sprachpraxis geopfert. Aber für den CLIL-Lehrer ist kein inhaltlicher Bestandteil überflüssig oder verzichtbar. Ein Naturwissenschaftler

---

[70] Formulierung in einem Artikel der Lehrer-Seite „*one stop english*": http://www.onestopenglish.com/clil/methodology/articles/article-language-concepts-and-procedures-why-clil-does-them-better/500731.article.

wird das Konzept der Fotosynthese nur vermitteln können, wenn alle seine einzelnen Inhaltselemente und die dazugehörigen Prozesse verstanden werden. Auch Sprache selbst ist Inhalt und sollte Bestandteil der Wissensvermittlung werden. So ermöglicht das *Language Triptych* eine Spracharbeit, die über den traditionellen FU hinausgeht und die Integration von Inhalt und Sprache weitgehend fördert.

5.6 Das bilinguale Dreieck und der *Third Space*

Zumindest im deutschen Sprachraum hat ein anderes „*Dreieck*" weite Verbreitung gefunden und ist als Wolfgang Hallets *Bilingual Triangle* (Hallet 1999) zum didaktischen Kernbegriff für den CLIL-Ansatz schlechthin geworden, wenngleich der implizierte statischer Kulturbegriff in den Folgejahren immer wieder kritisiert wurde (vgl. Breidbach 2010: 10).

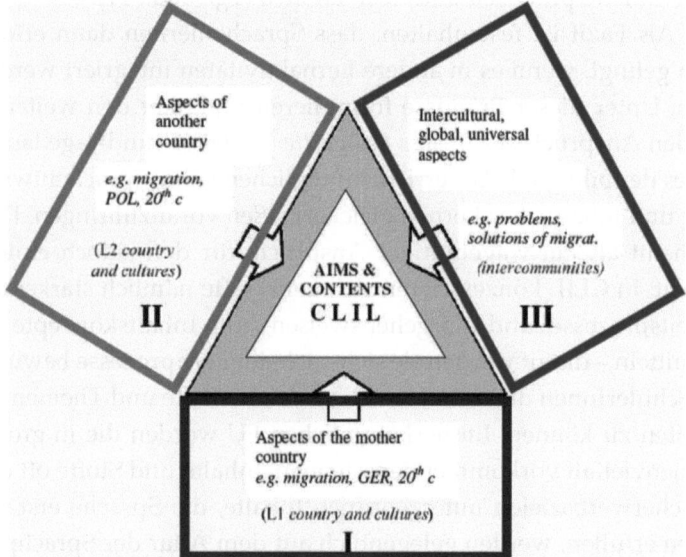

Hallet's Model of the Bilingual Triangle[71]

---

[71] In: https://www.researchgate.net/figure/Halletts-model-of-the-Bilingual-Triangle_fig2_338190772. (CC BY-NC-ND 4.0, https://creativecommons.org/licenses/by-nc-nd/4.0/deed.de).

Hallets Definition hebt die Multiperspektivität dieses Modells hervor und beschreibt im Übrigen die drei Diskursfelder des bilingualen Unterrichts:

> Im Bilingualen Unterricht ist mit dem multiplen Materialinput eine Multiplizierung der kulturellen Perspektivierungen verbunden. Als praktisches Planungsmodell und Entscheidungsgrundlage hat sich in der Materialwahl das *Bilingual Triangle* bewährt. Es fokussiert auf die kulturellen Diskurssphären, denen Texte und Informationen entnommen werden, und erlaubt bewusste Schwerpunktsetzungen und perspektivierende Gewichtungen. Unterschieden werden (I) die lebensweltliche und schulsprachliche Diskurssphäre, (II) die fremdsprachige Diskurssphäre und (III) die Sphäre der transkulturellen, mehrkulturellen und globalen Diskurse. Zusammen mit den SchülerInnen- und Lehrertexten konstituieren die Texte, Materialien und Informationen den transkulturellen Diskursraum des Bilingualen Unterrichts (Hallet 2004, zitiert in Hallet et al. 2013: 206, Hervorhebung im Original).

Dazu erforderlich ist die Anbahnung einer *intercultural communicative competence*, in der Begrifflichkeit an Stellen als Transkulturelle Kompetenz gefasst. Im hessischen Kerncurriculum Moderne Fremdsprachen wird sie wie folgt beschrieben:

> Transkulturelle Kompetenz beinhaltet die Fähigkeit und Bereitschaft, unterschiedliche kulturelle Perspektiven wahrzunehmen, sie zu respektieren und von ihnen zu lernen. Dazu gehört die Einsicht, dass das Denken, Handeln und Verhalten zwar immer von der eigenen Kultur geprägt ist, jedoch auch verändert werden kann. Transkulturelle Kompetenz umfasst darüber hinaus das Wissen über die eigene Kultur und andere Kulturen. Sie ermöglicht einen differenzierten Blick auf ökologische und ökonomische Aspekte in einer globalisierten Welt (HKM 2018: 16).

Die Verschiebung der Begrifflichkeit von „inter-kulturell" zu „trans-kulturell" erscheint als *„current trend ... inextricably linked to the loss of certain target cultures, of monolithic concepts of culture or a majority culture and the insights gained about the individuals as hybrid, multi-cultural beings in the era of globalisation"* (Volkmann 2012: 172). So sind Neuversuche, die kulturellen Dimensionen eines Lernens in der Sprache im weitergehenden "trans" zu verorten, als Gegenentwurf zur "interculturality" entstanden. Dieses immer noch überwiegend anzutreffende Konzept war, so die Kritik über Hallets Entwurf hinaus, von einer gewissen Homogenität und Abgrenzbarkeit der Zielkultur ausgegangen, ohne die durch Migration,

Globalisierung, Digitalisierung und Hybridität entstandenen Veränderungen in Rechnung zu stellen.

Tatsächlich ist die Annahme einer einheitlichen, abgrenzbaren Zielkultur überholt und – ähnlich wie heute von *„Englishes rather than BBC/Queen's-English"* gesprochen wird – zu ersetzen durch die Wahrnehmung von Zielsprachen-Kulturen mit einer zusätzlichen Unterscheidung zwischen C2 und c2 Konzepten. Dieser kulturwissenschaftliche Aspekt hat auch Auswirkungen auf die für CLIL Texte und Materialien, wobei neben Culture mit einem großen ‚C' (die sogenannte hohe Kultur) die culture mit dem kleinen ‚c' immer mehr in den Blick genommen wird (vgl. Haß 2006: 140) – als neue Lebenswirklichkeit, die alle anderen kulturellen Formen einschließt, über die populäre Kultur hinaus vor allem die multi-kulturelle und multi-ethnische Realität mit ihren entsprechenden Ausdrucksformen.

Damit ergibt sich aber auch die Frage, wie mit den unterschiedlichen kulturellen Lebensentwürfen umzugehen ist und wie sich dies in der Praxis des bilingualen Unterrichts auswirken wird. Bereits bei dem oben erwähnten deutsch-australischen Schüleraustausch (vgl. Kapitel 4) wurde deutlich, wie unterschiedliche Lebenswelten, mit und ohne Migrationshintergrund, mit und ohne internationale Austauscherfahrungen miteinander sinnvoll kommunizieren können und wie wichtig dabei Sprachhandeln – verstanden als die Bewältigung kommunikativer Aufgaben – einschließlich der Sprachmittlung ist. Wenngleich der Begriff Transkulturalismus keine größere Akzeptanz erreicht hat – abgesehen von Formulierungen in einigen kultusbürokratischen Dokumenten wie dem hessischen Kerncurriculum – so ist doch das dahinterstehende Konzept durchaus bedenkenswert: *„Transculturalism or rather the newer acceptation of Intercultural Communicative Competence aims at integrating meaningful aspects of foreign cultures into one's own perspective in order to guarantee a ‚peaceful' co-existence of cultures"* (De Florio-Hansen 2018: 235). In diesem Licht erscheint die inter/trans Gegenüberstellung als obsolet wenn nicht sogar kontraproduktiv:

> On closer inspection, however, the distinction between 'inter' and 'trans' is highly problematic. As a culture theory, interculturality is inclusive of

highly diverse practices. Indeed, this is also true of transculturality ... . [Even] the inter stands for an in-between space where fixed borders begin to disappear in a process of negotiation, and where new borders are drawn, which, however, remain open to redefinition. Furthermore, the partners involved in these encounters are not treated as monoliths but as complex subjects with unique life histories, particular interests and multiple cultural affiliations (Delanoy 2012: 160; my emphasis).

Bereits seit den Untersuchungen der Franco-Amerikanerin Claire Kramsch ist dieser *"in-between space"* als *Third Place* in die Wahrnehmung interkultureller Kontakte eingeflossen, als *"model of dialogue where people change their views and convictions in and through ongoing interactions with others. According to this model, the new positions that emerge from such contact imply the mixing of different viewpoints"* (ebd.: 161). An anderer Stelle auch als *"Third View"* beschrieben (vgl. De Florio-Hansen 2018: 233f.), ist dieser Ort als lebendige Metapher geeignet, die Dynamik interkulturellen Lernens zu beschreiben:

> The metaphor of the 'third place' (Kramsch: 1993) aptly captures the nature of this interculture in its fluidity and ambiguity. Perceiving language-learning in this way allows one to look beyond the traditional dichotomous views and approaches to culture and identity in ESL [English as a Second Language] settings and to describe properly the enriching process of creating new identity and new cultural space that is greater than the sum of individual cultures (Xuemei Li: 2004 o.S.).

Ich bevorzuge hier den Terminus *Third Space*[72] – im Kontrast zu *place* und *view* –, weil er über die Wirkung als Metapher hinaus auch die sozio-kulturellen Bedingungen erfasst, unter denen ein solcher Diskurs auf zumindest avisiertem neutralem Boden und im entsprechenden pädagogischen Kontext (vgl. Kapitel 4) stattfinden kann. Denn abgesehen von kulturellen Prägungen sind Sprachhandlungen und damit verbundene Aktivitäten und (soziale) Projekte immer vor dem Hintergrund der jeweiligen Lebenswirklichkeit der Akteure zu sehen, sodass „*Otherness*" oftmals keine Frage der kulturellen In- oder Exklusion, sondern der von Ausgrenzung,

---

[72] Dieser Begriff wird auch von Sudhoff benutzt: „*third space explores the potential for foreign language learners to establish an enriched cultural identity*" (Sudhoff 2010: 32).

Xenophobie und westlicher Überheblichkeit ist: „'Othering' ... is reflected in verbal as well as mental concepts of ‚us' versus ‚them' which poses a serious threat to any meaningful intercultural understanding and exchange" (Volkmann 2012: 174).

5.7 Task Design Wheel und Operatoren

Da sich – wie im FU generell – aber sprachliche Fertigkeiten nicht beiläufig und nebenbei entwickeln, müssen Lernende mit einem „Repertoire ... an diskursiven Funktionen" (Vollmer 2013: 129) ausgestattet werden. Mit dem Ziel der „fachbasierten Diskursfähigkeit" werden dabei „Textkompetenz ... generische Kompetenz [und] ... fachbasierte Kompetenz" (ebd.: 128) angestrebt. Zwar hat Spracharbeit dem Inhaltslernen zu dienen, aber „ein systematischer Fremdsprachenerwerb kann im bilingualen Unterricht ohnehin nicht erfolgen (dazu braucht es nach wie vor den Fremdsprachenunterricht)" (ebd.: 125).

Weil das Primat des Sachfach-Inhalts mit einer Verbesserung der Kommunikationsfähigkeit in der Fremdsprache zu verknüpfen ist, sind der allgemeinsprachliche Wortschatz und der themenbezogene Fachwortschatz in der Fremdsprache, semantische und syntaktische Kategorien kontinuierlich zu erweitern und zu vertiefen (vgl. Albert 2017: 7). Grundlegende Fachbegriffe werden sowohl in der Fremdsprache als auch in der deutschen Sprache vermittelt, wobei allerdings die Entwicklung der Kompetenz im Sachfach im Vordergrund steht und die Fremdsprache eine funktionale, dienende Rolle hat (vgl. ebd.: 12). Weil aber erfahrungsgemäß inhaltliche Kenntnisse und sprachliche Kompetenzen zu ihrer Verbalisierung bei Lernenden auseinanderfallen, ergibt sich ein „pädagogisches Dilemma", das auch in abgeschwächter Form für den FU gilt:

> ... in many CLIL settings there is likely to be a difference in levels between cognitive functioning and linguistic competence ... The challenge, of course, in the CLIL setting is that learners will need to engage in dialogic learning using the vehicular language – a language in which they are probably unable to express themselves as well as in their first language. ... the language needed in CLIL settings does not necessarily follow the same grammatical progression one would find in a language-learning setting. Therefore, in addition to making choices about the grammatical forms needed to support

language learning in context, an alternative approach to support language using in CLIL classrooms is required (Coyle 2010: 35).

Für beide Varianten CLIL und FU bieten *task-verbs* (Operatoren) einen effektiven Ausweg, wenn sie in eine Diskursstrategie eingebettet sind, die dann wie bereits beschrieben –entsprechend Do Coyles Ansatz – in einem *Language Triptych* zur Geltung kommen kann. Mit *language of learning* werden diejenigen Sprachelemente beschrieben, die sich aus dem jeweiligen Inhalt ergeben, mit *language for learning* die zur Bearbeitung erforderlichen Sprachmittel und mit *language **through** learning* der kontextuelle Spracherwerb „*grasping emerging language in situ*" (ibid.: 38). Als Beispiele werden genannt: *key vocabulary – asking, comparing classifying, distinguishing, retaining, using, predicting* (ibid.: 81) – auch hier erfolgt wieder ein Rückgriff auf *task-verbs*.

Eine unterrichtswirksame Weiterentwicklung der Bloomschen Taxonomie (ebd.: 31) erfolgt in dem *Task Design Wheel*, mit dessen Hilfe *task-verbs* für sechs unterschiedliche *cognitive levels* (vergleichbar mit den Anforderungsbereichen I-III der Operatorenliste) ausgewählt und in korrelierenden Lernaufgaben und -produkten (*target activities*) angewandt werden. Daraus lässt sich ein gemeinsamer Baustein von CLIL und dem FU entwickeln bei weitgehender Übereinstimmung der Operatoren (s.o.) als praktische Balance zwischen Inhalts- und Sprachenlernen (vgl. ebd.: 35)

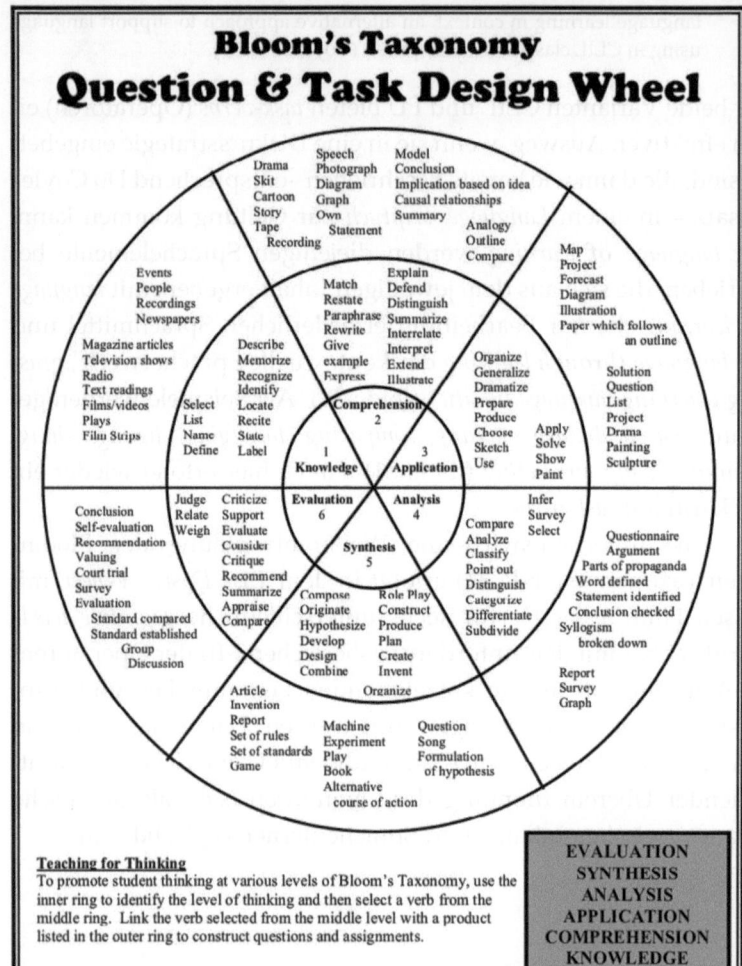

Quelle: Educators Technology, 04/2013.[73]

LOTS – Lower Order Thinking Skills
HOTS – Higher Order Thinking Skills
Middle Ring – Task-verbs
Outer Ring – Target Activities

---

[73] In: https://www.educatorstechnology.com/2013/04/dont-miss-this-awesome-blooms-taxonomy.html.

Der konsequente Einsatz von *task-verbs* bei Lernaufgaben und ihre frühzeitige Anwendung durch die Lernenden bietet allerdings noch keine hinreichende Antwort auf die häufig gestellte Frage *„Wieviel Grammatik braucht der Mensch?"* (Edelhoff 2010: 46). Die hier selbst gegebene Replik *„Nicht viel, sagt die moderne Fremdsprachendidaktik"* (ebd.) bedarf zumindest einer genaueren Differenzierung. Dazu gehört der Vorschlag einer *„nachgehenden Grammatik"*:

> Erst wenn die Lernenden umfangreich fremdsprachlichen Äußerungen und Zeichen, gleichsam immersiv, ausgesetzt worden sind, kann grammatische Ordnung ... erkannt und genutzt werden. Moderne Lehrwerke stellen nicht die grammatische Struktur in den Vordergrund, sondern die Themen, Situationen, Texte und tasks, welche die sprachlichen Formen mit sich bringen (form follows function). Grammatiklernen ist entdeckendes Lernen. Grammatik hat eine „dienende Funktion", so wie es seit Jahrzehnten – unerfüllt – in Lehrplänen steht (ebd.: 47).

So wird die Bedeutung von Grammatik für den Spracherwerb und ihre Funktion im FU in der Fachdidaktik immer noch kritisch gesehen. Grimm u.a. argumentieren *„grammar teaching still tends to favor form over meaning and neglects teaching English as it is spoken in actual use"* (Grimm 2015: 97). Haß betont: *„Die Notwendigkeit zur Klärung grammatischer Probleme ergibt sich ... nicht aus seiner systemlinguistischen Progression, sondern vielmehr aus den Bemühungen, kommunikative Fertigkeiten zu erreichen"* (Haß 2006: 130). Und Thaler gibt zu bedenken: *„Es findet kein automatischer Transfer von der Regelkenntnis zur Sprachproduktion statt"* (Thaler 2012: 237). Insgesamt kann mit Borg (1999) festgehalten werden:

> In ELT [English as a Foreign Language], grammar teaching clearly constitutes ... an ill-defined domain: the role of formal instruction itself has been a perennial area of debate, and more than 20 years of research have failed to yield firm guidelines for grammar teaching methodology (Borg 1999: 157, zit. nach Timmis 2012: 119).

In der neueren didaktischen Diskussion, vor allem inspiriert von den durch digitale Lernmedien bedingten Veränderungen, zeichnet sich die Renaissance eines – allerdings kommunikativ orientierten – Grammatikunterrichts mit neuen Schwerpunkten ab. In einem Themenheft von Praxis Englisch (2-2017) *„Grammar Matters!"* wird das wie folgt begründet:

Konsequente Kompetenz- und daran ausgerichtete Themenorientierung [bedeuten] eine Abkehr von der in den Lehrwerken immer noch praktizierten linearen Grammatikprogression. ... Der Grammatik kommt in Verbindung mit Wortschatz daher die Funktion zu, SchülerInnen verschiedene Lebensbereiche in der Fremdsprache zu erschließen. ... Daraus wird auch die Forderung nach intensiver Arbeit an authentischen, altersangemessenen Texten verständlich. Grammar texts, die nur verfasst werden, um ein bestimmtes Grammatikphänomen einzuführen, enthalten i.d.R. nicht die mehrdimensionalen Hinweise zum Kontext, aus denen heraus erst dessen angemessener Gebrauch deutlich wird (Praxis Englisch 2-2017: 6 f.).[74]

In diesem Kontext beruht erfolgreiches Sprachhandeln vielmehr auf *„disposing of an adequate vocabulary and appropriate grammatical structures as well as of pragmatic knowledge and skills"* (De Florio-Hansen 2018: 233). Die Schlussfolgerung ist nachvollziehbar:

> Therefore, every lesson or teaching unit should consist of tasks and activities that show the students how "to do things with words" (Austin 1962). ... In recent times we can observe the increase of an integrated view of teaching and learning foreign languages. Tasks and activities are no longer divided into miniscule sub-tasks and vocabulary- or grammar-related exercises, but all necessary subdivisions are immediately correlated with the targeted higher-level objectives (ebd.: 231 f.).

Insbesondere für die Entwicklung von Sprachfertigkeiten – sowohl bei CLIL-Modulen als auch im FU selbst – erfordert dies, Lernaufgaben zu formulieren, die eine kalkulierte Überforderung beinhalten. Dies bedeutet, dass Schüler die zu bewältigende Aufgabe nur mit Hilfe angemessener, unterstützender Maßnahmen lösen können. Auch Hammond/Gibbons (2008) kommen zu dem Schluss, dass die effektivsten Lernprozesse in der Kombination anspruchsvoller Unterrichtsszenarien mit adäquaten unterstützenden Maßnahmen (*Scaffolding*) ablaufen". Zu den am Ende der Klassenstufe 10 von SchülerInnen erworbenen Kompetenzen zählen dann: Sie können *„durch unterschiedliche Medien präsentierte, didaktisierte, adaptierte und/oder authentische fremdsprachige Texte rezipieren, Texte sprachmittelnd in der deutschen, punktuell in der Fremdsprache unter Nutzung vielfältiger Hilfsmittel produzieren"*. Erforderlich ist auch ein

---

[74] Dieses Themenheft ist übrigens in der gleichen Reihe von Praxis Englisch erschienen wie der Aufsatz *"Wieviel Grammatik braucht der Mensch?"* – sieben Jahre zuvor.

konsequenter Einsatz von anschaulichem Material (Albert 2017: 9 ff). *„Weiterhin muss die Förderung kommunikativer Kompetenzen (Fremdsprachenkompetenz) in den Lernbereichen Hör-/Hör-Sehverstehen, Leseverstehen, Sprechen, Schreiben, Sprachmittlung und Sprachreflexion beachtet werden"* (ebd.: 11).

5.8 Primat der Inhalte

Wenn auch die Kompetenzbeschreibungen in den Kerncurricula der Bundesländer zunächst inhaltlich „*neutral*" erscheinen, so liegt es jedoch nahe, sie bei CLIL-Projekten mit den Inhalten des jeweiligen Fachcurriculums, hier dem gesellschafts-wissenschaftlichen, zu füllen und den Unterricht an den Vorgaben dieses Sachfachs zu orientieren. Dies schließt sowohl didaktische Ansätze aus den anglophonen Bezugskulturen als auch authentische Materialien aus dem nicht-deutschen Sprachraum, unterschiedliche kulturelle Deutungsmuster und einen gezielten Perspektivenwechsel ein (vgl. Mentz 2013: 89). Das hessische Kerncurriculum Politik und Wirtschaft für die gymnasiale Oberstufe betont diesen Anspruch für den bilingualen Unterricht, ohne die Anteile von Ziel- und Muttersprache genauer festzulegen.

Dabei wird die Gleichzeitigkeit von zielsprachlichem und inhaltlichem Lernen betont und hervorgehoben, dass bei dem fachlichen Wissenserwerb dem interkulturellen und mehrperspektivischen Lernen eine besondere Rolle zukommt. Bezogen auf die Gesellschaftswissenschaften geht es um ein vertieftes Verständnis der Bezugskulturen, die Begegnung mit deren Sichtweisen auf politische, ökonomische und soziale Phänomene, und zwar anhand authentischen Materials. Die fachlichen Kompetenzbereiche, denen die sprachlichen deutlich nachgeordnet sind, umfassen die Fähigkeit und Bereitschaft, in der Ziel- und Muttersprache zu urteilen und zu handeln. Grundlage dafür ist ein verfügbares Ordnungs- und Deutungswissen. Die Sequenz von ordnen, deuten, urteilen und handeln – ausgedrückt in den entsprechenden Operatoren (*task-verbs*) – bezieht sich auf eine zunehmend mehrsprachige gesellschaftliche, ökonomische und politische Wirklichkeit (vgl. HKM 2016 o.S.).

Präzise Standards zu diesen inhaltlichen Vorgaben und damit eine Antwort auf die Frage, wie auf der Grundlage des PoWi-Kerncurriculums und darüber hinausgehend dieser Anspruch fachlich und zeitlich zu verwirklichen wäre, stehen zwar noch weitgehend aus. Mit der Entwicklung eines *Preliminary Competence Model* legt das o.g. Projekt der Goethe-Universität Frankfurt/Main aber beispielsweise immerhin die Entwicklungsrichtung fest:

> We can imagine the foreign language classroom as [a] transcultural and hybrid space, in which an interplay of culture occurs in a discursive environment, leading to new and more global views and interpretations of the world, encompassing perspective changes. National and cultural boundaries blur increasingly, as a result. Hence, as we can infer, something like a global culture, with its roots in diversity, starts to develop during bilingual lessons, especially with a comparative approach, which should be constituent for bilingual lessons. ... We believe that the promotion of global discourse competences caters the needs as a general orientation for bilingual lessons in Politics, Economics & Culture. The next steps of the project will be to define subcompetencies that more closely explain global discourse competence as a concept, and make the same operational (Nijhawan: 2015 o.S.).

Weniger beachtet dabei – wie auch insgesamt bei der Materialentwicklung für CLIL-Module – bleibt der in anglophonen Bezugskulturen etablierte Politikbegriff mit seiner Unterscheidung in *polity, policy* und *politics*, der in der folgenden Tabelle differenziert wird, um L2 typische Sichtweisen auf politische, wirtschaftliche und soziale Phänomene zu ermöglichen und deren Zuordnung zu erleichtern. Mit einem „Blick von außen" wird ein Perspektivenwechsel und die Bewertung der eigenen Wirklichkeit angebahnt:

Domäne	Kategorien	Merkmale	Kompetenzen
polity (Form)	Verfassung Normen Politische Institutionen politische Kultur	Ordnungen Verfahrensregelungen internationale Abkommen	Kenntnis der Gesetze und Rechtsnormen Verfassungsrechtliche Prinzipien, Beteiligung an Entscheidungen politischer Handlungsrahmen
policy (Inhalt)	Aufgaben und Ziele	Gestaltung	Kenntnis politischer Programme und Ziele

	Politische Probleme Programme Lösungen Resultate Bewertungen	Wert- und Zielorientierung Problemlösungen	Lösungsvorschläge erzielte Resultate Ergebnisbewertung
politics (Prozess)	politisch Agierende Beteiligte/Betroffene Partizipation Konflikte Interessen Kampf um Machtanteile Legitimation	politische und wirtschaftliche Machtverhältnisse Konsens Durchsetzung	Kenntnis von Mitwirkungsrechten Konfliktverläufe Machtstrukturen analysieren und bewerten Vermittlung und Durchsetzung von Interessen Populismus Mehrheitsfindung und Zustimmung

Ausdifferenzierung des Politikbegriffs, adaptiert von Leimgruber o.S.

Revue passieren – reflektieren – recherchieren

Die Vorteile des Einsatzes von außerschulischen Lernorten werden auch in der outdoor education von „Draußen-Schulen" in Dänemark und Deutschland genutzt; Sie können diese Programme genauer kennenlernen unter: https://www.tandfonline.com/doi/abs/10.1080/03004270802291780 und https://draussenschule-ladenburg.de/lernen-menu

Welche der CLIL-Bausteine halten Sie für wesentlich und wie würden Sie diese priorisieren?

Die Beziehung zwischen Diskurskompetenzen und dem Lernen von Inhalten in CLIL-Programmen lässt weitere Recherchen sinnvoll erscheinen. Ist das language triptych (5.5) in diesem Zusammenhang überzeugend?

Zum Weiterlesen und -hören:

Heinemann, Arne (2018): Professionalität und Professionalisierung im Bilingualen Unterricht. In: Klinkhardt Forschung https://www.klinkhardt.de/newsite/media/20180208_978-3-7815-2221-3%20Heinemann.pdf

Klewitz, Bernd (2015): Sprachmittlung als Lernaufgabe: Teaching English through Mediation. In: De Florio-Hansen und Erwin Klein (Hrsg.): Sprachmittlung im Fremdsprachenunterricht. Akten des GMF-Sprachentages Aachen 2013. Giessener Fremdsprachendidaktik online: 3. 29-58.

Keynote / Fred Genesee: ‚Lessons from Research on Immersion Programs in Canada' Sep 27, 2015 https://www.youtube.com/watch?v=Od8Fs_fnXwI

Interview with Dr. Fred Genesee by Lyle French Published on June 12, 2018 https://www.linkedin.com/pulse/interview-dr-fred-genesee-lyle-french-lyle-french/

Notizen:

Kapitel 6

Literary CLIL

Vignette: Intertextuality

According to the Oxford Dictionary of English, "*intertextuality*" is the relationship between texts, especially literary ones. This literary technique, when an author borrows or transforms a prior text referencing one text in quoting or reading to another, is sometimes mistaken for plagiarism but, in fact, does not need citation or quotation marks. With a text implicitly or explicitly referring to another text by using elements of the referenced narrative or other writings, an author can create deeper layers of meaning – often following the example of (music) composers who use the same technique in order to effect distinctive, common and/or explicit references to other pieces with the same intention. Recognizing and understanding intertextuality invites new interpretations and leads to a richer reading experience in that new layers of meaning are introduced which bring another context, idea, story line into the text at hand.

Types of intertextuality are

- Allusion: directly referring to something else, usually to another literary text, but also to other information assumed to be known by the reader. It can be a reference to a person from literature, an event, historical or current, or a popular (TV) character.
- Parody: imitating another text for satirical purposes or using a piece of writing in a funny way by copying setting, plot and characters (like Leon Trotsky in the novel *1984*).
- Pastiche: borrowing elements from another work to create something new and imitating another author or genre (as in Thomas King's creation of Indian and Christian stories).
- Appropriation: reworking or re-imagining of a well-known text.

- Adaptation: usually based on a written work, films, TV dramas, plays (like the *Harry Potter* series film adaptations).
- Metaphor: a figure of speech, implying comparisons without using *"like"* or *"as"*, the resemblance being indicated and not expressed directly (as in *The Underground Railroad*, where the description of a physical railway system is used which never existed but still served as a symbol of freedom from slavery).
- Simile: comparing two completely different objects using *"like"* and *"as"* (in Shakespeare's play *Othello* "jealousy" is compared to a "green-eyed monster").[75]

How to identify intertextuality needs some prior knowledge or research into obvious or slightly masked references that can consist of motifs, symbols or quotes and images standing out. A classic example is William Golding's novel *Lord of the Flies* (1954). The author takes the story from *Treasure Island*, written by Robert Louis Stevenson in 1881, and makes use of adventures young boys love to do – only to turn the narrative into a bitter parody of leadership where the negative implications of savagery and fighting are demonstrated that take control of human hearts, because characters have lost the idea of civilization. Other well-known examples of intertextuality, even if sometimes not openly uncovered, are the pastiches in the *Harry Potter* series that bear certain linguistic and topical similarities with Enid Blyton's *Adventure* series of the 1950s, Patrick Whites novel *Voss* (based on the real story of the German explorer Ludwig Leichhardt in the 1850s Australia[76]), Colson Whitehead's *The Underground Railroad* and Thomas King's *Green Grass, Running Water* – the latter two to be discussed below in some more detail.

Talking about Intertextuality in Whitehead's novel I follow a generous definition – in that intertextuality draws upon cross-text relations in other writings, related concepts and further ideas. In

---

[75] Definitions are based on Stark-Verlag: 2020 and Matrix Education. In: https://www.matrix.edu.au/.
[76] The German university drop-out and explorer is described in the novel as *"shabby stranger and a madman"* (Voss 1957: 23), but he is much better known in Australia than in his native German province of Brandenburg, where his ancestors still live (cf. Klewitz 2019: 317 ff.).

The Underground Railroad (UR) **instances of intertextuality** occur quite frequently. On the one hand, they can be seen as part of the functions of magic realism – giving voice to those who have been written out of history and destabilizing mainstream ideologies and myths. On the other hand, cross-text relations allow for including related and powerful concepts as a food for thought: the film 12 Years a Slave, the Genocide in Slavery and Anne Frank's fate, the massacre of Native Americans, Manifest Destiny and the Louisiana Purchase (see 6.7).

The 2013 film *12 Tears a Slave* lends itself to a comparison with the Randall cotton plantation in *The Underground Railroad*, characterized by dehumanization and excessive violence. Under these circumstances, solidarity even among the slaves is no longer possible. But this is quite in contrast to the Hollywood production of *12 Tears a Slave* in its tearful tone. During the 19th century, the spiritual *"Roll Jordan Roll"* (written by Charles Wesley one century earlier) became well-known among American slaves and was used as a coded message for escape during the American Civil War. It helped inspire the blues and was used as one of the theme songs in the film, where – in pre-civil wartime (1841) – a free black man from upstate New York was abducted and sold into slavery: for 12 years before being released[77]. It might also be interesting to compare Whitehead's novel with *To Kill a Mockingbird*, where the noble white man tries to save the helpless black man. This book, however, is regarded as being patronizing in its tone.

The Genocide in Slavery and Anne Frank's fate: the heroine Cora, a runaway slave, is made to live an Anne Frank existence in the attic – the parallel is clear enough that it must be intended: And like Anne Frank (betrayed by a neighbor), Cora is discovered in her hide-out by Delany's Irish maid Fiona, who showed it to the so-called night riders or regulators and is given her reward (UR: 222, 225). Colson Whitehead acknowledges the Anne Frank connection in an interview:

---

[77]   https://www.youtube.com/watch?v=7oFcFzJT7Tw.

> Eine der berühmtesten Sklavenerzählungen, die mich durchs College begleitet hat, stammt von Harriet Jacobs – sie hat sich, nachdem sie ihrem Herrn weggelaufen war, sieben Jahre lang auf einem Dachboden versteckt, bevor sie ihre Flucht fortsetzen konnte. Da liegt der Gedanke an Anne Frank nahe. Und es gibt eine zweite Verbindung: Die Nazis haben sich bei amerikanischen Rassenlehren aus dem 19. Jahrhundert bedient. Es geht immer um Unterdrückung. Der Schwarzen, der Juden und auch der Frauen. Sobald ich beschlossen hatte, mich vom reinen Realismus zu lösen, konnte ich Ereignisse aus der amerikanischen und europäischen Geschichte kombinieren (Die Welt 20.08.2017).

The Massacre of Native Americans: at the end of *The Underground Railroad* the novel's allegorical mode is felt most strongly. Whitehead never emphasizes the parallels between America's current racial crisis and the material of his story too much. Instead, the author looks back to a previous genocide – the massacre of Native Americans – and seeks to show that, as one character puts it in the novel: *"America, too, is a delusion, the grandest one of all. The white race believes – believes with all its heart – that it is their right to take the land. To kill Indians. Make war. Enslave their brothers. This nation shouldn't exist, if there is any justice in the world, for its foundations are murder, theft and cruelty."* (UR: 341)

In the same novel, Ridgeway's view on the plight of the Native Americans is straightforward racist, as can be seen in this quote from the novel:

> Once this was Cherokee land, the land of their red fathers, until the president decided otherwise and ordered them removed. Some of his friends had been with the army at that time. They rounded up the Indians in camps, the women and children and whatever they could carry on their backs, and marched them west of the Mississippi. The Trail of Tears and Death, as one Cherokee sage put it later, not without cause, not without that Indian flair for rhetoric. Disease and malnutrition, not to mention the biting winter that year, which Ridgeway himself remembered without fondness, claimed thousands. When they got to Oklahoma there were still more white people waiting for them, squatting on the land the Indians had been promised in the latest worthless treaty. Slow learners, the bunch." (UR: 245-6).

Manifest Destiny and the Louisiana Purchase

Ridgeway recaptures Cora and takes her back toward Georgia, detouring through Tennessee to return another slave to his master. During the journey Ridgeway talks to Cora about **Manifest**

Destiny – a further instance of intertextuality in the novel; in Ridgeway's own words: "*All the smart men talking about Manifest Destiny. Like it's a new idea*" (226). He prefers "*the American spirit, the one that called us from the Old World to the New, to conquer and build and civilize. And destroy that what needs to be destroyed. To lift up the lesser races. If not lift up, subjugate. And if not subjugate, exterminate. Our destiny by divine prescription – the American imperative.*" (UR: 226)

While stopping in Tennessee, Ridgeway's travelling party is attacked by some escaped slaves – Royal among them. He shows Cora the ghost tunnel under "*a forlorn, ramshackle cottage*". He uncovers the trapdoor to the cellar. "*The sorriest, saddest station yet. It's not made for a locomotive, Royal said. The tunnel is too small, see. It doesn't connect to the line. … The ghost tunnel had never been used, Royal said, as far as anyone knew. No one knew when it was dug, or who had lived above. Some engineers told him the house had been built by one of the old surveyors, like* **Lewis and Clark**, *who had explored and mapped the American wilderness*" (UR: 306 f.).

After the **Louisiana Purchase** in 1803, President Thomas Jefferson commissioned the Lewis & Clark expedition to explore and to map the newly acquired territory, to find a practical route across the western half of the continent, and to establish an American presence in this territory before Britain and other European powers tried to claim it. The campaign's secondary objectives were scientific and economic: to study the area's plants, animal life, and geography, and to establish trade with local American tribes. The expedition returned to St. Louis to report its findings to Jefferson, with maps, sketches, and journals in hand.

There is this other novel about treaties and broken promises: **Thomas King's 1994** *Green Grass, Running Water.* In this case it is a tale of modern Indians in Canada who are struggling to find their identity while still fighting white oppression. King, with Cherokee heritage himself, wants to break down the borders between reality and fantasy. In the novel he is able to do so by mixing those two realms. As in a true Indian story, you are not able to tell where reality and fiction intermingle. King believes that telling a story this way allows his thoughts to wander more freely and he uses magic realism to tell three stories in one.

Choosing the title, he had certain historic connotations in mind and uses them as intertextuality. In order to make Native North Americans move west of the Mississippi, the then American President Jackson promised them to provide for free land "*as long as the grass is green and the water runs.*" Its significance referring to land rights and a "tradition" of broken promises is thus the main theme in the novel Green Grass, Running Water. The importance of land in First Nations' culture and the policy of the "land grab" are underscored throughout the novel and have become a recurrent theme of King's later writings, such as in The Inconvenient Indian (2013):

> Indeed, North American Indian policy in the last half of the nineteenth century had many of the qualities of a bad film. It was a low-budget affair with a simplistic plot ... For 250 years, Whites and Indians had fought as enemies, had fought as allies, had made peace, had broken the peace, and had fought each other again. ... Throughout the history of Indian-White relations in North America, there have always been two impulses afoot. Extermination and assimilation. Extermination of Native peoples, especially in the early years, was not considered 'genocide' ... so much as it was deemed a byproduct of 'manifest destiny' ... The second impulse, assimilation, argued for salvation and improvement. (King 2013: 100 f.)

6.1 Literatur als Sachfach

Von allen möglichen oder wahrscheinlichen Themen für bilinguale Kurse scheint die Literatur eine natürliche Wahl zu sein. Literaturwissenschaft, Intertextualität, ästhetischer Sprachgebrauch und die Vorstellung neuer Welten sind Teil der Kultur – mit einem großen C oder einem kleinen C (vgl. Kapitel 5.6 – und werden in dieser Hinsicht perfekt durch den wichtigsten Parameter in Coyles 4 Cs Framework of CLIL abgedeckt, nämlich „*Culture*". (Coyle 2010: 41) Es wäre also sinnvoll, Literatur im weiteren Sinne und weniger Genre-spezifisch als eines der Kernfächer in den zweisprachigen Lehrplan einzubeziehen. Aber wie Schulen nun einmal sind, haben sie gewisse Hindernisse dafür geschaffen, weil Literatur als solche kein reguläres Sachfachfach ist und in den meisten europäischen Lehrplänen per Definition nur Sachfächer in bilinguale Programme aufgenommen werden können. Es gibt stellenweise Versuche,

„Schnupperkurse" in einigen bilingualen Schulen zuzulassen, aber sie sind auf Wahlangebote beschränkt und meist mit den Bereichen Kunst oder Theater verbunden.[78]

Insgesamt sind Literatur und Literaturwissenschaft jedoch in die jeweilige Kultur des Zielsprachenlandes eingebettet und gehören zu den inhaltsbezogenen Bereichen des Spracherwerbs – angereichert durch Poesie und Musik. In englischsprachigen Gesellschaften und Schulen spielt die Literatur eine wichtige Rolle im Sprachunterricht, insbesondere bei der Untersuchung relevanter Elemente der Kultur und bei der Förderung einer interkulturellen Kompetenz. *Literaturstudien sind folglich ein eigenständiges Fach*, für das oft *spezielle study designs* entwickelt werden. Ein Beispiel dafür, ein Curriculum zur Vorbereitung auf das *Victorian Certificate of Education* (*VCE* – Australien), wird weiter unten vorgestellt und diskutiert (vgl.: 6.6). In diesem Fall umfasst der Lehrplan Texte, die aufgrund ihres linguistisch-ästhetischen Gehalts geeignet sind, Erfahrungen des Lesers fantasievoll zu gestalten und zu interpretieren. Es wird davon ausgegangen, dass sich die Bedeutungserschließung aus der Interaktion zwischen dem Text/den Texten und der Lebens- und Literaturerfahrung ergibt, die der Leser zum Textverständnis mitbringt.

Solange der Diskurs über Literatur in der Muttersprache (L1) stattfindet, erfordert auch der bilinguale Unterricht kein besonderes sprachliches Unterstützungssystem oder Sprachkenntnisse. Die fachspezifische Nutzung der L1 Ressourcen beruht dann eher auf Begriffen, Konzepten und Interpretationsstrategien, die sich auch auf die Erschließung der Bedeutung von Texten und die Entdeckung der Intertextualität beziehen (vgl. Vignette). Um Literaturprojekte in CLIL zu realisieren und den Bedürfnissen der SchülerInnen dabei gerecht zu werden und den Fokus auf Literatur aufrechtzuerhalten, können jedoch besondere Formen des *Scaffolding* eingesetzt werden, die als duale Unterrichtsstrategie einen

---

[78] Ein Fallbeispiel findet sich in Nordrhein-Westfalen, wo Literatur in modulierter Form Teil des Schulcurriculums wurde, allerdings ohne Integration in bilinguale Kurse: https://www.schulentwicklung.nrw.de/lehrplaene/lehrplan/184/KLP_GOSt_Literatur.pdf.

besonderen Stellenwert in dieser CLIL-Didaktik markieren (*Dual Scaffolding*, vgl. 7.1). Die Vorteile des Einsatzes von Literatur im weiteren Sinne im Fremdsprachenunterricht sind jedenfalls in der gängigen Didaktik und Methodik einhellig anerkannt:

> Literature can contribute to linguistic, social, and intercultural competences, as well as to general education in the sense of personal growth, creativity, and expression (Grimm et al. 2015: 173). ... The sharing and coordination of diverse perspectives in literature trigger processes of empathy, sympathy, and recognition – or resistance. *This process of adopting and changing perspectives (in terms of overt and covert assumptions) helps to make sense of oneself and others in complex situations and across cultural boundaries.* Therefore, literature, especially about intercultural encounters and misunderstandings in so-called critical incidents, is of particular importance to developing intercultural and transcultural competence" (ebd. 181; original emphasis).

6.2 Literatur im Gemeinsamen Europäischen Referenzrahmen

Nur sehr am Rande wird im GeR Bezug auf Literatur genommen, und dann unter der Überschrift *„ästhetische Sprachverwendung"*:

> Künstlerische und die Vorstellungskraft herausfordernde Verwendung von Sprache hat einerseits ihren eigenen Wert, andererseits ist sie auch von hohem Bildungswert. Kreative und ästhetische Aktivitäten können produktiv sein, rezeptiv, interaktiv oder sprachmittelnd ..., und sie können sowohl mündlich als auch schriftlich sein, z. B.: Singen (Kinderreime, Volkslieder, Schlager usw.); Nacherzählen oder Nachschreiben von Geschichten; Anhören, Lesen, Schreiben und Sprechen fiktionaler Texte (Geschichten, Reime usw.), einschließlich audiovisueller Texte, Cartoons, Bildgeschichten usw.; Aufführung geschriebener oder improvisierter Stücke usw.; Produktion, Rezeption und Aufführung literarischer Texte, z. B.: Lesen und Schreiben von Texten (Kurzgeschichten, Romanen, Gedichten usw.), Aufführung und Rezeption von Liedern, Dramen, Opern usw. (GeR 61 f.).

In anderen Teilen des GeR werden diese Vorschläge zur *„besonderen Sprachverwendung"* leider nicht weiterverfolgt; diese Lücke ist an mehreren Stellen auf deutliche Kritik gestoßen mit dem Vorwurf, dass Literatur im Referenzrahmen keine besondere Rolle spiele: *"the objectives of the Common European Framework have been critised for marginalising literature"* (Lütge 2012: 191). An anderer Stelle wird der *"mere lip service to the role of literature"* beklagt (Grimm 176), der auch dadurch offensichtlich wird, dass sich im gesamten

Dokument nur insgesamt elf Zeilen finden, die sich überhaupt mit ästhetischer Sprachverwendung befassen, mit der Folge: *"literary texts are almost completely neglected in the CEFR and the process of reading and understanding texts are not systematically accessed"* (Lütge 2012: 193). In einer Art Selbstkritik räumt der Referenzrahmen diesen „Mangel" immerhin auch selbst ein:

> Eine so knappe Behandlung traditionell sehr wichtiger, ja oft dominanter Aspekte des modernen Sprachunterrichts im höheren Schulwesen und in der Universität mag abwertend erscheinen: dies ist jedoch nicht beabsichtigt. Nationale und regionale Literatur leistet einen wesentlichen Beitrag zum europäischen Kultur- erbe; der Europarat betrachtet es als einen „wertvollen gemeinsamen Schatz, den es zu schützen und zu entwickeln gilt". Literarische Studien dienen nicht nur rein ästhetischen, sondern vielen anderen erzieherischen Zwecken – intellektuell, moralisch und emotional, linguistisch und kulturell. Es bleibt zu hoffen, dass Lehrende, die auf allen Stufen mit literarischen Texten arbeiten, in diesem Referenzrahmen möglichst viele für sie wichtige Abschnitte finden, die ihnen helfen, ihre Ziele und Methoden transparenter zu machen (Europarat: 62).

Dass im GeR die Lücke zwischen interkultureller und literarischer Kompetenz nicht geschlossen wird, ist umso bedauerlicher, als in der Fremdsprachendidaktik Einigkeit darüber besteht, dass Literaturwissenschaft ein unverzichtbarer Bestandteil des Sprachunterrichts ist, und das nicht nur in fortgeschrittenen Sprachkursen, denn *„literature puts the whole range of language use on display"* (Grimm: 183). Nur vier Jahre nach der Veröffentlichung des GeR hat Wolfgang Hallet ein 4-Stufen-Modell entwickelt mit den Dimensionen *„literary reading competence, literary as cultural competence, competence of reflection, competence of foreign language discourse"* (Lütge 2012: 198). Hallets kompetenzbasierter Ansatz kann als Ausgangspunkt für ein Modell elementarer, mittlerer oder fortgeschrittener Stufen der literarischen Kompetenz dienen. Er bietet eine Integration verschiedener Aspekte, die an anderer Stelle genannt wurden, vermeidet aber einen reduktionistischen *„skills-only"*-Ansatz, der dem Referenzrahmen häufig vorgeworfen wird (vgl. ebd.: 199).

Die Ziele einer solchen literarisch-orientierten kommunikativen Kompetenz werden wie folgt beschrieben: *„such a target ... comprises knowledge, attitudes and various skills, i.e. reading, understanding* *(analyzing, interpreting), and creating"* (Thaler 2008: 31). Im gleichen Zusammenhang entwickelt Thaler sechs Argumente für literarische Studien im FU: *„language development, intercultural learning, personal enrichment, motivational value, interpretational openness, social prestige"* (ibid.: 26). Insgesamt bestätigt die einschlägige Forschung, dass neben nicht-fiktionalen Texten auch Literatur im Fremdsprachenunterricht von großer Bedeutung ist und beim Fremdsprachenlernen einen festen Platz haben sollte: „Sie hilft Lernern, eigene und fremde Kulturen besser zu verstehen, ein ästhetisches Bewusstsein auszubilden, Einblicke in menschliche Verhaltensweisen zu gewinnen, verschiedene Sehweisen kennen zu lernen und Welten zu entdecken, die nur der Imagination zugänglich sind" (Weskamp 2001: 188).

Weitere Vorteile der Einbettung der Literaturwissenschaft in den Fremdsprachenunterricht liegen in der Wertschätzung unterschiedlicher Kulturen (Haß 2006: 161), der Ermöglichung alternativer Haltungen und der Reflexion der Grenzen des eigenen Weltbildes (Nünning 2006: 15). Es geht auch um die Schaffung authentischer kommunikativer Anreize, die Hinführung zu literarischer Kompetenz als Wissen und *„der kompetente Umgang mit den Merkmalen und Konventionen eines literarischen Textes"* (Haß 2006: 159).

Da sowohl der FU als auch bilinguale Programme neben vielen anderen Bausteinen das gemeinsame Ziel des Erwerbs interkultureller oder transkultureller Kompetenz verfolgen, stellt sich die Frage, was sich ändern würde, wenn Literatur auch in deutschen Klassenzimmern als eigenes Sachfach etabliert würde und damit Bestandteil des CLIL-Curriculums werden kann. Die kurze Antwort lautet: *„nicht viel"*. Anders als in den anglophonen Ländern ist Literatur in Deutschland aber (noch) kein eigenständiges Unterrichtsfach, auch wenn die wachsende Bedeutung interkultureller Diskurskompetenz in beiden Varianten des Sprachenlernens, FU (*FLT*) und CLIL, unumstritten ist. Als Mainstream-Meinung wird jedoch auch von Hallet als einem der engagiertesten Befürworter von CLIL das Argument vertreten: *„der Bilinguale Unterricht [kann] nicht den Literatur- und Kulturunterricht ersetzen, der ja Bestandteil des regulären Fremdsprachenunterrichts ist"* (Hallet 2013: 185).

Ein genauer Blick auf die beiden Varianten des Sprachunterrichts liefert allerdings ein starkes Argument für die Einbeziehung von Literatur als geeignetes Sachfach und damit Thema für CLIL, abgesehen von ihren gemeinsamen interkulturellen Zielen:

> There is a fundamental difference between ... the sequence of language and content in the two teaching and learning approaches. Whereas the main focus of FLT is on language that of CLIL is on content. FLT [foreign language teaching] textbook authors and teachers choose linguistic objectives from the foreign language curriculum, e.g. how to express divergent opinions, and then look for appropriate content, e.g. how to express divergent views on a piece of literature or a film. CLIL teachers select content aspects on the basis of the curriculum of the respective subject matter and fill them with indispensable target language items (De Florio-Hansen 2018: 241).

6.3 Auswahlkriterien für das „Sachfach" *Literary CLIL*

Da die wachsende Bedeutung von Literatur für das Erlernen einer Fremdsprache sowohl im FU als auch in CLIL in den jeweiligen Didaktiken einhellig bestätigt wird (vgl. Ahrens 2012: 181 ff), ist nicht die Frage, ob, sondern welche Art von Literatur einbezogen werden soll, zu entscheiden: *„Medienkompetenz, Schülermotivation und Kreativität"* können als Kernelemente des *„Literaturunterrichts ... [als] integraler Bestandteil der Kulturwissenschaften und des interkulturellen Lernens"* betrachtet werden (ebd.: 190). Mit Blick auf interkulturelle Kommunikation müssten die Auswahlkriterien einer authentischkritischen Literatur für das Sprachenlernen mit der Unterscheidung zwischen einem großen "L" und seiner kleinen "l"-Version beginnen. Dabei wird zwischen klassischen Texten – beispielsweise Shakespeare, Dickens – und Literatur mit einem kleinen „l" unterschieden, die sich auf populäre Belletristik, Fabeln und Liedtexte bezieht (vgl. Arthur Krystal 2017). Die Literatur, die heute im FU verwendet wird, beschränkt sich nicht mehr auf kanonische Texte aus bestimmten Ländern, beispielsweise dem Vereinigten Königreich oder den USA, sondern umfasst die Werke von Schriftstellern aus einer Vielzahl von Ländern und Kulturen, die unterschiedliche Formen des Englischen verwenden (vgl. beispielsweise CLIL-Module in 6.7: Andrea Levy & Ralph McTell).

Die vorgenommene Auswahl der Werke und Autoren hängt auch von den Domänen der interkulturellen Kompetenz ab, die thematisiert werden sollen. Mit Blick auf die einschlägige Fremdsprachendidaktik werden eine Reihe von Kriterien vorgeschlagen, nach denen literarische Texte ausgewählt und in den Unterrichtsprozess integriert werden können (vgl. beispielsweise Thaler 2008: 18f., Haß 2006: 149 f. und 159 ff). Geeignete Gattungen sind: Kurzgeschichten, Gedichte, Romane, Theaterstücke, Liedtexte. Bei der Auswahl der Beispiele ist darauf zu achten, dass die literarischen Werke für die SchülerInnen relevant sind, ihre Interessen berücksichtigen und ihre sprachlichen Möglichkeiten nicht überfordern. Die Länge der Texte muss mit den Lernzielen übereinstimmen: Kürzere Texte passen zu einer begrenzten Unterrichtszeit, längere Fassungen wie vollständige Romane bieten die Möglichkeit, den Kontext, die Entwicklung der Figuren bzw. die Handlung zu vertiefen. Kulturelle Aspekte und Angemessenheit müssen an den Horizont der Lernenden und damit ihre *ZPD* angepasst werden.

Die Beantwortung der folgenden Fragen hilft dabei, die richtige Auswahl zu treffen:

> *Is the subject matter likely to interest this group?*
> *Is the language level appropriate?*
> *Is it the right length for the time available?*
> *Does it require much cultural or literary background knowledge?*
> *Is it culturally offensive in any way?*
> *Can it be easily exploited for language learning purposes?*
> *(O'Connell 2011: o.S.)*

6.4 Geschichten erzählen, Welten erfahren: *CLIL-Narratives*

An dieser Stelle möchte ich drei weitere Narrative vorstellen, um meinen Vorschlag zu unterstreichen, die Bedeutung von Literatur – mit einem großen oder kleinen L/l – in bilingualen Programmen nicht nur zu begründen, sondern *Literary CLIL* als reguläres Sachfach zu etablieren, um es zu einem innovativen Baustein im bilingualen Unterricht zu machen. Wie im traditionellen FU kann dabei Literatur, neben allen anderen Vorteilen, den Unterricht äußerst motivierend gestalten und öffnet das Klassenzimmer für „*implementing and expanding discourse*" (De Florio-Hansen 2018: 243).

Das erste Narrativ bezieht sich auf einen Bericht des Linguisten Richard Pinner, der an der Sophia University (Japan) ein Seminar mit dem Titel „*Unlocking Literature through CLIL*" unterrichtete. Seine Studierenden analysierten literarische Werke in ihren jeweiligen kulturellen Kontexten und zogen dabei Videoversionen und Audioaufnahmen zum Vergleich heran. Der Fokus lag auf authentischen Texten und bestätigte die kritischen Wahrnehmungen von Coyle in Bezug auf die Grenzen des kommunikativen Sprachunterrichts: „*[It] has been insufficient in realizing the high level of authenticity of purpose which can be achieved through CLIL*" (Coyle 2010: 5). Pinner betont in seiner Schlussfolgerung den dualen Ansatz, der Sachfach- und Sprachunterricht miteinander verbindet:

> Texts are not authentic unless they are relevant to the student. Even Shakespeare could be seen as inauthentic if there is no reason for the students to read him. I feel in order to deal with the immensely rich content which literature provides, with all its cultural, historical and sociological references, it is best done so under a CLIL approach. Perhaps most importantly, the content has to be authentic and dealt with properly. Authentic texts need authentic tasks to truly turn them into experiences from which the students learn. Students should be able to experience language use in a structured environment with available guidance while dealing with authentic materials in order to facilitate language growth. As Tolkien would surely agree, literature and language cannot be separated, so they must be dealt with under a dual-focused approach. To this end, a CLIL approach is perfect for dealing with difficult and culturally rich content whilst simultaneously providing students with meaningful, authentic language in order for them to improve their language skills (Pinner 2012: o.S.; my emphasis)

Das zweite Beispiel berichtet über eine Fallstudie, die von Luisa María González Rodríguez und Miriam Borham Puyal an der Universität von Salamanca durchgeführt wurde. Studierende mit internationalem Hintergrund wurden in einer Unit über Geschlechterrollen unterrichtet und sollten literarische Texte unter Verwendung verschiedener methodischer Ansätze bearbeiten, wobei sie die Texte unter kognitiven und affektiven Prämissen analysierten. Der

Bericht konzentriert sich auf die Entwicklung von Fähigkeiten zum kritischen Denken:

> Recent approaches to English Language Teaching show that learning a language should not just involve linguistic competence but also include intercultural competence. The linguistic aspect of language learning has been played down in favour of an intercultural competence framework where learners can acquire skills that enable them to explore cultural complexity and enhance cultural understanding. It is widely acknowledged that literary texts may offer learners opportunities to develop critical reading skills that help them understand other cultures, thus acquiring new cultural frames of reference and a transformed world view. ... The approach presented here aims at working with literary texts both on a cognitive and an affective level by offering creative and challenging tasks focused on developing intercultural competence inscribed in this content-based teaching methodology (Rodriguez et al 2012: 105; my emphasis)

Die Tatsache, dass literarische Texte nicht nur für fortgeschrittene Lerner geeignet sind, sondern auch auf Grundschulniveau funktionieren, wird in einem Projekt aus Zypern demonstriert, durchgeführt von Sophie Ioannou-Georgiou und María Dolores Ramírez Verdugo in den 5. und 6. Klassen mit dem Titel „*Stories as a tool for teaching and learning in CLIL*". Die Autorinnen berichten über *storytelling activities*, gefolgt von Tanz-Elementen (*African music*) und praktischer Handarbeit (*working with clay, creating necklaces*). Die Ergebnisse werden wie folgt zusammengefasst:

> Stories are windows open to the world. They bring in views about different people, new countries and diverse cultural values. Stories help children show a curiosity about other cultures, far-off lands and 'exotic' peoples from other parts of the planet. Using stories in the classroom can prepare learners for openness, awareness, tolerance and acceptance towards other ways of understanding life. In this sense, learners can gain sensitive attitudes towards others which will make them better prepared European citizens for trans-national relationships. In addition, and related to this intercultural dimension, stories about different cultures can help integrate children from different migrant backgrounds attending the CLIL classroom. In fact, stories can reveal themselves to be excellent resources for explaining and understanding cultural and historical backgrounds, processes, actions and consequences involved in a wide number of topics while at the same time the children are experiencing an enjoyable learning atmosphere. ... When young learners are faced with new content in a foreign language, stories represent an excellent opportunity for teaching and providing comprehensible input in a coherent, meaningful and pleasant way. Stories link to a variety of

curricular aims and involve willingness to listen to the storyline. (Ioannou-Georgiou: 2011; quoted in Klewitz 2019: 29; my emphasis)

6.5 Theorie und Praxis von *Literary CLIL*

In *Literary CLIL* können die Lernenden in der Zielsprache Englisch lebensnahe Informationen über die Zielsprachenländer gewinnen und, eingebettet in Kulturwissenschaften, geografische, historische und politische Fakten sowie Varietäten und Besonderheiten wie Soziolekte, Regiolekte, Dialekte etc. analysieren. Die Lernenden können so ihre Kenntnisse und sprachlichen Fähigkeiten weiter ausbauen. Literarische Aufgabenstellungen sind fächerübergreifend und dienen dazu, Elemente von *LOTS & HOTS (lower order and higher order thinking skills;* vgl. 5.7) in den Lernprozess zu integrieren, was durch unterschiedliche Anforderungsbereiche (AF I-III) zur Förderung der jeweiligen Kompetenzen beschrieben wird. Die Verben dieser Anforderungsbereiche leiten Arbeitsprozesse transparent an und umfassen:

- darstellen, beschreiben, skizzieren, präsentieren, zusammenfassen (AF I);
- analysieren, charakterisieren, vergleichen, untersuchen, erklären/veranschaulichen, in einen Kontext stellen (AF II);
- beurteilen, entwickeln, diskutieren, bewerten/kommentieren, interpretieren, schreiben/entwerfen (AF III).

Entgegen Hallets eingangs zitierter Annahme, dass der bilinguale Unterricht die Vermittlung von Literatur und Kultur der Fremdsprachen nicht ersetzen kann (vgl.: Hallet 2013: 185), spricht vieles auch deshalb für *Literary CLIL,* weil hier authentische und ästhetische Sprachverwendung angebahnt werden kann. Die folgende Beobachtung weist in die gleiche Richtung: „*As classroom conversations in a foreign language are always based on simulation – the learning context is not the outside world – every occasion of implementing and expanding discourse should be welcome*" (De Florio-Hansen 2018: 243). Literarische Texte können im oben genannten Kontext den fremdsprachlichen Diskurs bereichern, wenn in CLIL-Modulen

Aufgabenstellungen systematisch umgesetzt werden, die ein transparentes Lernen in diesem inhaltsorientierten Ansatz ermöglichen. Bei einer erstrebenswerten Einführung von *Literary CLIL* als eigenständiges Unterrichtsfach, unterstützt von der bereits erwähnten *theory of practice*, bleiben die Strategien des FU weitgehend bestehen. Allerdings wird der Auswahlprozess geeigneter Literatur eher inhaltlichen Kriterien folgen müssen als linguistischen Überlegungen wie in einem traditionellen FU-Sprachkurs. Und literarische Themen würden sich offenbar an einem Curriculum orientieren, das Literatur als Schulfach vorsieht (und das es an deutschen Schulen noch nicht gibt). Terminologie, Lernumfang und Umgang mit Interpretationen bleiben solchen im Sprachunterricht recht ähnlich, mit dem CLIL-Vorteil, dass man sich stärker auf die inhaltlichen und kulturellen Implikationen der Literaturwissenschaft konzentrieren kann. Im *Glossar Lehr- und Lernstrategien* (Kapitel 10) findet sich eine Zusammenfassung relevanter Methoden und *study skills* sowie Ideen zur Organisation und Strukturierung von *literary studies*.

Was die Ziele von *Literary CLIL* betrifft, so sollten SchülerInnen die folgenden Kompetenzen entwickeln können: kritische Würdigung der eigenen und der Kultur anderer, Verständnis für den Aufbau literarischer Texte, die Fähigkeit, genau und kritisch zu lesen, Interpretationsfähigkeiten wie Hypothesen aufstellen, Fragen stellen, Schlussfolgerungen aus Texten ziehen und analytische, kritische und kreative Antworten auf Texte zu geben, Literatur umfassend und mit Interesse wahrzunehmen – in mündlicher und schriftlicher Form (vgl.: VCE Study Design Literature 1997: 5). Zielorientiertes Hinterfragen und sinnentnehmendes Lesen konzentrieren sich auf die Art und Weise, wie SchülerInnen durch die Analyse verschiedener Gattungen und bestimmter Aspekte von Texten, wie z. B. Bilder, figurative Sprache, Handlungen und Figuren in Romanen, Schauplätze, Themen und Ideen, Bedeutung für ihre eigene Rezeption konstruieren können.

6.6 Literaturkritik und Analyse: *the VCE Study Design*

Die Einführung von *Literary CLIL* in einem deutschen Schul- und Studienkontext kann sich an Ideen anlehnen, die in anglophonen Schulsystemen bereits praktiziert werden, beispielsweise im *VCE Study Design Literature* (*Victorian Certificate of Education*, herausgegeben vom Victorian Board of Studies, Australien). Hier werden in vier Einheiten, die in den Jahrgangsstufen 11 und 12 unterrichtet werden, die folgenden Phasen literarischer Lernprozesse definiert: *approaches to literature, context and connections, form and transformation* und *interpreting texts* (VCE 2016: 9ff). Jede dieser Einheiten ist mit einer genauen Definition der Lernbereiche, der erwarteten Ergebnisse und der Bewertungskriterien verbunden. Zunächst wird der Lernbereich in allen vier Niveaus (Units) detailliert umrissen.

VCE Literature konzentriert sich auf die aus Texten abgeleitete Bedeutung, die Beziehungen zwischen Texten, die Kontexte, in denen Texte produziert und gelesen werden, und die Erfahrungen, die der Leser mit den Texten macht. Die SchülerInnen studieren Texte intensiv und analysieren, wie Sprache und literarische Elemente und Techniken in einem Text funktionieren. Der Schwerpunkt liegt auf dem Erkennen der Komplexität und Bedeutung eines Textes und auf der Frage, wie diese Bedeutung in seiner literarischen Form zum Ausdruck kommt. Der Unterricht bietet die Möglichkeit, tiefgründig, umfassend und kritisch zu lesen, analytisch und kreativ zu reagieren und den ästhetischen Wert von Texten zu würdigen. *VCE Literature* ermöglicht es SchülerInnen, die historischen und kulturellen Kontexte zu untersuchen, in denen sich sowohl Leser als auch Texte befinden. Mit seiner Hilfe werden die Annahmen, Ansichten und Werte untersucht, die sowohl der Autor als auch der Leser in die Texte einbringen, und es ermutigt die SchülerInnen, darüber nachzudenken, wie sie lesen und was sie lesen. Dabei wird untersucht, wie Literaturkritik die Lektüre von Texten beeinflusst und wie sich Texte zu ihrem Kontext und zueinander verhalten. Dementsprechend werden historische und aktuelle Texte ausgewählt, die sich in Form und sozialem und kulturellem Kontext unterscheiden (vgl. ebd.: 5).

Da es noch kein Curriculum für *Literary CLIL* im deutschen Kontext gibt, wird hier das aktuelle *VCE Study Design Literature* in seinen Kernelementen und einem Auszug aus den vier Units für zwei aufeinanderfolgende Studienjahre vorgestellt (adaptierbar an das deutsche System, auch wenn Oberstufen-SchülerInnen noch die Jahrgangsstufe 13 besuchen). Die anschließenden Unterrichtseinheiten dieser CLIL-Didaktik sind jedoch nicht nach diesen Units organisiert, sondern sie befassen sich mit den verschiedenen anglophonen Zielländern. Auf dieser Grundlage können Kurzgeschichten, Gedichte, Romane und andere Texte studiert werden, um die verschiedenen Ergebnisse der VCE-Einheiten abzudecken. Der modulare Aufbau ermöglicht es den Nutzern, die Unterrichtseinheiten in ihrer eigenen Zeit zu bearbeiten und sie an den individuellen (Schul-)Kontext anzupassen:

VCE Literature Study Design – Unit 1
In the VCE unit "approaches to literature" students *"focus on the ways in which the interaction between text and reader creates meaning"* (ibid.: 9). This involves analyzing features and conventions of texts, developing responses to a range of literary forms and gaining insights into how texts function as representations of human experience. Familiarity with key terms (e.g. reading to understand), concepts and practices equip students for further studies in literature and develop their awareness of how the reader's views and values influence the reading of a text.

VCE Literature Study Design – Unit 2
In the unit "context and connections" students consider the relationship between authors, audiences and contexts drawing on a range of literary texts. Ideas, language and structures of different texts from past and present eras and/or cultures are compared and contrasted. Students analyze the similarities and differences across texts and establish connections between them (cf. 7.8: intertextuality). They engage in close reading of texts and create analytical responses that are evidence-based. By experimenting with textual structures and language features, students understand how imaginative texts are informed by close analysis (ebd.: 12).

VCE Literature Study Design – Unit 3

In the unit "form and transformation" students analyze how the form of a text affects meaning and how writers construct their texts.

area of studies	outcomes	key knowledge	key skills
adaptations and transformations	students can: analyze the extent to which meaning changes when a text is adapted to a different form	how the form and conventions of a text affect the making of meaning; differences in meaning that may be created when a text is adapted or transformed; how perspectives of the creators may inform or influence adaptations of texts	students can: analyse the construction of texts in terms of characterization, tone, style, structure and point of view; identify typical features of a range of forms of text, and evaluate their significance in the making of meaning; identify and analyze the similarities and differences between the original and the adapted or transformed text

VCE Literature Study Design – Unit 4

In the unit "interpreting skills" students create critical and analytical responses to texts. The focus of interpretation is on ideas, explored in texts, the style of the language and points of view. "*Students develop an informed and sustained interpretation supported by close textual analysis*".

area of studies	outcomes	key knowledge	key skills
literary perspectives	students can: produce an interpretation of a text using different literary perspectives to inform their view	contexts (cultural, social, historical and ideological) that may influence the construction and reading of the text; how text may reflect or question aspects of human behavior through characterization, imagery, style,	students can: identify and analyze values in texts; analyze how literary criticism informs readings of texts; compare, analyse and evaluate different perspectives of texts presented in literary criticism

			point of view and structure; the ways that contemporary views and values influence interpretations	
close analysis	students can: analyse features of texts and develop and justify interpretations of texts	the effects and nuances of language; the significance of key passages in interpreting a text; the views and values suggested in a text; the conventions appropriate to presenting an interpretation	students can: analyse the features of a text and make appropriate connections between them; analyse how key passages and features in a text contribute to an interpretation; synthesise the various elements of the text into a coherent view

(ebd.: 19, 36).

Als Ausgangspunkt der Literaturrezeption können SchülerInnen den untenstehenden *autobiographical approach* nutzen, um Textbedeutungen zu erschließen und ihr Eigenverständnis als Leser zu entwickeln sowie den Prozess des Lesens und der Interpretation von literarischen Texten:

Understanding Literature   *Autobiographical approach*

Questions:

1. Choose a novel or a short story (from an English-speaking country) which you remember quite well and which impressed you particularly, may be in a positive, may also be in a negative way.
Title: .... Author: ....

2. Give your experience with the novel/the short story a name or a title which says something about it. (You can do this also at the end of the questionnaire.)
".."

3. How did you arrive at reading this particular novel/short story?
....

4. What impressed you about it (e.g. the plot, the characters, the style, the author)? Why?
....

5. Did you try to find out more? What?
....

6. What similarities did you notice between your own lifestyle, your attitudes toward other individuals, your believes and your values and those of the characters and contexts described and evoked by the author?
....

7. What differences did you notice between your own lifestyle, your attitudes toward other individuals, your believes and your values and those of the characters and contexts described and evoked by the author?
....

8. What are the similarities and/or the differences due to, in your opinion?
....

9. Why was it important to read the novel/the short story in English?
....

10. Would you recommend the novel/the short story to other people? Why? Why not?
....

Klewitz 2017a: 162

Vorschläge für Lernaufgaben (*work requirements* im *VCE Study Design*) unterstützen SchülerInnen dabei, Einfluss und Komplexität der Sprache, die Art und Weise, wie literarische Merkmale und Techniken zur Bedeutung beitragen, und die Funktion von Form und Struktur der Texte einzuordnen. Dabei entwickeln sie ihre Kompetenz, Texte zu lesen und zu interpretieren und über ihre eigenen Interpretationen und die anderer zu reflektieren. Sie können ihrerseits über ihre persönlichen Erfahrungen und die Erfahrungen anderer nachdenken und ein Bewusstsein dafür entwickeln, dass es mehrere Lesarten von Texten gibt und dass die Natur von Sprache und Text dynamisch ist. Sie werden ermutigt, unabhängig, innovativ und kreativ zu sein und die Fähigkeit zu entwickeln, genau und umfassend zu lesen und ihre Ansichten durch kreative und analytische Antworten zu begründen und zu artikulieren (vgl.: ebd. 5).

Mit Hilfe von Lesetagebüchern (*reading journals*) können SchülerInnen zeigen, dass sie sich selbst als Leser verstehen und den Prozess des Lesens und Interpretierens literarischer Texte verstehen. Beim Einsatz dieser Form der Literaturrezeption können erste Eindrücke und Reaktionen auf Texte notiert werden und so eine Ressource für die spätere Arbeit mit anderen Lernaufgaben entwickelt werden. Ein Lesetagebuch enthält in der Regel:

- *personal responses to the text(s) notes from class discussions*
- *short responses as material for later finished responses resource material*
- *personal reading: general impressions, predictions, speculations connections between texts and student's own experiences and ideas response to ideas and issues raised by texts*
- *significant moments in a text, e.g. key quotations sets of questioning to examine a text*
- *diagrams to map structural features of texts*
- *resource material, e.g. reviews, commentaries, information about authors and historical/social contexts*[79]

Regelmäßig publiziert die New York Times *lesson plans* mit Vorschlägen zum inhalts-orientierten Sprachunterricht. Die hier ausgewählte Sequenz bezieht sich auf *literary studies* und beantwortet

---

[79] Mehr Informationen in: "Learning Journal": https://pageflutter.com/start-a-reading-journal-2018/; https://www.lancaster.ac.uk/staff/gyaccp/cjgh_27_2_05lores.pdf).

Fragen wie: *"how does what's happening in the world connect with the literature, history, civics, science, math and art we know teachers are teaching?"*.[80]

Performance texts demonstrieren, wie Bedeutung bei der Vorbereitung oder Präsentation von Texten erzeugt wird. Ziel ist es dabei, einen Text im weitesten Sinne für die Präsentation zu interpretieren, wobei folgende Aktivitäten in Frage kommen: Interpretation des Charakters durch Sprache und Bewegung Beziehung zwischen Publikum und Schauspielern; Rollenspiele; Life-Performances, Filme usw. dramatische Szenen; Skript für die Aufführung (von Prosatexten); Regieanmerkungen; Romanverfilmung; Produktionsplan, z. B. Stil der Aufführung, geeignetes Bühnenbild, Kostüm, Schauspieler, Werbung (vergleichbar mit dem deutschen Schulfach "Darstellendes Spiel").

Close studies untersuchen und analysieren, wie Texte menschliche Erfahrungen und Ideen darstellen und kommentieren. SchülerInnen konzentrieren sich darauf, Texte, Figuren, Themen, soziale Konventionen und Textbelege zu untersuchen, um Aussagen über Ansichten, Werte und Kontexte der Texte zu treffen.

Evaluation: Geeignete Aufgaben für die Bewertung sind: Essay schreiben (vergleichend, interpretierend, analytisch oder diskursiv), eine Debatte führen, ein Lesetagebuch, eine genaue Analyse ausgewählter Passagen, eine schriftliche Originalarbeit als Reaktion auf den/die untersuchten Text/e, eine mündliche oder schriftliche Rezension, eine Multimedia-Präsentation, die Teilnahme an einer Online-Diskussion, eine Performance und/oder ein Kommentar.

Die folgenden Aktivitäten sind für SchülerInnen vorgesehen:

> they compare a dramatized version of a scene or scenes from a text with the original text;
> compare a print text with the text's adaptation into another form;

---

[80] **New York Times Lesson Plans: Making It Relevant.** Helping Students Connect Their Studies to the World Today. In: https://www.nytimes.com/2017/12/07/learning/lesson-plans/making-it-relevant-helping-students-connect-their-studies-to-the-world-today.html.

compare the performance of either a substantial individual text or group of texts with the original text;
submit an original piece of writing, presented in a manner consistent with the style and context of the original text;
re-create or rework an aspect of the text, such as adding to the text, recasting a part of the text in another setting or form, or presenting an episode in the text from another point of view;
create a reflective commentary establishing connections with the original text;
create a written interpretation of a text using two different perspectives to inform their response;
create a written interpretation of a text, supported by close textual analysis;
select and discuss the role and significance of particular sections of a text in interpreting the text as a whole;
analyze how certain literary features contribute to an interpretation of a text;
analyze the linkages, parallels and contrasts between different passages from a text.

(adapted from: VCE 2016: 11; 14; 18; 21)

6.7 Literary Studies in Contexts, Genres and Target Countries

Die folgenden Beispiele sollen veranschaulichen, wie verschiedene Gattungen und Textsorten in *Literary CLIL* eingesetzt werden können. Sie stellen keine typische Abfolge von Modulen dar, sondern können einzeln oder als Kombination von Lernaufgaben aus folgenden Bereichen eingesetzt werden:

> Kurzgeschichten
> Romane (Auszüge)
> Lyrik
> Musik (Liedtexte)

In vielen Fällen kann der autobiographical approach als Einstieg verwendet werden. Der Einsatz verschiedener Strategien wie Arbeitsaufträge, Lesejournale, Präsentationstexte, detaillierte Studien,

Zusammenfassungen und andere Aktivitäten (wie oben beschrieben) hängt von den Unterrichtsstrategien und Genres ab.
CLIL example short story

South Africa –
Nadine Gordimer: Beethoven was One Sixteenth Black
(short story: 2007)

Short story as a genre
As compared to a novel, the great advantage of a short story is its brevity and its focus on the events occurring in a short period of time. In a quickly sketched situation the short story comes to the point more or less immediately. It leaves it up to the reader to add further details, to continue the story after it has finished or to begin before it begun. This space enhances the imagination and inspires creative interpretation.

All of this certainly applies to the plot in "Beethoven was One Sixteenth Black" confronting us with the limited perspective of a first-person narrator, whose attitudes may or may not be shared by the reader. The author almost inevitably is part of this process, as Nobel Prize winner Nadine Gordimer put it in an interview: "*I Love to write [short] stories. It's such a wonderful form, like poetry, because it's so distilled. [...] To me a short story is like an egg: When the beginning comes to me, I have the end. It's complete. It's got its white and it's got its yolk and it's got its shell containing it*"[81] (*BookPage* interview by Alden Mudge, December 2007). To identify and understand more about the shell, the white and the yolk of the short story discussed here is the overall objective of this module.

The author and the short story
Born only five years after Nelson Mandela, Nadine Gordimer has witnessed for most of her lifetime the development of a country torn apart by the racist regime of Apartheid. By documenting this policy she became one of the best-known writers of South Africa. She was awarded the Nobel Prize in Literature for 1991 because of

---

[81] https://bookpage.com/interviews/8435-nadine-gordimer-fiction#.YFydRdwxlhE.

her comprehensive literary work and especially for her commitment to human rights. In the center of Gordimer's literary focus were the repercussions of Apartheid for the everyday lives of Blacks and Whites in their communities. Her trenchant observations of racist policies and its victims made her short stories valuable social documents as well as giving insight into the mechanisms of Apartheid and its perpetrators, especially for readers outside the country. The characters of her short stories are authentic and captivating at the same time and an indispensable part of South African cultural studies.

Beethoven was One-sixteenth Black provides the title for Gordimer's eleventh collection of short stories and explores the deep wounds left by the system of Apartheid in South Africa. The story is told from **Frederick Morris'** viewpoint who teaches biology at university and used to be one of the anti-Apartheid activists in his youth. His motivation to learn more about his own past in South Africa is driven by a photograph of his great-great grandfather **Benjamin Morris** which Frederick finds in an old attaché suitcase of his mother's hidden in a box room. Searching for traces of the adventurer Ben he starts speculating about his life in pre-Apartheid Africa, where his ancestor worked as a prospector in the town of Kimberley during the gold rush in the 1860s and presumably procreated children with some black local girl. Frederick, in searching for his ancestor's possible descendants, also is in search of his own identity which, as he guesses, might be black partly – hence the short story's title. He asks himself many questions such as: were there ancestors in his family with a black skin color? Did they influence his role as an anti-Apartheid activist and finally what does the future of his multicultural rainbow nation hold? The answers to these questions are part of the plot and the story's message.

Slowly he discloses Ben Morris's story both in London and in the former colony and assumes what his daily life must have been like on the diamond fields and in his relationship to the native population. In the Easter holidays, Frederick travels to Kimberley, where Ben Morris was trying to make a fortune as a prospector. Instead of finding any traces of his great-grandfather, he learns a lot about life in the former townships, makes the acquaintance of their inhabitants and is generally accepted in their community. He enjoys their music, celebrates in bars and is impressed by the casualness of people. Although he is no wiser as to whether there might, in fact, be any relatives left through Ben's possible contacts with native girls, he feels re- assured at the end of his journey and does not even mind funny remarks by members of his faculty at university. In the end, he realized that one's skin color should not matter anymore.

Learning aims and objectives:
Students are enabled to

- apply their knowledge about the genre to Nadine Gordimer's short story,
- draft an analysis of the short story, the characters of the protagonists and the South African historical context,
- assess the reasons and consequences of the apartheid policy,
- evaluate Nelson Mandela's role in the fight against apartheid,
- comment on Frederick Morris' motives of researching his ancestor's background and the perspectives in post-apartheid South Africa.

Colonial policies and attitudes – what to do with the natives?
Near present-day Kimberley, along the banks of the Orange River in South Africa, a rich diamond field was discovered around 1867. People from Britain and other countries flocked to the area. This led to the first Boer War in 1880, as the British and the Boers (descendants from Dutch people) both claimed the Kimberley region. During the fighting the South African Republic (founded in 1852, later known as Transvaal) was re-established. After discovering gold in the Transvaal (1885), the British blocked the Boers' access to the sea. In 1902, the Afrikaners surrendered and the Transvaal became a British crown colony. In 1910, the British government established the Union of South Africa by combining their holdings in southern Africa (i. e. the Natal Colony, Cape Colony, Transvaal Colony and Orange River Colony). Once the war had brought the Boer

republics of Transvaal and the Orange Free State under British control in 1902, common policies were needed for the new federation to define their relationship to the indigenous population. To that effect the Lagden Commission (1903–1905, named after its chairman Sir Godfrey Lagden), was established. The Lagden report outlined segregationist ideas and recommended racial separation concerning landowner- ship, the founding of separated urban territories and the restriction of labour influx into towns and cities, based on already existing pass laws for the indigenous population.

Following these recommendations, the first South African Native Affairs Acts were introduced:

- the Mines and Works Act (1911), which excluded black people from jobs, such as being a demolition expert in the mines
- the Natives Land Act (1913) effectively prevented blacks from owning land, apart from some native reserves, and ended the system of share-cropping
- the Native Urban Areas Act (1923) created special areas for black people, far away from city centres (where the whites lived), forcing black people to move to "townships" on the outskirts of the larger towns.

Tasks:
(1) Summarize the restrictions for natives in the early 20th century.
(2) Explain how these limitations might have inflicted the natives' life.
(3) Give evidence from the short story "Beethoven was One-Sixteenth Black" that illustrates the way indigenous people were treated when Walter Benjamin Morris lived in South Africa.
(4) Characterize Ben Morris' attitude towards the female native population (based on the assumptions of Frederick Morris).

Answers
(1) People were separated according to their race: special pass laws were introduced that required the black and colored population to prove that they lived in special townships. Black and colored

people were only given limited access to urban areas, which were reserved for white residents. Black people were excluded from skilled jobs and restricted to manual labor on farms or for companies owned by white South African businessmen. They were not allowed to own land.

(2) The natives' daily life came under severe restrictions. They could not own land anymore, were confined to living in black ghettoes and the system of share-cropping was ended. Families might even have had to separate, because black people were not allowed unlimited access to towns anymore if they did not have a job there. Black people might have had to work under severe conditions with little pay, because nobody was interested in establishing fair working conditions and fighting for their rights.

(3) In Ben Morris' times black people were treated as inferior due to their race and had to work for the white colonists, who did not do any manual work themselves. They entirely relied on black people to unearth the diamonds and gold for their profit. Black girls used to do the household chores, while coloured women waited on the masters.

(4) Frederick considers it likely that just like the other colonists, Ben Morris turned to black or coloured girls in the absence of other female company. Given the colonial hierarchy, there seemed to have been no shortage of possibilities to have an affair; but whether there were more than the occasional contacts – or any offspring – one cannot infer from his story. Apparently, Ben Morris was a handsome and attractive young man with an aura of sexual "virility", who could have taken advantage of his superior position in the colonial society though he is not known for an abusive or condescending attitude towards the native female population.

(adapted from Klewitz 2016: 28)

Great Britain –
Andrea Levy: Loose Change
(short story: 2005)

The author and the short story

Born in East-London in 1956, Andrea Levy spent her childhood and youth in this part of town. She is the daughter of Jamaican parents and the author of several novels critical of society, focusing on the Black experience in Britain. In her first three novels she explored, from different perspectives, the problems of black Britons that look closely at Britain and its changing population. To them the connection of British history with that of the Caribbean is of paramount importance. As a case in point, in 1948, Levy's father sailed from Jamaica to England on the SS Empire Windrush and her mother joined him sometime later.

One single afternoon in the London National Portrait Gallery is the time span of a story which, at first sight, is about a woman in need of "loose change" for the toilet in the gallery. A young refugee woman from Uzbekistan called Laylor is the only one who doesn't turn her back on the first-person narrator, who herself is the grandchild of one of the first post-war immigrants. A member of the third-generation, she poses as an established citizen of London, confronted with a recent form of immigration. Initially, she feels sympathy for the young refugee and her brother, who are forced to sleep rough in the streets of London, and she realizes the dangerous situation both find themselves in. In a conversation with Laylor she learns about their plight and considers to help them and even invite them to her home. She is reminded of the negative experiences of her Caribbean grandmother, who only survives in London with the help of a real Samaritan. But her sympathy for Laylor changes into aversion when she is repelled by her outer appearance and her behaviour during their encounter. In a twist of the story the narrator abruptly leaves Laylor and abandons her original willingness to help, feeling threatened in her own comfort zone.

Info – The Windrush experience
The SS Empire Windrush carried immigrants to England for the first time in 1948. Its route was from Caribbean islands to Tilbury. [...] Many people came to England, and by 1956 there were over 40,000 immigrants that had come to this country. Year by year, up to 700 West Indians came. This had a great impact on Britain. The population increased whilst many white Britons looked at these new arrivals in disgust. Loads thought the newcomers were stealing their jobs, as these people would work for a lesser price. These jobs were available; many British workers had been killed in the world wars. Also, there was a housing issue: many houses had been bombed in the world wars. The fact that many white landlords wouldn't rent a single room to the black population didn't help the problem.

Source: http://dwjs.wikispaces.com/The+SS+Empire+Windrush

Tasks:

1. The Caribbean Background

Discuss the experiences of the Jamaican persons shown in the two video clips and **comment** on the relationship between Hortense and Queenie in her attempt to help out.
Post War Blues
https://www.youtube.com/watch?v=j31n4Nnuchg&index=4&list=PLO-wxIy9sHyYrytydLbuVLIm8qttSr2gA
What are chips? https://www.youtube.com/watch?v=pHHmLWQUPRk&list=PLO-wxIy9sHyYrytydLbuVLIm8qttSr2gA&index=5

2. Glamour and poverty in London

Notting Hill
Outline the impressions you get in these video clips of the glamorous lifestyle in London and an impossible love story.
https://www.youtube.com/watch?v=Ig_88q9M3SU&pbjreload=10
https://www.youtube.com/watch?v=xn4u-guwxfs

London Homeless
Describe the pictures shown in the video clip and **discuss** these images of poverty and the message of the song.
"Have you seen the old girl ...?" http://www.folkradio.co.uk/2017/12/ralph-mctell-streets-of-london-to-help-the-homeless-annie-lennox/

3. The Streets of London (Ralph McTell)
Streets of London" is a song written by Ralph McTell. It was first recorded for his 1969 album Spiral Staircase but was not released in the United Kingdom as a single until 1974. The song was inspired by McTell's experiences busking and hitchhiking throughout Europe, especially in Paris, and the individual stories are taken from Parisians. McTell was originally going to call the song Streets of Paris; eventually London was chosen because he realised he was singing about London. ... In an interview on Radio 5 with Danny Baker on 16 July 2016, McTell said that the market he referred to in the song was Surrey Street Market in Croydon. (adapted from Wikipedia: https://en.wikipedia.org/wiki/Streets_of_London_(song))

Have you seen the old man
In the closed down market
Kicking up the papers with his worn out shoes
In his eyes you see no pride
Hands held loosely at his side
Yesterday's paper, telling yesterday's news
So how can you tell me you're lonely
And say for you that the sun don't shine
Let me take you by the hand
And lead you through the streets of London
I'll show you something
To make you change your mind
Have you seen the old girl
Who walks the streets of London
Dirt in her hair and her clothes in rags

> *She's no time for talking*
> *She just keeps right on walking*
> *Carrying her home in two carrier bags*

https://www.youtube.com/watch?v=DiWomXklfv8

Task – creative writing
Compare the experiences related in the three episodes (Caribbean people in post war London – London's glamorous lifestyle – London's homeless), **writing** a short essay about the gap between rich and poor.
Point out first- and third-world problems.
In your **conclusion**, try to consider the different ways of how people manage their lives.

CLIL example novel

Colson Whitehead – The Underground Railroad (2016)

The author and the novel
Colson Whitehead, American novelist, born 1969 and raised in Manhattan, is the author of seven novels, including his debut work, the 1999 book The Intuitionist, and The Underground Railroad (2016), which won him the 2016 National Book Award for Fiction and the 2017 Pulitzer Prize. He has also published two books of non-fiction and presently lives on Long Island with his family. The Afro-American writer's story about two runaway slaves trying to escape to their freedom by connecting to the abolitionist network of the underground railroad was included in the selection of Oprah Winfrey's Book Club and the summer reading list of former US President Barack Obama.

Info – Barack Obama A Promised Land (2020)

> [March 2007] The Selma commemoration could have turned out into an uncomfortable political spectacle, but when I arrived, I immediately felt at ease. ... When I entered the historic Brown Chapel AME Church for the service, I learned that Reverend Lowery had asked to say a few words before I was introduced.

"When we started the movement, a lot of folks thought *we* were crazy. ... That there's another *crazy Negro* ... and he tell you that everybody in the movement was a little crazy ... But like cholesterol there is *good* crazy and *bad* crazy, see? Harriet Tubman with the Underground Railroad, she was as crazy as she could be! And Paul, when he preached to Agrippa, Agrippa said, 'Paul, you crazy' ... but it was a *good* crazy." The crowd began to clap and cheer as Reverend Lowery brought it home.

"And I say to you today that we need more folks in this country who are a good crazy. ... You can't tell what will happen when you get folks with some good crazy ... going to the polls to vote!" (Barack Obama. A Promised Land. NY: Crown. 2020. 123/4; original emphasis)

Michelle Obama – Becoming (2018)
"I thought often of what I owed and to whom. I carried a history with me, and it wasn't that of presidents or First Ladies. I'd never related to the story of John Quincy Adams[1] the way I did to that of Sojourner Truth[2], or been moved by Woodrow Wilson[3] the way I was by Harriet Tubman. The struggles of Rosa Parks[4] and Coretta Scott King[5] were more familiar to me than those of Eleanor Roosevelt[6] or Mamie Eisenhower[7]. I carried their histories, along with those of my mother and grandmothers." (Michelle Obama. Becoming. NY: Crown. 2018, 365/6)

Some facts about the Underground Railroad: The Underground Railroad was a network of safe houses and dedicated helpers to support slaves escaping from their servitude. It was highly organised and a great number of people were involved in its activities. It was difficult for slaves to escape, especially because of the Fugitive Slave Acts that offered big rewards for capturing them. Rendition of slaves was based on slave catchers and focused on capturing children to sell them into slavery. Harriet Tubman worked for the Union Army captain after leading fugitives to freedom. George Washington wanted to get back his slaves who were found in New York by the British commander. The South fought in the Civil War

> because it wanted to protect the farmers and their cotton harvests. In 1860, there were four million slaves in the US, less than one per cent of whom able to escape on the Underground Railroad.

The content:
Cora and Caesar are two slaves on a particularly vicious cotton plantation in antebellum Georgia, owned by the Randall brothers. When violence gets unbearable, they try to escape on a subterranean train to freedom, called the Underground Railroad. They are relentlessly pursued by the self-appointed slave catcher Ridgeway but temporarily shake off his crew in South Carolina. What makes this story special are two aspects: after a conventional depiction of the slave-system in the US South in the early and mid-1800s, the story crosses the line into **magic realism** by presenting the underground railroad – the metaphor for freedom of slavery – as an actual railway with engineers, conductors, tracks and tunnels. Cora, however, is repeatedly caught by Ridgeway and temporarily made to live an Anne Frank existence in an attic, an intended historical parallel by the author. There are also implicit references to the present-day racial troubles in the US and the #*blacklivesmatter* network, founded three years before the novel's publication. Whether Cora will make it to the North and find freedom from slavery is shown in a decisive "showdown" between herself and the slave catcher at the end of the novel. Barry Jenkins, well-known from his film *LaLa-Land*, has directed the movie to the book, starring Thuso Mbedu as Cora.

The novel has measured the history of slavery in the US in new ways and, at the same time, includes a direct present-day relevance. With a reference to Anne Frank's fate during World War II it also deals with the historical genocide of the so-called Indian Removals and the Trail of Tears in the 19th century. Embedded in **Magic Realism**, the reader is able to experience traceable intertextuality and critique of current issues.

The author himself confirms his turn to magic realism:

> Well, the Underground Railroad was a network helping runaway slaves to escape. At the moment when – in the novel – a real railway traverses the underground, the story abandons its historical accuracy. I have also

> invented South Carolina in the novel, as well as North Carolina. I didn't want to stay with the facts but with the truth. (And this is what you call magic realism?) There you go. This seems to be the term agreed upon. Without a common language it doesn't seem to work. (Interview in: Die Welt: 20.8.2017 – my translation)

In the same interview Whitehead explains his intention to differentiate between reality and truth when he writes about Cora as a living exhibit in the Museum of Natural Wonders. **In the novel:**

> The stuffed coyotes on their stands did not lie, Cora supposed. And the anthills and the rocks told the truth of themselves. But the white exhibits contained as many inaccuracies and contradictions as Cora's three habitats. …**Truth was a changing display in a shop window, manipulated by hands when you weren't looking, alluring and ever out of reach** (138/9, my emphasis).

The author says about this line (in the same interview in *Die Welt*, one year after the novel was published):

> "I remember when I wrote this key sentence. A creative outburst from page 30 to 110, in a few weeks. And I still know that I was happy with this passage. It simply depends on which century you live in and whose shoes you are in. Normally, history is written by the victors, but sometimes those who haven't won get the chance to write their own version of the story." (Die Welt: 20.8.2017 – my translation)

What Whitehead manages to do is to escape history to some extent, and to present slavery as a state of mind that relates to race relations today. And he does so by making it obviously not a real history; the truth being not in the historical accuracy but in tone and character. The same is achieved by the depiction of the North Carolina "Trail of Tears" and other unreal elements woven into the story.

Tasks:
Delineate instances of Magic Realism in the novel and define the transitions when the narrative "leaves" real events.
Discuss why the Obamas refer to the Underground Railway and Harriet Tubman particularly in their autobiographies.
Comment on Colson Whitehead's strong opinions about genocide and the Holocaust.

Among the effects of Magic Realism are: destabilizing mainstream ideologies, giving voice to those who have been written out of history, create a particular fusion of fact and reality etc. A detailed analysis is presented as a comparison of two novels, Colson's The Underground Railroad and King's Green Grass, Running Water, in the context of studying the Canadian novel (see below).

Thomas King – Green Grass, Running Water (1993)
This example is a tri-partite module of prose, history source and learning activities

The author and the novel
Thomas King (born 1943) is a writer, academic and broadcaster. His father was Cherokee and his mother of Greek and German background, and he grew up in California. He has a PhD in English and American studies from the University of Utah and is currently Professor of English and Creative Writing at the University of Guelph. He is the author of fifteen novels and short story collections, including *A Coyote Columbus Story* (1992) and *Green Grass, Running Water* (1993), which were both nominated for the Governor General's Award. In 2003, he was chosen to deliver the prestigious Massey Lectures, published as The Truth about Stories. A year later, Thomas King was made a member of the Order of Canada.

Choosing the title of *Green Grass, Running Water* Thomas King had a certain historic connotation in mind. In order to make Native North Americans move west of the Mississippi, the then American President Andrew Jackson promised them to provide for free land "*as long as the grass is green and the water runs.*" Its significance referring to land rights and a "tradition" of broken promises will be referred to in the story behind the story. The importance of land in First Nations' culture and the policy of the "land grab" are underscored throughout the novel and have become a recurrent theme of King's later writings, such as in *The Inconvenient Indian*.

The Inconvenient Indian (2012) by Thomas King

Thomas King, as historian as well as novelist, delivers a succinct answer to many of the inter-connected issues in *The Inconvenient*

> *Indian* (2012). He turns history upside down, but, at the same time, is able to alert his readers to the problematic interactions between Aboriginals and the mainstream community.

The Inconvenient Indian is a mixture of entertaining stories and historical narrative. And there is a direct connection to the novel Green Grass as well, when the book title is explained as part of the Indian experience with White settlement:

> I know that Andrew Jackson promised the Choctaw and the Cherokee that, if they left their lands east of the Mississippi and moved west of the river, 'There beyond the limits of any state, in possession of land of their own, which they shall possess as long as grass grows or water runs. I am and will protect them and be their friend and father' (King, The Inconvenient Indian 224).

In contrast to the novel, however, the criticism of White politicians, broken treaties and unfulfilled promises is much more overt. King's point is explicit: *"it's all about land"*.

Task:

The novel at hand was published in different countries (the German title: "Wenn Coyote tanzt"). If you enter "book covers Green Grass, Running Water" in a search engine, it will come up with at least 4-5 different book covers. Have a closer look at them. The book covers can be assigned to different groups, which will note down similarities and differences. By informed guessing, **discuss** why different images were used in editions for Canada, the US and Germany.
    Write your texts in tandems and compare results in plenary.

LITERARY CLIL 255

Scaffolding

Book covers
One cover shows the image of a dancing animal, presumably a coyote ... The book title is integrated into the drawing of the German cover ... The cover of the Canadian edition is rich in imagery ...

Broken Promises

activities	topic and tasks	materials
Guided Start describing different book covers; writing blurbs	**Book Title** tasks: students find different covers and discuss their cultural contexts by informed guessing; they research the historic meaning of book title Green Grass ... (cf. timeline)	
Experiential Learning individually scanning and analysing excerpts from the novel; mind mapping in plenary	**Broken Promises** tasks: students identify passages dealing with Alberta's lecture and Alberta's men (→ materials); they establish historical references and add information to timeline	Green Grass: pp. 4-19 and 42-47
Target Activity interpreting some of the novel's main episodes, such as relations inside/outside the Blackfoot reserve, using think-pair-share	**Birthday invitations** tasks: students focus on Lionel's invitation to Alberta's birthday party and her declining it; they discover the case in point and assess whether Alberta's behaviour towards Lionel or Charlie can be compared to the way the US government treated the Native Americans	Green Grass: pp. to be identified by students

Indians are ... the Creation Myth

activities	topic and tasks	materials
Guided Start working with rubrics and preparing short stories to be told in plenary in the "Indian tradition"	**Oral Storytelling** students familiarize themselves with totem poles; identify them as part of the Indian cultural-religious heritage and study animal symbols; functions of totem poles are researched and explained: telling younger generations about the meaning of the poles	Totem Pole in Stanley Park. Foto © Bernd Klewitz
Experiential Learning working in groups and generating gallery walk, exhibits presented by group experts	**Creation Myth versus Bible Stories** tasks: Students scan and analyse different passages in the novel and find references to both Indian and Bible stories; they juxtapose the narratives with critical purpose and thus develop transcultural competence	Green Grass: pp. 1-3; 38-40; 40-42; 72-74; 386-391
Target Activity working in tandems and presenting results in plenary	**Trickster God Coyote (GOD <-> DOG)** tasks: the ambivalent role of this leading figure in Indian mythology is to be researched; students present passages from the novel and discuss findings in plenary	Green Grass: pp. 1-3; 72-74; 105-107; 112; 448-450; 455f.

(Klewitz 2017b: 263 f)

According to Thomas King, **magic realism** in *Green Grass* serves to break the borders between reality and fantasy so that one can freely move between the one and the other:

What I like about the magic realists and what I adapt for my own fiction –
and maybe I am a magic realist – ... I like the idea that you can move beyond
reality in a way that doesn't make the novel seem eccentric or fantastic. In
Green Grass the real, as it were, and the fantastic are so intertwined so as to
dovetail one into one another that it's hard to draw a line between where
one ends and the other begins. I think that's one of the tricks I try to accom-
plish, is to say that there is no line between what we can imagine and what
we understand or what we see. If that makes me a magic realist then so be
it. But I really am concerned about breaking the borders down between reality and fantasy. It really frees me as a writer (Andrews 1999: 161 f.).

Colson Whitehead/Thomas King – Magic Realism

Magic Realism

Task: Identify related evidence of magic realism in one or two of the novels and comment on them in the context of the plot (*nota bene*: instructors might want to create handouts leaving blanks in the evidence rubrics).

The effects of magic realism are to ...	Evidence in The Underground railroad	Evidence in Green Grass, Running Water
... show that there is no absolute truth (just different interpretations of reality) by making the fantastic creep into everyday life without noted as anything out of the ordinary.	perspectives and reasoning of: slaves – regulators – station masters – bystanders ...	a dog relieves itself on Babo's car, which is the beginning of it floating away (cf. p. 23) nobody knows whether the Indians are men or women (cf. pp. 56/57)
... destabilize mainstream ideologies, stereotypes and myths and therefore influence our perception of the world.	slave owners – state laws – resistance – Ridgeway fights for the "American Spirit", John Valentine offers his farm as a rescue (314 ff)	important figures in Christian mythology are portrayed in a negative way (cf. pp. 37–42) Alberta's independence is more important to her than a relationship (cf. p. 45)
... give voice to those who have	Royal's "coded messages" (311)	animals are granted a say and prove to be more

been written out of history.		intelligent than Ahdamn (cf. p. 41)
... construe identities.	Cora is the "adventuress" (327)	the four Old Indians are not known by their surname and turn out to be women according to Babo (cf. pp. 55/56)
... create a particular fusion of fact and fantasy.	"Underground Railroad" – a metaphor and a historical network: "men and women excavated a million tons of rock ..." (362)	Dr. Eliot and Dr. Hovaugh discuss historic events in connection with the Old Indians that prove that they are hundreds of years old (cf. pp. 47–50)
... present truths as unstable (stories are interrupted and retold and thus the reliability of the narration is undermined).	Ridgeway's family and "career"	stories are retold and have to be corrected, e. g. the comparison of the Pinto to a ship is incorrect (cf. pp. 25/26) Norma believes Lionel had his throat cut (cf. pp. 28/29)
... present the common as marvellous and the marvellous as ordinary.	Cora's courage and energy in the light of the 'faked news' in the Museum of Natural Wonders	Lionel is mistaken for a boy with a heart problem at the hospital and ends up in Toronto (cf. p. 34) the Indians are said to be 400 years old (cf. p. 52)
... alert the reader to shifting levels of reality and varying interpretations of events.	Ridgeway and Cora: "I will hold him close, close like a lover" (361)	during Babo's interview with the police (reality), her car begins to float away (fiction) (cf. pp. 22, 26)
Students' findings	ad lib.	ad lib.

Australia – Tim Winton: Breath (1999)

The author and the novel
A man who is fiercely loyal to the stories of his home is Tim Winton. In his latest novel, there are dashes of local colour and a large dose

of reflection. It comes under the title of Breath and he took the time to tell us about the book, writing, and life, on Mornings.

"*It's easier writing them than talking about [books],*" Winton prefaces the interview with before cautioning further that "*it's too soon [after writing the book] to know what I feel about it. At this stage, the only clear feeling is a sense of relief that I've got through it and I'm out the other side.*"

And while Winton isn't sure what he thinks of his latest work, the critics seem to like it. That isn't necessarily good news for him though. "*The only thing worse than a really bad review is a really good review, because you get nervous,*" he offers. "*Also, I don't want to get used to it. You can see other people who are so accustomed to being told they're good that when somebody pulls them up it's a rude shock, so I think I try and stay conscious of my good fortune and how fragile it is.*"[82]

Breath looks like a novel about surfing – the plot is set in Western Australia and depicts a coming-of-age story of the main character, Bruce Pike (from Sawyer in WA). It is that as well, but the beginning and ending show different perspectives. In an excerpt – taken right from the start of the novel (pages 3-7)[83] Bruce has come of age, is fifty now and works as an ambulance man. Together with his younger colleague Jodie, he arrives at an accident scene. But the paramedics are too late to save the life of a boy found hanged in his bedroom by his mother.

Bruce feels at once that this death might not have been an accident after all – and he does so because of his earlier experiences as a surfer, where he used to test his own limits. He has chosen to work as a paramedic, as he tells us in the novel, 'to save lives and try to be kind'. And he can feel for the victim because of his own flirts with death – as a surfer – pushing every border in the struggle to be extraordinary, never really knowing where to stop.

---

[82] From: Podcast with Tim Winton on his Book *Breath* https://www.abc.net.au/local/stories/2008/05/07/2238315.htm.
[83] Tim Winton, Breath, Farrar: 2008.

Discussion

Discuss how Bruce (= first person narrator, acting as a paramedic on a scene of action) feels on his approach to the 'accident' and what he thinks about his partner Jodie?

Excerpt (*Breath*)

We come sweeping up the three-lined boulevard with siren and lights and when the GPS urges us to make the next left we take it so fast that all the gear slams and sways inside the vehicle. I don't say a thing. Down the dark suburban street I can see the house lit like a cruise ship.

    Got it, she says before I can point it out. Feel free to slow down.
    Making you nervous, Bruce? Something like that, I murmur.
    But the fact is I feel brilliant. This is when I feel good, when the nerve-ends are singing, the gut tight with anticipation. It's been a long, slow shift and there's never been any love lost between Jodie and me. At handover I walked up on a conversation I wasn't supposed to hear. But that was hours ago. Now I'm alert and tingly with dread. Bring it on.
    At the call address Jodie kills the siren and wheels around to reverse up the steep drive. She's amped, I guess, and a bit puffed up with a sense of her own competence. Not a bad kid, just green. She doesn't know it but I've got daughters her age.
    When she hits the handbrake and calls in our arrival at the job I jump out and rip the side door back to grab the resus kit. Beneath the porch steps on the dewy grass is a middle-aged bloke hugging himself in silence and I can see in a moment that although he's probably done his collarbone he's not our man. So I leave him to Jodie and go on up to announce myself in the open doorway.
    In the living room two teenage girls hunch at opposite ends of a leather couch.
    Upstairs? I ask.
    One of them points without even lifting her head, and already I know that this job's become a pack and carry. Usually they see the uniform and light up with hope, but neither of them gives me as much as a glance.
The bedroom in question isn't hard to find. A little mat of vomit in the hall. Splinters of wood. I step over the broken-down door and see the mother at the bed where the boy is laid out, and as I quietly introduce myself I take it all in. The room smells of pot and urine and disinfectant and

it's clear that she's cut him down and dressed him and tidied everything up.

I slip in beside her and do the business but the kid's been gone a while. He looks about seventeen. There are ligature marks on his neck and older bruises around them. Even while I'm going through the motions she strokes the boy's dark, curly hair. A nice-looking kid. She's washed him. He smells of Pears soap and freshly laundered clothes. I ask for her name and for her son's, and she tells me that she's June and the boy's name is Aaron.

I'm sorry, June, I murmur, but he's passed away. I know that.

You found him a while ago. Before you called. She says nothing.

June, I'm not the police.

They're already on their way.

Can I open the wardrobe? I ask as Jodie steps into the doorway. I'd prefer that you didn't, says June.

Okay. But you know that the police will.

Do they have to?

The mother looks at me properly for the first time. She's a handsome woman in her forties with short, dark hair and arty pendant earrings, and I can imagine that an hour ago, when her lipstick and her life were still intact, she'd have been erect and confident, even a little haughty.

It's their job, June.

You seem to have some kind of ... assumption.

June, I say, glancing up at Jodie. Let's just say I've seen a few things in my time. Honestly, I couldn't begin to tell you.

Then you'll tell me how this happened, why he's done this to himself.

I've called for another car, says Jodie.

Yeah, good, I mutter. June, this is Jodie. She's my partner tonight.

Go ahead and tell me why.

Because your husband's broken his collarbone, says Jodie. He broke down the door here, right?

So what do I tell them? the mother asks, ignoring Jodie altogether.

That's really for you to decide, I say. But there's no shame in the truth. It's fairer on everybody.

The woman looks at me again. I squat in front of her beside the bed. She smooths the skirt down onto her knees.

I must be transparent, she murmurs.

I try to give her a kindly smile but my face feels stiff Behind her I can see sexual posters on the wall: surfers, rockstars, women in provocative poses. The bookshelf above the desk has its sports trophies and souvenirs from Bali and the computer goes through a screensaver cycle of the twin towers endlessly falling. She reaches for my hand and I give it to her. She feels no warmer than her dead son.
No one will understand. No, I say. Probably not.
   You're a father.
   Yes, I am.
   Car doors slam in the street below.
   June, would you like a moment alone with Aaron before the police come in?
   I've had my moment, she says, letting go my hand to pat her hair abstractedly.
   Jodie? Will you just pop down and let the police know where we are?
   Jodie folds her arms petulantly but goes with a flick of her little blonde ponytail.
   That girl doesn't like you.
   No, not much.
   So what do I do?
   I can't advise you, June.
   I've got other children to consider. Yes. And a husband.
   He will have to go to hospital, I'm afraid.
   Lucky him?
   I get to my feet and collect my kit. She stands and brushes her skirt down and gazes back at the boy on the bed.
   Is there anyone else you'd like me to call?
   Jodie and two cops appear at the door.
   Call? says June. You can call my son back. As you can see, he's not listening to his mother.

(Source: Tim Winton, Breath, Farrar 2008, pages 3-7)

Task (creative writing)

1. After the 'accident' the police interrogates Aaron's mother, father and siblings to decide whether the boy has really committed suicide – they need to be very careful and tactful questions are required. Write the dialogue(s).

2. Aaron's homeroom teacher (he was a student in Year 10 of Heartbreak High, a secondary college in Bondi Beach, Sydney) visits the family, ex- tends her condolences and informs them about Aaron's problems at school. Write the conversation.
3. Aaron was part of an anti-drug program, as he was repeatedly caught with drugs (pot). The school counselor explains, in his report, why the program failed in Aaron's case. Write this report.

The genres of music, poetry and rap will be outlined in some detail in the next section.

CLIL example poetry

In Teilen eine poesievolle Reaktion auf die Ausstellung „Fantastische Frauen" (Schirn Kunsthalle Frankfurt: 2020): Das Thema der Ausstellung bezog sich auf den Surrealismus als *state of mind*, nicht nur als Malstil. Der Marburger Schriftsteller und Musik-Lehrer Lothar Balzer schreibt über die Vertreterinnen der Bewegung und ihren Beitrag zu einer rebellischen Kunstauffassung und Schule. 34 Künstlerinnen aus 11 Ländern gehörten zu den Surrealisten, die ab den 1920er Jahren Manifeste schrieben und Zeitungen herausgaben, in denen sie politische Entwicklungen und die Psychoanalyse diskutierten und Ideen zur Veränderung der Gesellschaft vorschlugen. Die Bewegung verbreitete sich in ganz Europa, Nord- und Mittelamerika, wie zum Beispiel durch Frida Kahlo. Zum ersten Mal werden ausschließlich Künstlerinnen vorgestellt, von denen Lothar einige in seiner poetischen Version zeigt, wie sie ihr Leben und ihre Kunst in den neuen Medien interpretieren.[84]

---

[84] Vgl. https://schirn.de/fantastischefrauen/digitorial/en/.

Lothar Balzer

Fantastische Frauen (Schirn Frankfurt 2020) *für Katharina Eckel*	**Frida Kahlo** — acht Schnappschüsse
Fantastische Frauen I **Remington Silent** (Fotografie von Lee Miller) das Schweigen der Schreibmaschine kann lauter nicht sein als auf dieser Fotografie in alle ihre Einzelteile zerschlagen liegt sie auf dem Tisch nie wieder wird man auch nur ein Wort von ihr hören	**1. Frida** jederzeit springt die schwarze Katze jedem ins Gesicht jederzeit ist das schwarze Äffchen ganz bei sich jederzeit tanzen ihre Ideen wie Schmetterlinge hat sie statt Grillen Libellen im Kopf der Kolibri an ihrem Hals ist fest verknotet wenn er sich in die Luft erhebt erwürgt sie dieses Dornenhalsband **an dem sie ihn trägt** jederzeit

Fantastische Frauen II

Sheila Legge
(Fotographie von Claude Cahun)

auf dem Trafalgar Square
erstarren die Tauben
wer
   ist diese Frau

der anstelle eines Kopfes
dieses Bouquet Rosen blüht
der anstelle eines Kopfes
dies Feuer von Rosen lodert

sie
   muss nichts erklären
sie hält das ausgerissene Bein
noch in der Hand

2. Kahlo

diese Brauen sind Bögen
Brückenbögen
über das braune Meer
ihrer Augen
in ihrem Salzwasser
sammelt sich
alle Traurigkeit dieser Welt
hab keine Angst
vor dem Rot ihres Mundes

heute hat sie schon gefressen

Fantastische Frauen III

Lee

Kräuter des Bösen
  musste sie pflücken diese
  Siebenjährige

das zerbiss sie als Krankheit
Gonorrhoe ihr Leben lang

  die Familie
verstreute ihre Asche
im Kräutergarten

3. Die ewig jüngere Frida
oder Die Geburt einer Ikone

1910
war die Geburt der mexikanischen
Revolution
1910
war die Geburt dieser mexikanischen
Ikone

wer
   will schon mit einer Ikone
über drei Jahre streiten

Fantastische Frauen IV **Magdalena Carmen Frida Kahlo Calderon** sie nimmt diese Metallstange die sie durchbohrt hat sie nimmt diese Metallstange lernt damit balancieren auf dem dünnen Drahtseil Leben	**4. Frida und Salvador** oder Die Opfer der Surrealisten ein ganz früher Bewunderer von Frida Kahlo war Salvador Dali hatte er sie doch einmal frühmorgens bei ihrer Gymnastik angetroffen Frida stand gerade auf dem Kopf als er sie sah ihre zusammengewachsenen kräftigen Augenbrauen trafen ihn ins Herz sie lösten in ihm den Wunsch aus sich einen solchen Schnurrbart wachsen zu lassen und so wurden Fridas Augenbrauen Salvadores Markenzeichen die Einzige die darunter zu leiden hatte war Gala verlangte doch Salvador von diesem Tag an von ihr innerhalb des Hauses auf dem Kopf zu stehen und auf den Händen zu gehen

Fantastische Frauen V
 	
Die Kriegsfotografin
 	
jeder Druck auf den
  Auslöser löst etwas aus
  ein gefrornes Bild
 	
es stürzt in ihre Seele
wird nie wieder auftauen
	5. Der Brunnen
	
	Frida war ein Brunnen
	
	ihr Ehemann ihre Freunde ihre Tiere
	konnten darin Wasser schöpfen
	ihre Feinde
	konnten darin ertrinken
	auch ehemalige Geliebte wie Leo Trotzki
	in den Nächten
	konnte man sich darin spiegeln
	als ein Vollmond leuchtete
	der Mörder Trotzkis Josef Stalin
	
	Frida war ein Brunnen

Fantastische Frauen VI Unica Zürn als Unica sich aus dem Fenster stürzt fällt sie nicht dem Boden entgegen die Anziehungskraft der Erde hat für sie aufgehört sie fällt Richtung Himmel das was zuerst als Boden ihr entgegen kam erweist sich nun als dunkle Wolke sie stürzt mit dem Kopf hindurch und ist frei	6. Ford oder Frida und das Selbstportrait auf dem Denkmal auf all den rauchenden Schornsteinen die unter den Sternen dieser Flagge blühn steht der Name Ford die Freiheitsstatue hat keinen Platz mehr zwischen Fabrikschornsteinen und den Liegebatterien für die Menschen der Große Bruder sieht aus vielleicht wie du und ich und seine Stimme spritzt rot aus den geerdeten Lautsprechern während diese Trikolore fast ein Spielzeug ist so wie die Zigarette als Fackel dieser Freiheitsstatue in dem rosa Kleid mit den alten Göttern spielt 1932 nicht mal mehr ein Kind nur Sonne Mond und Sterne haben das Sterben der Götter überlebt und diese Ikone die kein Gold zum Leuchten braucht die ihre Strahlkraft gewinnt aus dem verborgenen Leben der Pflanzen

Fantastische Frauen VII	7. Das Leben und die Malerin
Lee Miller	
	ihr Haar ist schwarz
	nie hatte es eine andere Farbe
Krieg	nie wird es eine andere Farbe
Krieg und	haben
Vernichtungslager	ihr Haar ist schwarz
Menschenvernichtungslager	
und jetzt dieses Kind dies Wun-	bevor ihr das Leben
der Kind	eine Farbe aufzwingt
wie soll sie das überein bringen	lässt sie das Leben Leben sein
wie	ihr Haar ist schwarz
soll sie	
die der Welt	Ikonen haben keine grauen Haare
das Gesicht Krieges zeigte	
das Gesicht eines Kindes ertragen	
wie	
soll sie	
die Buchenwald die	
das KZ Dachau fotografiert hat	
einem Kind in die Augen sehen	
wie	
Frieden machen mit der Welt	
Frieden finden mit dem Leben	
Frieden sich selber zutrauen	
man muss Gott sein	
um den Menschen vergeben zu	
können	

8. Ballade von Frida Kahlo
(nach einem Gemälde von Alice Rahon)

nun ists für immer Nacht
tiefblaue Tiefseenacht
Hell schimmert nur von ganz tief unten
ein Riesenrad es dreht sich noch
auf diesem Jahrmarkt Mexico
die Menschen hat man angebunden
man sieht sie gut in ihrem hellen Fell
Straßenlampen spenden
ihr schwaches Licht
auch die Lichter der Häuser
dringen kaum durch dieses Dunkel
die Tiere Katzen Vögel Lamas
sind alle größer
als der Traum der Albtraum Mensch
der ganze Kreislauf Leben
er dauert diesen Augenblick

zwei Pferde brechen aus und fliehen
in die Nacht

CLIL example music/lyrics

In CLIL-Modulen ist Musik neben der Literatur eine bevorzugte Wahl, weil wir Wissen über Musik mit sprachlicher Entwicklung verbinden können, indem wir an Texten arbeiten, die in die Interpretation von Musik eingebettet sind. Die Vielfalt der Musikkultur wird durch jugendorientierte Genres wie Hip-Hop, Rap und Poetry Slam bereichert, die authentische und emotionale Erfahrungen verbinden und realitätsnahe Sprachaktivitäten ermöglichen. Die Vorteile eines musikbasierten CLIL-Ansatzes werden durch die besondere Eignung der Musik für die Entwicklung sprachlicher Fähigkeiten untermauert, und musikalische Aktivitäten unterstützen das transkulturelle Lernen und die dritte Säule des kompetenzbasierten Lernens – die Neigungen der Lernenden.

Der CLIL-Musikunterricht basiert auf zwei Schlüsselbegriffen, die Sprach- und Musikunterricht miteinander verbinden: *„teaching new content material and helping children to acquire the langugae that goes with the content"* (Willis 2010: 29). Mit diesem Ansatz können die folgenden Ziele erreicht werden:

- Exposure to spoken English
- A clear purpose for listening to English and trying to understand
- A context for using English
- A reason for reading and writing (ibid.)

In diesem Zusammenhang ergeben sich eine Reihe von didaktisch-methodischen Fragen: Welches Potenzial bietet CLIL-Musik für die sprachliche Entwicklung? Warum funktioniert Musik im Rahmen eines CLIL-Ansatzes, und auf welche Weise im Einzelnen? Welche musikalischen Aktivitäten bieten sich an? Und wie können diese den Spracherwerb fördern?

Antworten darauf lassen sich in folgenden Aspekten zusammenfassen:

> (1) providing authentic study settings and real-life communicative speech acts; (2) encouraging awareness of sound, rhythm and musical texts along with learning and memorizing words and language chunks; (3) close listening based on target-oriented and real-life intentions in order to experience

> timbre, tone pitch and musical expression as well as rhythm and speech intonation by *warm-up activities, physical and vocal warm-ups, listening and experimenting with sounds, action songs & rhymes, listening and responding to music, composing and performing class music;* (4) supported by *language extensions: new context or song, mini-dialogues for intonation work, games for vocabulary revisions, e.g. miming, follow up chats and discussions, mini-projects with cross-curricular links* (adapted from ibid.: 30).

Gerade Liedtexte bieten eine Vielzahl von Einsatzmöglichkeiten für alle Sprachkompetenzen, da sich die *lyrics* als Kurzform von Literatur für Verständnisüberprüfungen, Zusammenfassungen, alternative Textversionen, Transformationen, eigene Textprodukte und Raps sowie Multiple Choice, Lückentexte, Intonation und Aussprache eignen:

> If children are interested in the subject matter, or if they really want to join in an activity, they will listen hard and try to make sense of what they hear so that they can participate in the lesson. The more they listen and understand, the more they will learn. And everyone learns a language best by experiencing it in use, so using that language to do something that they want to do, or learning something new that interests them, provides a real purpose for listening (Willis 2010: 29).

Musik als Sachfach weist eine große Affinität zu *culture* auf, dem vierten Parameter von CLIL, in diesem Fall dem der Zielsprachenländer, so dass Musik und Originalquellen den pädagogischen Zielen der Handlungsorientierung und des authentischen Bezugs entsprechen und die Lese- und Schreibkompetenz in verschiedenen Medien fördern können. Darüber hinaus führt die Kontextualisierung musikalischer Ausdrucksformen in ihren kulturgeschichtlichen Formen zum Verständnis schülereigener musikalischer Orientierungen und unterstützt den Erwerb der formalen Sprache und die Interaktion zwischen Musik und Sprache (vgl. Hallet 2013: 278). Daher ist schwer nachvollziehbar: „*Bilinguale Musikzweige sind äußerst rar ..., CLIL-Module, Lerneinheiten, die über einen begrenzten Zeitraum gehen, hingegen nehmen zu*" (ebd.: 272).

Die Affinität von Musik- und Spracherwerb wird auch in der anglophonen Diskussion unterstrichen, wo der Mehrwert einer CLIL-Orientierung für die musikalische Bildung betont wird:

> Many subjects can be taught using a CLIL approach, but music as a content area has particular benefits, especially for children. As teachers, we know that children love music and singing and that they have a great curiosity about language. Music and language work well together. Singing is an excellent way for children to learn and memorise words and phrases and to develop familiarity with the sounds and structure of the language. Music helps children respond to ranges in tone, pitch and expression in the voice. It encourages children to listen carefully and concentrate hard on small details of pronunciation, stress and rhythm in the context of song or rhythm activity (Willis 2010: 29f.).

Vier Aspekte von *CLIL-Music* sind hervorzuheben, da sie Multiliterarität ermöglichen und den Erwerb von musikalischen Textmustern und Kompositionen unterstützen, die das Kommunikationsbewusstsein in diesem besonderen Medium fördern:

> 1. Einbettung von Liedern und anderen musikalischen Ausdrucksformen in ihren historisch-kulturellen Kontext, wie z. B. in Roots of Jazz.
> 2. Verstehen der eigenen musikalischen Orientierungen und der Einflüsse auf aktuelle musikalische Strömungen wie bei der Übernahme von Jazz und Blues durch weiße Musiker.
> 3. Erlernen der formalen Elemente der Musik, zum Beispiel die Technik der Synkope im Ragtime.
> 4. Verschmelzung von sprachlichen Aktivitäten wie Zuhören, Zuschauen, Artikulation und außersprachlichen Aktivitäten wie das Komponieren eines eigenen Raps, Textes oder Musikstücks (vgl. Hallet 2013: 274-278).

Ein Blick in Schulbücher und Übungsbeispiele zeigt eine zunehmende Einbeziehung von Musik Samples in den FU, verstärkt durch die wachsende Verflechtung von digitalen und mediengestützten Materialangeboten, die auch einen CLIL-Musikansatz befruchten können. Konsequent werden Musikstücke in Schulbucheinheiten vorgestellt und in aufgabenorientiertes Lernen integriert: Die Einheit „*Dreaming of Equality*" (Context 2010: 14) beispielsweise ist für die Jahrgangsstufe 10/11 geschrieben und enthält den Song *Strange Fruit* (*originally performed by the blues singer Billie Holiday in 1939; the tasks: listen to the song/first reaction – understanding imagery – putting the song in context* ... ebd.: 35).

Im Folgenden werden zwei Musik-Module vorgestellt, die die methodischen Variationen und die große Affinität zwischen Musikkultur und bilingualem Lernen verdeutlichen und einen Beitrag zu verschiedenen Kompetenz-Formen und des

Kommunikationsbewusstseins leisten, einschließlich eines Schwerpunkts auf der Poesie von Liedtexten. *Roots of Jazz* stammt aus den USA, die australischen Samples sind an politischen und historischen Themen orientiert.

The Roots of Jazz

12 Years a Slave – choir song – *roll jordan roll*
During the 19th century, this spiritual (written by Charles Wesley one century earlier) became well-known among American slaves and was used as a coded message for escape during the American Civil War. It helped inspire the blues and was used as one of the theme songs in the film "12 Years a Slave" – in pre-civil wartime (1841), a free black man from upstate New York was abducted and sold into slavery (for 12 years before being released). (https://www.youtube.com/watch?v=7oFcFzJT7Tw)

Tasks:
Outline the film plot and **describe** the historical background.

Lyrics:
Well, roll Jordan, roll (roll Jordan)
Roll Jordan, roll (roll Jordan, roll Jordan)
I want to go to heaven when I die
Roll Jordan, roll (chorus)

First listening:

Gospel Soul – *Swing low, sweet chariot*
The origins of this gospel song tune lie in the attempts of slaves escaping slavery by means of jumping on wagons to hide and get away. Working in the cotton fields, slaves would sing this gospel song about a fellow slave escaping this way – "chariot" being a euphemism for the means of transport. (https://www.youtube.com/watch?v=yZBz5iwLtXs)

Lyrics:	Swing low, sweet chariot
I looked over Jordan and what did i see?	Commin' for to carry me home
Commin' for to carry me home	Swing low, sweet chariot
There was a band of angels, a-commin after me	Commin' for to carry me home
Commin' for to carry me home	

(http://www.songtexte.com/songtext/johnny-cash/swing-low-sweet-chariot-1bd41154.html)

Second listening:

Duke Ellington - *Take the A train.*
This song is about the New York subway line to the Sugar Hill District of Harlem. It was written (by Billy Strayhorn) for Duke Ellington's band and originally recorded in 1941.

Lyrics:
You must take the "A" train
To go to Sugar Hill way up in Harlem
If you miss the "A" train
You'll find you missed the quickest way to Harlem
Hurry, get on, now it`s coming
Listen to those rails a-thrumming
All aboard, get on the "A" train
Soon you will be on Sugar Hill in Harlem

https://www.youtube.com/watch?v=cb2w2m1JmCY

Tasks:
Compare with other gospel songs and spirituals and **discuss**, why they are still very popular right up to the present day.
Analysis:
Outline the development of gospel songs and swing and – including ragtime – **assess** how these genres are connected – historically and in terms of "borrowing" from each other.

The Entertainer by Scott Joplin
Scott Joplin wrote the piece in 1902, and during the 1910s it would be played on (self-playing) player pianos. It is a classic of ragtime

and returned to prominence as part of the ragtime revival in the 1970s – featuring as theme music in the 1973 Oscar-winning film *The Sting*. (https://www.youtube.com/watch?v=KCToGv-lO7c).

Ragtime is a piece for the piano, with the right hand playing the melody, which is characterized through syncopated (stressing the unaccented beats) rhythms The melodies often have eighth and sixteenth parts with ties to get the effect of the syncopation. Normally lasting sixteen measures, the first part of a Ragtime consists of two of these themes.

| A initial theme | A repetition | B second theme | B repetition | A restatement |

The second part (in the subdominant key) also consists of two themes: normally called "Trio".

| C third theme | C repetition | D fourth theme | D repetition |

Summarized: AA BB A CC DD (courtesy of Louis Flaig, MA)

The Ragtime grew in St. Louis (Missouri, a former **slave state**). Besides the Banjo music, it is highly influenced by the European March. The two- beat, the base of the Ragtime, is derived from the march music. The other influence for that was the cakewalk. The cakewalk is a dance that was invented by slaves in 1850. It combines the complex rhythms of the African music with the straight rhythms of European and Native American music. In this dance, slaves and later the free African American people made fun of the ballroom dances that the rich European emigrants used to perform. Scott Joplin developed the Ragtime from an underrated style that was only played in bars and brothels to a virtuous style that conquered America and Europe and was enormously popular by 1900.[85]

---

[85] https://www.gla.ac.uk/schools/humanities/slavery/resources/.

Australian Samples: *Beds Are Burning* and *My Island Home*

Beds are Burning by Midnight Oil

Pre: Midnight Oil performed this political song at the closing ceremony of the 2000 Sydney Olympics. The band were dressed in black, with the words "sorry" printed on their clothes. This was a reference to the acting Prime Minister John Howard's refusal to apologize, on behalf of Australia, to the Aboriginal Australians for the way they had been treated over the last 200 years. Research and **illustrate** the role of Midnight Oil's lead singer (Peter Garrett) in the Australian government.

> How can we dance when our earth is turning
> How do we sleep while our beds are burning
> Four wheels scare the cockatoos
> From Kintore East to Yuendemu*
> The western desert lives and breathes
> In forty five degrees

(http://www.songfacts.com/detail.php?lyrics=2946) – incl. MVC
*Aboriginal community in Central Australia, 250 km northwest of Alice Springs

Post: Eventually, in 2008, the then Australian Prime Minister Kevin Rudd apologised in the Australian Parliament for the atrocities committed against Aboriginal children, forcibly taken from their families (called the Stolen Generation by later historians) in order "to breed them out": *"I move: That today we honour the Indigenous peoples of this land, the oldest continuing cultures in human history. We reflect on their past mistreatment. We reflect in particular on the mistreatment of those who were Stolen Generations – this blemished chapter in our national history"*: (https://www.australia.gov.au/sites/defa ult/files/global_site/library/videos/National_Apology_Speech-48kbps_mono.mp3).

The term "breed them out" is used in the film *"Rabbit-proof Fence"*. In Western Australia in 1931, 14-year-old Molly, her sister Daisy and their cousin Gracie are taken by government officials and sent to a training school. Yearning for home, they attempt to find their way back by trekking 2,400 kilometres along the rabbit-proof fence. (https://www.youtube.com/watch?v=QlSchfmtzQk).

Task:
Watch the trailer and **outline** the experiences of the three Aboriginal girls.
Examine how lyrics and music style combine to create an accusation of sorts.

My Island Home by Christine Anu
Pre: Terra Nullius? The Mabo Case: In June 1992, the Australian High Court handed down the 'Mabo Decision', that recognized prior ownership of land before white settlement, which had claimed Australia as terra nullius for the British Crown. This decision meant that Aboriginal tribes could claim back land tracks as the original owners if they could prove that the land had been inhabited by them for a certain amount of time. (The late Eddie Mabo was an Aboriginal activist who placed the land rights suit at the High Court and won his case).
Task: Comment on what would happen, if the Australian Supreme Court decided that Sydney airport was native land and had to be returned to the Aboriginal community?

While:

I come from the salt water people
We always live by the sea
Now I'm down here living in the city
With my man and a family

(http://www.songlyrics.com/christine-anu/island-home-lyrics/)
Music video clip: https://www.youtube.com/watch?v=OSFGK9HIEto&list=RDO
SFGK9HIEto&t=29

Tasks: Transfer the contents of the lyrics into a plain English text.
Comment on the message of the song.
Post: My Island Home was played at the Sydney 2000 Olympics closing ceremony. Discuss the reasons why, of all songs, this one was chosen.
Task: Comment on the question in how far the song represented the image of 'being Australian' to the world?

6.8 Intertextualität als Bauhaus-Dialog: Lothar Balzer und Hirschfeld Mack

Ich mag keine Gedichte – warum ich trotzdem Gedichte lese (Lothar Balzer)

1. Nahrungsmittel 2. "Eine Arche? Eine Arche in einer ..." 3. Geschichtenerzähler/ Gedichteschreiber 4. Wozu Dichter	5. Gattungen und andere hinkende Vergleiche 6. Das Geschenk 7. Gedichte 8. Wozu Gedichte

1. Nahrungsmittel
 	
ein Müsliriegel
ist kein Gedicht Gedicht ist
ein Müsliriegel
	5. Gattungen und andere hinkende Vergleiche
	
	Gedicht. Erzählung. Roman
	Müsliriegel.
	Cartoon. Graphic Novel.
	Animefilm
	    Käsebrot.
	Videoclip. Kinofilm. Fernsehserie
	        Dreigängemenü
	
	Gedicht. Erzählung. Roman

2. "Eine Arche?

Eine Arche in einer Nussschale? Ist ein Gedicht eine Arche in einer Nussschale?

Natürlich hat ein Noah die Arche gebaut. Natürlich haben ihm verschiedene Menschen dabei geholfen und wissen es nicht einmal. Natürlich hat Noah seine Lieblingstiere in die Arche gebracht, sonst hätte er sich auch nicht so viel Mühe gegeben. Vielleicht sind Noahs Lieblingstiere nicht Deine Lieblingstiere. Und meine vielleicht auch nicht. Aber manchmal lohnt es sich ja auch Tiere anzusehen, von denen man noch nie gehört hat oder die man schon immer kennt, die man aber noch nie auf dem Kopf stehen sah. Manche Arche ist riesengroß, wie Homers Odyssee, manche Arche ist nur drei Zeilen lang, wie ein japanisches Haiku. Das Wichtigste aber bei jeder Arche ist, dass Menschen in ihr Platz finden. Dass wir in diesem Tsunami Leben nicht untergehn. Dass wir offen sind für ein Schlüsselwort, dass wir uns treffen lassen von einem Bild, dass in uns nachhallen kann die Melodie eines Satzes. Leben mit Gedichten als einer Arche in einer Nussschale in der Hosentasche."

6. Das Geschenk
"Sprich Freund und tritt ein", (Tolkien)

das Geschenk Gedicht auspacken

Wort für Wort

und
sich freuen daran

oder
ärgern beiseitelegen

wiederbegegnen

3. Geschichtenerzähler/ Gedichteschreiber

der Geschichtenerzähler
kann Geschichten erzählen
der Gedichteschreiber
kann Gedichte schreiben

der Geschichtenerzähler
kann eine Welt entfalten
der Gedichteschreiber
kann eine Welt auf den Punkt bringen

der Geschichtenerzähler
sieht die Welt von innen nach außen
der Gedichteschreiber
sieht die Welt von außen nach innen

der Geschichtenerzähler
kann Geschichten erzählen
der Gedichteschreiber
kann Gedichte schreiben

4. Der Dichter

der macht die Wörter an
erforscht ihr Geschlecht
vögelt mit ihnen durch die Fälle
deklamiert ihre Deklinationen
liest ihnen die Leviten
dass ihnen tintenvogelschwarz
vor Augen wird
und ihnen aufgeht endlich

dieses Licht Gedicht

7. Gedichte

Gedichte geben gern den Tiefstapler
tun so als könnten sie
kein Wässerchen trüben
sie verstecken sich
hinter ihren eigenen Worten
wechseln ihre Farbe
je nach Hintergrund
sie sind die geborenen Falschspieler
haben immer noch ein Ass im Ärmel
ein weiteres weißes Kaninchen
in ihrem Zylinderhut
und wenn man ihnen
durch Zufall auf die Schliche kommt
waren sie schon immer

so einfach zu durchschauen

8. Wozu Gedichte

"Wozu Dichter in dürftiger Zeit",
Friedrich Hölderlin
"Ein Gedicht ist immer die Frage
nach dem Ich",
Gottfried Benn
"Das weiße Gedicht",
Reiner Kunze
"Die gestundete Zeit",
Ingeborg Bachmann
"Mein Gedicht ist mein Messer",
Wolfgang Weyrauch
"Das Gedicht als Spiel",
Karl Krolow
"Lieder zur Ermutigung",
Hilde Domin

Bauhaus (Lothar Balzer)

1. Vignette 2. bauhaus oder kurzer abriss über einen langen aufbau	3. Hirschfeld-Mack 4. Bauhaus
1. Vignette 　　1 　　　9 　　1 　　　9 　　　　b a u h a u s weimar　　　u 　　u　　　a 　　h　　　h 　　a　　　u 　　u　　dessau 　　s u a h u a b 　　　　　　1 　　　　　　　9 　　　　　　3 　　　　　　　3	**3. Hirschfeld-Mack 1936** Hirschfeld-Mack hatte zwei Töchter die eine nahm sich das Leben um zu leben sie reiste ihm nach die 17jährige nahm sich das Leben um zu sterben sie blieb in Deutschland vielleicht ging die eine Tochter an seiner Seite die 17jährige er trug sie auf seinen Schultern durch das Schweigen der Tage durch das Schreien der Nächte jeden verdammten Tag vom Rest seines Lebens

2. kurzer abriss über einen langen aufbau	4. Bauhaus

im eingangsbereich in dessau
  diese große silberne kugel
jedem der vorüber ging
  zeigte sie ein andres gesicht
  es war immer das eigene
  es war immer das eigene anders
 	
bauhaus ist bauhaus ist nicht bauhaus ist bauhaus
werkstatt hochschule architekturbüro entwarfen schöne dinge für reiche die sich eines tages jeder leisten sollte und der traum von gropius erfüllte sich bauten häuser für reiche
um zu lernen wie man wohneinheiten für ein gutes leben für arme baut und der traum von meyer erfüllte sich dachten ganze städte für jedermensch und der traum von mies van der rohe erfüllte sich
kandinsky brachte seine drei farben mit itten seine drei formen
schlemmer füllte leben mit theater und sein theater mit leben
brachte klee nicht sogar seine engel mit es waren die besten
die ab 1919 Zukunft planten
und sie planten sie gründlich und gut es waren die schlechtesten
die ab 1933 die zukunft einrissen
und sie machten es gründlich und schlimm
 	
  irgendwann geht die geschichte
  über jeden hinweg
  manchmal aber
  bleibt vom dem guten
  etwas mehr als vom schlechten
	und abends wenn Osram das Tageslicht in den Wohnmaschinen dimmt brechen die Menschmaschinen auf aus ihren blaurotgelben Wohneinheiten setzen sich in die rotgelbblauen Kugelfahrzeuge und fahren ins meist gelbblaurote Oskar-Schlemmer-Coke-Theatre auf der immer dreieckigen Maschinenbühne agieren Schauspielmaschinen in von Maschinen geschriebenen Schauspielen oder einem triadischen Ballett mit Maschinenmusik wie jener klassischen Etüde für Eisenbahnen von Pierre Schaeffer die Pause überbrückt man mit einem Nestle-HzweiO CL plus oder CL minus oder einem roten oder weißen Schaumwein ohne Alkohol und mit veganen Bleibgesundgetreidehäppchen nach dem Ende der Vorstellung mit dem üblichen mechanischen Applaus er klingt manchmal leiser manchmal lauter sonst aber immer gleich fährt man zurück in seine dreifarbige Wohnmaschine steigt in seine dreifarbige Schlafmaschine und produziert bevor man ruhig gestellt wird brutkastenreife neue kleine Menschmaschinenwürfel

Ludwig Hirschfeld-Mack

The Dunera Boys
(Episode 2; the National Sound and Film Archive Australia)

Video Clip – Description and Curator's Note:

> Mr Baum (Warren Mitchell) has become unhinged by the injustice of his internment. He's harmless enough but he has made himself the camp spokesman and has approached the soldiers on duty in the tower to explain that a terrible mistake has been made.
> A poignant scene in this bleak and godforsaken internment camp, as poor Mr Baum, played with great pathos by Warren Mitchell, tries to explain, with deference and formality, in a very Middle-European way, that the prisoners are not Nazis but people who have escaped the Nazis. The gulf between the jailors and the jailed means that Mr Baum won't be understood and nothing will change.
> It's significant that after the war, around 900 of the over 2000 'Dunera Boys' as they became known, decided to remain in Australia. They were compensated for what had happened to them, while many of them and their children have made a mark as Australian citizens. It does seem odd that although so many of them were grown men when they were interned, they were called the 'Dunera Boys'.

https://d2bx93w6kas18u.cloudfront.net/titles/duneboy2/duneboy22_pr.mp4

Background

In 1940 Hirschfeld Mack was deported to Australia as an enemy alien on the ship HMT Dunera, spending time in internment camps in Hay, Orange and Tatura, before being granted Australian citizenship. Imprisonment and the longing for freedom were the theme of his small, stark, poignant relief prints of this period, including the woodcut *Desolation, Internment Camp, Hay* 1941.

Hirschfeld was amongst a number of European wartime refugees who contributed to the renewal of Australian Art. As Professor Joseph Burke then Professor of Fine Arts, Melbourne University, notes in 1954: "Among the leaders of this "New Australian" contribution may be mentioned Desiderius Orban (b. 1884), a distinguished painter whose teaching has made a profound mark in Sydney in the post-war years; Dr. Ludwig Hirschfeld-Mack, an original member of the Bauhaus staff, a close colleague and friend of Paul

Klee, whose work has influenced his own highly original abstract paintings." (adapted from Wikipedia; cf. chapter 3 Vignette)

Revue passieren – reflektieren – recherchieren

In dem Roman The Underground Railroad *gibt es mindestens fünf Beispiele für* Intertextualität *– welchem würden Sie gerne nachgehen?*

Wenn es – wie in englisch-sprachigen Ländern – ein eigenständiges Sachfach Literatur gäbe – wie würde ein solcher (auf einem besonderen study design basierender) Literaturunterricht das Sprachenlernen bereichern?

Gedichte und Musik(texte) als Teil von Literary CLIL bedürfen eines speziellen Scaffolding – welche Unterrichtsstrategien halten Sie nach Durchsicht der Genre-Beispiele in 6.7 für sinnvoll?

Notizen:

Kapitel 7

CLIL Werkzeuge und Fertigkeiten (*tools and skills*)

Vignette: Worksheet Compass

A first overview of suggested CLIL topics and related tasks can be developed with our students by using a worksheet compass, which belongs to the category of *advance organizers* and is based on *backward design*[86] as a tool for lesson planning. It works similar to the **KWL** charts (*What do you think you KNOW? What do you WANT to know? What did you LEARN about?*), are graphic organizers that help students structure information before, during, and after a unit or a lesson. They can be employed to engage students in working on a new topic, to activate prior knowledge, to share unit objectives, and to monitor students' learning processes.[87]

Effective teaching thrives on the tension between the learners' current level of knowledge and the one they are aiming for. Following expectations that learners associate with bilingual instruction and the motives that arouse their interests, a common area of development emerges for the variety of CLIL topics, which as a *Zone of Proximal Development* (*ZPD*; see also 2.5 & 7.1) fulfills bridging functions and should compensate both content and language deficits. A worksheet compass is based on a CLIL-specific *Scaffolding*, which – combined with the above-mentioned *task-verbs* – guides bilingual modules and teaching units and is shown here as an example in more detail as a teaching strategy, with the rubrics of teacher and student activities, *Scaffolding* and individual tasks:

---

[86] *Advance organizers* and *backward design* are planning tools and instrumental in realizing the co-operative elements of Direct Instruction; see Glossary for more details.

[87] According to: Facing History and Ourselves. In: https://www.facinghistory.org/resource-library/teaching-strategies/k-w-l-charts

Worksheet compass

phase	activities of teachers	activities of students	scaffolding
planning; backward design	issues/ problems to be solved	analysis, assessment, negotiation, critical thinking, anticipating and evaluating debates	worksheet compass
	guiding questions and outcomes	study objectives, peer-scaffolding, research	advance organizer*
complex task	guided research, evaluation of letters	peer scaffolding, double circle, working in groups, plenary and panel discussion, evaluation, letter to the editor	crib sheets*, useful phrases, discourse files
worksheet 1	Where I come from ...	task 1: answer, report, create task 2: discuss task 3: read, sketch	questionnaire, double circle*, bar graph, rubric, gapped text
worksheet 2	A welcome culture	task 4: identify	re-write, summary, me-
worksheet 6	The promise of liberty and freedom	task 14: compare, discuss, juxtapose	think-pair-share*, rubric
worksheet 7	European perspectives	task 15: explain task 16: research, illustrate	explanation, individual research
worksheet 8	The boat is full – or is it?	task 17: compare, evaluate, comment task 18: read, point out, reply	think-pair-share*, letter to the editor (worked example)

(Klewitz 2019: 40f)

7.1 *Scaffolding* als duale Unterrichtsstrategie

In der deutschsprachigen Diskussion wird *Scaffolding* stellenweise den Unterrichtsmethoden zugeordnet, so z.B. bei Wellenreuther (2010: 181): „*Scaffolding ist eine Erklärmethode*". Die anglophone Pädagogik fasst *Scaffolding* allerdings unter dem Oberbegriff *instructional strategy* oder *instructional technique* (vgl. *Glossary of Education Reform*: 2015 o.S.), weil hier der Terminus *method* eine ganz andere Konnotation besitzt und nicht eine Vorgehensweise im Unterricht beschreibt, sondern das Fach selbst. Fragt ein australischer Lehrer eine Kollegin „*Which method do you have?*" ist die erwartete Antwort

„*I teach French and Science*". (Zur Unterscheidung zwischen Methode und Lehr- und Lernstrategie vgl. De Florio-Hansen 2017: 12). Als *instructional strategy* bezeichnet *Scaffolding* mithin eine besondere Form der Hilfestellung, die eng auf die einzelne Lerngruppe und deren Lernkontext abgestimmt ist. Die Hilfen orientieren sich an der *Zone of Proximal Development* (*ZPD*) im Sinne von Lev Wygotski (1962). Diese Zone – in der deutschen Übertragung als Lern- und Entwicklungsbereich der SchülerInnen zu fassen (bei Wellenreuther auch „*Zone der nächsten Entwicklung*", 2010: 179) – beschreibt die Lücke zwischen dem aktuellen und dem potenziellen Lernstand. Durch die Unterstützung der Lehrkraft gelingt es vielen Lernenden mehr Wissen und Können zu erwerben, als sie es auf sich selbst gestellt könnten (vgl. dazu und zu den Auswirkungen auf die Lehrerfortbildung De Florio Hansen 2009: 27).

Für das Lehrer-Schüler-Verhältnis ist zunächst festzuhalten, dass in dieser *ZPD* eine dialektische Beziehung zwischen *Direct Instruction* und *Scaffolding* entsteht. Man muss nicht ein ausgesprochener Anhänger der *John-Hattie-Findings* sein, um die Wiederentdeckung einer gewissen Dominanz der Lehrer-Rolle zu registrieren. Damit ist kein *revival* des Frontalunterrichts gemeint, denn Hattie macht in seinen Erfolgsindikatoren (bei ihm „*Effektstärken*", vgl. dazu De Florio-Hansen 2014: 30) sehr deutlich, dass er den Unterricht primär durch die Augen der Lernenden sieht und Entwicklungsbedarf vor allem in einer Feedback-Kultur der Schulen – als dialogisches Lernen mit der Lehrkraft – besteht. So gesehen ist die von ihm propagierte *Direct Instruction* nur die andere Seite eines von den SchülerInnen her gedachten *Scaffolding*.

Beide Parameter sind keineswegs eine Neuerfindung, bedingt durch einen kompetenzorientierten FU. *Scaffolding* geht zurück auf die Untersuchungen des amerikanischen Psychologen Jerome Bruner, der ebenso wie Wygotski von einer sehr aktiven Rolle des Erwachsenen – also im FU der Lehrkraft – bei der Förderung kindlicher Lernprozesse ausgeht, wobei SchülerInnen in diesem sozialen Lernprozess öfter der konkreten Hilfestellung bedürfen, die nicht bei Beratung oder der Organisation von Stationen-Lernen stehen bleibt. Bruner benutzte den Begriff *Scaffolding* seit Mitte der 1970er Jahre, um damit Lernhilfen für Kinder zu beschreiben, die ein bestimmtes Ziel erreichen wollen und bei denen Erwachsene über inhaltliche Vorgaben, Strukturierungen und – bei Bedarf – über deren Abänderung entscheiden. Insofern ist dieses Stützkonzept mit Wygotskis *ZPD* vergleichbar, bei der es ebenfalls um den Zielbereich in Lernprozessen und die dorthin führenden Unterstützungsschritte geht, die von der Lehrkraft geplant und aus der Sichtweise der Lernenden erforderlich oder bereits überflüssig erscheinen.

Poetisch ausgedrückt, wirkt *Scaffolding* als Bereicherung der eigenen Lernkompetenz – aus Schülersicht – und wird nach meinen Erfahrungen beispielsweise in *Literary CLIL* eine eigene Dynamik entfalten können (vgl. ausführlich dazu: Kapitel 6).

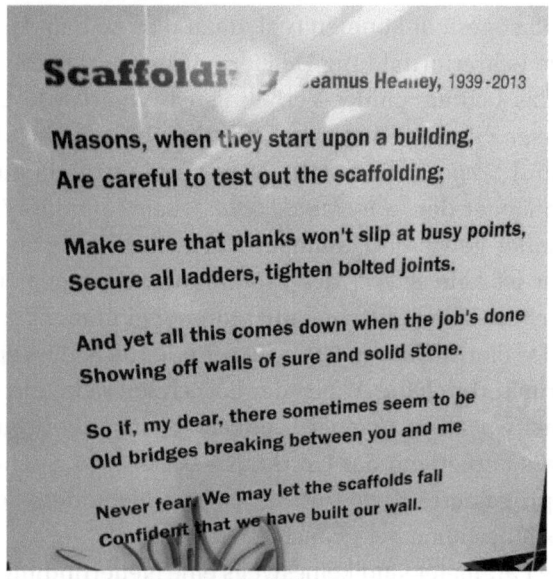

New York subway poster. Photo © Bernd Klewitz

Produktiv gewendet, könnte damit auch das Fenster vom Klassenraum in die Realität einfacher geöffnet werden, wenn der Gedanke, das Lehrwerk als Leitmedium zu nutzen, zugunsten einer flexiblen, modularen Verwendung aufgegeben würde. Wenn dies strukturiert zu leisten ist, wäre es ein weiterer Baustein in der Unterrichtsentwicklung, die ja nicht auf Lehrwerke verzichten wird, diese aber immer kritisch im Hinblick auf *„LAAIKE-Prinzipien"* überprüfen sollte. Das Akronym steht für Lebensbezug, Authentizität, Aufgabenorientierung, Individualisierung, Kooperation und Evaluation und ist für einen FU konzipiert, *"der auf das tatsächliche fremdsprachliche Können in realer Sprachverwendung abzielt"* (vgl. Kapitel 7 und De Florio-Hansen/Klewitz 2010: 111). Hier wäre auch ein gemeinsam zwischen Lehrkraft und SchülerInnen ausgehandeltes *Scaffolding* zu ergänzen, das in dieser Form noch in keiner der angebotenen Lehrwerke vorhanden ist.

Wenn mithin CLIL Lehrende ihre Unterrichtsthemen anhand des Sachfach-Curriculums (in diesem Fall für Politik und Wirtschaft) aussuchen, diese Auswahl aber für den FU nachrangig erfolgt, so halte ich es für sinnvoll, beide Parameter in einem fremdsprachlichen Unterrichtsansatz zusammen zu denken, der zumal in CLIL und im FU das übergeordnete Ziel der interkulturellen (kommunikativen) Kompetenz gleichermaßen teilt.

Der *content* CLIL-Baustein und der *language* FU-Baustein werden in einem *Dualen Scaffolding* zusammengeführt, denn *"das Lernen von anspruchsvollen Inhalten in einer Fremdsprache kann nur dann erfolgreich funktionieren, wenn angemessene Strategien zur Unterstützung der Lernprozesse und Arbeitsabläufe vorliegen"* (Garavea 2015: 31). Das Duale Scaffolding kann in beiden Unterrichtsansätzen wirksam werden und lässt sich mit der folgenden Tabelle illustrieren:

Verbal Scaffolding Techniques		Content Scaffolding Techniques	
Input-oriented scaffolding techniques	Output-oriented scaffolding techniques	Assisting understanding of content concepts	Explaining tasks
Providing key vocabulary and phrases		Referring to previous knowledge and experiences/learning	Giving clear instructions
Using supportive error correction		Defining, explaining and reviewing content and language objectives	Providing a model of a process, task or assignment

Using level-appropriate speech (slowing down the rate of speech, pauses)	Providing sufficient wait time for student responses	Using visualization techniques	Checking the understanding of task instructions
Animating language (supporting input with miming, gestures and facial expressions)	Allowing students to code-switch	Fostering active discovery of concepts	
Building redundancy (repetition of key words, paraphrasing and synonyms)	Offering verbal scaffolding to students	Allowing students to discuss or work on content concepts in mother tongue	
Modelling correct language use (by paraphrasing, restating, rephrasing student's output)	Offering alternative ways of expressing understanding	Providing review of key vocabulary and key content concepts during lessons	
Scaffolding through careful mother-tongue use		Checking understanding regularly and giving feedback	

(Darstellung nach ebd.)

Die unterschiedlichen Operatoren für einen bilingualen Fachunterricht lassen sich den verschiedenen Kompetenzen zuordnen.

Übersicht der task-verbs zur Förderung von Fachkompetenzen

Fachkompetenzen (KernCurriculum Politik & Wirtschaft)	Task-verbs (Operatoren)
Analysekompetenz	analyze/examine, characterize, compare ...
Urteilskompetenz	assess/evaluate
Handlungskompetenz	discuss, develop ...

inter-transkulturelle Kompetenz	characterize, compare ...
fremdsprachliche Kompetenz	describe, name, outline, structure, sum up/summarize ...
Methodenkompetenz	discuss, develop, verify ...

Unabhängig von der Bedeutung der Diskursfähigkeiten ist es wichtig zu beachten, dass

> die Spracharbeit im bilingualen Unterricht dem inhaltlichen Lernen zu dienen [hat]. Die Bereitstellung inhaltlicher, konzeptioneller wie sprachlicher Stützmaßnahmen spielt zur Verwirklichung von Inhaltslernen die entscheidende Rolle. Ein solches *scaffolding* bringt Orientierung und Annäherung von Sprache und Inhalt. (Vollmer 2013: 129; Hervorhebung im Original)

Das Konzept des *Scaffolding* steht in engem Zusammenhang mit der ZPD der Lernenden und ist als Unterrichtsstrategie bereits im traditionellen FU angekommen (vgl. Klewitz: 2017a). Wie oben skizziert, überbrückt *Scaffolding* die Distanz zwischen dem vorhandenen und dem angestrebten Wissensstand der Lernenden, sprachlich – und in CLIL besonders relevant – auch inhaltlich. Gerade für CLIL mit seinem „*bifokalen*" Fokus (vgl. Zydatiß: 2013 und Tabelle unten) wirkt *Scaffolding* als prägnante und ermutigende Unterstützung seitens der Lehrkraft und kann in fortgeschrittenen Lernphasen auch durch *peer support* umgesetzt werden; diese Unterrichtsstrategie ist besonders sinnvoll und notwendig, um zwei Defizite innerhalb der *ZPD* zu überbrücken bzw. bestehende Lücken zu schließen.

Inhaltlich geht es erstens um die Differenz zwischen dem Vorwissen der Lernenden und den zu vermittelnden Fachbegriffen, Konzepten, Themen und Fertigkeiten. Bei den sprachlichen Kompetenzen geht es zweitens darum, die für den jeweiligen inhaltlichen Kontext erforderlichen sprachlichen Mittel zu entwickeln, bestehende linguistische Lücken zu schließen und mit den Lernenden eine Diskursfähigkeit zu entwickeln, die es ihnen ermöglicht, angemessen über die inhaltlichen Fragen und Themen zu kommunizieren. Beim Übergang von *BICS* zu *CALP* (vgl. 5.4) wird diese doppelte Brückenfunktion im Sinne von Hatties *visible learning* (vgl. 4.5) durch koordiniertes Feedback begleitet und verstärkt, um den Lernprozess insgesamt erfolgreich und effektiv zu gestalten, in der Formulierung des neuseeländischen Pädagogen „*to close the gap between where the students are and where we want them to be*" (Hattie 2012 auf Youtube; vgl. ebd.).

In diesem *Dual Scaffolding* wird – verstärkt durch formatives Feedback – eine an den jeweiligen Inhalt angepasste sprachliche Unterstützung bereitgestellt, die sich sowohl auf den Input (hier vor allem Verstehenshilfen) als auch auf den intendierten Output (vor allem Redewendungen zur Erleichterung der Sprachproduktion) bezieht (vgl. Niedersächsisches Kultusministerium 2014: 7f.). In diesem Zusammenhang werden bei inhaltlichem und sprachlichem *Scaffolding* eine Reihe von Funktionen erfüllt, die in der folgenden Tabelle zusammengefasst sind:

Funktionen des *Scaffolding*	Anwendungsbereiche
Zielsetzung	Instrument der bifokalen Unterrichtsplanung • überbrückt den Kontrast zwischen Sprache und Inhalt • unterstützt sprachlich-inhaltliches Lernen und integriert es
Leistung	• Stellt den Zusammenhang her zwischen sprachlichen und sachfachlichen Kompetenzen → *bridging the gap* • vertieft fachlich basierte Analyse • unterstützt *higher order thinking skills* (HOTS; vgl. 5.7)
Hauptaufgabe	• entwickelt eine semantische Kurzschrift (*semantic web*) • erschließt diskontinuierliche Texte (wie Grafiken Tabellen, etc.) – besonders häufig anzutreffen im bilingualen Unterricht • genre-bezogene Schreibaufgaben
Instrumente	• Wechsel von Darstellungsformen und Abstraktionsebenen • genügend knifflige Fragen • Hilfen bei Heterogenität und Passung • Problemlösung: '60-70% der SchülerInnen sind offline'

Funktionen und Anwendungsbereiche des Scaffolding (nach Zydatiß 2010)

Im Kontinuum von Sprache und Inhalt liegt ein gravierender, wenn nicht entscheidender Unterschied zwischen konventionellem FU und CLIL in der Vorentlastung der sprachlichen Mittel, die zum festen Repertoire eines jeden Fremdsprachenlehrers gehört. Im bilingualen Unterricht ist eine solche Vorentlastung nicht ratsam: *„pre-teaching of specific language is not best practice"* (Coyle 2010: 92). Umgekehrt ist jedoch nicht zu übersehen, dass CLIL-Programme auch die Didaktik und Methodik des FU nachhaltig beeinflusst haben. Dies wird in der Praxis neuerer Schulbücher deutlich, in denen Mainstream-Verlage an bestimmten Stellen auch sogenannte bilinguale Module in ihre Sprachkurse einfügen (z.B. Schwarz 2011: G 21 A 6 *Europe United* 114 f., *Global Warming* 128 f.).

Beim Vergleich von Unterschieden und Gemeinsamkeiten zwischen CLIL und FU werden jedoch viele Überschneidungen deutlich, die auf ein Kontinuum beider Ansätze, insbesondere bei fortgeschrittenen Lernern, hinweisen, das sich je nach inhaltlichem und sprachlichem Schwerpunkt auf die eine oder andere Seite verschiebt und Synergieeffekte nutzbar macht:

Bilingualer Unterricht (CLIL)	Fremdsprachenunterricht (FU)
wissenschaftsbasiertes Weltverstehen	Alltagswissen
wissenschaftliche Begriffe	Alltagsbegriffe
wissenschaftsbasierte und fachspezifische Diskurse	Alltagsdiskurse
Fachtexte	alltagsweltliche Texte
kognitive Fremdsprachlichkeit (CALP)	fremdsprachliche Kompetenz (BICS)
funktionale Sprachverwendung, Spracherwerb	Sprachlernen
fachspezifische textuelle und methodische Kompetenzen	allgemeine und übergreifende textuelle und methodische Kompetenzen

Unterschiede zwischen CLIL und FU (adaptiert von Hallet 2013: 181)

Auf den ersten Blick scheinen einige Unterschiede zwischen FU und CLIL zu dominieren, vor allem in der Gegenüberstellung von alltagsweltlichen Texten, Diskursen und wissenschaftlicher Orientierung. Ein Kontinuum sehe ich jedoch vor allem darin, dass diese

Unterschiede sowohl durch sprachliche als auch durch inhaltliche Ebenen bestimmt werden. Im Übergang von *BICS* zu *CALP* werden beispielsweise Zwischenstufen erreicht, die bereits bilingualen oder fortlaufenden Fremdsprachenlernprozessen zugeordnet werden können. Gerade im fortgeschrittenen FU werden auch Inhalte, Themen und Gegenstände immer wichtiger, so dass beide Unterrichtsansätze Gemeinsamkeiten aufweisen und manch eine authentische FU-Stunde auch eine erfolgreiche CLIL-Stunde sein kann.

Mit einem flexiblen Unterstützungssystem wird ein Paradigmenwechsel eingeleitet: *„studying the quality of teacher intervention, the notion of scaffolding is becoming increasingly popular among teachers in different areas"* (Verenikina 2003: 2). Die Nützlichkeit dieses Begriffs für den Unterricht und die pädagogische Forschung zeigt sich nicht nur in seiner weit verbreiteten Anwendung im anglophonen Kontext, sondern auch in der deutschsprachigen Diskussion über FU und CLIL. Die Scaffolding-Metapher ist für Fremdsprachenlehrkräfte besonders attraktiv und ein möglicher Teil ihrer *„theory of practice"* (Coyle 2010: 45), da sie Konzepte bereitstellt, die den Spracherwerb der Lernenden auf Schülerzentrierte Weise effektiv unterstützen können. Allerdings gibt es unterschiedliche Auffassungen über die Beziehung zwischen der *ZPD* und *Scaffolding* und darüber, wie diese Unterrichtsstrategie eingesetzt werden kann, um die Kluft zwischen vorhandenem und angestrebtem Wissen und Fähigkeiten zu überbrücken.

Die Fokussierung auf Feedback ist in deutschen Klassenzimmern eher wenig verbreitet, und eine Neuausrichtung auf drei Schritte und vier Stufen (vgl. Hattie 2011: 4 ff) ist ein pragmatischer Weg, um Lernende in ihrem aktiven Aufbau von Wissen und Sprachfertigkeiten zu unterstützen. Gleichzeitig sind Schwierigkeiten bei der Anwendung von *Scaffolding* im Alltag verständlich: *„especially when working with groups of learners"* (Fisher 2010: 4); die Strategie bleibt *„a very demanding form of instruction"* (ebd.: 7). Darüber hinaus *„a literal interpretation of the scaffolding metaphor might lead to a narrow view of child-teacher interaction and an image of the child as a passive recipient of a teacher's direct instruction"* (Verenikina 2003: 4). Meiner Einschätzung nach hilft hier ein erneuter Perspektivenwechsel – mit dem Blick auf *visible learning*, die fremdsprachlichen

Aktivitäten und ihre Konstruktion mit den Augen der SchülerInnen zu betrachten (vgl. auch 4.5)

Aus den Ergebnissen der qualitativen CLIL-Feldforschung (*action research*) lassen sich u.a. folgende vorläufige Schlussfolgerungen ziehen: In einer authentischen Sprachlernumgebung bietet das *Scaffolding* für Fremdsprachen-Programme verbesserte Lernmöglichkeiten durch die Implementierung von mehr inhaltsbezogenen Komponenten. Außerdem erfahren die SchülerInnen den Wert kooperativer und projektbasierter Gruppenprozesse. Ein Schlüsselelement des *Scaffolding* sind *task-verbs* (Operatoren), die frühzeitig geübt werden sollten. Als Unterrichtsstrategie ist *Scaffolding* ein wesentlicher Motor, um die Lernenden in ihrer *ZPD* voranzubringen. Darüber hinaus fördert diese Strategie die Entwicklung des selbstständigen Lernens. Die bereitgestellte Unterstützung muss jedoch an das Lernniveau und den Unterstützungsbedarf der Lernenden angepasst werden. Da Authentizität und angemessene *challenges* wichtige Merkmale von Lernaufgaben sind, sollte das *Scaffolding* auf die Lernbedingungen der SchülerInnen abgestimmt sein, anstatt im Unterricht eingesetzte Materialien zu sprachlich und/oder inhaltlich zu vereinfachen (vgl. Klewitz 2020: 189-206). In diesem Zusammenhang steht das Zusammenspiel zwischen authentischen Materialien, kognitiven Herausforderungen, differenziertem Unterstützungssystem (*Scaffolding*) und fachlich basierten Analysefähigkeiten im Übergang von *BICS* zu *CALP*:

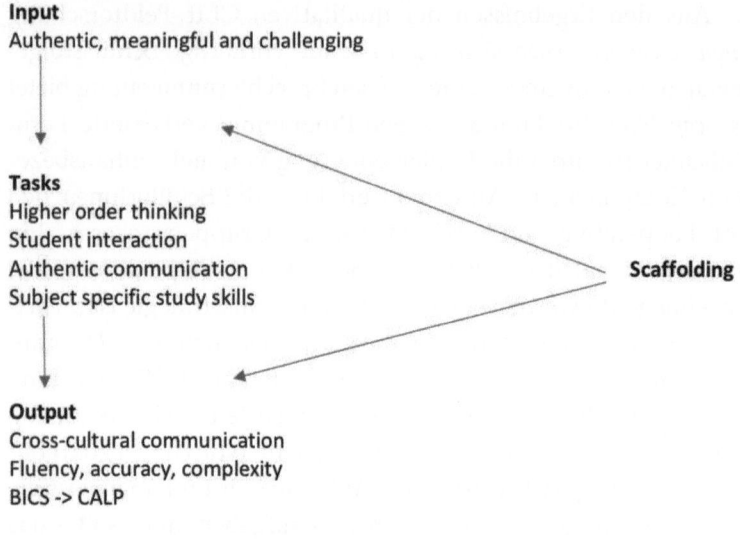

(adaptiert von Meyer 2012: 275)

7.2 Aufgabenbasiertes Lernen
(Task-based Language Teaching – TBLT)

Die wachsende Bedeutung inhaltsbezogener Unterrichtseinheiten, die bereits im FU eingesetzt werden, spiegelt das Zusammenspiel von Sprache und Inhalt wider und ist in TBLT-Ansätzen besonders effektiv:

> With task-oriented FLT [Foreign Language Teaching] approaches the difference – from language to content vs. from content to language – does no longer exist in its fundamental opposition. A majority of FLT teachers have aspects of motivating content at the back of their mind when they think of linguistic items and structures to be presented. Nevertheless, discourse in the sense of social practice related not only to cognitive but also to affective aspects is still the privilege of CLIL (De Florio-Hansen 2018: 241).

Ähnlich wie die Forderung, den FU für die authentische Welt nach außen zu öffnen (vgl. Vignette „*Fenster im Fremdsprachenunterricht öffnen*"; Kapitel 5), unterstützt die TBLT-Variante des Sprachunterrichts den Verzicht auf die Monopolstellung der weithin etablierten und verwendeten Lehrbücher und damit die Überwindung des traditionellen strukturbasierten FU. Aufgabenbasiertes Lernen zielt darauf ab, einen realistischen Sprachgebrauch durch kontextualisierte Aufgaben zu erreichen, bei denen die SchülerInnen Probleme lösen und in authentischen Situationen handeln müssen, wobei L2 als Kommunikationsmittel eingesetzt wird. Die Ergebnisse der Aufgaben ermutigen die Lernenden, spontan und kreativ mit der Fremdsprache umzugehen, sich auf Aktivitäten in der realen Welt zu konzentrieren und Bedeutung in tatsächlichen Kommunikationssituationen zu übermitteln (vgl. Willis & Willis: 2007). Da jedoch die Idee, Lehrbücher völlig beiseite zu lassen, sowohl unrealistisch als auch nicht mit der täglichen Unterrichtspraxis vereinbar zu sein scheint, wird ein Curriculum, das sich ausschließlich auf aufgabenbasierten Unterricht stützt, wahrscheinlich nicht funktionieren. Daher wurde ein Übergangsmodell wie das aufgabengestützte Sprachenlernen (TSLL, wie von Müller-Hartmann vorgeschlagen) befürwortet, dass der oben genannten *„theory of practice"* näher kommt. TSLL würde dann Kurs- und Lehrbücher durch zusätzliche authentische Aufgaben ergänzen, während bei TBLT der dominante Fokus auf Inhalt und Bedeutung liegt und sprachliche Fertigkeiten nur eine dienende Funktion haben.

Der Übergang vom traditionellen FU zu CLIL kann somit als ein Kontinuum hybrider Lernprozesse beschrieben werden, die sowohl in bilinguale Module als auch in (fortgeschrittenen) FU integriert werden können. Der Hauptunterschied zwischen CLIL und traditionellem FU besteht jedoch darin, dass ersterer primär inhaltsorientiert ist, während FU vor allem der Förderung des Spracherwerbs und der Entwicklung inter- und transkultureller Kompetenzen dient, wobei gerade diese Kompetenzen viele Gemeinsamkeiten mit CLIL-Modulen aufweisen und im folgenden Kapitel (8: CLIL-Module) dokumentiert werden.

CLIL/FU example

In the topic "political correctness", both FLT and CLIL modules can be combined: "Marc Twain's novel Adventures of Huckleberry Finn, published in 1884, was banned from many American high schools because the word 'nigger' appeared more than 200 times. In newer editions of Twain's novel, 'nigger' is replaced by 'slave'" (De Florio-Hansen 2018: 243). A similar question is also addressed in a High School assignment (Hessisches Landesabitur 2012). Although this is developed for English advanced courses (Leistungskurse), the thematic context of discrimination belongs to the classical CLIL contents. The examination is based on an article in the Irish Times of January 7, 2011, which asks the question "Should Huck Finn get a 21st-century makeover? The word 'nigger' has been replaced by 'slave' in one US publisher's new version of Mark Twain's classic novels – but should texts really be sanitized?".

Damit sollen die Besonderheiten des bilingualen Unterrichts nicht verwischt werden: Dieses Unterrichtskonzept birgt inhaltlich und sprachlich ein hohes Entwicklungspotenzial als motivierende Herausforderung. Vor allem die folgenden Aspekte stehen bei CLIL im Vordergrund: Perspektivenwechsel und authentische Textvielfalt; Differenzierung von *Task-verbs* (Operatoren) und multiple, mediengestützte Darstellungsformen; das *4 Cs Framework* und Diskursfunktionen; Dreiklang aus bilingualen Fachkompetenzen, sprachlichen Fertigkeiten und fachspezifischer Diskursfähigkeit; *Advance Organizer* und *Worksheet Compass*; Motivation und Erwartungshaltung; *Translanguaging* statt *Code-Switching*; Primat des Inhalts im Sinne von *language follows content*; Übergänge von BICS zu CALP; inhaltliches und sprachliches *Scaffolding* – kurz: das Kontinuum von Sprache und Inhalt.

7.3 Blended Learning

Statt mehr Inhalte in ein Englischlehrbuch zu integrieren, ist die Reihe *Cambridge Coursebook English Unlimited* den umgekehrten Weg gegangen und hat sechs Bände veröffentlicht, die sich an den Globalskalen des GeR orientieren und einen deutlichen Schwerpunkt auf die Entwicklung inhaltsbezogener Unterrichtseinheiten auf den entsprechenden Sprachniveaus A1 bis C1 legen.

Beispiele aus den Bänden B1+ und C1 präsentieren die folgenden Themen:

B1+: "Media around the world – Good communication – Success – Personal qualities – *Make up your mind* – Impressions – Truth and lies – Looking back – In the news ..."
C1: "Childhood – Self – Language and literature – Concepts of space – Appearances – Health – Brand awareness – Icons – Climate – Knowledge and technology ..." (Rea et al. 2011).

The structure of all course books consists of a **Goals** section to build up student language skills and knowledge followed by a **Target activity** that allows them to put together what they have learned in speaking, listening, reading, writing, grammar and vocabulary exercises. The ensuing **Explore section** of each unit includes an **Across cultures** page to develop learners' intercultural competence as a *"fifth skill"* for more sensitive and effective communication. **Explore speaking** or **Explore writing** pages allow for extra language and skills work and the **Look again** section contains detailed grammar and vocabulary exercises recycling language used in the unit. Examples of Target activities are: *"Doomsday Debate (about climate change), Icons (about Obama), Prepare a Campaign, Sell a Product, Plan a City Square, Promote Yourself"* etc (ibid.).

The target activities in particular relate to the task-based learning outlined above by implementing a pre-task, task cycle and language focus. A case in point is the task-cycle in *Make up your mind* (B1+) with the **teaching goals** of *"decision making: describe problems in the house – discuss solutions – talk about decision making – discuss the consequences of decisions – negotiate – write a web posting explaining an argument – organise ideas"*, the **target activity** *"reach a compromise: imagine you live with friends. What disagreements can you imagine about: cleaning, washing up, noise, the shower, cooking, shopping, eating?"*, **across cultures** with *"dealing with conflict"*, **explore writing**: *"rights in rented property"* and **look again:** *"real/unreal conditions – expressions – modal verbs – spelling and sounds – notice on/off"* and self-assessment (ibid.: 70-77).

Die o.g. Aktivitäten funktionieren als praktikabler Kompromiss zwischen traditionellen Lehrbüchern, der Zwischenstufe TSLL und dem aufgabenbasierten Sprachunterricht (TBLT).

7.4 Die visuelle Wende

Neben dem TBLT gibt es eine Reihe weiterer Möglichkeiten, die reale Welt und authentische Materialien in den FU zu integrieren, insbesondere wenn die Möglichkeiten der digitalen Medien genutzt werden und helfen, ein traditionelles Dilemma bei der Arbeit mit Lehrbüchern zu lösen: *„given the lack of reality involved in typical, textbook-based, general language learning, anything the teacher can do to* *bring the outside world into the classroom is likely to have a positive effect"* (Hill 2000: 663).

Visuelle Medien können dabei eine wichtige Rolle spielen. Jüngere SchülerInnen lernen ihren Wortschatz inzwischen mit Hilfe von illustrierten *wordbanks*. Phase 6[88] (ursprünglich eine Schülerinitiative, inzwischen vom Klett-Verlag übernommen) nutzt Illustrationen als Kernelement, und ganze „Lernlandschaften" (z.B. in Klett: 2015 o.S.) werden zur Verortung der Register und grammatikalischen Strukturen eines bestimmten Schuljahres zur Verfügung gestellt. Allerdings erinnern einige dieser Lernlandschaften (*„In der Stadt"* – ebd.) an die Wimmelbücher (Ravensburger)[89] der Kindheit und im Abschnitt *„Über Bilder sprechen"* (ebd.) sind die Bildvergleiche eher Stilisierungen als reale Abbildungen, wenn mit digitalisierten Bildmontagen statt mit realen Fotos gearbeitet wird. In einem weiteren und umfassenderen Ansatz wird das Sprachenlernen durch solche Bilder unterstützt, die – nach Domänen geordnet – alltagstaugliche Kontexte darstellen: *„Les vêtements"*, *„à la plage"*, *„la voiture"* (Langenscheidt: 2015 o.S.) und auf neue sogenannte Power-Wörterbücher abgestimmt sind (ebd.). Insgesamt sind Bildergeschichten auch deshalb sinnvoll und erfolgreich, weil sie an die Lese und Sehgewohnheiten der jungen Generation anknüpfen und die Motivation der Lernenden nachhaltig stärken können. Neue Prüfungsformen wie die mündliche Prüfung in der Qualifikationsphase der Gymnasien – als Ersatz für schriftliche Prüfungen – und im Abitur haben ebenfalls bildhafte Verlagsangebote hervorgebracht, wie bei Cornelsen mit *„get your students talking"* und *„more speaking practice"* (Cornelsen: 2013 o.S.).

Aus einem ganz anderen kulturellen Kontext stammt das *Culturally Authentic Pictorial Lexicon* (CAPL) von Michael Shaughnessy, das amerikanischen SchülerInnen, die Deutsch als Zweitsprache lernen, ein realistisches Bild von Europa vermitteln soll. Das internetbasierte Projekt präsentiert sprachliche und kulturelle Lerninhalte durch authentische Bilder (vgl. Shaughnessy: 2018 o.S.) und

---

[88] https://www.phase-6.de/.
[89] https://www.ravensburger.de/family-friends/bildung/der-vater-der-wimmelbuecher/index.html.

wird u.a. vom Goethe Institut unterstützt. Mit einer speziellen „*Pictolang App*", die von Apple angeboten wird, ist es über den schulischen Kontext hinaus im Alltag der lernenden, digitalen Generation verfügbar.

Die Anbahnung einer **visuellen Kompetenz** ist Teil der jüngeren Entwicklung im Fremdsprachenunterricht, bei dem sich das FU-Curriculum zunehmend an überprüfbaren Zielen orientiert und sich der Kompetenzbegriff im Dreiklang von Wissen, Fertigkeiten und Einstellungen widerspiegelt. Verlage und Lehrbuchautoren haben auf dieses Konzept des *visual turn* insgesamt reagiert; verstärkt durch digitale Medien können SchülerInnen umfassender als bisher aktiviert und vor allem in kreative Sprachaktivitäten eingebunden werden, die auf „Können" – also sprachlichen Fertigkeiten – aufbauen. Dass beim Spracherwerb die visuelle Kompetenz tendenziell zu den traditionellen *language skills* – möglicherweise als sechste, neben der *mediation* – gerechnet wird, hat einen positiven Einfluss auf den Spracherwerb.

Die evidenzbasierte Annahme *„learning is in some sense always constructive, even in environments where direct instruction predominates"* (De Corte 2011: 35) führt zur Beschreibung wichtiger Rahmenbedingungen, die für die Anbahnung visueller Kompetenz in CLIL entscheidend sind und die Kommunikation zwischen Lehrenden und Lernenden leiten – unabhängig davon, ob es sich um Lernaufgaben in neueren Lehrwerken handelt, digitales Zusatzmaterial einbezogen wird oder der Lernprozess selbst im Fokus steht. Dieser Rahmen unterstützt eine sogenannte *visual literacy*, bei deren Anbahnung der Einsatz von *Scaffolding* besondere Bedeutung gewinnt. Denn Bilder wirken unmittelbarer als Texte und Sprachbarrieren scheinen zunächst eine geringere Rolle zu spielen. Beim Einsatz von *Scaffolding* im Sprachunterricht ist jedoch zu beachten, um welche Art der visuellen Unterstützung es sich dabei handelt. Es lassen sich zwei Grundformen unterscheiden: teaching **with** and teaching **through** pictures, was David Hill an einem einfachen Beispiel illustriert:

> If the teacher holds up a picture of someone drinking a cup of tea, asks the class "What did he do yesterday?" and gets the reply "He drank a cup of

tea", then the teacher and the students are talking about the picture. [...] If, on the other hand, the teacher gives a set of pictures to groups of four students, who then take it in turns to ask about the actions shown in relation to their own lives, we have a very different result. [...] Here, the students are talking through the pictures. It is a very different activity, and is a moderately controlled practice activity where the students are involved in talking about their own realities. (Hill 2000: 664)

Damit Bilder im Sprachunterricht ihre volle Wirkung entfalten können, sei es als Auslöser für ein Gespräch oder als Anlass für eine strukturierte Kommunikation, hängt die visuelle Kompetenz von der Entwicklung der folgenden Fertigkeiten ab: *"skills to recognize, read, understand, use, interpret, analyze and evaluate visual representations by communicating about them critically"* (Woltin 2011: 46). Diese Elemente der visuellen Kompetenz sind umso bedeutsamer, als Bilder und Vorstellungen immer selbst Interpretationen der Realität sind, auf einem Kontinuum zwischen Information und Manipulation. In der digitalen Realität dürfte die Gefahr der Manipulation sogar noch erheblich größer sein.

Das Potenzial für die Weiterentwicklung des *visual turn* hängt von zwei Faktoren ab: der Vielfalt der Bilder und ihrer Funktion. Eine überbordende Bilderflut hat nachhaltige Auswirkungen auf den realitätsbezogenen Sprachunterricht. Wenn dieser ein trans- und interkulturelles Bildverständnis zum Ziel hat, müssen neben methodischen Konsequenzen vor allem die unterschiedlichen Formen von Bildern in ihrer Vielfalt berücksichtigt werden. In den zu beobachtenden *visual turns*, gelegentlich auch als *"visual turn of time"* mit einer *"shift from word culture to image culture"* (Michalak 2012: 108) beschrieben, treten Bilder als Realitätsersatz auf, weil sie auf den ersten Blick leichter zu verstehen sind als ein Text. Zunehmend – insbesondere in Schulbüchern – ersetzen Bilder auch ganze Texte, so dass eine innere Differenzierung des Bildmaterials angebracht ist.

Die Unterscheidung zwischen *pictures* und *images* ist von einiger Bedeutung; sie lässt sich wie folgt zusammenfassen: Alle *images* sind *pictures*, aber nicht alle *pictures* sind *images*. In diesem Zusammenhang kristallisieren sich zwei Grundformen als Gattungen heraus – **Bildmedien** (*image media*) und **Verbundmedien** (*composite* *media*) (vgl. Timmis 1998: 137). Bildmedien sind dann vor allem Fotografien, Collagen, digitalisierte Bildmontagen, Bildgeschichten, grafische Darstellungen und Gemälde. Verbundmedien sind Bildgeschichten und Collagen mit Texten, Videoclips und Filmsequenzen sowie Mischformen wie bei Animationen und *Graphic Novels*. Sie alle ermöglichen je nach ihrer Funktion im Sprachunterricht unterschiedliche analytische und kreative Arbeitsweisen, die sowohl formale Eigenschaften als auch Bedeutung vermitteln.

So vielfältig Bilder – als *pictures* oder *images* – inzwischen sind, so vielfältig sind auch ihre Einsatzmöglichkeiten im Sprachunterricht, denn nachhaltiges Lernen findet eher durch die Aktivierung **aller** Sinne statt (vgl. Hecke 2010: 19). Dabei können länderspezifische, motivierende, semantisierende und sprachfördernde Funktionen oft nebeneinander auftreten, und ihr Einsatz ist keineswegs auf das individuelle Sprachenlernen beschränkt. Im Vergleich zur Wirkung von Texten ist der visuelle Anreiz von Bildern wesentlich größer, weil sie auf ganz anderen Ebenen wirksam werden: Zum Bild wird eine (skurrile) Geschichte erfunden, eine Bildergeschichte wird geschrieben, ein Cartoon wird beschrieben, erklärt und interpretiert, Collagen und Videos werden verbalisiert. Auch an die Tradition des „*show and tell*" im angelsächsischen Sprachunterricht ist zu erinnern.

Bilder werden am häufigsten als Anschauungsmaterial verwendet, aber auch die Visualisierung von Wissen (z.B. in *Mindmaps* oder *Learnscapes* vgl. 7.5) spielt eine größere Rolle im Sprachunterricht, der insgesamt von Bildern profitiert, weil sie den Alltag in der Zielsprache „abbilden" können. Mit der Kombination von Sprache und Bild in verschiedenen Domänen wird sozusagen eine mediale Transformation angestrebt, in der sich die Kommunikation und ihre Intensität verändern (vgl. Michalak 2012: 108). Da Bilder jedoch immer in ihrem kulturellen Kontext stehen und nie ungebrochen die Realität abbilden, muss die Auseinandersetzung mit Bildern sprachlich entsprechend aufbereitet werden – und das in kritischer Absicht. Daher besteht auch ein enger Zusammenhang zwischen der Bildaussage und dem Verwendungsanlass, weshalb Bildtypen für den Sprachunterricht nach bestimmten Kriterien ausgewählt werden sollten: Fotos (auch Filme und digitalisierte Bildmontagen) eröffnen neue Wege zu Texten, fördern Intertextualität (vgl. *Vignette* Kapitel 6) und eine interkulturelle Perspektive. Bildergeschichten und Comics ebnen den Weg in die fiktionale Welt und bieten eine erzählerische Dimension. Cartoons, Collagen und Plakate schaffen produktive Spannung in ihrem „Dialog" mit Texten. Diagramme, Statistiken und Karten erleichtern den Zugang zu Inhalten über das Land. Bildproduktionen als Performance, Fotografie und in der darstellenden Kunst führen zu intensiven Diskussionen im handlungsorientierten Unterricht (vgl. Michalak 2012: 110).

In Abhängigkeit von den Lernzielen lassen sich vier Hauptfunktionen des Bildeinsatzes im Sprachunterricht ausmachen: **Darstellen**: Textinhalte illustrieren, den Lernenden in eine Sprachsituation versetzen, Situationen veranschaulichen; **Informieren**: Bilder sind leichter verständlich als Texte und direkter, weil sie Informationen darstellen; **Erklären**: schwierige Textstellen erläutern und ihre Darstellungs- und Informationsfunktion unterstreichen; **Kommentieren**: die manipulative Wirkung von Bildern diskutieren. Mit den Augen der SchülerInnen betrachtet, werden eine Reihe von Aktivitäten möglich und sinnvoll. Sie achten auf die Quelle der Bilder, beschreiben den Inhalt des Bildes, erklären mögliche Intentionen, recherchieren den historischen und kulturellen Kontext und erarbeiten Denotationen (auf der deskriptiven Ebene) sowie Konnotationen in der Zielkultur (vgl. Woltin 2011: 46).

Aber – Bilder können auch als Mittel der visuellen Manipulation eingesetzt werden, und hier sollten vor allem die Anwendungsmöglichkeiten des *Scaffolding* genutzt werden. Der Didaktiker Frank Haß hat in seiner Englisch-Didaktik detaillierte Aktivitäten zum Umgang mit Bildern zusammengestellt, für die jeweils ein abgestuftes *Scaffolding* auf der Arbeitsebene notwendig wird:

> Pictures and Vocabulary; Pictures and Grammar; Pictures and Listening; Pictures and Reading; Pictures and Speaking; Pictures and Writing; Pictures and Interaction; Pictures and Intercultural Skills; Pictures and Literature"
> (vgl. Haß 2006: Anhang Nr. 63/DVD).

Auch die neuerlich in Kursbüchern angebotenen Lernaufgaben beziehen sich auf dieses Repertoire: „*Was du in einer Unit gelernt hast, kannst du in einer Lernaufgabe zeigen*" (Cornelsen 2015: 3), denn sie wollen ein Feuerwerk kooperativer Lernformen mit dem Schwerpunkt auf nunmehr sechs sprachlichen Kompetenzen (Hören – Sprechen – Lesen – Schreiben – Hör-Sehverstehen – Sprachmittlung) bieten. Wenn diese Lernaufgaben mit einer deutlichen Häufung von *pictures* und *images* operieren und insgesamt immer mehr Bilder im Sprachunterricht eingesetzt werden sollen, können altersgerechte Fotostorys und digitale Fotomontagen, die als Einstieg in eine Unit präsentiert werden, tatsächlich als Fenster in die Realität der Zielkultur fungieren. Umso erstaunlicher ist es, dass z.B. die notwendigen Elemente der *visual literacy* nur als Zusatzkompetenzen am Anfang eines Cornelsen Kursbuches aufgeführt werden: „*The world behind the picture: vom Bild in den Film – Videoclips mit Aufgaben*" (ebd.).

Tatsächlich werden *language skills* in Schulbüchern immer dann als Ausdrucksmittel angeboten, wenn der Anteil der Bilder tendenziell größer ist als der der Texte, was in den Einführungssequenzen einer Einheit regelmäßig der Fall ist. Da die meisten Bildtypen für alle Unterrichtsstufen geeignet sind und detailreiche Bilder zur besseren Kommunikation motivieren, ein ästhetisches Erlebnis vermitteln und Vorlieben oder Abneigungen ausdrücken lassen (vgl. ebd.), ist die Häufung von Bildern und Abbildungen – ergänzt durch zahlreiche Logos, die die Navigation in einem Lehrwerk erleichtern sollen – kaum nachteilig. Mit ihrer Hilfe lassen sich eine Reihe von Zielen realisieren: von der Semantisierung und dem Transfer, der Grammatisierung, der Motivation und dem Kommunikationstraining bis hin zur Verbalisierung mit Sprechanlässen, der Lernorganisation und dem interkulturellen Lernen (vgl. Hecke 2010: 20).

Schulbücher bieten ein breites Spektrum an visuellen Texten, obwohl an manchen Stellen das Bauhaus-Prinzip besser funktionieren würde (*less is more*) – immer dann, wenn diskontinuierliche Texte aus dem Ruder laufen und die narrativen Elemente des Sprachunterrichts als „*Story 1-5*" (Klett: 2015 o.S.) an die Einheiten angehängt oder gar als „*Textdateien*" (Cornelsen: 2015 o.S.) davon getrennt nur im Anhang sichtbar sind. Produktiv gewendet könnte dies auch das Fenster zur Realität leichter öffnen, wenn die Idee, das Schulbuch als Leitmedium zu nutzen, zugunsten einer flexiblen, modularen Nutzung aufgegeben wird. Wenn dies strukturiert geschehen kann, wäre dies ein weiterer Baustein in der Entwicklung des Unterrichts, der ja nicht ohne Schulbücher auskommt, diese aber stets kritisch überprüfen sollte im Hinblick auf einen Sprachunterricht *„that aims at actual foreign language proficiency in real language use"* (De Florio-Hansen 2010: 111). Hier müsste neben einer effektiven Anbahnung von visueller Alphabetisierung auch ein zwischen Lehrkraft und Lernenden gemeinsam ausgehandeltes *Scaffolding* hinzukommen, das in dieser Form noch in keinem der auf dem Markt befindlichen Lehrwerke vorhanden ist.

Bereits auf der Anfängerebene können Comics als authentische Texte (vgl. Gubesch 2005: 18 ff) für eine altersgemäße Begegnung mit der Zielkultur eingesetzt werden, wenn angeleitete Schritte auf *visual literacy* abzielen und auch die Vorliebe vor allem der jüngeren Lerner für Märchen und Fabeln anregen. Daraus ergibt sich eine besondere Dimension für den Nutzung von Bildern, denn ihr Einsatz schlägt eine Brücke zwischen den narrativen und fiktionalen Elementen des Sprachunterrichts. Die entsprechende Methodik umfasst Lesehilfen, Sprachübungen, Tafelanalysen, Vergleiche, Sprechblasen, Zeichnungen und Parodien (vgl. Thaler 2005: 41). Auch in der didaktischen Literatur findet sich eine Fülle von thematischen Anregungen, die von Calvin und Hobbes, Garfield, den Peanuts bis zu Shakespeare-Comics reichen (vgl. *Der fremdsprachliche Unterricht - Englisch* 2005).

Auch im fortgeschrittenen Sprachunterricht sind Bild- und Filmmaterialien unverzichtbar geworden, insbesondere für die Anbahnung mündlicher Sprachfertigkeiten. Schulbuchautoren haben auf diese Bedürfnisse reagiert, indem sie Prüfungsformate wie die mündlichen Prüfungen in der gymnasialen Oberstufe durch zielgerichtetes Material - oft eine Kombination aus Text und Bild und Anleihen bei Abiturformaten - verändert haben, um der Mündlichkeit als prägendem Element des modernen FURechnung zu tragen.

Visuelle Präsentationen - auch in der Unterscheidung zwischen *pictures* und *images* - sind nur vordergründig ein Abbild der Wirklichkeit. Im Medienbereich werden sie jedoch nicht nur zu Werbezwecken, sondern häufig auch zur Manipulation von

Informationen eingesetzt. Ein Beispiel dafür lieferte Microsoft, das zumindest eine kritische Öffentlichkeit gefunden hat und zu einer Entschuldigung führte – unter Rücknahme des *casus belli*, wie hier in einem bilingualen Modul für die Jahrgangsstufe 11 dokumentiert:

CLIL example

Web photo racism? The top picture is the original image. The doctored photo below, however, still has the original hands. Source: BBC, 2009/08/26.

Assignment:

The BBC (2009/08/26) reported on Microsoft in web photo racism row:

> The [original] picture, showing employees sitting around a desk, appeared unaltered on the firm's US website. But on the website of its Polish business unit the black man's head was replaced with a white face, although the colour of his hands were unchanged. [...] The altered image, which also featured an Asian man and a white woman, was quickly circulated online. Bloggers have had a field day with the story, with some suggesting Microsoft was attempting to please all markets by having a man with both a

white face and a black hand. [...] Others have suggested that the ethnic make-up of the Polish population, which is predominantly white, may have played a part in the decision to change the photo.[90]

Compare and contrast the two pictures.
Analyze in how far Poland did come into the equation.
Prepare a statement in your group about the implications of this manipulation and record a phone-in for a radio show.

7.5 Learnscapes

Wie in der Vignette *Intertextuality* (Kapitel 6) skizziert, kann ein *Learnscape* eingesetzt werden, um Zusammenhänge zwischen – meist literarischen – Texten und relevanten Ereignissen, die in den jeweiligen Texten erwähnt werden, aufzuschlüsseln. Den Plot von *The Underground Railroad* beispielsweise in ein *Learnscape* zu integrieren, passt nicht nur zu der in dem Roman verwendeten Metapher, sondern dient auch als *Advance Organizer* – mit diesem *Scaffolding* können historische Hintergründe und ästhetische Wirkungen der Geschichte visualisiert und strukturiert werden, was die Analyse und Interpretation durch die SchülerInnen erleichtert.

Learnscapes wurden in New South Wales (Australien) als Teil des Umweltunterrichts entwickelt und werden im Kontext unseres hier zitierten Romans in einer adaptierten Doppelfunktion eingesetzt: Sie überbrücken die Kluft zwischen dem Vorwissen und den Fertigkeiten der SchülerInnen und den angestrebten Kompetenzen (in deren *ZPD*) und der Vermittlung von historischen und aktuellen Entwicklungen.

Als *Scaffolding* und Zielorientierung bieten *learnscapes* die folgenden Vorteile für die Vermittlung des Lernstoffs, die Planung der nächsten Schritte und das Feedback im Lernprozess:

- Visualisieren von Arbeits- und Lernprozessen
- Unterscheidung von Lernabschnitten nach Tiefe, Richtung und Intensität

---

[90] http://news.bbc.co.uk/2/hi/technology/8221896.stm.

- *Feedup, Feedforward* und *Feedback* auf den drei Ebenen von Inhalt, Prozess und Selbstregulierung (nach Hattie & Timperley: 2007)
- Orientierung des *Scaffolding* an Notwendigkeit und Ausmaß
- Verbindung von *task-verbs* (Operatoren) mit kognitiver Kompetenzentwicklung
- in Bezug auf die *Timeline* die Unterscheidung zwischen den drei Methodik-Ebenen:
  - *guided practice/intense Scaffolding*
  - *independent practice/flexible Scaffolding*
  - *creative practice*

Ein *Learnscape* kann anhand eines einzelnen Themas, eines komplexen Szenarios oder – wie hier dargestellt – eines ganzen Romans entwickelt und ausgefüllt werden. Colson Whiteheads *The Underground Railroad* enthält eine beträchtliche Anzahl von Verweisen und Anspielungen auf Ereignisse innerhalb und außerhalb des Romans, die auf vergangene, aktuelle und zukünftige Entwicklungen hinweisen und zum Nachdenken, zur weiteren Recherche und zur Bewertung einladen. Durch die Identifizierung ihrer Verbindungen und ihres zeitlichen Ortes können sie als eigenständige Erzählungen bearbeitet werden und sind dann offen für inhaltliche und sprachliche Diskurse und Lernprozesse von *guided to independent practice* – wie in der X-Achse unten beschrieben. So können die Lerner nachvollziehen, wie es dem Roman gelingt, die Aufmerksamkeit auf drei Völkermorde zu lenken: die Vertreibung der Indianer, verkörpert durch den „*Trail of Tears*", die Opfer des Sklavensystems und sogar den Holocaust, wenn die Hauptfigur Cora, eine entlaufene Sklavin, eine Anne-Frank-Existenz führen muss, die sich auf einem Dachboden versteckt und am Ende von Sklavenfängern verschleppt wird. Diese Anspielung erfolgt nicht zufällig, sondern ist eine bewusste Botschaft des Autors, der sich der Tatsache bewusst ist, dass man in Deutschland bei Vergleichen mit dem Holocaust äußerst vorsichtig ist, und der seine Absicht bestätigt: „*Sobald ich mich entschlossen hatte, mich vom reinen Realismus zu lösen, konnte ich Ereignisse aus der amerikanischen und der europäischen Geschichte miteinander verbinden.*" (Die Welt 20.08.2017 – vgl. 6.7).

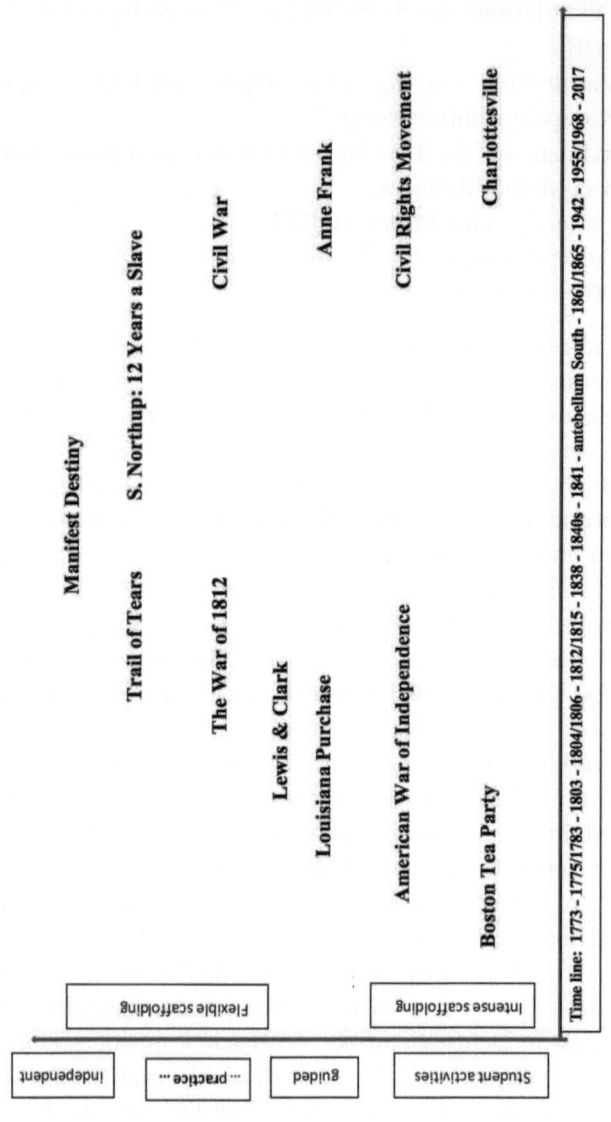

Revue passieren – reflektieren – recherchieren

Wie können die unterschiedlichen Werkzeuge und Fertigkeiten, die in bilingualen Programmen zum Einsatz kommen, für inhaltlich oder sprachlich orientiertes Lernen genutzt werden – welche Priorisierung ist dabei sinnvoll?

Ein visual turn *ist sowohl im traditionellen FU als auch bei CLIL sehr praktikabel und zielführend; aber bedenkenswert ist, inwieweit bilinguales Lernen mit seinen diskontinuierlichen Texten sogar noch stärker dadurch unterstützt wird ...*

Learnscapes *kombinieren Lehrstrategien in* guided *und* independent practice *(Y-Achse) mit herausfordernden Inhaltsrecherchen (X-Achse) – wie flexibel kann dieses Werkzeug in unterschiedlichen Kontexten eingesetzt werden?*

Notizen:

Kapitel 8

CLIL Module

Vignette:
Unterrichtseinheiten – gelenkt und unabhängig

Die Metapher *Scaffolding* wird im anglophonen Raum verwendet, um ein Unterstützungssystem zu beschreiben, das die Lernenden auf dem Weg vom Anfang bis zum Ende eines Lernprozesses oder -abschnitts schrittweise in die Lage versetzt, selbstständig zu handeln. *Scaffolded Instruction* ist mithin eine Lehr- und Lernstrategie, die in kommunikativen Interaktionen neue Fähigkeiten und Fertigkeiten vermittelt, die sonst nicht erreichbar wären.

Der Begriff wird in der internationalen Literatur verwendet, wobei eine deutsche Übersetzung – beispielsweise in der Forschung – wenig hilfreich ist, da die Metapher des „Gerüstes" weniger assoziativ wirkt als der englische Begriff Die Lehrkraft bietet bei dieser Strategie zu Beginn einer Lernphase differenzierte Unterstützung und hilft den Lernenden, ihr Verständnis für neue Inhalte und Arbeitsabläufe zu entwickeln. Sobald Inhalte und Prozesse verinnerlicht sind, übernehmen die Lernenden die Verantwortung für ihren Arbeitsprozess und die Kontrolle über den erzielten Fortschritt. Sie nutzen dabei verschiedene Lerntechniken und Lernfertigkeiten wie den kritischen Einsatz von Medien und *learnscapes*, die Erstellung von Podcasts, die *Herringbone Technique*, den reziproken Unterricht, die Arbeit mit (internationalen Beziehungs-)Theorien, die Analyse von (politischen) Karikaturen oder von historischen und aktuellen Ereignissen. Durch diese kooperativ angelegten Lernformate entfällt allmählich der Bedarf an Unterstützung. Das Entfernen der „Gerüste" ermöglicht *visible learning* und schafft damit die Chance für Lernende, Ergebnisse ihrer Arbeit auch visuell nachzuvollziehen und ihr Verständnis des Arbeitsprozesses zu gewährleisten – im Feedback für Aufgaben, mögliche Lösungen und die Entwicklung von Sprachbewusstsein.

Scaffolding schließt die Lücke zwischen Start und Ziel in der *Zone of Proximal Development* (*ZPD*; vgl. 4.5 & 7.1) als fehlendes Glied, immer im Hinblick auf Unterrichtsziele, Fertigkeitsniveaus, Inhalte und sprachliche Schwerpunkte, und – wo immer möglich – aus der Perspektive des Lernenden. Vor allem die australische Wissenschaftlerin Pauline Gibbons (Sydney) hat sich mit den Implikationen für den FU auseinandergesetzt. Nach ihrer Definition liegt der enge Zusammenhang zwischen *Scaffolding* und *ZPD* im soziokulturellen Kontext des Lernens:

> This sociocultural approach to learning recognizes that, with assistance, learners can reach beyond what they can do unaided, participate in new situations and take on new roles. ... This assisted performance is encapsulated in Vygotsky's notion of the zone of proximal development, or ZPD, which describes the 'gap' between what learners can do alone and what they can do with help from someone more skilled. This situated help is often known as 'scaffolding' (Gibbons 2009: 15).

Diese Art der Unterstützungsstrategie ist mit Vygotskis *ZPD* vereinbar, die sich in gleicher und kompatibler Weise auf den Zielbereich in Lernprozessen und die dorthin führenden Unterstützungsschritte bezieht, die von der Lehrkraft geplant werden und aus Sicht der Lernenden notwendig erscheinen. Als pädagogisches Konzept orientiert sich *Scaffolding* an den Perspektiven und Interessen der SchülerInnen: *„In education, scaffolding refers to a variety of instructional techniques used to move students progressively toward stronger understanding and, ultimately, greater independence in the learning process"* (Glossary of Education Reform: 2015 o.S.).

Lernen aus dieser Perspektive ist dann effektiv, wenn es innerhalb der *ZPD* der Lernenden stattfinden und an vorhandene sprachliche und inhaltliche Kompetenzen anknüpfen kann. Bei der Reflexion der Möglichkeiten und Lernchancen von *Scaffolding* ist zu beachten, dass Lernen dann erfolgreich ist, wenn neue Informationen in den bestehenden Wissens- und Kompetenzbestand integriert werden können. Mit *Scaffolding* setzen Lehrkräfte einen Prozess in Gang, der die Lücke zwischen dem Wissensstand der Lernenden und den gewünschten Lernergebnissen schließt. Eine wirksame Umsetzung setzt voraus, dass alle Informationen zur Verfügung gestellt werden, die zur Bewältigung einer Aufgabe benötigt werden. Dazu gehören ausführliche Anleitungen, die Fokussierung der Aufmerksamkeit und genaue Beachtung der Lernschritte. Mit diesen Hilfen werden die Lernenden in die Lage versetzt, sich auf ihre eigene Arbeit zu konzentrieren und ihre Aktivitäten zu planen und zu reflektieren.

Die Metapher des *Scaffolding* ist gerade für Fremdsprachenlehrkräfte besonders attraktiv und ein möglicher Teil ihrer *„theory of practice"* (Coyle 2010: 45), weil sie Konzepte bereitstellt, die den Spracherwerb der Lernenden auf schülerzentrierte Weise effektiv unterstützen können. Es besteht eine gewisse Affinität zu *learnscapes* als *advance organizer*, da die Y-Achse Begriffe des *Scaffolding* in Aufgabenzyklen skizziert, die dem angeleiteten und unabhängigen Üben und den inhaltsbasierten Lernschritten bei der vertikalen Zuordnung von Ereignissen und Daten ähneln (vgl. beispielsweise 8.4):

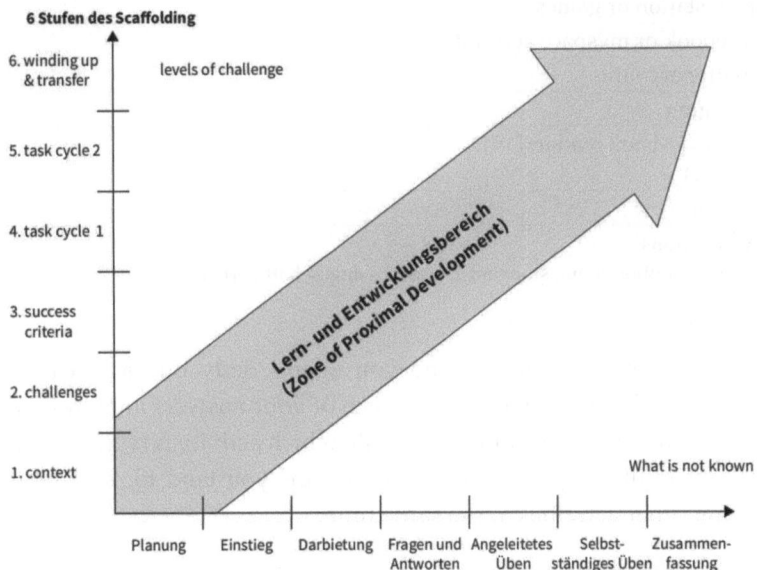

(Klewitz 2017a, 23)

8.1 Measuring Your Media (A2)

Electronic devices – curse or blessing?

Task 1:
Warm up – Brainstorm in your group what kind of electronic devices people are using and what they would do if they had to quit for one day/one week. Then, check, in groups of four, whether you have any of the following and when you got it first:

	yes or no	first acquired
mobile phone		
smart phone (Internet access, music etc)		
iPod, MP3 player		
lap top		
play station or games		
facebook or myspace account		
twitter account		
blogging		
others (e-book reader, DVD player)		
TV set		

Annotations:
to quit – aufhören mit, stoppen; acquired – angeschafft, erhalten

Task 2:
Estimate the amount of time you spend daily on each activity shown in the chart below. Label each of your answers in minutes or hours. In the second column indicate which activity is typically part of any multitasking you do – that means you tend to do it while doing other activities at the same time.

	hours/minutes	multitasking
text messaging		
sending photos and videos		
looking at Web sites		

sharing action (posting your own writing, photos, videos, music, creating podcasts etc)		
listening to music or podcasts		
watching TV or Web shows or movies		
playing video games		
social networking		
other		

Annotation:
peer – Klassenkamerad, Altersgenosse

Task 3:
Read the following study report in class, and then focus on these activities:

1. **Describe**[91] why the authors were shocked.
2. **Explain** possible negative results of heavy media use.
3. **Discuss** how the study's results compare with your own media consumption (as shown in task 1).

> "If your kids are awake, they're probably online" – according to the Kaiser Family Foundation average young Americans spend every waking minute – except for the time at school – using a smart phone, computer, television or other electronic device. The study's findings from 2020 shocked the authors and confirmed the fears of many parents whose children are constantly hooked on by media devices. They found, moreover, that heavy media use can have negative consequences such as behavior problems, loss of concentration and lower grades in school.

4. **Design** a word cloud with media key words and mark positive (blue) and negative (red) aspects.

Task 4:
Create a survey about electronic devices in your class/school/club/family. Work out a questionnaire in groups, conduct the

---

[91] Task-verbs printed in **bold** are regularly used in our assignments, guiding students through the language and content-related activities required. See also: chapters 4.4 and 6.7.

survey and enter results in a chart. The following scaffolding will give you some ideas of which questions to ask:

Scaffolding

type of smart phone; favorite video games; play stations; TV programs and viewing time; social networking; Facebook and twitter; smart phones allowed at school; making, losing friends; getting hooked

When **evaluating** your questionnaire, you need to consider, how valid your results are, how representative they can be if interviewees are not classified, what problems might arise by collecting the information and which tendencies can be shown by your findings.

5. **Compare** your personal media use with that of your peers.

(adapted from Klewitz 2017: 82 f.)

8.2 *Refugees* (A2)

Copenhagen, Spring 2017: students assemble in front of stacks of lifejackets taken from refugees in the Mediterranean Sea on their flight to Europe. Photo © Bernd Klewitz

Task 1:
Study the main developments in the German debate about asylum seekers and tick the correct information, using the think-pair-share format.

> **Civic support and violent rejection**
> The year 2015 entered the collective memory of Germany's population as the year of the "refugee crisis". Never before in the history of the Federal Republic of Germany were the numbers of incoming asylum seekers higher. The reactions among the population oscillated between euphoric readiness to take in refugees and violent rejection of those seeking protection, between a "welcome culture" and the demand for isolation, between cosmopolitanism and nationalism. There was unparalleled civic support for refugees which often enabled housing and supplies for the refugees since the public structures seemed to have been temporarily overstrained, considering the sheer number of asylum seekers. At the same time, violent acts against refugees and their accommodation facilities also increased significantly. ... The images of Germans welcoming refugees at train stations with applause and signs stating "Refugees Welcome" went around the world. But the initial euphoria during the 'long summer of migration' subsequently cooled down considerably. Doubts began to arise as to whether Germany would actually be able to integrate so many people. Studies conducted by the Bertelsmann Foundation about the welcoming culture in Germany confirm this trend. ... The study also shows that a society shaped by immigration is largely being viewed as normal by the younger generation.
> https://www.bpb.de/gesellschaft/migration/laenderprofile/262814/current-challenges-and-future-developments

Annotations:
oscillate: schwanken; euphoric: überschwänglich; violent rejection: heftige Zurückweisung; cosmopolitanism: Weltläufigkeit; overstrained: überlastet; accommodation facilities: Unterkünfte; shaped by: geformt von

Task 2:

Discuss reasons why right-wing parties (like the AfD in our example) profit from increasing migration and how your generation might help revive a "welcome culture" – including in your discussion the photo with the Scottish boy scouts assembling in front of the life jackets of refugees (**mediation** required – use the scaffolding below).

> **Die „Alternative für Deutschland" (AfD)**
>
> *Anlass der Gründung der „Alternative für Deutschland" (AfD) im Februar 2013 war der Protest gegen die deutsche und europäische Politik der Euro-Rettung. Den Sprung in den Bundestag verpasste die AfD 2013*

knapp, schaffte aber seit 2014 den Einzug ins Europäische Parlament und in zehn Landtage. Neben der Euroskepsis profilierte sich die Partei zunehmend mit ihrer Kritik an der Einwanderungs- und Asylpolitik der Bundesregierung. Innerhalb der Partei kam es deshalb zu Konflikten über den politischen Kurs. Weil sich die Partei aus Sicht des wirtschaftsliberalen Flügels um Bernd Lucke nicht eindeutig genug von ausländer- und islamfeindlichen sowie antiwestlichen Positionen abgrenzte, verließen 2015 zahlreiche Mitglieder die AfD. In der Parteienforschung wird die AfD überwiegend als „rechtspopulistisch" bezeichnet, wobei es in der Partei neben dem dominanten liberal-konservativen Flügel auch eine Strömung mit Verbindungen zum Rechtsextremismus gibt.

(vgl.: https://www.bpb.de/kurz-knapp/hintergrund-aktuell/247401/schleswig-holstein-hat-gewaehlt/)

Scaffolding

Euro-Rettung: Euro bailout; Sprung: transfer; Einzug: entering; Euroskepsis: Euro scepticism; Einwanderungspolitik: immigration policy; wirtschaftsliberaler Flügel: liberal, free-market wing; islamfeindlich: islamophobic; abgrenzen: separate; Strömung: vein

8.3 Analysing Political Cartoons (B1)

Earth heating up. © Michael Leunig

Tasks:

6. **Identify** the main idea(s) conveyed in this cartoon – by applying the cartoon guide at hand. Answer questions about context, content, target, technique and evaluate the message of the author.

Scaffolding

Cartoon Guide
Political cartoons are used to present a strong visual message or point of view on a topic of current interest – in this case: **the carbon footprint**.

1. Context
Which issue is the cartoon referring to?
2. Content
What do the people in the cartoon look like – normal – distorted – funny?
Do you feel sorry for them? Why? Why not?
What is the couple in the cartoon talking about?
Comment on the difference between the male (barbecue) and the female (newspaper headline, commenting on it).

> *Do you think they are talking at cross-purposes?*
> *Have a closer look at the carpet and the dog. What could the message be?*
> *How do the three sentences relate to each other?*
> <u>*3. Target*</u>
> *What, then, is the message of the cartoon?*
> *What key people or groups are part of the cartoon's message?*
> <u>*4. Technique*</u>
> *Is the cartoon funny or rather not?*
> *Why would the cartoonist use this particular style?*
> *Please explain how the method chosen by the cartoonist conveys the political message more effectively.*
> *How does the cartoonist (Leunig, The Age Melbourne) persuade the reader to accept his message?*
> <u>*5. Evaluation*</u>
> *How is the reader's attention captured?*
> *What did you first notice about this cartoon?*
> *Are cartoons a way to get across a political message? Give reasons for your opinion.*

2. **Research** the cultural background of Leunig-style caricatures (start with: https://www.leunig.com.au/about/biography)

8.4 Jacobites and Enlightenment (B1)

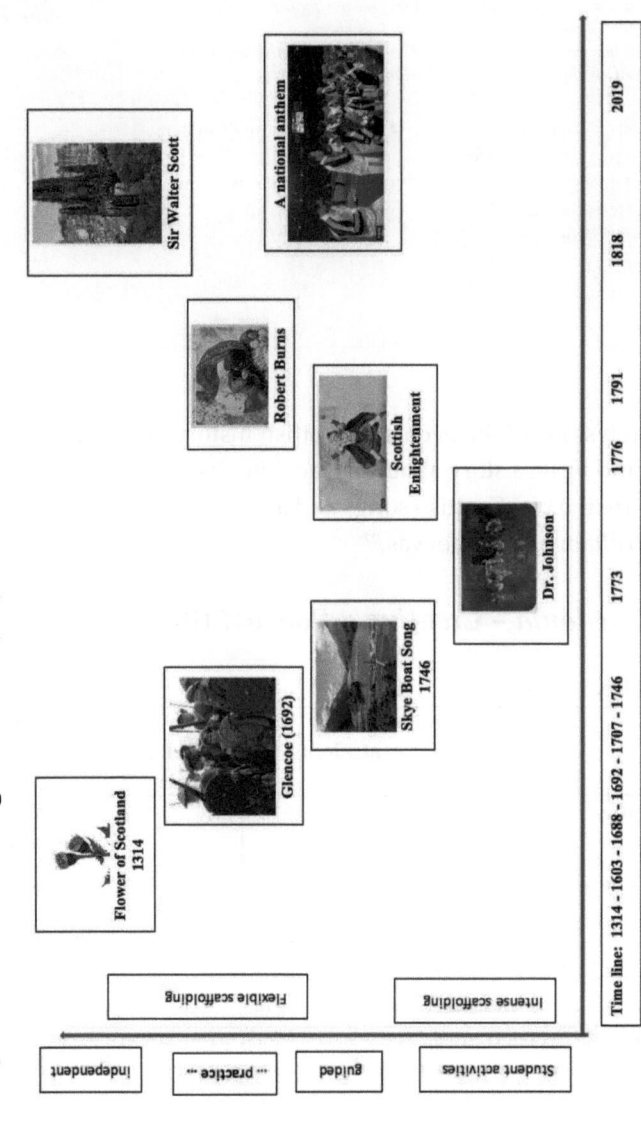

Learnscape Scottish Enlightenment

The Massacre of Glencoe (1692)

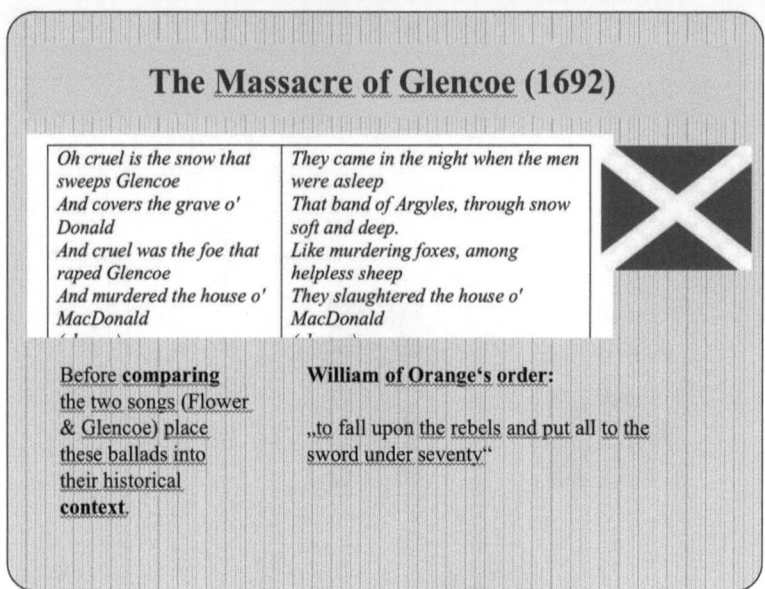

Oh cruel is the snow that sweeps Glencoe And covers the grave o' Donald And cruel was the foe that raped Glencoe And murdered the house o' MacDonald	They came in the night when the men were asleep That band of Argyles, through snow soft and deep. Like murdering foxes, among helpless sheep They slaughtered the house o' MacDonald
Before comparing the two songs (Flower & Glencoe) place these ballads into their historical context.	William of Orange's order: „to fall upon the rebels and put all to the sword under seventy"

Tasks:
Research some of the events in Scottish history shown in the learnscape and write a story about the Jacobite Rising in the 17th century. **Compare** the two Scottish songs and analyze the lyrics and find out who William of Orange was.[92]

8.5 Caledonia – Creating a Podcast (B2)

Worksheet compass

| phase | activities of | | additional activities | scaffolding |
	teachers	students		
planning	issues/problems to be solved	making selections	...	worksheet compass
	guiding questions and outcomes	learning goals evaluation	special tasks	guide for making

---

[92] Flower of Scotland https://genius.com/The-corries-flower-of-scotland-lyrics, The Massacre of Glencoe https://genius.com/The-corries-the-massacre-of-glencoe-lyrics.

				podcasts (in glossary)
complex task	Caledonia – where it is and what it is	think-pair-share, working in groups, presentations	planning a trip, making a podcast	research, interpretation, working with maps
work sheet	Scotland with love	task 1: explain task 2: research, discuss	task 3: describe, create	songs and emotions **create a podcast**

Worksheet: Scotland with love

Task 1:
First impressions – what comes to mind when you think about Scotland? **Compile** a list of words typically connected with Scotland with your neighbor and swap ideas in class, where you can **rank** results in a top-ten-list. After ranking **explain** the reasons for your choice in key words.

If you deal with the word bank (see below!) first, you will get some additional clues …

> Scotland – the Scots – Scottish …
> whisky – tartans – kilt – bagpipes – Loch Ness Monster – Celtic Glasgow – Loch Lomond – Brexit – Scottish independence – folk music – …

Scaffolding

> **Word bank** *(find out meanings by using an electronic dictionary)*
> Celtic – meanness – Gaelic – gulf stream – tartan – kilt – … – …

Our top ten of Scotland:
1…………………………2…………………….3……………….4………………….
5…………………….
6…………………….7…………………….8……………….9………………….
10………………….

Task 2:

Listen to Amy Macdonald's song "Caledonia" – **research** (individually) what Caledonia means (i.e. where the name comes from – the **scaffolded crib sheet** below will help you) and discuss in groups why Amy's fans thought this was a love song when they listened to it originally.

Scaffolding

It will be helpful to first divide the lyrics into individual stanzas and insert short headings. In this way you can find out easier what Amy Macdonald wants to express in her song and if she wanted to mislead her fans on purpose first. Note down your findings in your group as you can use the results in an interview with Amy later.

Caledonia lyrics **Heading:** … *I don't know if you can see* *The changes …* **Heading:** … *So I've been telling old stories, singing songs* *That made me think …* **Heading:** … *Oh, but let me tell you that I love you* *That I think about you all the time.* **Heading:** … *Caledonia you are calling me* *And now I'm going home.* **Heading:** … *If I should become a stranger* *You know that it would make me more than sad* **Heading:** … *Caledonia's been everything* *I've ever had*

https://www.youtube.com/watch?v=LJGQ7_2g4E0

"Caledonia": ....

Scaffolding: crib sheet

... Latin ... the Romans ... land lying north of their empire ... province of Britannia ...never able to conquer ... inhabitants ... fierce Celts (calling themselves Picts) ... had to be contained ... big wall ... from Carlisle ... to Newcastle ... in some places ... public footpath ... "Caledonia" ... ... romantic or poetic name ...

Task 3 (additional activity):
In a different video of Amy Macdonald's song "Caledonia" you can enjoy pictures added to the music. Describe – in a few lines – how lyrics, music and photographs relate to each other.
(https://www.youtube.com/watch?v=t4bjXzJzJpc)

Scaffolding

My impression:
Special effects by bagpipe music
....
Only landscapes, no people
....
Loneliness
....
Desire to come back
....
Film ending with
....

After watching the video, **create** a podcast[93] about the Scottish border to England, also called "Hadrian's Wall".[94]
(adapted from Klewitz 2017a: 140ff)

---

[93] The techniques involved in making a podcast are outlined step-by-step in the Glossary.
[94] http://www.visithadrianswall.co.uk/.

8.6 *War and Peace – Calvin and Hobbes* (B2)

Tasks:

Look up the cartoon[95] and put the speech bubbles you'll find there in the correct sequence:

I'll be the fearless American defender of liberty and democracy. – How come we play war and not peace? – Gotcha. – Wap. Go! Wap. – ... And you can be the loathsome godless communist oppressor. – Kind of a stupid game, isn't it? – We're at war, so if you get hit with a dart, you're dead and the other side wins, OK? – Too few role models.

Calvin:
Hobbes:
Outline the discussion between Calvin and Hobbes in your own words. **Analyse** the cartoon using the following scaffolding and create mind maps in groups of four to be presented in plenary:

Scaffolding

Context: Which issue is the cartoon referring to? Explain in some detail.

Content: What are Calvin and Hobbes talking about? Explain their reasoning and comment on their different views

Target: Describe the message of the cartoon. Which reactions to it can you foresee?

Technique: Discuss whether the cartoon is funny or rather not and how the cartoonist conveys his political message.

Evaluation: Assess how the reader's attention is captured and what you first noticed about this cartoon.

---

[95] For copyright reasons, this cartoon is only available online at: https://i.pinimg.com/564x/fd/14/68/fd1468c14e547146508b786b040e8182.jpg.

Read the following text about the end of World War II in Germany (mediation required) and explain possible connections to the cartoon above, which might confirm its message.

> **Genießt den Krieg ...**
>
> Angst bestimmte in den letzten Kriegsmonaten den Alltag von Millionen Deutschen, die einer ungewissen Zukunft entgegenblickten. Die jahrelange hasserfüllte Propaganda gegen die "Bolschewisten" wirkte, und die Verbrechen schlugen zurück auf die Deutschen. Aus Angst vor der Roten Armee setzten sich ab Oktober 1944 aus Ostpreußen und Schlesien gewaltige Flüchtlingstrecks nach Westen in Bewegung, nachdem von Rotarmisten an der deutschen Zivilbevölkerung begangene Grausamkeiten wie Ermordung, Verschleppung oder Vergewaltigung bekannt geworden waren. Im Westen des Reiches hingegen wurden Briten und Amerikaner zumeist freundlich begrüßt, weniger als "Befreier" vom NS-Regime, sondern aus Erleichterung darüber, dass sie vor der Roten Armee als Besatzer einrückten und dass der verlustreiche Krieg, der rund 3,8 bis 4 Millionen deutschen Soldaten und 1,65 Millionen Zivilisten den Tod brachte, nun bald ein Ende haben würde. Angst aber hatten auch die Menschen im Westen, vor einem Frieden, der Deutschland diktiert werden könnte, und vor Strafen für begangene Verbrechen der Deutschen in Europa. "**Genießt den Krieg, denn der Friede wird schrecklich**", dieser in den letzten Kriegsmonaten vor allem unter NS-Funktionären kursierende Spruch brachte die Stimmung bei zahlreichen Deutschen zynisch zum Ausdruck. Nicht selten herrschte im Frühjahr 1945 eine sonderbar bizarre Weltuntergangsstimmung, und jene bis dahin auch materiell Privilegierten wie Funktionäre oder Offiziere zelebrierten sie mit Alkoholorgien, während ein Großteil der Bevölkerung vor allem in den Städten und Flüchtlinge Mühe hatten, satt zu werden oder ein Dach über den Kopf zu finden.
>
> Das Kriegsende am 8. Mai 1945 verringerte die tägliche Not der Bevölkerung zunächst nur unwesentlich. Unter gewaltigen Kriegszerstörungen und Hunger hatte sie zum Teil noch Jahre zu leiden.

(https://www.dhm.de/lemo/kapitel/der-zweite-weltkrieg/alltagsleben.html)
Annotation:
Mediation – please use an electronic dictionary to translate some key words from the German text into English.

8.7 *Herringbone Technique* (B2+)

The Canadian novel *Green Grass, Running Water* (see chapter 7) has a rather complex plot, which can be **outlined** easier by employing the herringbone technique. It involves **explaining** key questions related to a particular group of characters in the narrative marked by numbers. The **"w-questions"** need to be addressed first and then students would summarize in one sentence what the whole novel is about. Consulting a drafted constellation of characters might be helpful as a **scaffolding**, as well.

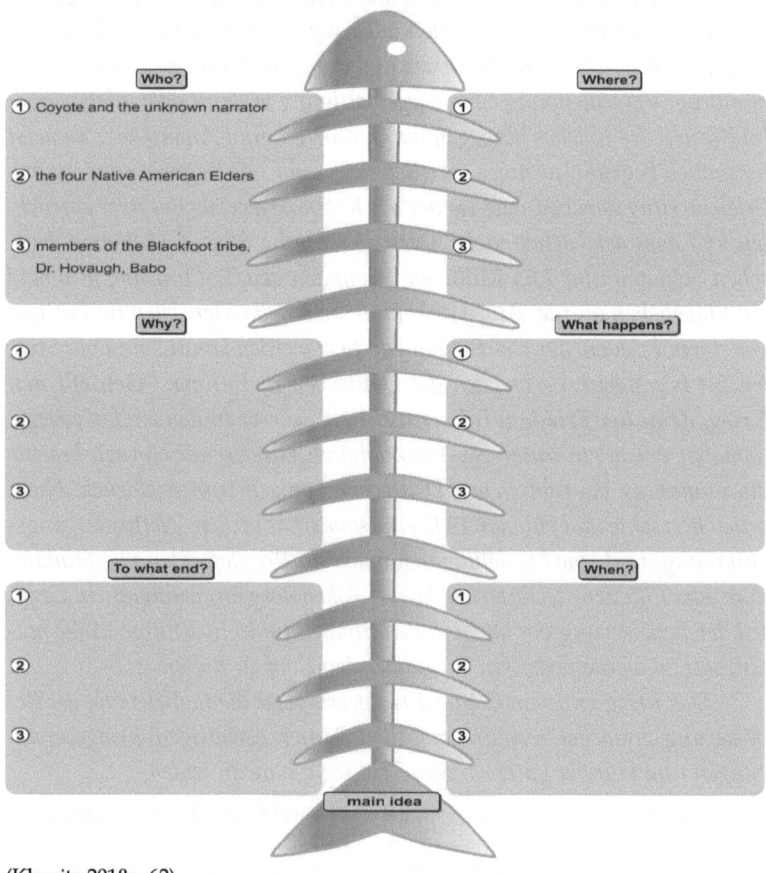

(Klewitz 2018a: 62)

8.8 *Absolutism* (B2+)

Tasks
Watch the video clip *"Absolutismus – Aufklärung und Herrschaft"* about absolutism on Youtube.[96]
In a mediation, **summarize** the main points of the film using this rubric:

Absolute Monarchy	Spirit of the Enlightenment	Frederic II
...	...	...

Study the texts below:

1. **Outline** absolute practices with a partner and discuss reasons for their efficiency and their legitimation.
- **Assess** Frederic II's position between Absolutism and Enlightenment and compare results in plenary.

> *The founder of absolute monarchy: The reign of France's* **Louis XIV** *(1638–1718), known as the Sun King, lasted for 72 years, longer than that of any other known European sovereign. In that time, he transformed the monarchy, ushered[1] in a golden age of art and literature, presided over a dazzling royal court at Versailles, annexed key territories and established his country as the dominant European power. His absolute reign and lavish[2] lifestyle were imitated by many European rulers, namely Frederick II (the Great) and his Sanssouci Palace in Potsdam.*
>
> Source: https://www.history.com/topics/france/louis-xiv.
>
> **Absolutism** *is a political theory and form of government where unlimited[3], complete power is held by a centralized sovereign individual, with no checks or balances from any other part of the nation or government. In effect, the ruling individual has 'absolute' power, with no legal, electoral,*

---

[96] https://www.youtube.com/watch?v=Nf-FYYAT_vY.

or other challenges to that power. In practice, historians argue about whether Europe saw any true absolutist governments, or how far certain governments were absolute. The most common theory used to underpin the early modern absolutist monarchs was 'the divine right of kings,' which derived from medieval ideas of kingship. This claimed that monarchs held their authority directly from God, that the king in his kingdom was as God in his creation, and enabled the absolutist monarchs to even challenge the power of the church.

Source: https://www.thoughtco.com/what-was-absolutism-1221593

The Enlightenment has been defined in many different ways, but at its broadest was a philosophical, intellectual and cultural movement of the seventeenth and eighteenth centuries. It stressed reason, logic, criticism, and freedom of thought over dogma, blind faith, and superstition. Logic was not a new invention, having been used by the ancient Greeks, but it was now included in a worldview which argued that empirical observation and the examination of human life could reveal the truth behind human society and self, as well as the universe.

Source: https://www.thoughtco.com/a-beginners-guide-to-the-enlightenment-1221925

Annotations
1 to **usher in**: to begin – 2 **lavish**: excessive – 3 **unlimited**: lacking any controls

8.9 Reciprocal Teaching (C1)

Mittwoch, 29. März 1944
Liebe Kitty (die imaginäre Freundin),

Gestern Abend sprach Minister Bolkestein auf Radio Oranje darüber, dass nach dem Krieg Tagebücher und Briefe aus diesem Krieg zusammengetragen werden sollen. Natürlich bestürmten mich alle sofort wegen meines Tagebuchs. ...
Die Sabotage gegen die Verwaltung [wird] umso stärker, je schlechter die Ernährung und je strenger die Maßnahmen gegen die Bevölkerung werden. Die Zuteilungsstelle, die Polizei, die Beamten, alle wirken entweder dabei mit, den Mitbürgern zu helfen, oder sie verpfeifen sie und bringen sie damit ins Gefängnis. Zum Glück steht nur ein kleiner Anteil der niederländischen Bürger auf der falschen Seite.

Anne starb im Februar 1945 – zwei Monate vor der Befreiung – an Fleckfieber im Konzentrationslager Bergen-Belsen.

Tasks:
Connections between Anne Frank's fate in the Third Reich and Cora's in the slavery system of the American South before the Civil War are acknowledged and intended by the author of *The Underground Railroad*.

1. **Outline** the similarities between the two girls' fate, taking into account the respective historical contexts (some **research** would be needed first). Using the format of reciprocal teaching[97], you might want to work in groups of four (questioning, summarizing, clarifying, predicting) and report your findings in plenary.
- **Comment** on the reviews of the novel and the intentions of Colin Whitehead despite his cautious attitude towards Holocaust comparisons – particularly in Germany and **discuss** your findings in plenary.

The Genocide in Slavery and Anne Frank's fate

Was slavery a form of genocide?

In "The Underground Railroad" (UR) the runaway slave girl Cora is made to live an Anne Frank existence in an attic – the parallel is clear enough that it must be intended:
In North Carolina (UR, page 181), Cora ends up in a disused UR station and is hidden in Esther Delany's house – against Esther's wishes: "When Cora stepped into the hallway ..., the woman (Esther) summoned her up the steps to the attic. Cora's head almost brushed the ceiling of the small, hot room. Between the sloping walls of the peaked roof, the attic was crammed with years of castoffs. ... Cora pulled herself up above the false ceiling, into the cramped nook. It came to a point three feet from the floor and ran fifteen feet in length." (UR 184) "Cora slept, nestled between the rafters as if in the cramped hold of a ship." (UR 202)
And like Anne Frank (betrayed by a neighbor), Cora is discovered in her hide-out by Delany's Irish maid Fiona, who showed it to the so-called night riders or regulators and is given her reward (222, 225).

---

[97] Die Strategie des *reciprocal teaching* wird ausführlich im Glossar dargestellt.

Colson Whitehead acknowledges the Anne Frank connection in an interview:

> WELT: Sie sind oft in Deutschland gewesen. Sie wissen wie vorsichtig wir hier mit Holocaust-Vergleichen sind. Sie haben es trotzdem gewagt. In North Carolina ist Cora, Ihre Protagonistin, auf einem Dachboden gefangen wie Anne Frank im Hinterhaus in Amsterdam. Warum diese Passage?
>
> *Whitehead confirms to be aware of the fact that people in Germany are extremely cautious when it comes to comparisons with the Holocaust. But he still decided to show Cora hiding in an attic like Anne Frank in a rear house in Amsterdam. Quote: "One of the most famous slave narratives I read in college was written by Harriet Jacobs, who was hiding in a loft for seven years after running away from her master. This made me think of Anne Frank. And there is a second connection: Nazis drew on the American raciology of the 19th century. It has always been about oppression, of blacks, Jews and also of women. As soon as I decided to break away from pure realism I was able to combine events from the American and the European history." (Die Welt 20.08.2017 – my translation).*
>
> WELT: Dann frage ich mich, was „Underground Railroad" über die Gegenwart verrät. Dass gerade halb Amerika in Panik ist?
>
> *Whitehead: Es sind wohl eher vierzig Prozent. Aber ja, die Welt verändert sich. Ein schwarzes Gesicht im Weißen Haus ist ein paar Generationen Weißer zuwider. Eine Präsidentin genauso. Diese Gruppe fürchtet sich vor dem technologischen Wandel genauso wie vor der Emanzipation Farbiger. (Die Welt 20.8.2017)*
>
> WELT: Das klingt nach einem vorübergehenden Zustand. Geht das vorbei?
>
> *Whitehead: Nicht zu meinen Lebzeiten. Aber meine Großeltern konnten sich die Welt, in der wir heute leben, auch nicht ausmalen. Ich muss wohl optimistisch sein und mir vorstellen, dass meine Kinder in einer Welt aufwachsen, die besser ist als die, in der ich aufgewachsen bin.*
>
> WELT: In einem seiner mittlerweile zahlreichen Statements zu den Ereignissen in Charlottesville hat Trump davor gewarnt, die

„Geschichte zu verändern", indem man Denkmäler wie das des Südstaatengenerals Lee entferne. Was würde er lernen, wenn er Ihr Buch läse?

Whitehead: Vermutlich würde er einfach den Ansichten des Sklavenjägers Ridgeway zuneigen, der sich um die Bewahrung des weißen Erbes sorgt.

Reviews

Underground Railroad ist das rechte Buch im rechten Augenblick. Zu einem Zeitpunkt, wo in Amerika die alten weißen Männer wieder obenauf sind und mit genussvoller Häme die emanzipatorischen Anstrengungen von Jahrzehnten zunichte machen, fühlen ihre Gegner die Notwendigkeit, sich neu zu formieren, wozu an zentraler Stelle die historische Vergewisserung gehört. Aus welchen barbarischen Anfängen der (immer prekäre) zivilisierte Zustand von heute erwuchs, was einmal möglich war und darum wieder möglich werden könnte, das macht der 1969 geborene Whitehead klar. Erinnert euch und hütet euch! Diese Mahnung macht sein Werk zu einer Art Schlachtruf der in die Enge getriebenen Linken, Liberalen und Minoritäten. (Die Zeit 37/2017)

Underground Railroad" ist einer der meistdiskutierten Romane aus Amerika. Wer wirklich die Geschichte dieses zerrissenen Landes bis hin zu den Exzessen von Charlottesville verstehen will, muss das Buch lesen. (FAZ 16.8.2019)

8.10 International Relations – Libya (C1)

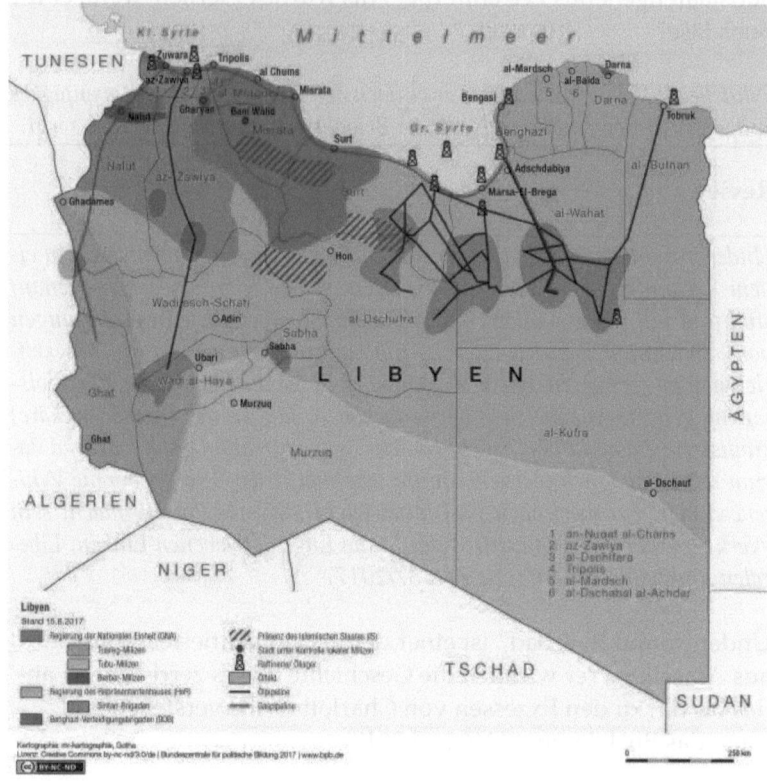

Civil War in Libya (2017)
Source: https://www.bpb.de/internationales/weltweit/innerstaatliche-konflikte/54649/libyen. Last viewed 03/05/2021 CC BY-NC-ND 3.0 https://creativecommons.org/licenses/by-nc-nd/3.0/deed.de (mr-kartographie)

Tasks:
Describe and **analyze** the precarious Syrian neighborhood and the resulting conflicts – by consulting the sources below.

Ursachen und Hintergründe

Die libysche Revolution 2011 war nicht nur ein Kampf gegen die vierzigjährige Herrschaft Muammar al-Gaddafis, sondern auch ein Bürgerkrieg zwischen Anhängern und Gegnern des Regimes. Die Küstenstädte Bengasi und Misrata sowie die westliche Bergregion wurden zu Hochburgen der Revolution. Regionen, in denen das Regime lange die Kontrolle behielt

und aus denen sich Gaddafis Sicherheitsapparat stark rekrutierte, kamen dagegen in den Ruf, das Regime zu unterstützen. Beide Seiten übten willkürliche Gewalt auf Bewohner bestimmter Städte aus. Mit dem Sturz Gaddafis wurden überall im Land die Waffenarsenale des Regimes geplündert, und es entstanden zahlreiche neue Milizen. So schuf der Bürgerkrieg von 2011 den Nährboden für neue Gewalt und Konflikte.
Seit dem Sturz Gaddafis gibt es in Libyen kein staatliches Gewaltmonopol mehr. Der im Oktober 2011 begonnene Übergangsprozess war durch heftige Machtkämpfe gekennzeichnet. Den revolutionären Kräften gelang es auch nach der Wahl zum Nationalkongress im Juli 2012 nicht, ein geschlossenes Regierungsbündnis zu bilden. Rivalisierende Gruppen nutzten ihre Stellung im Staatsapparat, um unter dem Deckmantel offizieller Institutionen ihre eigenen Milizen aufzubauen. Diese Machtkämpfe eskalierten nach den Parlamentswahlen Mitte 2014 in einen erneuten Bürgerkrieg.

https://www.bpb.de/internationales/weltweit/innerstaatliche-konflikte/54649/libyen. Autor: Wolfram Lacher für bpb.de

The Current Situation

Originally published by the International Crisis Group.
https://www.crisisgroup.org/middle-east-north-africa/north-africa/libya.

Implementation of the UN-mediated 2015 political deal that established the Presidency Council and Tripoli-based interim government has been hindered by claims of illegitimacy by rival political forces. Although the framework of the deal is the only viable path to resolving the Libyan conflict, Crisis Group encourages all parties to negotiate a new government with nationwide legitimacy. Important steps were taken in July 2017, when rivals President al-Serraj and General Haftar agreed to a ceasefire agreement and to hold elections in 2018. Yet Libya remains deeply divided and failure to implement the agreement could adversely affect regional security as well as increase migrant flows into the European Union.

Task:
Compare and **contrast** the three International Relations Theories and enter results in the rubrics, **negotiating** key terms. Mark similarities and overlaps in a Venn Diagram. In a gallery walk, **present** and **discuss** the results.

International Relations Theory (IRT)

Realism
Assumptions: *nation-states are unitary, geographically based actors in an anarchical international system; there is no authority to regulate interactions between states; states are in competition against each other; relations determined by their levels of power; in pursuit of their own interests; determined by their military, economic and political power; obsessed with security; security dilemma – increasing one's own security might destabilize opponents; building up their own armament; making security a zero-sum game; if a state fails to grant security – R2P as a new doctrine.*

Liberalism
Assumptions: *associated with Woodrow Wilson (League of Nations after World War I); domestic policy to influence foreign policy – e.g. ending poverty at home would result in tackling poverty abroad; precursor of institution builders after World War II; plurality of state actions based on factors such as culture, economic system, government type; interaction between states is based on security as well as economic and cultural interests; main players are firms, organisations, individuals; opportunities for cooperation; peace can be achieved; international relations are not anarchic, because absolute gains can be made through cooperation and interdependence; democracies have never waged war against each other; economic interdependence makes war between trading partners less likely, but differing interests might also increase the likelihood of conflict.*

Institutionalism
Assumptions: *within the modern, globalized world states are driven to cooperate to ensure security and sovereign interests; different interpretations of sovereignty and autonomy; autonomy becomes a problem as it shifts from notions of freedom, self-determination but is linked to good governance; sovereignty poses questions on many grounds; to maintain global stability and security and to solve the problems of an anarchic world no overarching global authority is created; instead states are to collectively abandon some rights of full autonomy and sovereignty – as in the European Union or the United Nations; after the end of the Cold War, social forces from below have become agents in international affairs; resulting in failing states, collapse of liberal peace and challenges to global governance; impact of social forces on political power.* BK

Rubrics of IRT

Realism	Liberalism	Institutionalism

Revue passieren – reflektieren – recherchieren

In den zehn Aufgabenbeispielen werden unterschiedliche Scaffolding Strategien eingesetzt – versuchen Sie, zwischen <u>macro scaffolding</u> (Stundenplanung) und micro scaffolding (Unterstützung im Unterricht) zu unterscheiden.

Die Beispiele basieren auf dem Gemeinsamen Europäischen Referenzrahmen für Sprachen (GeR, vgl. 3.2) und dessen global scales – möglicherweise zu adaptieren beim Einsatz in einer bestimmten Lerngruppe.

Sie können die Beispiele entweder ergänzen oder in einer umfassenderen Lernaufgabe integrieren, die sich auf eine inhalts-orientierte Unterrichtseinheit aus Ihrer Praxis bezieht.

Notizen:

Kapitel 9

Desiderata

Vignette: Venn Diagram

CLIL building blocks (parameters) can be identified – on different levels and from different areas – which would initiate an effective and, as *visible learning*, student-centered enrichment of modern language instruction. They result from the interface between both content-based and language-focused teaching approaches, are brought together in dual scaffolding (cf.: 7.1) and visualized in my Venn diagram below.

The diagram summarizes the dialectics of language and content. While (traditional) FLT is language driven and deals with topics from a linguistic point of view – although here, too, content is becoming increasingly important – CLIL is, by definition, primarily content driven with a more recent focus on language, especially the use of L1. But both approaches of language teaching are competence driven, in the sense that in FLT language skills are expanded by content aspects and in CLIL content competency is supplemented by linguistic emphases in *CALP* discourse. A special variety can be seen in the teaching of literature, which I labelled *Literary CLIL* (see chapter 6) because here both aspects come into play and the CLIL parameters of *communication, culture* as well as *content* and *cognition* are effective as a common link. In enriched language learning a common denominator is recognizable, which functions as cross-fertilization:

> [It is important] to distinguish clear objectives and tasks for these two learning domains, from which forms of division of labor and cooperation can then be systematically derived. ... Bilingual teaching (as subject teaching) [cannot] perform language tuition in a narrower sense ... . Questions of genetic engineering or the AIDS problem are examples of how topics of teaching biology can be connected with studying foreign languages. ... a content-related subject teaching [can] provide a clear motivational boost after a phase of foreign language learning that has been significantly prolonged by early-beginning in primary school FLT (Hallet 2013a: 182 ff; my translation).

Content-based subject teaching relies on CLIL building blocks that make innovative FLT, as Enriched Language Learning, more authentic – not only by providing a motivational boost for the learners. In the continuum of communication and content learning, more sustainable learning processes are also targeted and effectively consolidated. In addition to the approach of *teaching-across-the-curriculum* (cf. Gibbons 2002: 118 ff), which has already been adopted in some English-speaking countries, this includes above all those building blocks which are outlined in the four parameters of *communication, cognition, content* and *culture,* effectively combined in the language triptych for language acquisition and trained in the CLIL-specific language skills of *translanguaging,* mediation, visualization and multi-perspective discourse functions. By increasing the focus on content without neglecting the learners' language action skills, *dual Scaffolding* (cf. 7.1) will help to shape the transitions from every-day to content discourse (from *BICS* to *CALP;* cf. 5.4) in an effective and student-centered way.

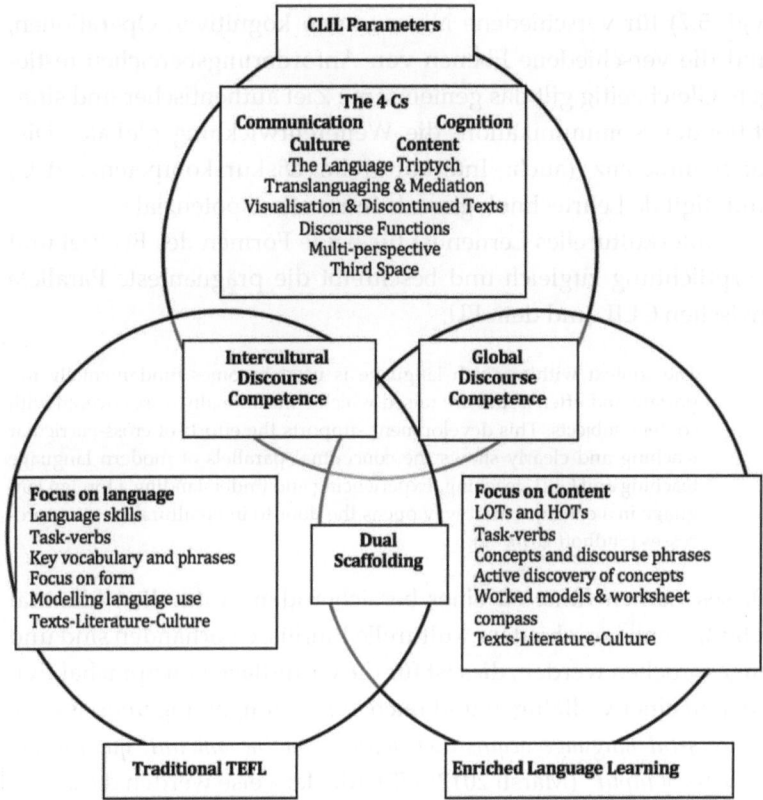

Klewitz 2020: 219

9.1 CLIL als Katalysator für Strategiewechsel und Innovation

Bei der Analyse der CLIL-Bausteine, die für einen innovativen FU geeignet sind, müssen zunächst die Gemeinsamkeiten der beiden Fremdsprachen-Unterrichtsansätze in den Blick genommen werden. Dazu gehören die folgenden Aspekte: Grundlegend für CLIL und FU sind interkulturelle bzw. transkulturelle Kompetenzen, eine vielfältige und inhaltsbezogene Lernumgebung (mit reichhaltigem Sprachinput), inhalts- und sprachbezogenes *Scaffolding*, adaptierte Diskursfunktionen, die in Listen von Operatoren als *task-verbs* beschrieben sind, wie beispielsweise im *Task Design Wheel* (vgl. 5.7) für verschiedene Niveaus von kognitiven Operationen, und die verschiedene Ebenen von Anforderungsbereichen festlegen. Gleichzeitig gilt das gemeinsame Ziel authentischer und sinnstiftender Kommunikation, die Weiterentwicklung globaler Diskurskompetenz (auch: Interkulturelle Diskurskompetenz, IDC) und digitale Lehrtechnologien als Innovationspotenziale.

Interkulturelles Lernen ist für beide Formen des FU Ziel und Verpflichtung zugleich und beschreibt die prägnanteste Parallele zwischen CLIL und dem FU:

> The context within which language is used becomes fundamentally important and often issues are raised which – traditionally – are covered with content subjects. This development supports the efforts of cross-curricular teaching and clearly shows the conceptual parallels of modern language teaching and CLIL-teaching. Experiencing and understanding a foreign language in a content-based way opens the door to intercultural learning processes (Sudhoff 2010: 32).

Dieses Lernen führt zu einer bereichernden kulturellen Identität (ebd.), wenn verschiedene kulturelle Einflüsse vorhanden sind und angesprochen werden; dies ist für die Grundlage von Sprachaktivitäten in einer vielfältigen und reichen Lernumgebung unerlässlich. *„Successful language acquisition depends on the amount, quality and richness of input"* (Marsh 2012: 255). Idealerweise werden diese Einflüsse in den FU integriert und zusammengeführt – als ein weiterer *third space* und reiches Potenzial für den FU und CLIL. Dies deutet auch auf die Notwendigkeit hin, den traditionelleren FU zu verändern: *„It seems only logical that an exploration of different cultural perspectives is unlikely to occur in the contexts of, for instance, form-focused gap-fill exercises"* (Sudhoff 2010: 34).

In Bezug auf Sprache und Inhalt gewinnt das duale *Scaffolding* eine besondere Bedeutung für beide Richtungen des Fremdsprachenlernens und zeigt *„the methodological affinity of a modern, student-centered, task-oriented language classroom and of best practice in CLIL-teaching"* (ebd.: 33). Es bleibt aber eine besondere CLIL-Komponente, weil hier das inhaltliche Lernen in der zusätzlichen Fremdsprache stattfindet und spezielle *Scaffolding* Strategien notwendig werden:

> ... such as modelling (providing examples for imitation), bridging (building on previous knowledge and understandings), contextualizing (adding context to academic language), schema building (providing thinking frameworks such as charts or advance organisers), re-presenting text (using a new genre to present the same content), and developing meta-cognition (building learning skills strategies such as planning, monitoring, and evaluating) (Mehisto 2012: 287; according to Walqui: 2006).

Erweiterte Diskursfunktionen sind Bestandteil von CLIL-Programmen und können in vergleichbarer Weise für den FU genutzt werden: „*The cognitive neurosciences also stress the need for powerful learning environments. ... not enough language education is spent encouraging learners to engage in higher order thinking about meaningful content*" (Marsh 2012: 258). Diese Diskursfunktionen gelten für beide Ansätze des Sprachunterrichts und werden beispielsweise im *Task Design Wheel* (5.7) dargestellt. Das Sprachenlernen in authentischen Kontexten erfordert auch eine Neuausrichtung des traditionellen FU in seiner kommunikativen Funktion, denn „*teachers have aspects of motivating content at the back of their minds*" (De Florio-Hansen 2018: 241). Dies scheint sich auch auf die Rolle der Lehrkräfte im Bereich Englisch als Fremdsprache (EFL) auszuwirken, die sich traditionell auf das Konzept der muttersprachlichen Kompetenz stützten:

> The so-called communicative dimension of language teaching, where the language is treated as a functional tool rather than the explicit object of study, is currently moving into the realm of authentic subject teaching. ... CLIL complements parallel formal but adapted language instruction. ... the non-native speaker of English is emerging as a particularly successful CLIL teacher. The dominant role of the native speaker EFL teacher, if monolingual and employed to encourage language practice, is increasingly undermined (Marsh 2012: 255).

Mit der globalen Diskurskompetenz wird eine Weiterentwicklung der „*language competences in Content and Language Integrated Learning*" (De Florio-Hansen 2018: 106) ermöglicht, die in beiden Formen des Sprachunterrichts mit aufgabenorientierten Ansätzen kombiniert wird. Dabei halte ich eine *cross-fertilisation* in beide Richtungen für sinnvoll und möglich, denn eines der Probleme im CLIL-Unterricht besteht darin, dass produktive Sprachkompetenzen nicht ausreichend gefördert werden, oft geringfügige akademische *writing skills* zu beobachten sind, veraltete Unterrichtsstrategien verwendet werden und eine gewisse methodische Monotonie beobachtbar ist (vgl. Meyer 2012: 266).

Die Fremdsprachenforschung sieht CLIL-Programme tatsächlich in einem überwiegend positiven Licht: *„Recent research has confirmed that CLIL has positive effects on the language skills of EFL learners placing them well ahead of the non-CLIL counterparts"* (ibid.: 265). Diese Meinung wird von anderen Wissenschaftlern unterstützt: *„Considerable research shows that in long-term, immersion-type, additive CLIL programmes students generally achieve either equal or superior results on L1 language tests in comparison with students studying through their L1"* (Mehisto 2012: 287). Und eine der bekanntesten europäischen Spezialistin für bilingualen Unterricht, Do Coyle von der Universität Aberdeen, bestätigt die zunehmende Evidenz, dass CLIL das gemeinsame Lernen von Sprache und Inhalt insgesamt verbessert und steigert. (vgl. Coyle 2010: 133 ff)

Befürworter des CLIL-Ansatzes (vgl. Sudhoff: 2010; Marsh: 2012; Meyer: 2012; Mehisto: 2012) betonen, dass dieses Modell als Katalysator der Weiterentwicklung von Sprachunterricht wirksam werden kann: *"CLIL represents a major development step in EFL [English as a Foreign Language] teaching. The evidence from within the neurosciences is a key reason why CLIL will continue to change the face of current EFL teaching"* (Marsh 2012: 263).

Insgesamt wird das Innovationspotenzial des bilingualen Unterrichts als sehr hoch veranschlagt und CLIL als Sprungbrett für die weitere Entwicklung des FU insgesamt gesehen. Darüber hinaus wird der Einfluss der oben erwähnten CLIL-Bausteine auf den traditionellen FU von Praktikern eingeschätzt als spürbarer *„impact on the general outline of the teaching of foreign languages"* (Nijhawan: 2015 o.S.). Dieser Einfluss wird sowohl als Chance als auch als Herausforderung wahrgenommen:

> CLIL presents both an opportunity and a threat to accepted EFL practice. It acts as an opportunity for enabling a re-positioning and upgrading of the role of the EFL teacher. It acts as a threat by undermining certain fundamental values about the nature of language, fluency and ultimately ownership which still surround the English language even as it has emerged as a global lingua franca (Marsh 2012: 260 f).

Ob Fremdsprachenlehrer dies als Bereicherung oder als Bedrohung für ihre eigene Unterrichtspraxis sehen, hängt auch davon ab, inwieweit sie geneigt sind, die entscheidenden CLIL-Bausteine auch in FU-Ansätze einzubeziehen bzw. als Perspektive zu nutzen, den *„triple focus: concept, content and language goals as well as thinking skills"* (ibid.: 263). Authentische Kommunikation ist nicht nur ein Prinzip in CLIL, sondern hat auch eine lange und bewährte Tradition im FU. Darüber hinaus steigert die Entwicklung digitaler Unterrichtsmedien und -technologien das Innovationspotenzial des Fremdsprachenlernens, sowohl in CLIL als auch im FU, in exponentieller Weise:

> What is increasingly evident is that use of technology interfaces and the influence of connectivity through such applications relates directly to language as communication and therefore language learning. These applications undermine teaching approaches that are heavily knowledge-based (as can be found in much English language teaching) and subject to time-lag (learning now for use at a later stage), and are particularly suitable for integrated language learning such as CLIL (ibid.: 260).

Die jüngere, lernende Generation hat die mit den modernen Medien verbundenen Herausforderungen längst angenommen, und auch der FU wird sich diesen Veränderungsprozessen auf Dauer nicht verschließen können. Wie bei jeder (pädagogischen) Innovation gibt es auch bei der Digitalisierung des Lernens Widerstände, die von grundsätzlichen Gegnern öffentlich artikuliert werden. Unter der Überschrift *„Tablets lenken nur ab – Welchen Beitrag elektronische Geräte zur Verbesserung des Schreibens leisten sollen, ist rätselhaft"* unterstreicht beispielsweise ein Lehrer in einer führenden deutschen Zeitung seine Ablehnung. (FAZ 24.04.2018).

Dem widerspricht ein "Petitum" aus der Fremdsprachenforschung mehr als deutlich:

> Digitization in general is not an option, it is obvious. Excluding electronic media from schools is irresponsible toward the next generations. Our students have to learn how to use digital tools to improve achievement and when it is better to recur to other strategies and means. Moreover, teachers are required to make their students, by and by, recognize when and why they may rely on electronic devices and services. Above all learners have to become media-savvy in order to withstand the temptations of uninterrupted online-activities in their private lives (De Florio-Hansen 2018: 229).

9.2 Pop culture and the media hype (Amy Macdonald)

Competences:
Students can

- follow the main points in a presentation
- understand essentials in a radio broadcast or other media
- write coherent texts about their own points of interest
- describe and characterize persons or objects in their core elements
- write a biography of their favorite pop star (it doesn't have to be Amy Macdonald),
- conduct a fictional interview, or write a story (e.g., about a pop concert they attended).

Choosing the theme of a song:
In Amy Macdonald's own words:
Footballer's Wife takes ominous strings, thunderous drums and a haunting vocal and uses them to wallop a pop culture that encourages silly young women (Chantelle, Colleen) to write their autobiographies. *"They're only 19, 20 years old or something I don't know how anybody could write their lifestory at this age. It's pathetic."* Ever the patriot, Amy has also recorded a version of a modern Scottish folk classic, *Caledonia* (see 8.5).[98]

Popmusic, a keen interest dominating the teen world, is mostly provided by the electronic media. Controlled predominantly by commercial interests, marketing of their idols is an issue to be investigated. Themes like consumer habits, functionalization of stars and starlets and the influence of peer groups can deliver revealing insights. The interface between marketing and individual taste formation is particularly interesting. This is exemplified in the song by Amy Macdonald (*Footballer's Wife*), which is used as a basis here. On the one hand, the song's lyrics denounce the craving for

---

[98] https://www.famemagazine.co.uk/teen-sensation-amy-macdonald-date-at-the-limelight/.

recognition in a certain age group; on the other hand, the music, which is based on Scottish folklore, largely corresponds to the listening habits of many young people.

Step-by-step lesson plan
Structured examination of the song text, analysis of the critical aspects it contains (using the think-pair-share method); background research, writing down the information and discussing it; instruction on media-critical aspects and evaluation of marketing and individual taste formation; co-operative creation of biographies, stories and interviews; presentation of the results and evaluation grid.

Learning Arrangement
After listening to the music and editing the lyrics, the assignment aims at story-telling and writing a biography as a culminating event. The necessary background research (Who were James Dean and Marilyn Monroe, Ginger Rogers and Fred Astaire? What role do footballers like Beckham and their wives, the footballers' wives play? What is behind names like Chantelle and Colleen?) suggest a co-operative learning arrangement that is suitable for the development of differentiated competencies. The culminating event brings together the different work results and is evaluated after a joint presentation, which can include further music examples.

Planning grid

Learning activities	Material	Competencies
Play song (2x); hand out lyrics before 2nd time **plenary**	song lyrics*	Understanding meaning
Editing song text, creating captions **individual work**	song lyrics	Making associations, formulating headings, relating music and text.
Comparison of the results **group work**	assignments	Exchange arguments, find and formulate justifications
Editing the assignments **tandem**	assignments	Practice taking notes, structure information
Input: footballers and footballers' wives:	handout abstract of teacher talk	Collect and structure background information

a critical perspective **plenary**		
story telling, biographies, interviews **group work**	internet resources	Record results in writing, rehearse role play
Presentation of the results **plenary**	overhead, oral presentation	Presentations present
Evaluation **plenary**	observation sheet	Giving appreciative feedback

* www.absolutelyrics.com/lyrics/view/amy_macdonald/footballer,27s_wife/

Assignments:

- The lyrics of this song come in five stanzas. Look closely at the contents and give each stanza a caption (heading).
- What is the message of this song, in a nutshell?
- Connect lyrics and music. How does the flow of music correspond with the contents in each stanza?
- Create a word field, using the phrases in the lyrics and paraphrase words unknown to you.
- Do you think that Amy Macdonald would like to write her own biography? Give reasons for your decision.
- Research the biographies of the artists mentioned in the song (James Dean, Marilyn Monroe, Ginger Rogers, Fred Astaire). What were they known for?
- Find out about related films and music.
- Write an interview with one of those artists and role play it.
- Write up a biography of an artist of your own choice (doesn't have to be one of the afore-mentioned).
- Present your results in your class. Design an evaluation sheet for feedback.

(adapted from: De Florio-Hansen et al 2010: 11-14)

9.3 Entwicklungsstrategien

Was die Desiderate der weiteren Forschung zu CLIL-Bausteinen und deren Einfluss auf FU-Konzepte betrifft, so weisen Do Coyles Überlegungen in die Zukunft:

> This ... research includes both academic research and classroom inquiry using different approaches. In particular, CLIL invites investigation which draws on a much wider field of research than is associated with language learning *per se*, including learning theories, language-learning theories, cognitive science and neuroscience, and intercultural processes, in order to provide a range of perspectives for interpreting integrated learning (Coyle 2010: 165; original emphasis).

Prinzipiell wird diesen Hinweisen im theoretischen Teil dieser Didaktik bereits Rechnung getragen (vgl. Kapitel 1 – 3). Aber die progressive Entwicklung von *task-verbs* in abgestuften Wissensbereichen – dargestellt als *LOTs* und *HOTs* im oben erwähnten *Task Design Wheel* (vgl. 5.7) – beschreibt nicht nur den bilingualen Mehrwert von Sprachaktivitäten; *task-verbs* als gemeinsames Strukturmerkmal von CLIL und FU eignen sich besonders gut zur Entwicklung von Lernaufgaben, um neue inhaltliche Konzepte zu entdecken und als *worked examples* im *worksheet compass* eine vertiefte Auseinandersetzung mit Texten, Literatur und Zielkultur(en) zu initiieren, insbesondere im innovativen FU. Die Grundannahme, dass die Sprache dem Inhalt folgt, ist verbunden mit einer Fokussierung auf authentisches Material und herausfordernde Texte in einem erweiterten Sinne, die interkulturelles Lernen fördern können, indem sie Fremdsprachen im *third space* (vgl. 5.6) als Mittel zur Entwicklung gegenseitiger kultureller Toleranz und demokratischer Partizipation für lebenslanges Lernen nutzen. In diesem Kontext interagieren die gemeinsamen Bausteine von FU und CLIL und schaffen einen neuen Rahmen für einen modernen Sprachunterricht mit der Perspektive authentischer, achtsamer Sprachaktivitäten.

Revue passieren – reflektieren – recherchieren

Stellen Sie sich eine Diskussion mit einem (englischen) Sprachlehrer vor, mit dem Ziel, ihn davon zu überzeugen, dass ein bilinguales Programm als Katalysator in seinem/ihrem Bereich funktionieren würde – welche Argumente würden am besten überzeugen?

Wie würden Sie die Hindernisse und Herausforderungen im Zusammenhang mit CLIL einschätzen?

> *Wenn eine dialektische Beziehung zwischen dem FU und CLIL angenommen werden kann, wie müsste die künftige Forschung vorgehen, um beide Ansätze zu validieren? Ist Ihrer Meinung nach ein Kompromiss möglich, bei dem ein größerer Fokus auf das sprachliche Triptychon gelegt wird und anstelle von „Sprache folgt Inhalt" mehr sprachlicher Input für CLIL und mehr Inhalt im FU resultiert?*

Notizen:

Kapitel 10

Glossar
Lehr- und Lernstrategien

Advance Organizer
Ein Advance Organizer beinhaltet – nach seinem „Erfinder" David Ausubel – Informationen, die der Unterrichtende zu Beginn eines Lernprozesses präsentiert, um den SchülerInnen bei der Organisierung ihrer Lernprozesse zu helfen. Die Aufmerksamkeit wird auf diejenigen Aspekte gelenkt, die bei dem zu bearbeitenden Material wichtig sind; es werden Zusammenhänge hervorgehoben und an relevantes Vorwissen angeknüpft. Dieses Planungsinstrument hilft SchülerInnen auch dabei, die wesentlichen Elemente einer Lektion/Einheit zu koordinieren und zu kombinieren. Beispiele sind *worksheet compass, learnscape* und *herringbone technique*.

Backward Design
dient zur Vorbereitung einer Unterrichtsstunde/Einheit als Ganzes. Wenn Unterrichtende das Lehren und Lernen planen ist es sinnvoll, festzulegen, auf welche Weise und in welchem Maße SchülerInnen ihre Lernergebnisse konkret zeigen können. Sie sollen z.B. lernen, wie man eine Zusammenfassung eines Zeitungsartikels schreibt, Informationen beschafft und kreative Aufgaben (Lernaufgaben) bearbeitet. Lehrkräfte können in diesem Zusammenhang Beispiele für die vereinbarten Aktivitäten bereithalten, beispielsweise *worked examples* wie Leserbriefe, Info-Boxes und/oder Projektbeschreibungen als *power point presentations*. Dieses Planungsinstrument ist auch hilfreich, um später Lernergebnisse zu evaluieren.

Direkter Unterricht
Die Steuerung von Lernprozessen wird zunächst von der Lehrkraft übernommen, die mit Beispielen und direkten Vorgaben Arbeitsprozesse initiiert, die dann von SchülerInnen und Schülergruppen

in mehr selbstständige Aktivitäten weitergeführt werden. Einer der Vorteile besteht darin, dass ihnen mit *worked examples* Lösungswege verdeutlicht werden, um ihre eigenen Aufgaben in der → *Zone of Proximal Development* zu bearbeiten. Diese Unterrichtsstrategie ist nicht identisch mit „Lehrer spricht, SchülerInnen hören zu" und wird von John Hattie in seinem Konzept des „*Visible Learning*" stark favorisiert.

Flipped Classroom (aka Blended Learning)
Die Vermittlung der Lerninhalte erfolgt über Erklärvideos und interaktive Aufgaben zuhause. So können die SchülerInnen sich den Inhalt in ihrem eigenen Tempo erarbeiten, bis sie das Thema verstanden haben. In der Klasse wird das erworbene Wissen dann angewendet, also das, was bisher häufig in der Hausaufgabe gemacht wurde. Auftretende Rückfragen können dadurch direkt geklärt werden und es entsteht deutlich mehr Zeit für Vertiefung und differenzierte Lernangebote.

Gallery Walk (auch Gruppenpuzzle genannt)
Hier findet ein Wechsel zwischen Ausgangs- (*home group*) und Expertengruppe (*expert group*) statt: Nach einer ersten Arbeitsphase in den *home groups* präsentiert jeweils ein Mitglied ein Plakat mit den Ergebnissen seiner Gruppe in einer Ecke des Klassenzimmers, gefolgt von den Ergebnissen der anderen Gruppen. Für den anschließenden Rundgang werden die Gruppen unterschiedlich zusammengesetzt: Jede neue Gruppe (*expert group*) hat mindestens einen Experten für das jeweilige Plakat. Alle SchülerInnen gehen von einem Plakat zum nächsten (der Galerie), während ein Experte beim Plakat seiner eigenen Gruppe bleibt, um den Inhalt zu präsentieren und Fragen zu beantworten. Schließlich gehen alle "Experten" zu ihren ursprünglichen Gruppen zurück, vervollständigen das Gruppenpuzzle und berichten über die Reaktionen der anderen SchülerInnen. Nimmt etwas Zeit in Anspruch, macht aber viel Spaß!

Innen-Außen-Kreis (Kugellager)
Die Arbeit erfolgt mit einem Partner oder in einem Lerntandem. Die Sitzordnung im Klassenzimmer besteht aus einem Innen- und

einem Außenkreis. Die Partner sitzen sich gegenüber und beschäftigen sich mit dem jeweiligen Thema/Frage/Projekt. Nach einer bestimmten Zeit bewegt sich der Kreis innen im Uhrzeigersinn und außen gegen den Uhrzeigersinn, so dass neue Tandems entstehen. Auf diese Weise können neue Ideen und Lösungen diskutiert werden; anschließend ist ein Bericht über die Ergebnisse im Plenum vorgesehen. Eine ideale Lernstrategie, um Vokabeln zu wiederholen, Hausaufgaben zu erledigen und Grammatikfragen zu lösen.

Mediation
Nicht gleichzusetzen mit Übersetzung: Es geht vielmehr darum, Informationen oder andere Inhalte von einer Sprache in eine andere zu übertragen (in der Regel vom Deutschen ins Englische), um jemandem, der diese Sprache nicht beherrscht, das Verständnis eines bestimmten Inhalts zu erleichtern oder überhaupt erst zu ermöglichen. Jede Mediation braucht also einen Adressaten und einen Kontext und kann in drei Schritten durchgeführt werden:

1. Situation – in welchem Kontext findet die betreffende Kommunikation statt? Wer spricht/schreibt mit wem und warum? Welche Textart (E-Mail, Speisekarte, Werbung, Bericht) soll in die andere Sprache übertragen werden?

2. Wiedergabe – wird gesprochen oder geschrieben? Welche Art von Informationen benötigt die angesprochene Person? Gibt es spezielle Fragen, die adressiert werden sollen? Wie kann sichergestellt werden, dass der Inhalt erfolgreich vermittelt wird?

3. Auswählen und Paraphrasieren –die erforderlichen Informationen werden im Original ausgewählt. Welche Aspekte (kulturelle Besonderheiten oder Unterschiede) müssen im Detail erklärt werden? Wie können relevante Informationen auf Englisch ausgedrückt werden, z. B. durch Paraphrasierung? Was kann weggelassen werden?

Multiple-Choice-Fragen (Lern-Quiz)
Im *Learning Network*[99] der *New York Times* geht es oft um akademische Fähigkeiten und deren Testung, eine davon – in bester

---

[99] New York Times Lesson Plans: https://www.nytimes.com/section/learning/lesson-plans.

amerikanischer Lehr- und Prüfungstradition – sind Multiple-Choice-Fragen; aber diesmal sind SchülerInnen diejenigen, die diese Fragen schreiben und Andere müssen sie beantworten.

Die Entwicklung von Fragen ist eine innovative Möglichkeit, neue Themen kennen zu lernen, sich in der Bearbeitung von Tests zu üben und sich mit Prüfungsverfahren vertraut zu machen. Gute Multiple-Choice-Fragen haben folgende Merkmale:

- einen Stammtext, der die Frage oder das zu lösende Problem darstellt;
- drei falsche Antworten oder Ablenkungsmanöver für die Frage oder das Problem in der Vorlage;
- eine richtige Antwort als Schlüssel;
- insgesamt vier mögliche Antworten auf die Frage mit den Bezeichnungen A, B, C und D.

Peer-Group Evaluation

Die Lernenden überprüfen ihre eigenen Texte, die ihrer Tandem-Partner oder anderer Mit SchülerInnen in einem strukturierten Prozess, korrigieren sprachliche Fehler und suchen nach guten und überzeugenden Inhalten. Dabei geht es ausdrücklich nicht darum, möglichst viele Fehler zu finden und den Rotstift zu nutzen. Vielmehr ist dieses Feedback empathisch und unterstützend und ermöglicht damit neue Entwürfe oder bessere Lösungen. Im Zweifelsfall wird eine Lehrkraft hinzugezogen oder im Plenum diskutiert. Die Strategie erfordert eine gewisse Vorerfahrung.

Placemat-Aktivität

Auf einem Blatt Papier werden Linien – wie unten abgebildet – gezeichnet. Jedes Gruppenmitglied schreibt nun in eines der äußeren Segmente Antworten auf eine gestellte Frage, ein zu lösendes Problem auf. In dieser Phase findet noch keine Diskussion statt.

In einem zweiten Schritt wird verhandelt, welche gemeinsame Lösung in die Mitte des Placemats eingetragen wird.

GLOSSAR 357

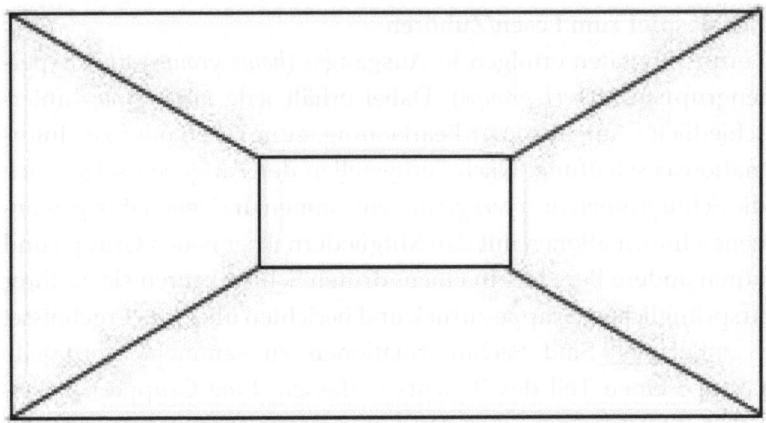

Podcast in zehn Schritten:

- Software[100] und Hardware (Smartphone) werden vorbereitet und IT-Kenntnisse überprüft.
- Zweck, Zielgruppe und Veröffentlichung des Podcast werden festgelegt und ein aussagekräftiger Name gefunden.
- In Gruppen erfolgt ein Brainstorming zum Thema.
- Ein Drehbuch/Inhalt wird in Tandems erarbeitet und die Ergebnisse im Plenum verglichen.
- Als Entwürfe sind übersichtliche Skripte hilfreich.
- Wie in einer Theaterprobe wird die Aufnahme des Inhaltes mehrmals durchgespielt.
- Die Auswahl von Musik und anderer Soundeffekte (beispielsweise Tierrufe, Straßen- oder Naturgeräusche) sollten zum Thema passen.
- Der Inhalt wird aufgenommen.
- Anschließend wird die Aufnahme mit einer geeigneten Software bearbeitet (wie in 1).
- Der Podcast wird an einem geeigneten Ort (Schulradio, Website usw.) veröffentlicht und für seine Verfügbarkeit geworben.

---

[100] Beispielsweise: https://garageband.soft32.com/free-download/.

Puzzlespiel zum Lesen/Zuhören
Lern-Aktivitäten erfolgen in Ausgangs- (*home groups*) und Expertengruppen (*expert groups*). Dabei erhält jede *home group* unterschiedliche Aufgaben zur Bearbeitung, zum Lesen oder zur Informationsbeschaffung. Nach Fertigstellen der Aufgaben setzen sich die SchülerInnen in *expert groups* zusammen und teilen ihre gewonnenen Informationen mit den Mitgliedern ihrer neuen Gruppe und hören andere Berichte. In einem dritten Schritt kehren sie zu Ihrer ursprünglichen Gruppe zurück und berichten über ihre Ergebnisse.

Beispiel: Sind Sachinformationen zu sammeln, wird jede Gruppe einen Teil des Berichts verfassen. Eine Gruppe hat vielleicht Informationen über den Lebensraum eines Tieres, eine andere über die Ernährungsgewohnheiten, eine weitere über das Aussehen. Bei dieser Aktivität geht es darum, Informationen auszutauschen und zusammenzustellen. Sie bietet einen Kontext, in dem SchülerInnen ihre Fähigkeiten zum Zusammenfassen entwickeln können, da jede *expert group* über die wichtigsten Punkte entscheiden muss, die sie später mit den anderen teilen wird. Es bestehen einige Ähnlichkeiten zum (->) *Gallery Walk*.

Reciprocal Teaching (Wechselunterricht RT)
In einem 4-stufigen Ansatz wird insbesondere das Leseverstehen trainiert; dabei findet in der Gruppe ein inhaltlicher Austausch statt.

In Vierergruppen wird ein Text und/oder Information in Abschnitte unterteilt und dann verschiedenen Rollen zugewiesen: die des Fragenden (*questioning*), Zusammenfassenden (*summarizing*), Erklärenden (*clarifying*) und Vorhersagenden (*predicting*).

Das Vorgehen ergibt sich aus der Rollenverteilung, die auch gewechselt werden kann:

1. Fragen stellen: Teammitglied Nr. 1 stellt Fragen zum Text, von einfach bis komplex;

2. Zusammenfassen: Nr. 2 fasst den Text mündlich zusammen und beachtet die Regeln einer *summary* (Kürzen auf 1/3, indirekte Rede, keine Wertungen);

3. Erläutern: Nr. 3 fällt die Erläuterung schwieriger Textpassagen mit Bewertung in der Gruppe zu;

4. Vorhersagen: Nr. 4 äußert Vermutungen darüber, worum es im nächsten Textteil gehen wird, durch Ergänzen und informiertes Raten.

Dieses Vorgehen ist Bestandteil des → Direkten Unterrichts, bei dem die Lehrkraft die Rolle des Aktivators und nicht des Moderators übernimmt. Auf diese Weise können SchülerInnen schließlich zu ihren eigenen Lehrern werden (basierend auf Hattie 2009, Visible Learning).

Scaffolding
Scaffolding (als Unterrichtsstrategie) beinhaltet eine Struktur für die Bearbeitung von Aufgaben in sechs Schritten:

6 Merkmale von Scaffolding	Werkzeuge
Was ist der Kontext der vorliegenden Aufgabe? Welche Fragen oder Probleme sind zu lösen?	*worksheet compass*: auswählen und verhandeln.
Anspruchsvolle Texte und andere (digitale) Materialien.	entdecken und erforschen von Themen und Problemen
Welche Erfolgskriterien gibt es? Wie wird gezeigt, dass ein Problem gelöst wurde?	Lehrer-Schüler-Dialog; durchführen von formativem (während der Aufgabe) und summativem (nach der Aufgabe) Feedback
Aufgabenzyklus 1 (gelenktes Lernen)	Verwendung von Operatoren (task-verbs); Aufteilung der Aufgabe in kleinere, überschaubare Teile, Verwendung von lautem Denken und Verbalisierung des Denkprozesses, Stichwörter und Aufforderungen, Modellierung und Arbeitsbeispiele, *skimming* und *scanning*; Fokus auf der Form
Aufgabenzyklus 2 (Freies Lernen)	Aktivierung von Hintergrundwissen; kooperative Teamarbeit, Dialog unter Lernern; Recherche und Selbsteinschätzung; Reflexion des Lernprozesses.
Abschluss & Transfer.	Nachbereitung in einer Lernaufgabe (target activity):

Zusammenfassen des Gelernten; Präsentation der Ergebnisse; summative Bewertung.

Dabei liegen drei Fragen zugrunde, die für die Lernenden wie ein Kompass funktionieren:
Was ist/war mein Ziel? Wie bin ich vorangekommen? Wohin gehe ich als nächstes?

Spickzettel
Auf einem Blatt Papier werden Notizen oder Informationen zusammengestellt, die zunächst als „Schummeln" während einer Prüfung (Spickzettel) gedacht sind. Statt dann in einer Prüfungssituation tatsächlich eingesetzt zu werden (mit dem damit verbundenen Risiko), sind sie aber bei der Vorbereitung eines Vortrags oder als Gedächtnisstützte für zu behandelnde Themen sehr nützlich.

Spracherwerb und Lernen
Die beiden Begriffe werden sehr häufig wechselseitig verwendet, denn die „strikte Trennung zwischen Lernen und Erwerb kann nach heutiger Auffassung nicht aufrechterhalten werden" (Ohm: 2015a). Heute verwenden die meisten Wissenschaftler „Sprachenlernen" und „Spracherwerb" synonym, es sei denn, sie beziehen sich direkt auf Krashens Werk. (*Stephen Krashen's Five Hypotheses*: 1983/85). Der Begriff „Zweitspracherwerb" oder „SLA" hat sich jedoch als bevorzugte Bezeichnung für diese akademische Disziplin etabliert.

Think-pair-share
Universelle Lernstrategie, die ältere Unterrichtsformen wie die unangemessenen „*Frage-Antwort-Fragen*"-Ketten in einem lehrerzentrierten Klassenzimmer ersetzt. Es entsteht mehr Zeit für eigenes Denken, für kooperatives Lernen und für Diskussionen im Plenum; für die Lernenden ergibt sich auch mehr Redezeit. Die drei Schritte *think-pair-share* sind:

1. Denken – SchülerInnen arbeiten allein und befassen sich zunächst individuell mit einer Frage oder einem Thema; das kann ein Problem, der Beginn eines Projekts oder auch ein Grammatikaspekt

sein. Die Lehrkraft schlägt vor, ein paar Minuten für ein Brainstorming zu verwenden, über die Frage nachzudenken und ein paar Ideen aufzuschreiben.

2. In Tandems (Paaren) – mit einem Partner werden die Ergebnisse der Denkphase ausgetauscht und dann eine gemeinsame Version gefunden, die der ganzen Gruppe vorgestellt wird. Ideen werden diskutiert und in einer Liste gesammelt.

3. Teilen – Ergebnisse werden zusammenfasst und in der Klasse präsentiert. Feedback erfolgt in empathischer und unterstützender Weise, ohne auf Fehler zu fokussieren.

Überfliegen und Scannen (skimming and scanning)
Überfliegen (*skimming*) dient dazu, sich einen Überblick über den vorliegenden Text zu verschaffen. Nicht jedes Detail muss verstanden werden, und oft können auch unbekannte Wörter ignoriert werden. Schlüsselwörter werden aufgeschrieben, um die Kernaussage zu verstehen.

Scannen ist eine Technik, um spezielle Informationen in einem Text zu finden. Wie bei einem Computerscan wird der Text nach Schlüsselwörtern oder bestimmten Details durchsucht. Es ermöglicht, sich auf die gewünschte Information zu konzentrieren und intensiviert den Vorgang des Lesens.

Visible Learning (Sichtbares Lernen)
Unterrichtskonzept, weiterentwickelt durch den neuseeländischen Pädagogen John Hattie, der die Lernerfolgs-Daten von über 300 Millionen SchülerInnen aus dem australischen, US-amerikanischen und britischen Bildungssystem ausgewertet hat. Seine Meta-Analysen ergeben eine kürzlich ergänzte Liste von 304 Einflüssen auf Lernen und Leistung, die er Effektgrößen nennt. Hattie, der jetzt mit Schulen in Melbourne zusammenarbeitet, ist weltweit für seine Forschungen zum *visible learning* bekannt geworden, in denen er vorschlägt, die Rolle der Lehrer bei der Bewertung ihres eigenen Unterrichts und der Auswirkungen auf die Leistungen der SchülerInnen zu stärken. Im Mittelpunkt von *visible learning* stehen drei Feedback-Fragen: „Was ist/ war mein Ziel?", „Wie bin ich vorangekommen?" und „Wohin gehe ich als nächstes?". Auf diese Weise

sehen Lehrer „das Lernen mit den Augen ihrer SchülerInnen und helfen ihnen, ihre eigenen Lehrer zu werden" (→ Scaffolding).[101]

Wortbank (auch elektronisches Wörterbuch genannt)
Nicht in jedem Klassenzimmer erlaubt; aber wenn verfügbar (z. B. als „dictionary-dict.cc" oder „linguee"), sehr schnelles Werkzeug auf dem Smartphone, um die Wortbedeutungen zu ermitteln. Bei linguee finden sich zusätzlich zu den üblichen Definitionen und Erklärungen von Wörtern viele Beispiele für die Verwendung eines bestimmten Wortes im Kontext (auch Sprachkorpus genannt). Die Vorteile von elektronischen Wörterbüchern sind, neben der schnellen Suche nach unbekannten Wörtern, dass man einfach nach unten scrollen kann, um weitere Bedeutungen und Abkürzungen zu finden, die Sprache zu wechseln und Inhalte herunterzuladen, um sie zu Wortdatenbanken hinzuzufügen.

Wörterbuch – digital und konventionell
Manchmal auch "Power-Wörterbuch" genannt – verwendet eine Kombination aus Bildern und anderen visuellen Darstellungen mit Erklärungen von neuen Wörtern und/oder Ausdrücken. Eine Nutzungsmöglichkeit besteht darin, Bilder zu finden, die einen gesuchten Begriff illustrieren, oder man beginnet umgekehrt und stellt eine Sammlung von Bildern/Visualisierungen, einschließlich Cartoons, zusammen, um dann Definitionen und damit verbundene Erklärungen zu finden.

Die Kombination von Bildern und Worterklärungen fördert nicht nur das Erlernen neuer Vokabeln, sondern hilft auch bei der Einordnung der neuen Sprache in alltägliche Bereiche wie „in der Stadt" – „auf dem Land" – „in den Bergen" – „am Meer" – „beim Sport" – „in der Freizeit" usw. Die Auswahl an Themen ist nahezu unbegrenzt, und der Nutzer kann später auf eine eigene Sammlung zurückgreifen. Von Zeit zu Zeit sollte die Lehrkraft einen Blick auf korrekte Sprache und passendes Bildmaterial werfen.

---

[101] Vgl.: https://visible-learning.org/.

Konzeptionelle Begriffe (conceptual terms)

English	German
Barbarian invasion	Völkerwanderung
Night of the broken glass	(Reichs-)Kristallnacht
Munich Beer Hall Putsch	Hitler Putsch
Western Civilization	Christliches Abendland
Middle East	Naher Osten
Smart Alec	Schlaumeier

Bilingual Unterrichten – CLIL Fachdidaktik

Soziale Marktwirtschaft	key economic terms / discourse
ausgebildete Arbeitskraft	skilled manpower
Belegschaft	labour force
Führungsqualitäten	managerial skills
Soziale Marktwirtschaft	social market economy
Deutsches Wirtschaftswunder	German economic miracle
Laissez faire Konzept	laissez-faire doctrine
Regierungseingriffe	government intervention
Grundgesetz	Basic Law
privates Unternehmen	private enterprise
Privateigentum	private property
Produktionsmittel	means of production
Arbeitskampf	industrial action
Tarifhoheit	free bargaining system
Regulierung der Marktwirtschaft	regulatory role in the market economy
innerhalb dieses Rahmens	within this framework
der Markt entscheidet über Produktion und Verteilung	the market place decides what is produced and who gets how much of it
Voraussetzung	prerequisite
Wettbewerb (individuelles Gewinnstreben führt zu einem optimalen Angebot für die Bevölkerung)	competition (the individual pursuit of profit translates into a maximum supply of goods for the community)
Neuerungen	Innovations
Einsparung von Arbeitskraft, Rationalisierung	rationalisation measures

Unternehmer (neigen dazu, Konkurrenz durch Absprachen auszuschalten)	entrepreneurs (try to neutralise competition by agreements with rivals)
freundliche und feindliche Übernahmen	friendly and hostile takeover

Klewitz 2019: 20

English	German
Zone of Proximal Development (ZPD) & Scaffolding	„Die Zone der proximalen Entwicklung beschreibt die Differenz zwischen einem aktuellem Entwicklungsstand eines Kindes, bestimmt durch die Fähigkeiten selbstständig Probleme zu lösen, und potentiellem Entwicklungsstand, der dadurch bestimmt ist, Probleme unter der Anleitung anderer zu lösen."[102] (Stangl: 2021). Vygotsky (1962) beschreibt dies als einen Bereich, in dem sich das Wissen und die Fähigkeiten eines Kindes an der Grenze seines Niveaus befinden und dann von einem erfahrenen Lehrer gefördert werden können. Die ZPD beschreibt eine Überbrückungsfunktion, in der inhaltliche wie sprachliche Defizite durch aktive Unterstützung (Scaffolding) ausgeglichen werden sollen.
BICS	Basic Interpersonal Communicative Skills – Alltagssprache
CALP	Cognitive Academic Language Proficiency – abstraktes Sprach- und Diskussionsrepertoire
One Person, One Language (OPOL)	Eltern können die Entwicklung von Bilingualismus bei ihren Kindern durch ihr eigenes sprachliches Verhalten unterstützen: Seit über 100 Jahren wird das Prinzip „eine Person, eine Sprache" (OPOL) erfolgreich angewandt.

[102] https://lexikon.stangl.eu/5750/proximale-entwicklung.

Tip of the Tongue (TOT)	„Es liegt mir auf der Zunge": ein Wort oder Begriff steht plötzlich nicht zur Verfügung, obwohl man das Gefühl hat, sich gleich daran zu erinnern – kommt in allen Altersgruppen vor und ist oft lernhinderlich.
Fundamental Difference Hypothesis (FDH)	Radikalversion des angeborenen Sprachvermögens: (kindlicher) Spracherwerb wird von den Prinzipien und Parametern der Universal Grammatik (UG) reguliert, während Erwachsene den Zugriff darauf verlieren (nach Bley-Vroman).
Dual System Hypothesis (DSH)	Vorgänger-Version der FDH: vertreten von Gestaltpsychologen wie Carl van Parreren. Danach erfordert das Lernen einer Fremdsprache die Ausbildung eines von der Muttersprache getrennten Systems von Sprachspuren. Bei ungenügender Trennung der verschiedenen Sprachspuren drohen Interferenzen, die sich in Hemmungen oder Fehlern äußern können.
Unitary System Hypothesis (USH)	Dass zweisprachige Kinder Elemente aus ihren beiden Sprachen vermischen, wird als Beweis für ein einheitliches, undifferenziertes Sprach-System interpretiert. Von der Forschung zum bilingualen Spracherwerb wird diese Sprachmischung („macaronic language mix" Meisel 2019: 8, 58) bestätigt, aber eher als Anzeichen dafür gewertet, dass es sich dabei um code switching handelt, also die bewusste Auswahl sprachlicher Äußerungen, angepasst an den jeweiligen Kontext. Die Vermischung von zwei Sprachen ist mithin (noch) kein Hinweis auf ein zugrunde liegendes einheitliches Sprach-System.
Language Making Capacity (LMC)	„Sprachvermögen": Moderne Version der Universal Grammatik (UG): bezieht sich nicht auf eine bestimmte Sprache, sondern beinhaltet Prinzipien und Mechanismen, die Kinder zur Sprachproduktion befähigen. LMC gilt als genetisch enkodiert und ist nur bei Menschen zu beobachten, die Sprachfähigkeit automatisch besitzen. Von Geburt an sind Kindern damit ausgestattet, wenngleich sie erst in Verlauf ihrer Entwicklung davon Gebrauch machen können (vgl.: Meisel 2019: 34).
Universale Grammatik (UG)	Der Franziskanermönch und Philosoph Roger Bacon (13. Jahrhundert) will bereits beobachtet haben, dass alle Sprachen auf einer gemeinsamen Grammatik aufbauen. Der

	Begriff dafür, die Universale Grammatik (UG), wird dann in den 1950er und 1960er Jahren von Chomsky und anderen Linguisten popularisiert. Chomskys ursprüngliche Idee: jedes Kind verfügt von Geburt an über fundamentale Regeln zur Erzeugung grammatisch wohlgeformter Sätze. Ohne die UG sind Kinder unfähig, Sprache zu erwerben. Nach seiner Meinung ist das menschliche Gehirn mit einer – angeborenen – Schablone für Grammatik ausgestattet; die UG wird später von ihm und seiner Schule reduziert auf ein einziges Merkmal, die Rekursion.
Recursion	Beschreibt das Einbetten einer Äußerung in eine andere Phrase desselben Typs; soll erklären, wie das Kombinieren einer begrenzten Anzahl von Wörtern und Regeln eine unbegrenzte Menge von Sätzen erzeugen kann (laut Chomsky als genetische Mutation vor ca 50 000 bis 100 000 Jahren entstanden)
Poverty of Stimulus (POS)	Die Existenz einer UG wird als Erklärung dafür angesehen, warum Kinder – trotz eines begrenzten Inputs an Sprachmodellen – in der Lage sind, sprachliche Strukturen zu entwickeln, die sie in ihrer eigenen Umgebung nicht erfahren können.

Notizen:

Literaturverzeichnis

ACTFL (American Council on the Teaching of Foreign Languages) (2020). Use of the target language in language learning. In: https://www.actfl.org/resources/guiding-principles-language-learning/target-language

Ahrens, Rüdiger (2012). Introduction: Teaching Literature. In: Maria Eisenmann et al. (ed.): Basic Issues in EFL Teaching. Heidelberg: Universitätsverlag. 181-190).

Albert, Andrea et al. (2017). Zur didaktisch-methodischen Gestaltung bilingualen Unterrichts. In: https://www.schulportal-thueringen.de/get-data/e40ca19f-3070-4080-93ce-d62c7b4428a2/Didaktisch-methodische%20Gestaltung.pdf

Andrews, Jennifer (1999). Border Trickery and Dog Bones: A Conversation with Thomas King. In: Studies in Canadian Literature 24.2. 161-185.

APA (American Psychological Association) (2020). Proper Names get stuck on bilingual and monolingual speakers' tip of the tongue equally often. In: https://doi.apa.org/doiLanding?doi=10.1037%2F0894-4105.19.3.278

Apedaile, Sarah & Lenina Schill (2008). Critical Incidents for Intercultural Communication. In: https://www.norquest.ca/NorquestCollege/media/pdf/centres/intercultural/CriticalIncidentsBooklet.pdf

AUS VELS Levels 7-10. In: https://www.vcaa.vic.edu.au/curriculum/vce/vce-study-designs/english-and-eal/Pages/index.aspx

Baar, Robert & Gudrun Schönknecht (2018). Außerschulische Lernorte: didaktische und methodische Grundlagen. Weinheim, Basel: Beltz Verlag.

Baden-Württemberg (oJ). Bilinguales Lernen. In: https://km-bw.de/,Len/startseite/schule/Bilinguales+Lernen

Bonnet, Andreas (2012). Towards an evidence base for CLIL. International CLIL Research Journal. Vol 1 (4). In: http://www.icrj.eu/14/article7.html

Bradley, Evan (2020). Dual Language System Hypothesis. In: http://courses.evanbradley.net/wiki/doku.php?id=1._dual_language_system_hypothesis

Breidbach, Stephan & Britta Viehbrock (2012). CLIL in Germany – Results from Recent Research in a Contested Field of Education. In: http://www.icrj.eu/14/article1.html

Brewinska, Joras (2002). Über die Funktion von Bildern im DaF-Unterricht. In: https://www.4lomza.pl/index.php?wiad=5585

Butzkamm, Wolfgang (2019). Was ist „Aufgeklärte Einsprachigkeit"? In: http://fremdsprachendidaktik.de/?p=1473

Byram, Michael (2008). Translation and Mediation – objectives for language teaching. In: https://itdi.pro/itdihome/wp-content/downloads/advanced_courses_readings/translation_mediation.pdf

CEF – Council of Europe (2001). Common European Framework of Reference for Languages: Learning, teaching, assessment. Cambridge: University Press.

Cenoz, Jasone, Fred Genesee, Durk Gorter (2013). Critical Analysis of CLIL: Taking Stock and Looking Forward. In: Applied Linguistics 2014: 35/3: 243–262.

Cornelsen (ed.) (2014). English G access 2. Berlin: Cornelsen.

Coyle, Do (2008): The 4 C's model. In: https://clilingmesoftly.wordpress.com/clil-models-3/the-4-cs-model-docoyle/

Coyle, Do, Philip Hood & David Marsh (2010): Content and Language Integrated Learning. Cambridge: University Press.

Cross, Russel and Margaret Gearon (2013). Research and evaluation of the CLIL approach to teaching and learning languages in Victorian schools. In: https://www.education.vic.gov.au/Documents/school/teachers/teachingresources/discipline/languages/CLILtrialresearchrpt.pdf

Dallinger, Sara et al. (ed.). (2016). The Effect of Content and Language Integrated Learning on Students' English and History Competences. In:

Doff, Adrian & Ben Goldstein (2013). English Unlimited C1. Cambridge: University Press. https://www.researchgate.net/publication/282529636_The_effect_of_content_and_language_integrated_learning_on_students%27_English_and_history_competences_-_Killing_two_birds_with_one_stone

Dalton-Puffer, Christiane (2013): Diskursfunktionen und generische Ansätze. In: Hallet, Wolfgang & Frank G. Königs (ed.): Handbuch Bilingualer Unterricht. Seelze: Klett/Kallmeyer, 138–145.

Decke-Cornill, Helene & Lutz Küster (2010). Fremdsprachendidaktik. Tübingen: Narr.

DeCorte, Eric (2011). Self-Regulated, Situated and Collaborative Learning. In: Journal of Education 192/2,3, 33-47.

De Florio-Hansen, Inez & Bernd Klewitz (2009): Bildungsstandards und Empowerment. In: Bildung bewegt. Amt für Lehrerbildung. 3/2009. 24-27.

De Florio-Hansen, Inez & Bernd Klewitz (2010). Fortbildungshandreichung zu den Bildungsstandards Englisch und Französisch. Kassel: university press.

De Florio-Hansen, Inez & Bernd Klewitz (2010a). Angst vor Kompetenzorientierung? Zur Planung von Kompetenzen förderndem Unterricht. In: Basisheft Praxis-Fremdsprachenunterricht. 2/2010. 11-14.

De Florio, Inez (2014): Fremdsprachenunterricht lernwirksam gestalten. Tübingen: Narr.

De Florio, Inez (2016): Effective Teaching and Successful Learning. Bridging the Gap between Research and Practice. Cambridge: University Press.

De Florio, Inez (2017): Einführung narr-praxisbücher Fremsprachenunterricht konkret. In: Klewitz, Bernd (2017a): Scaffolding im Fremdsprachenunterricht. Unterrichtseinheiten Englisch für authentisches Lernen. Tübingen: Narr.

De Florio-Hansen, Inez (2018): Teaching and Learning English in the Digital Age. Münster: Waxmann.

Delanoy, Werner (2012). From "Inter" to "Trans"? Or: Quo Vadis Cultural Learning. In: Eisenmann, Maria & Theresa Summer (ed.): Basic Issues in EFL Teaching. Heidelberg: Universitätsverlag. 157-167.

DESI-Konsortium (ed.) (2008). Unterricht und Kompetenzerwerb in Deutsch und Englisch. Ergebnisse der DESI-Studie. Weinheim: Beltz.

DSM (Deutsche Schule Melbourne): In: https://en.wikipedia.org/wiki/Deutsche_Schule_Melbourne

EB (Encyclopedia Britannica) (1939). The Encyclopedia Britannica Company. London. Volume 9.

Edelhoff, Christoph (2010). Wieviel Grammatik braucht der Mensch? In: Praxis Englisch 1/2010. 46-48

Ellis, Rod (1994). The Study of Second Language Acquisition. Oxford: Oxford University Press.

Ellis, Rod (2003). Task-based language learning and teaching. Oxford: Oxford University Press.

Europarat (2001): Gemeinsamer europäischer Referenzrahmen für Sprachen: lernen, lehren, beurteilen. Berlin (et al.): Langenscheidt.

Everett, Daniel (2012). There is no such thing as universal grammar. In: https://www.theguardian.com/technology/2012/mar/25/daniel-everett-human-language-piraha

Everett, Daniel (2017). Chomsky, Wolfe and me. In: https://aeon.co/essays/why-language-is-not-everything-that-noam-chomsky-said-it-is

Eurydice (2006). CLIL at school in Europe. In: https://www.fachportal-paedagogik.de/literatur/vollanzeige.html?FId=750426

Ferri, Jean-Yves & Didier Conrad (2013). Asterix and the Picts. London: Orion.

Garavera, Alsu (2015). Rollen der Lehrkräfte im bilingualen Sachfachunterricht. In: http://www.plurilingua.ch/media/publications/2015_Masterarbeit_Garaeva.Alsu.pdf

Gehring, Wolfgang & Elisabeth Stinshoff (ed.) (2010). Außerschulische Lernorte des Fremdsprachenunterrichts. Braunschweig: Diesterweg.

Genesee, Fred (2015). Lessons from Research on Immersion Programs in Canada. In: https://www.youtube.com/watch?v=Od8Fs_fnXwI

Genesee, Fred (2018). Immersion and Bilingual Education. In: https://www.linkedin.com/pulse/interview-dr-fred-genesee-lyle-french-lyle-french/

Gibbons, Pauline (2009). English Learners, Academic Literacy, and Thinking. Portsmouth NH: Heinemann.

Glossary of Education Reform (2015). Scaffolding. In: http://edglossary.org/scaffolding/

Grau, Maike & Michael Legutke (2015). Linking Language Learning Inside and Outside the Classroom. In: Nunan, David & Jack C. Richards (ed.). Language Learning Beyond the Classroom. New York et al.: Routledge. 263-271.

Grimm, Nancy et al. (2015). Teaching English. Tübingen: Narr.

Gubesch, Swenja & Martin Schüwer (2005). Calvin und Hobbes. Comics als authentische Texte. In: Der Fremdsprachliche Unterricht Englisch. 73/2005, 18-24.

Hallet, Wolfgang & Ulrich Krämer (ed.) (2012). Kompetenzaufgaben im Englischunterricht. Seelze: Klett.

Hallet, Wolfgang & Frank G. Königs (ed.) (2013): Handbuch Bilingualer Unterricht. Content and Language Learning. Stuttgart: Klett.

Hallet, Wolfgang: Alleskönner Bilingualer Unterricht? In zwei Sprachen! In: https://languagelearninglog.de/2019/08/24/alleskoenner-bilingualer-unterricht-in-zwei-sprachen/

Haß, Frank (2006). Fachdidaktik Englisch. Stuttgart: Klett.

Hattie, John (2009): Visible Learning. A synthesis of over 800 meta-analyses relating to achievement. London and New York: Routledge.

Hattie, John (2011): Feedback in Schools. In: Sutton, R. et al. (ed.). Feedback: the communication of praise, criticism, and advise. New York: Peter Lang Publishing. 1-14.

Hattie, John (2012): Visible Learning for Teachers. Maximizing impact on learning. London and New York: Routledge.

Hecke, Carola & Carola Surkamp (2015). Einleitung zur Theorie und Geschichte des Bildeinsatzes im Fremdsprachenunterricht. In: Hecke (ed.): Bilder im Fremdsprachenunterricht. Neue Ansätze. Kompetenzen und Methoden. Tübingen: Narr, 9-24.

Heinemann, Arne (2018): Professionalität und Professionalisierung im Bilingualen Unterricht. Diss. Hamburg. Bad Heilbrunn: Klinkhardt.

Helmke, Andreas (2006): Unterrichtsqualität und Lehrerprofessionalität. Seelze-Velber: Klett Kallmeyer.

Herschensohn, Julia (2009). Fundamental and Gradient Differences in Language Development. In: https://linguistics.washington.edu/file/372/download?token=o62hldJf

Hessisches Kultusministerium (HKM) (ed.) (2013): Kerncurriculum gymnasiale Oberstufe. Wiesbaden. In: https://kultusministerium.hes sen.de/sites/kultusministerium.hessen.de/files/2021-07/kcgo_po wi.pdf

Hill, David A. (2000). Visual aids. In: Byram, Michael (ed.) (2000): Routledge Encyclopedia of Language Teaching and Learning.

Hoffmann, Reinhard (2013). Geografie. In: Hallet, Wolfgang & Frank G. Königs (ed.): Handbuch Bilingualer Unterricht. Seelze: Klett/Kallmeyer, 338-345.

Horgan, John (2016). Is Chomsky's Theory of Language Wrong? In: https://blogs.scientificamerican.com/cross-check/is-chomskys-the ory-of-language-wrong-pinker-weighs-in-on-debate/

Kieweg, Werner (2010): Kontinuierlich Englisch lernen. In: Der Fremdsprachliche Unterricht Englisch, H. 103, S. 42-43.

King, Thomas (2013). The Inconvenient Indian. Canada: Penguin Random House.

Klett (ed.) (2015). Green Line 2 G9. Stuttgart: Klett.

Klewitz, Bernd (1977). Kommunikativer Englischunterricht als Baukastenprinzip. Marburg: unpublished manuscript.

Klewitz, Bernd (2013): Sprachmittlung als Lernaufgabe: Teaching English Through Pictures. In: De Florio-Hansen, Inez & Erwin Klein (ed.): Sprachmittlung im Fremdsprachenunterricht. Giessen: Giessener Fremdsprachendidaktik: online 3.

Klewitz, Bernd (2016): Nadine Gordimer: Beethoven was One-Sixteenth Black. Unterrichtskonzepte Englisch-Literatur. Freising: Stark Verlag.

Klewitz, Bernd (2017a): Scaffolding im Fremdsprachenunterricht. Unterrichtseinheiten Englisch für authentisches Lernen. Tübingen: Narr.

Klewitz, Bernd (2017b): Green Grass, Running Water. A Tale of Magic Realism. In: Martin Kuester et al. Teaching Canada. Enseigner le Canada. Augsburg: Wißner Verlag. 248-266.

Klewitz, Bernd (2018a): Thomas King. Green Grass, Running Water. Unterrichtskonzepte Englisch-Literatur. Freising: Stark Verlag.

Klewitz, Bernd (2018): Scaffolding as an innovative teaching strategy. In: Tinnefeld, Thomas (ed.): Challenges of Modern Foreign Language Teaching. Reflections and Analysis. Saarbrücker Schriften zu Linguistik und Fremdsprachendidaktik. 41-61.

Klewitz, Bernd (2019): Bilingualer Sachfachunterricht Politik und Wirtschaft. Unterrichtseinheiten in der Arbeitssprache Englisch. Tübingen: Narr.

Klewitz, Bernd (2020): The interplay between language and content. In: Tinnefeld, Thomas (ed.): The Magic of Language. Productivity in Linguistics and Language Teaching. Saarbrücker Schriften zu Linguistik und Fremdsprachendidaktik. Vol. 11. 85-108.

Kolb, Elisabeth (2009). Finite Resources – Infinite Communication: Sprachmittlung im Englischunterricht der Unterstufe. In: https://www.an glistik.uni-muenchen.de/abteilungen/didaktik/fde-downloads/di da_leseliste_dez_2011-2.pdf

KMK (Sekretariat der Ständigen Konferenz der Kultusminister der Länder in der Bundesrepublik Deutschland) (2013): Bericht „Konzepte für den bilingualen Unterricht – Erfahrungsbericht und Vorschläge zur Weiterentwicklung". In: http://www.kmk.org/fileadmin/Dateien/ veroeffentlichungen_beschluesse/2006/2006_04_10-Konzepte-bilin gualer-Unterricht.pdf

Lanir, Lesley (2019). First Language Acquisition Development Theories: Nature vs. Nurture. In: https://medium.com/@llanirfreelance/first-language-acquisition-development-theories-nature-vs-nurture-271 70818a6a6

Langenscheidt Langenscheidt (ed.) (2015). Mit Bildern lernen – Französisch. München: Langenscheidt.

Lasagabaster, David (2013): The use of the L1 in CLIL classes: The teachers' perspective. Latin American Journal of Content and Language Integrated Learning, 6(2), 1–21.

Legutke, Michael (2010). Lehr- und Lernort. In: Surkamp, Carola (ed.). Metzler Lexikon Fremdsprachendidaktik. Stuttgart: Metzler. 171-175.

Leimgruber, Yvonne (o.A.): Polity, Policy, Politics. In: http://alt.politische bildung.ch/grundlagen/didaktik/polity-policy-politics/

Leisen, Josef (2005): „Wechsel der Darstellungsformen: Ein Unterrichtsprinzip für alle Fächer". Der Fremdsprachliche Unterricht Englisch, Heft 78, Friedrich Verlag, 2005, 9–11.

Léon-Henri (2015). CLIL in the Business English Classroom: From Language Learning to the Development of Professional Communication and Metacognitive Skills. In: https://www.researchgate.net/publication/303685209_Special_Issue_on_CLIL_CLIL_in_the_Business_English_Classroom_From_Language_Learning_to_the_Development_of_Professional_Communication_and_Metacognitive_Skills

Lersch, Rainer (2007): Unterricht und Kompetenzerwerb. In 30 Schritten von der Theorie zur Praxis kompetenzfördernden Unterrichts. In: Die Deutsche Schule 99/4, S. 434–446.

Levy, Andrea (2007). Loose Change. In: Britain Rewritten. Stories of a Multi-Ethnic Nation. Stuttgart: Reclam. 42-53.

Lüders, Jochen (2013). Fluch der Einsprachigkeit. In: https://jochenenglish.de/?p=9807

Lütge, Christiane (2012). Developing "Literary Literacy"? Towards a Progression of Literary Learning. In: Maria Eisenmann et al. (ed.): Basic Issues in EFL Teaching. Heidelberg: Universitätsverlag. 191-202.

Loschky, Lester & Robert Bley-Vroman (1993). Grammar and task-based Methodology. In: https://www.researchgate.net/publication/312465115_Grammar_and_task-based_methodology

Marsh, David et al. (2012). Introduction: Content and Language Integrated Learning. In: Maria Eisenmann et al. (ed.): Basic Issues in EFL Teaching. Heidelberg: Universitätsverlag. 253-262.

Meyer, Meyer, Oliver (2012). Introducing the CLIL Pyramid: Key Strategies and Principles for Quality CLIL Planning and Teaching. In: Maria Eisenmann et al. (ed.): Basic Issues in EFL Teaching. Heidelberg: Universitätsverlag. 265-283.

MHH-Review (2013). The influence of bilingualism in speech production: a systematic review. In: International Journal of Language and Communication Disorders. Vol. 48. No 1, 1-24.

Mehisto, Peeter (2012). CLIL Considerations: Co-constructing Favourable Context for CLIL. In: Maria Eisenmann et al. (ed.): Basic Issues in EFL Teaching. Heidelberg: Universitätsverlag. 199-130.

Mehisto, Peeter et al. (2018). Uncovering CLIL: Content and Language Integrated Learning in Bilingual and Multilingual Education. Oxford: Macmillan.

Mehlhorn, Grit (2010). Begegnung und Begegnungssituationen. In: Surkamp, Carola (ed.). Metzler Lexikon Fremdsprachendidaktik. Stuttgart: Metzler. 12-15.

Meisel, Jürgen (2019). Bilingual Children. A Guide for Parents. Cambridge: University Press.

Mentz, Olivier (2013): Lehrpläne und Curricula für den Bilingualen Unterricht. In: Hallet, Wolfgang & Frank G. Königs (ed.): Handbuch Bilingualer Unterricht. Seelze: Klett/Kallmeyer, 87-94.

Michalak Michalak, Magdalena (2012). Bilder im Fremd- und Zweitsprachenunterricht. In: Zeitschrift für Interkulturellen Fremdsprachenunterricht 17/2, 108-112.

Müller-Hartmann, Andreas & Marita Schocker-von Ditfurth (2011). Task-Supported Language Learning. Paderborn: Schöningh.

Niedersächsisches Kultusministerium (2014): "Operatoren für das bilinguale Sachfach Politik/Wirtschaft". Hannover.

Nijhawan, Subin (2015): About global discourse competence – transforming the classroom into a global arena: we need to talk! In: http://polecule.com/2015/12/03/about-global-discourse-competences-transforming-the-classroom-into-a-global-arena-we-need-to-talk/

Nijhawan, S., Schmerbach, L., Elsner, D., & Engartner, T. (2020). Globalization – Aufgaben für den bilingualen Politikunterricht. Frankfurt: Wochenschau Verlag.

Nünning, Ansgar & Carola Surkamp (2006). Englische Literatur unterrichten. Grundlagen und Methoden. Band 1. Seelze-Velber: Klett/Kallmeyer.

NYU – New York University (2015). Chomsky was right. NYU researchers find: we do have a "grammar" in our head. In: https://www.nyu.edu/about/news-publications/news/2015/december/chomsky-was-right-nyu-researchers-find-we-do-have-a-grammar-in-our-head.html

O'Connell, Fitch (2011). Using Literature – Introduction. In: https://www.teachingenglish.org.uk/resources

Ohm, U. (2015). Wie wird Deutsch gelernt? Sprachlernen als Prozess: Sprache lernen und erwerben. Goethe Institut: *Magazin Sprache.* https://www.goethe.de/ins/kr/de/spr/mag/sta/20491362.html

Ohm, Udo (2015), The Language of Others. In: https://www.goethe.de/de/spr/mag/lld/20495703.html

Orientierungsrahmen, Daniela Elsner et al. (ed.) (2018). Orientierungsrahmen zur Umsetzung des Faches Politik und Wirtschaft. In: http://polecule.com/wp-content/uploads/2019/04/PolECulE_Orientierungsrahmen.pdf

Pinker, Steven (2004). Why nature & nurture won't go away. In: https://www.researchgate.net/publication/307719832_Why_nature_nurture_won%27t_go_away

Pinner, Richard S. (2012). Unlocking Literature Through CLIL. In: https://www.researchgate.net/publication/281832841_Unlocking_Literature_through_CLIL

Praxis-fremdsprachenunterricht.de. Basisheft 6: 2010.

Riemer, Claudia (2010). Spracherwerb und Spracherwerbstheorien. In: Surkamp, Carola (ed.). Metzler Lexikon Fremdsprachendidaktik. Stuttgart: Metzler. 276-280.

Rea, David & Clementson, Theresa u.a. (2011). English Unlimited B1+. Cambridge: University Press.

Reinfried, Marcus et al. (2012). Medien im neokommunikativen Fremdsprachenunterricht. Frankfurt/Main: Lang.

Rodriguez, Luisa M.G. & Miriam B. Puyal (2012). Promoting Intercultural Competence through Literature in CLIL Contexts. In: https://www.atlantisjournal.org/old/ARCHIVE/34.2/06_absrtract_%20LuisayMiriam.pdf

Rössler, Andreas & Daniel Reimann (2013). Wozu Sprachmittlung? Zum fremdsprachlichen Potenzial einer komplexen Kompetenz. In: Sprachmittlung im Fremdsprachenunterricht. Tübingen: Narr. 11-26.

Roth Pierpont, Claudia (2004). The Measure of America. How a rebel anthropologist waged war on racism. In: The New Yorker. March 8, 2004.

Schneider, Michael & Elsbeth Stern (2010). The Cognitive Perspective on Learning. In: https://www.oecd-ilibrary.org/education/the-nature-of-learning/the-cognitive-perspective-on-learning-ten-cornerstone-findings_9789264086487-5-en

Schumann, Adelheid (2010). Kommunikativer Fremdsprachenunterricht. In: Surkamp, Carola (ed.). In: Surkamp, Carola (ed.). Metzler Lexikon Fremdsprachendidaktik. Stuttgart: Metzler. 137-140).

Shaughnessy, Michael R. (2018). In: https://www.merlot.org/merlot/viewMaterial.htm?id=80512

Snook, Ivo et al. (2010). Invisible Learnings. A commentary on John Hattie's book. In: New Zealand Journal of Educational Studies 44/1. 93-106.

Sterns, Clio (2018). Recursion & Reliability in Human Language. (2018, March 28). In: https://study.com/academy/lesson/recursion-reliability-in-human-language.html

Schwarz, Hellmut & Jörg Rademacher (Hg) (2011): English G 21, A 6. Berlin: Cornelsen.

Stark-Verlag (ed.). (2020). Abitur 2021. Original-Prüfungsaufgaben mit Lösungen. Hessen Englisch. Freising: Stark-Verlag.

Sudhoff, Julian (2010). CLIL and Intercultural Communicative Competence: Foundations and Approaches towards a Fusion. In: International CLIL Research Journal. Vol 1 (3) 2010.

Swain, Marrill (2008). Integrating language and content teaching through collaborative tasks. In: Canadian Modern Language Review, 58:1, 44-63.

Terhart, Ewald (2019). Didaktik. Eine Einführung. Stuttgart: Reclam.

Thaler, Engelbert (2008). Teaching English Literature. Paderborn: Schöningh.

Thaler, Engelbert (2012). Englisch unterrichten. Berlin: Cornelsen.

Timmis, Ivor (2012). Introduction: Teaching Grammar. In: Maria Eisenmann et al. (ed.): Basic Issues in EFL Teaching. Heidelberg: Universitätsverlag. 199-130.

Thürmann, Eike (1999): Zwischenbilanz zur Entwicklung der bilingualen Bildungsangebote in Deutschland. In: http://arbeitsplattform.bild ung.hessen.de/fach/bilingual/Magazin/block_1449496906.html

Usó-Juan, Esther & Alicia Martinez-Flor (2008). Teaching Intercultural Communicative Competence through the Four Skills. In: https://rua.ua.es/dspace/bitstream/10045/10400/1/RAEI_21_09.pdf

VCE (1997/2016). Study Design. Literature. Melbourne: Board of Studies.

Verenikina, Irina (2003). Understanding Scaffolding and the ZPD in Educational Research. In: Proceedings of the International Educations Research Conference. University of Wollongong: Auckland NZ. 1-9.

Videsott, Gerda (2011). Mehrsprachigkeit aus neurolinguistischer Sicht. Ibidem-Verlag: Stuttgart.

Von Au, Jakob & Uta Gade (ed.). Raus aus dem Klassenzimmer. Weinheim, Basel: Beltz Verlag.

Volkmann, Laurenz (2012). Intercultural Learning and Postcolonial Studies. "Never the Twain Shall Meet. In: Maria Eisenmann et al. (ed.). Basic Issues in EFL Teaching. Heidelberg: Universitätsverlag. 169-180.

Vollmer, Helmut J. (2013): Das Verhältnis von Sprach- und Inhaltslernen im Bilingualen Unterricht. In: Hallet, Wolfgang & Frank G. Königs (ed.): Handbuch Bilingualer Unterricht. Seelze: Klett/Kallmeyer, 124-131.

Vygotsky, Lev S. (1962): Thought and Language. Cambridge, MA: MIT Press.

Wegener, Anke (2011): Weltgesellschaft und Subjekt. Bilingualer Sachfachunterricht. Habilitationsschrift. Universität Hamburg.

Wellenreuther, Martin (2010): Lehren und Lernen – aber wie? Grundlagen der Schulpädagogik 50, 179-188.

Weskamp, Ralf (2001). Fachdidaktik: Grundlagen & Konzepte. Anglistik - Amerikanistik. Berlin: Cornelsen.

Wildhage, Manfred & Edgar Otten (Hrsg). Praxis des bilingualen Unterrichts. Berlin: Cornelsen.

Willis, Dave & Jane Willis (2007). Doing Task-based Teaching. Oxford: University Press.

Willis, Jane (2010). English Through Music. In: PADRES Y MAESTROS • No 349 FEBRERO 2013. 29-32.

Wolff, Dieter (2011). Der bilinguale Sachfachunterricht (CLIL): Was dafür spricht, ihn als innovatives didaktisches Konzept zu bezeichnen. In: Forum Sprache 6.2011. 75-84.

Woltin, Alexander (2011). A picture is worth a thousand words ... yet it can initiate critical thinking and communication. In: Praxis Englisch 5/11, 45-46.

Zydatiß, Wolfgang (2010): Scaffolding im Bilingualen Unterricht: Inhaltliches, konzeptuelles und sprachliches Lernen stützen und integrieren. In: Der Fremdsprachliche Unterricht: Englisch. Scaffolding im Bilingualen Unterricht. Heft 106, Jahrgang 44, Juli 2010, Seelze/Velber: Friedrich Verlag, 2-6.

Zydatiß, Wolfgang (2013): Kompetenzerwerb im Bilingualen Unterricht. In: Hallet, Wolfgang & Frank G. Königs (Ed.): Handbuch Bilingualer Unterricht. Seelze: Klett/Kallmeyer, 131-138.

Zugriff auf sämtliche Internet Quellen: 03.05.2022

Chicago Skyline. © Photo Bernd Klewitz   Chicago River. © Photo Bernd Klewitz

Windy City. © Photo Bernd Klewitz   Navy Pier. © Photo Bernd Klewitz

Stained Glass Window "Wisdom". © Photo Bernd Klewitz

ibidem.eu